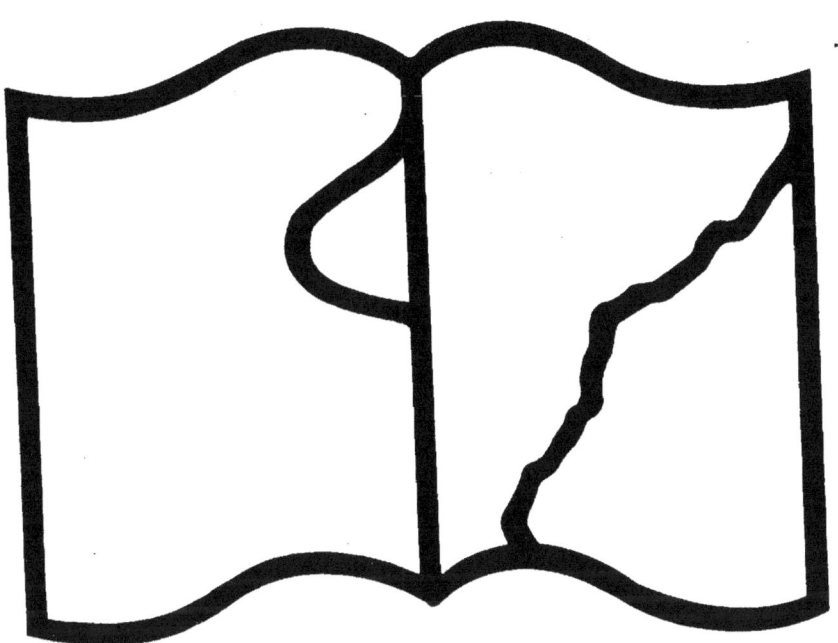

Texte détérioré — reliure défectueuse

NF Z 43-120-11

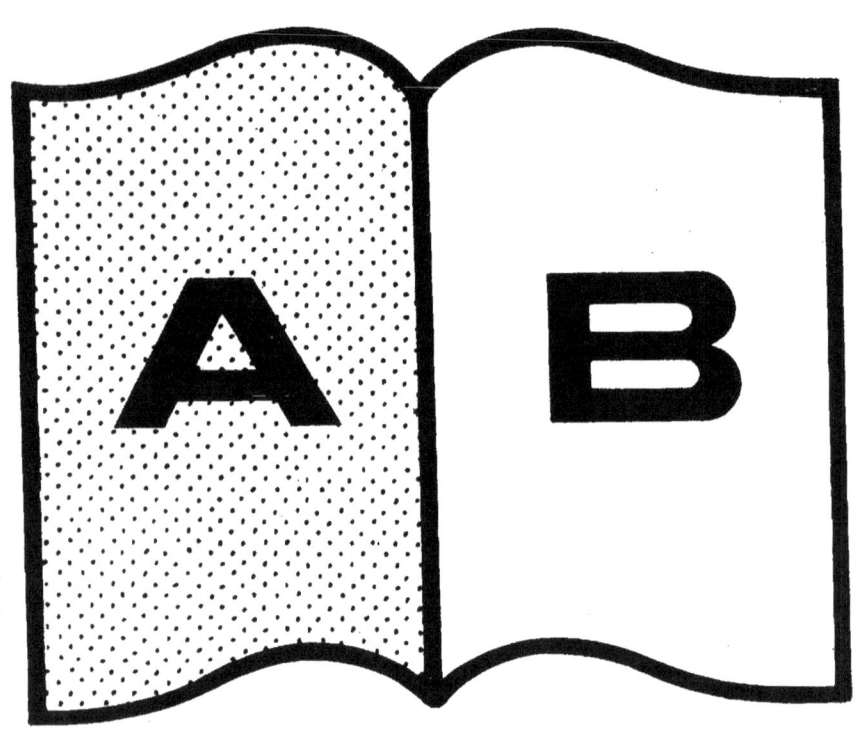

Contraste insuffisant

NF Z 43-120-14

LA LOI DE LYNCH

PAR

GUSTAVE AIMARD

F. ROY, éditeur, 222, boulevard Saint-Germain, PARIS

a

LA LOI DE LYNCH

GUSTAVE AIMARD

F. ROY, éditeur, 222, boulevard Saint-Germain, PARIS.

LA LOI DE LYNCH

SCEAUX. — IMPRIMERIE CHARAIRE ET FILS.

LA
LOI DE LYNCH

PAR

GUSTAVE AIMARD

PARIS
F. ROY, LIBRAIRE-ÉDITEUR
222, BOULEVARD SAINT-GERMAIN, 222

1891

LA LOI DE LYNCH

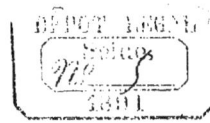

D'un mouvement rapide comme la pensée, il fendit le crâne du vieillard.

Liv. 128 F. ROY, édit. — Reproduction interdite. 1. LA LOI DE LYNCH.

LA
LOI DE LYNCH

I

LE JACAL

Vers les trois heures du soir un cavalier revêtu du costume mexicain, suivait au galop les bords d'une rivière perdue, affluent du Rio Gila, dont les capricieux méandres lui faisaient faire des détours sans nombre.

Cet homme, tout en ayant constamment la main sur ses armes et l'œil au guet afin d'être prêt à tout événement, excitait son cheval du geste et de la voix, comme s'il eût eu hâte d'atteindre le but de son voyage.

Le vent soufflait avec violence, la chaleur était lourde, les cigales poussaient, sous les brins d'herbe qui les abritaient, leurs cris discordants; les oiseaux décrivaient lentement de longs cercles au plus haut des airs, en jetant par intervalle des notes aiguës; des nuages couleur de cuivre passaient incessamment sur le soleil dont les rayons blafards étaient sans force, enfin, tout présageait un orage terrible.

Le voyageur ne semblait rien voir; courbé sur le cou de sa monture, les yeux ardemment fixés devant lui, il augmentait la rapidité de sa course sans tenir compte des larges gouttes de pluie qui tombaient déjà, et des sourds roulements d'un tonnerre lointain qui commençait à se faire entendre.

Cependant cet homme aurait pu facilement, s'il avait voulu, s'abriter sous l'ombrage touffu des arbres centenaires d'une forêt vierge qu'il côtoyait depuis plus d'une heure, et laisser passer le plus fort de l'ouragan; mais un grand intérêt le poussait sans doute en avant, car, tout en accélérant sa marche, il ne songeait même pas à ramener sur ses épaules les plis de son zarapé afin de se garantir de la pluie, et se contentait, à chaque bouffée de vent qui passait en sifflant au-dessus de lui, de porter sa main à son chapeau pour l'enfoncer sur sa tête, tout en répétant d'une voix saccadée à son cheval :

— En avant! en avant!

Cependant, la rivière dont le voyageur suivait les bords se rétrécissait de plus en plus; à un certain endroit, les rives étaient obstruées par un fouillis d'arbres, de halliers et de lianes entrelacées qui en cachaient complètement l'accès.

Arrivé à ce point, le voyageur s'arrêta.

Il mit pied à terre, inspecta avec soin les environs, prit son cheval par la bride et le conduisit dans un buisson touffu au milieu duquel il le cacha, en ayant soin, après lui avoir ôté le *bossal* afin qu'il pût paître à sa guise, de l'attacher avec le lasso au tronc d'un gros arbre.

— Reste ici, Negro, lui dit-il, en le flattant légèrement de la main, ne hennis pas, l'ennemi est proche, bientôt je serai de retour.

L'intelligent animal semblait comprendre les paroles que lui adressait son maître, il allongeait vers lui sa tête fine qu'il frottait contre sa poitrine.

— Bien, bien, Negro, à bientôt.

L'inconnu prit alors aux arçons, deux pistolets qu'il passa à sa ceinture, jeta sa carabine sur son épaule et s'éloigna à grands pas dans la direction de la rivière.

Il s'enfonça, sans hésiter, dans les buissons qui bordaient la rivière, écartant avec soin les branches qui, à chaque pas, lui barraient le passage.

Arrivé sur le bord de l'eau, il s'arrêta un instant, pencha le corps en avant, sembla écouter, puis se redressa en murmurant :

— Personne, allons!

Alors il s'engagea sur un fourré de lianes entrelacées qui s'étendaient d'une rive à l'autre et formaient un pont naturel sur la rivière.

Ce pont si léger en apparence, était solide, et malgré le mouvement de va-et-vient continuel que lui imprimait la marche du voyageur, celui-ci le franchit en quelques secondes.

A peine avait-il atteint l'autre bord, qu'une jeune fille sortit d'un bouquet d'arbres qui la cachait.

— Enfin, dit-elle en accourant vers lui. Oh! j'avais peur que vous ne vinssiez pas, don Pablo.

— Ellen! répondit le jeune homme en mettant son âme dans ses yeux, la mort seule pouvait m'arrêter.

Ce voyageur était don Pablo de Zarate, la jeune fille, Ellen, la fille du Cèdre-Rouge

— Venez, fit-elle.

Le Mexicain la suivit.

Ils marchèrent ainsi pendant quelques instants sans échanger une parole.

Lorsqu'ils eurent dépassé les halliers qui bordaient la rivière, ils virent, à peu de distance devant eux, un misérable jacal qui s'élevait solitaire et triste adossé à un rocher.

— Voilà ma demeure, dit la jeune fille avec un sourire mélancolique.

Don Pablo soupira, mais ne répondit pas.

Ils continuèrent à marcher dans la direction du jacal, qu'ils atteignirent bientôt.

— Asseyez-vous, don Pablo, reprit la jeune fill en présentant à son compagnon un escabeau sur lequel celui-ci se laissa nber, je suis seule, mon père et mes deux frères sont partis ce matin au lever du soleil.

— Vous n'avez pas peur, répondit don Pablo, de rester dans ce désert exposée à des dangers sans nombre, si loin de tout secours ?

— Que puis-je y faire ? Cette vie n'a-t-elle pas toujours été la mienne ?

— Votre père s'éloigne-t-il souvent ainsi ?

— Depuis quelques jours seulement ; je ne sais ce qu'il redoute, mais lui et mes frères semblent tristes, préoccupés ; ils font de longues courses, et lorsqu'ils reviennent harassés de fatigue, les paroles qu'ils m'adressent sont rudes et brèves.

— Pauvre enfant ! dit don Pablo, la cause de ces longues courses, je puis vous la dire.

— Croyez-vous donc que je ne l'aie pas deviné ? reprit-elle. Non, non, l'horizon est trop sombre autour de nous pour que je ne sente pas l'orage qui gronde et va bientôt nous assaillir ; mais, reprit-elle avec effort, parlons de vous, les moments sont précieux ; qu'avez-vous fait ?

— Rien, répondit le jeune homme avec accablement ; toutes mes recherches ont été vaines.

— C'est étrange ! murmura Ellen, cependant ce coffret ne peut être perdu.

— J'en suis convaincu comme vous ; mais entre les mains de qui est-il tombé ? voilà ce que je ne saurais dire.

La jeune fille réfléchissait.

— Quand vous êtes-vous aperçue de sa disparition ? reprit don Pablo au bout d'un instant.

— Quelques minutes à peine après la mort de Harry ; effrayée par le bruit du combat et le fracas épouvantable du tremblement de terre, j'étais à demi folle ; cependant, je me rappelle une circonstance qui pourra sans doute nous mettre sur la voie.

— Parlez, Ellen, parlez ! et quoi qu'il faille faire, je le ferai.

La jeune fille le regarda un instant avec une expression indéfinissable ; elle se pencha vers lui, appuya la main sur son bras, et lui dit d'une voix douce comme un chant d'oiseau :

— Don Pablo, une explication franche et loyale est indispensable entre nous !

— Je ne vous comprends pas, Ellen, balbutia le jeune homme en baissant les yeux.

— Si, reprit-elle en souriant avec mélancolie, vous me comprenez, don Pablo ; mais peu importe : puisque vous feignez d'ignorer ce que je veux vous dire, je m'expliquerai de façon à ce qu'un malentendu ne soit plus possible entre nous.

— Parlez, Ellen, bien que je ne soupçonne pas votre intention, j'ai cependant le pressentiment d'un malheur.

— Oui, reprit-elle, vous avez raison, un malheur se cache effectivement sous ce que j'ai à vous dire, si vous ne consentez pas à m'accorder la grâce que j'implore de vous.

Don Pablo se leva.

— Pourquoi feindre plus longtemps ? Puisque je ne puis obtenir que vous renonciez à votre projet, Ellen, cette explication que vous me demandez est inutile. Croyez-vous donc, continua-t-il en marchant avec agitation dans le jacal, que je n'ai pas mille fois déjà envisagé sous toutes ses faces la position étrange dans laquelle nous nous trouvons? La fatalité nous a poussés l'un vers l'autre par un de ces hasards qu'aucune sagesse humaine ne peut prévoir. Je vous aime, Ellen, je vous aime de toutes les forces de mon âme, vous, la fille de l'ennemi de ma famille, de l'homme dont les mains sont rouges encore du sang de ma sœur, qu'il a versé en l'assassinant froidement, de la façon la plus infâme! Je sais cela, je tremble en songeant à mon amour qui, aux yeux prévenus du monde, peut sembler monstrueux! Tout ce que vous me diriez, je me le suis maintes fois dit à moi-même; mais une force irrésistible m'entraîne sur cette pente fatale. Volonté, raison, résolution, tout se brise devant l'espoir de vous apercevoir une minute, d'échanger avec vous quelques paroles! Je vous aime, Ellen, à braver pour vous parents, amis, famille, l'univers entier enfin! le jour où, cet amour, éclatant comme un coup de foudre aux yeux de tous, on voudra me contraindre à y renoncer.

Le jeune homme prononça ces paroles l'œil étincelant, la voix brève et saccadée, en homme dont la résolution est immuable.

Ellen baissa la tête, deux larmes coulèrent lentement le long de ses joues pâlies.

— Vous pleurez! s'écria-t-il, mon Dieu! me serais-je trompé? ne m'aimeriez-vous pas?

— Si, je vous aime, don Pablo! répondit-elle d'une voix profonde; oui, je vous aime plus que moi-même; mais, hélas! cet amour causera notre perte, une barrière infranchissable nous sépare.

— Peut-être! s'écria-t-il avec élan; non, Ellen, vous vous trompez, vous n'êtes pas, vous ne pouvez pas être la fille du Cèdre-Rouge. Oh! ce coffret, ce coffret maudit, je donnerais la moitié du temps que Dieu m'accordera encore à vivre pour le retrouver. C'est dans ce coffret, j'en suis certain, que se trouvent les preuves que je cherche.

— Pourquoi nous bercer d'un fol esspoir, don Pablo? Moi-même j'ai cru trop légèrement à des paroles sans suite prononcées par le squatter et sa femme; mes souvenirs d'enfance m'ont trompée, hélas! cela n'est que trop certain; j'en suis convaincue maintenant; tout me le prouve: je suis bien réellement la fille de cet homme.

Don Pablo frappa du pied avec colère.

— Allons donc! s'écria-t-il, cela est impossible, le vautour ne fait pas son nid avec la colombe, les démons ne peuvent enfanter avec des anges! Non! ce scélérat n'est pas votre père!... Écoutez, Ellen; je n'ai aucune preuve de ce que j'avance; tout semble, au contraire, me prouver que j'ai tort; les apparences sont entièrement contre moi; eh bien! tout fou que cela paraisse, je suis sûr que j'ai raison, et que mon cœur ne me trompe pas lorsqu'il me dit que cet homme vous est étranger.

Ellen soupira.

Don Pablo reprit:

— Voyons, Ellen, voici l'heure à laquelle je dois vous quitter. Rester plus longtemps auprès de vous, compromettrait votre sûreté ; donnez-moi donc les renseignements que j'attends.

— A quoi bon ? murmura-t-elle avec découragement ; le coffret est perdu.

— Je ne suis pas de votre avis ; je crois, au contraire, qu'il est tombé entre les mains d'un homme qui a l'intention de s'en servir ; dans quel but, je l'ignore ; mais je le saurai, soyez tranquille.

— Puisque vous l'exigez, écoutez-moi donc, don Pablo, bien que ce que j'ai à vous dire soit bien vague.

— Une lueur, quelque faible qu'elle soit, suffira pour me guider et peut-être me faire découvrir ce que je cherche.

— Dieu le veuille ! soupira-t-elle. Voici tout ce que je puis vous apprendre, et encore il me serait impossible d'assurer que je ne me suis pas trompée ; car, en ce moment, la frayeur troublait tellement mes sens, que je ne puis répondre d'avoir vu positivement ce que j'ai cru voir.

— Mais enfin... dit le jeune homme avec impatience.

— Lorsque Harry fut tombé, frappé d'une balle, pendant qu'il se tordait dans les dernières convulsions de l'agonie, deux hommes étaient près de lui, l'un déjà blessé, Andrès Garote le ranchero, l'autre qui se pencha vivement sur son corps et sembla chercher dans ses vêtements.

— Celui-là, qui était-ce ?

— Fray Ambrosio ! Je crois même me souvenir qu'il s'éloigna du pauvre chasseur avec un mouvement de joie mal contenue et en cachant dans sa poitrine quelque chose que je ne pus distinguer.

— Nul doute, c'est lui qui s'est emparé du coffret.

— C'est probable, mais je ne saurais l'affirmer ; j'étais, je vous le répète, mon ami, dans un état qui me mettait dans l'impossibilité de rien apercevoir clairement.

— Mais, dit don Pablo qui suivait son idée, qu'est devenu Fray Ambrosio ?

— Je ne le sais ; après le tremblement de terre, mon père et ses compagnons s'élancèrent dans des directions différentes, chacun cherchant son salut dans la fuite. Mon père, plus que tout autre, avait intérêt à faire perdre ses traces. Le moine nous quitta presque immédiatement : depuis, je ne l'ai plus revu.

— Le Cèdre-Rouge n'en a pas parlé devant vous ?

— Jamais.

— C'est étrange ! N'importe, je vous jure, Ellen, que je le retrouverai, moi, dussé-je le poursuivre jusqu'en enfer ! C'est lui, c'est ce misérable qui s'est emparé du coffret.

— Don Pablo, dit la jeune fille en se levant, le soleil se couche, mon père et mes frères ne vont pas tarder à rentrer ; il faut nous séparer.

— Vous avez raison, Ellen, je vous quitte.

— Adieu, don Pablo, l'orage éclate, qui sait, si vous arriverez sain et sauf au campement de vos amis ?

— Je l'espère, Ellen ; mais si vous me dites adieu, moi je vous réponds à revoir ; croyez-moi, chère enfant, ayez confiance en Dieu, lui seul sait lire dans les cœurs; s'il a permis que nous nous aimions, c'est que cet amour doit faire notre bonheur.

En ce moment un éclair traversa les nuages et le tonnerre éclata avec fracas.

— Voilà l'ouragan! s'écria la jeune fille; partez! partez! au nom du Ciel !

— Au revoir, ma bien-aimée, au revoir, dit le jeune homme en se précipitant hors du jacal; ayez confiance en Dieu et en moi.

— Mon Dieu ! s'écria Ellen, en tombant à genoux sur le sol, faites que mes pressentiments ne m'aient pas trompée, car je mourrais de désespoir !

II

DANS LA HUTTE.

Après le départ de don Pablo, la jeune fille demeura longtemps pensive, ne prêtant aucune attention aux bruits lugubres de l'orage qui faisait fureur, et aux rauques sifflements du vent dont chaque rafale ébranlait le misérable jacal et menaçait de l'enlever.

Ellen réfléchissait à sa conversation avec le Mexicain ; l'avenir lui apparaissait triste, sombre et chargé de douleurs.

Malgré tout ce que lui avait dit le jeune homme, l'espoir n'avait pas pénétré dans son cœur, elle se sentait entraînée malgré elle sur la pente d'un précipice où elle prévoyait qu'il lui faudrait rouler; tout lui disait qu'une catastrophe était imminente et que bientôt la main de Dieu s'appesantirait terrible et implacable sur l'homme dont les crimes avaient lassé sa justice.

Vers le milieu de la nuit, un bruit de pas de chevaux se fit entendre, se rapprocha peu à peu, et plusieurs personnes s'arrêtèrent devant le jacal.

Ellen alluma une torche de bois-chandelle et ouvrit la porte.

Trois hommes entrèrent.

C'étaient le Cèdre-Rouge et ses deux fils Nathan et Sutter.

Depuis un mois environ, un changement inexplicable s'était opéré dans la façon d'agir et de parler du squatter.

Cet homme brutal, dont les lèvres minces étaient constamment crispées par un rire ironique, qui n'avait dans la bouche que des paroles railleuses et cruelles, qui ne rêvait que meurtre et pillage et auquel le remords était inconnu, cet homme était depuis quelque temps devenu triste, morose ; une inquiétude secrète semblait le dévorer; parfois, lorsqu'il ne se croyait pas observé, il jetait sur la jeune fille de longs regards d'une expression inexplicable, et poussait de profonds soupirs en hochant mélancoliquement la tête.

Ellen s'était aperçue de ce changement, qu'elle ne savait à quoi attribuer, et qui augmentait encore ses inquiétudes ; car, pour qu'une nature aussi

Il s'enfonça dans les buissons qui bordaient la rivière et sembla écouter.

énergique et aussi fortement trempée que celle du Cèdre-Rouge fût aussi gravement altérée, il fallait des raisons bien sérieuses.

Mais quelles étaient ces raisons ? voilà ce que cherchait vainement Ellen, sans que rien vînt jeter une étincelle lumineuse dans son esprit et donner un corps à ses soupçons.

Le squatter, autant que son éducation sauvage le lui permettait, avait toujours été comparativement bon pour elle, la traitant avec une espèce d'affection bourrue, et adoucissant, autant que cela lui était possible, le timbre rude de sa voix lorsqu'il lui adressait la parole.

Mais depuis le changement qui s'était opéré en lui, cette affection s'était changée en une véritable tendresse.

Il veillait avec sollicitude sur la jeune fille, cherchant continuellement à l'entourer de ces confortable et de ces mille riens qui plaisent tant aux femmes, qu'il est presque impossible de se procurer au désert, et dont pour cela le prix est double pour elles.

Heureux lorsqu'il voyait un léger sourire se jouer sur les lèvres de la pauvre enfant, dont il devinait les souffrances sans en connaître les causes secrètes, il l'examinait avec inquiétude lorsque son teint pâle et ses yeux rougis lui dénonçaient des insomnies et des larmes versées pendant son absence.

Cet homme, chez lequel tout sentiment tendre paraissait être mort, avait senti tout à coup battre son cœur sous la vibration d'une fibre secrète dont il avait toujours ignoré l'existence, il s'était malgré lui trouvé rattaché à l'humanité par la plus sainte des passions : l'amour paternel !

C'était quelque chose de grand et de terrible à la fois que l'affection de cet homme de sang pour cette frêle et délicate jeune fille.

Il y avait de la bête fauve jusque dans les caresses qu'il lui prodiguait : un composé étrange de la tendresse de la mère et de la jalousie du tigre.

Le Cèdre-Rouge ne vivait plus que pour sa fille et par sa fille. Avec l'affection lui était venue la pudeur, c'est-à-dire que, tout en continuant sa vie de brigandage, il feignait devant Ellen d'y avoir complètement renoncé, pour adopter l'existence des coureurs de bois et des chasseurs.

La jeune fille n'était qu'à moitié dupe de ce mensonge.

Mais que lui importait ?

Complètement absorbée par son amour, tout ce qui était en dehors lui devenait indifférent.

Le squatter et ses fils étaient tristes, ils paraissaient préoccupés en entrant dans le jacal.

Ils s'assirent sans prononcer une parole.

Ellen se hâta de placer sur la table des aliments que, pendant leur absence, elle avait préparés pour eux.

— Le souper est servi, dit-elle.

Les trois hommes s'approchèrent silencieusement de la table.

— Ne mangerez-vous pas avec nous, enfant ? demanda le Cèdre-Rouge.

— Je n'ai pas faim, répondit-elle.

Le squatter et les deux jeunes gens commencèrent à manger.

— Hum ! fit Nathan, Ellen est difficile, elle préfère la cuisine mexicaine à la nôtre.

Ellen rougit sans répondre.

Le Cèdre-Rouge frappa du poing sur la table avec colère.

— Taisez-vous ! s'écria-t-il, que vous importe que votre sœur mange ou ne mange pas ? elle est libre de faire ce qui lui plaît ici, je suppose.

— Je ne dis pas le contraire, grogna Nathan, seulement elle semble affecter de ne jamais partager nos repas.

— Vous êtes un fils de louve ! Je vous répète que votre sœur est maîtresse ici et que nul n'a le droit de lui adresser d'observations.

Nathan baissa la tête avec mauvaise humeur et se mit à manger.

— Venez ici, enfant, reprit le Cèdre-Rouge en donnant à sa voix rauque toute la douceur dont elle était susceptible. Venez ici que je vous donne une bagatelle que j'ai apportée pour vous.

La jeune fille s'approcha.

Le Cèdre-Rouge sortit de sa poitrine une montre d'or attachée à une longue chaîne.

— Tenez, lui dit-il en la lui mettant au cou, je sais que depuis longtemps vous désirez une montre : en voici une que j'ai achetée à des voyageurs que nous avons rencontrés dans la prairie.

En prononçant ces paroles, malgré lui, le squatter se sentit rougir, car il mentait; la montre avait été volée sur le corps d'une femme tuée par lui à l'attaque d'une caravane.

Ellen aperçut cette rougeur.

Elle prit la montre et la rendit au Cèdre-Rouge sans prononcer un mot.

— Que faites-vous, enfant? dit-il, étonné de ce refus auquel il était loin de s'attendre, pourquoi ne prenez-vous pas ce bijou que, je vous le répète, je me suis procuré exprès pour vous?

La jeune fille le regarda fixement, et d'une voix ferme elle lui répondit :

— Parce qu'il y a du sang sur cette montre, qu'elle est le produit d'un vol et peut-être d'un assassinat!

Le squatter pâlit; par un geste instinctif il regarda la montre : effectivement une tache de sang se faisait voir sur la boîte.

Nathan éclata d'un rire grossier et strident.

— Bravo ! dit-il, bien vu! la petite a, ma foi, deviné du premier coup, *By God !*

Le Cèdre-Rouge, qui avait baissé la tête au reproche de la jeune fille, se redressa comme si un serpent l'avait piqué.

— Oh! je vous avais dit de vous taire ! s'écria-t-il avec fureur, et, saisissant l'escabeau sur lequel il était assis, il le lança à la tête de son fils.

Celui-ci évita le coup et dégaîna son couteau.

Une lutte était imminente.

Sutter, appuyé contre les parois du jacal, les bras croisés et la pipe à la bouche, se préparait avec un sourire ironique à demeurer spectateur du combat.

Ellen se jeta résolument entre le squatter et son fils.

— Arrêtez ! s'écria-t-elle, arrêtez, au nom du Ciel ! Eh quoi ! Nathan, vous osez menacer votre père! et vous, vous ne craignez pas de frapper votre fils premier-né?

— Que le diable torde le cou à mon père ! répondit Nathan; me prend-il donc pour un enfant? ou bien croit-il que je sois d'humeur à supporter ses injures? Vrai Dieu! nous sommes des bandits, nous autres ; notre seul droit est la force, nous n'en reconnaissons pas d'autre ; que le père me fasse des excuses, et je verrai si je dois lui pardonner!

— Des excuses à vous, chien! s'écria le squatter ; et, bondissant comme un tigre, par un mouvement plus rapide que la pensée, il sauta sur le jeune homme, le saisit à la gorge et le renversa sous lui.

« Ah! ah! continua-t-il en lui appuyant le genou sur la poitrine, le vieux lion est bon encore; ta vie est entre ses mains. Qu'en dis-tu? joueras-tu encore avec moi?

Nathan rugissait en se tordant comme un serpent pour échapper à l'étreinte qui le maîtrisait.

Enfin il reconnut son impuissance et s'avoua vaincu.

— C'est bon, dit-il, vous êtes plus fort que moi, vous pouvez me tuer.

— Non, dit Ellen, cela ne sera pas; levez-vous, père, laissez Nathan libre; et vous, frère, donnez-moi votre couteau ; une lutte pareille doit-elle exister entre un père et son fils ?

Elle se baissa et ramassa l'arme que le jeune homme avait laissé échapper.

Le Cèdre-Rouge se redressa.

— Que cela te serve de leçon, dit-il, et t'apprenne à être plus prudent à l'avenir.

Le jeune homme, froissé et honteux de sa chute, se rassit sans prononcer une parole.

Le squatter se tourna vers sa fille, et lui offrant une seconde fois le bijou :

— En voulez-vous? lui demanda-t-il.

— Non, répondit-elle résolument.

— C'est bien.

Sans colère apparente, il laissa tomber la montre, et, appuyant le talon dessus, il l'écrasa et la réduisit en poussière.

Le reste du repas se passa sans incident.

Les trois hommes mangeaient avidement sans échanger une parole, servis par Ellen.

Quand les pipes furent allumées, la jeune fille voulut se retirer dans le compartiment qui lui servait de chambre à coucher.

— Arrêtez, enfant! lui dit le Cèdre-Rouge; j'ai à causer avec vous.

Ellen alla s'asseoir dans un coin du jacal et attendit.

Les trois hommes fumèrent assez longtemps sans parler.

Au dehors, l'orage continuait toujours.

Enfin les jeunes gens secouèrent la cendre de leurs pipes et se levèrent.

— Ainsi, dit Nathan, c'est convenu!

— C'est convenu, répondit le Cèdre-Rouge.

— A quelle heure viendront-ils nous prendre? demanda Sutter.

— Une heure avant le lever du soleil.

— C'est bon.

Les deux frères s'étendirent sur le sol, se roulèrent dans leurs fourrures et ne tardèrent pas à s'endormir.

Le Cèdre-Rouge demeura encore pendant quelques instants plongé dans ses réflexions. Ellen était toujours immobile.

Enfin il releva la tête.

— Approchez, enfant, lui dit-il.

Elle s'avança et se tint devant lui.

— Asseyez-vous auprès de moi.

— A quoi bon ? Parlez, mon père, je vous écoute, répondit-elle.

Le squatter était visiblement embarrassé, il ne savait comment entamer la conversation ; enfin, après quelques secondes d'hésitation :

— Vous souffrez, Ellen, lui dit-il.

La jeune fille sourit tristement.

— N'est-ce que depuis aujourd'hui que vous vous en êtes aperçu, mon père ? répondit-elle.

— Non, ma fille ; votre tristesse a déjà depuis longtemps été remarquée par moi. Vous n'êtes pas faite pour la vie du désert.

— C'est vrai, répondit-elle seulement.

— Nous allons quitter la prairie, reprit le Cèdre-Rouge.

Ellen tressaillit imperceptiblement.

— Bientôt ? demanda-t-elle.

— Aujourd'hui même ; dans quelques heures nous nous mettrons en route.

La jeune fille le regarda.

— Ainsi, dit-elle, nous nous rapprocherons des frontières civilisées ?

— Oui, fit-il avec une certaine émotion.

Elle sourit tristement.

— Pourquoi me tromper, mon père ? dit-elle,

— Que voulez-vous dire ? s'écria-t-il. Je ne vous comprends pas.

— Vous me comprenez fort bien au contraire, et mieux vaudrait m'expliquer franchement votre pensée que de chercher à me tromper dans un but que je ne puis deviner. Hélas ! continua-t-elle en soupirant, ne suis-je pas votre fille et ne dois-je pas subir les conséquences de la vie que vous vous êtes faite ?

Le squatter fronça les sourcils.

— Je crois que vos paroles renferment un blâme, répondit-il. La vie s'ouvre à peine pour vous, comment osez-vous juger les actions d'un homme ?

— Je ne juge rien, mon père. Comme vous me le dites, la vie s'ouvre à peine pour moi ; pourtant, quelque courte qu'ait été jusqu'à ce jour mon existence, elle n'a été qu'une longue souffrance.

— C'est vrai, pauvre enfant, dit doucement le squatter ; pardonnez-moi, je voudrais tant vous voir heureuse ! Hélas ! Dieu n'a pas béni mes efforts, tout ce que j'ai fait n'a été que pour vous.

— Ne dites pas cela, mon père, s'écria-t-elle vivement ; ne me faites pas ainsi moralement votre complice, ne me rendez pas responsable de vos crimes que j'exècre, car vous me pousseriez à désirer la mort !

— Ellen ! Ellen ! vous avez mal compris ce que je vous ai dit ; je n'ai jamais eu l'intention... fit-il avec embarras.

— Brisons là, reprit-elle ; nous allons partir, n'est-ce pas ? Notre retraite est découverte, il nous faut fuir; c'est cela que vous vouliez m'apprendre, n'est-ce pas?

— Oui, fit-il, c'est cela, quoique je ne devine pas comment vous avez pu le savoir.

— Peu importe, mon père. Et de quel côté nous dirigeons-nous?

— Provisoirement nous nous enfoncerons dans la *sierra de los Comanches*.

— Afin que ceux qui nous poursuivent perdent notre piste?

— Oui, pour cela et pour autre chose, ajouta-t-il à voix basse.

Mais, si bas qu'il eût parlé, Ellen l'avait entendu :

— Pourquoi encore?

— Peu vous importe, enfant; ceci me regarde seul.

— Vous vous trompez, mon père, fit-elle avec une certaine résolution; du moment où je suis votre complice, je dois tout savoir. Qui sait? ajouta-t-elle avec un sourire triste, peut-être vous donnerai-je un bon conseil.

— Je m'en passerai.

— Un mot seulement.

— Dites.

— Vous avez de nombreux ennemis, mon père.

— Hélas! oui, fit-il avec insouciance.

— Quels sont ceux qui vous obligent à fuir aujourd'hui?

— Le plus implacable de tous.

— Ah!

— Oui, don Miguel de Zarate.

— Celui dont vous avez lâchement assassiné la fille.

Le Cèdre-Rouge frappa du poing avec colère.

— Ellen! s'écria-t-il.

— Connaissez-vous un autre mot qui soit plus vrai que celui-là? fit-elle froidement.

Le bandit baissa la tête.

— Ainsi, reprit-elle, vous allez fuir, fuir encore, fuir toujours!

— Que faire? murmura-t-il.

Ellen se pencha vers lui, posa sa main blanche et délicate sur son bras, et le regardant fixement :

— Quels sont les hommes qui, dans quelques heures, doivent vous rejoindre? dit-elle.

— Fray Ambrosio, Andrès Garote, nos anciens amis, enfin.

— C'est juste, murmura la jeune fille avec un geste de dégoût, le danger commun vous rassemble. Eh bien! mon père, vos amis et vous, vous êtes tous des lâches.

A cette violente insulte que sa fille lui jetait froidement à la face, le squatter pâlit; il se leva vivement.

— Taisez-vous! s'écria-t-il avec colère,

— Le tigre, forcé dans sa tanière, se retourne contre les chasseurs, reprit la jeune fille sans s'émouvoir; pourquoi ne suivez-vous pas son exemple?

Un sourire sinistre crispa les coins de la bouche du squatter.

— J'ai mieux dans mon sac, dit-il avec un accent impossible à rendre.

La jeune fille le regarda un instant.

— Prenez garde! lui dit-elle enfin d'une voix profonde, prenez garde! la main de Dieu est sur vous, sa justice sera terrible.

Après avoir prononcé ces paroles, elle s'éloigna à pas lents et entra dans le compartiment qui lui servait de retraite.

Le bandit resta un instant accablé sous cet anathème; mais bientôt il redressa la tête, haussa dédaigneusement les épaules et alla s'étendre aux côtés de ses fils en murmurant d'une voix sourde et ironique :

— Dieu!... est-ce qu'il existe?

Bientôt on n'entendit plus d'autre bruit dans le jacal que celui produit par la respiration des trois hommes qui dormaient.

Ellen s'était remise en prières.

Au dehors, l'orage redoublait de fureur.

III

CONVERSATION

En quittant le jacal, don Pablo de Zarate avait traversé la rivière et retrouvé son cheval dans le fourré où il avait eu le soin de l'attacher en arrivant.

Le pauvre animal, effrayé par les éclairs et les roulements sourds du tonnerre, avait poussé un hennissement de plaisir en revoyant son maître.

Sans perdre un instant, le jeune homme se mit en selle et s'éloigna au galop.

La route qu'il avait à faire pour rejoindre ses amis était longue; la nuit, tombée pendant son entretien avec Ellen, épaississait les ténèbres autour de lui.

L'eau tombait à torrents, le vent sifflait avec violence, le jeune homme craignait à chaque instant de s'égarer et ne marchait qu'à tâtons dans l'immense solitude qui s'étendait devant lui et dont l'obscurité l'empêchait de sonder les profondeurs pour s'orienter.

Comme tous les hommes bien doués et habitués à la vie d'aventure, don Pablo de Zarate était taillé pour la lutte; sa volonté croissait en raison des difficultés qui surgissaient devant lui, et, loin de le décourager, les obstacles ne faisaient que l'affermir dans sa résolution.

Dès qu'il s'était tracé un but, il l'atteignait quand même.

Son amour pour Ellen, né pour ainsi dire par un coup de foudre, comme naissent, du reste, la plupart des amours vrais, où l'imprévu joue toujours le plus grand rôle, cet amour, disons-nous, auquel il n'était nullement préparé et qui était venu le surprendre au moment où il y songeait le moins, avait pris, sans que don Pablo s'en doutât lui-même, des proportions gigantesques que toutes les raisons qui devaient le rendre impossible n'avaient fait qu'accroître.

Bien qu'il portât au Cèdre-Rouge la haine la plus profonde, et que, l'occasion s'en présentant, il l'eût, sans hésiter, tué comme une bête fauve, son amour pour Ellen était devenu un culte, une adoration qu'il ne raisonnait même plus, mais qu'il subissait avec cette ivresse, ce bonheur de la chose défendue.

Cette jeune fille, qui s'était conservée si pure et si chaste au milieu de cette famille de bandits, avait pour lui un attrait irrésistible.

Il l'avait dit dans sa conversation avec elle, il était intimement convaincu qu'elle ne pouvait pas être la fille du Cèdre-Rouge.

Pourquoi ?

Il lui aurait été impossible de l'expliquer, mais avec cette ténacité du parti pris que possèdent seuls certains hommes, il cherchait sans relâche les preuves de cette conviction que rien n'appuyait, et qui plus est, il cherchait ces preuves avec la certitude de les trouver.

Depuis dix jours, par un hasard inexplicable, il avait découvert la retraite du Cèdre-Rouge, cette retraite que Valentin, l'adroit chercheur de pistes, n'avait pu deviner ; don Pablo avait immédiatement profité de ce bonheur pour revoir la jeune fille qu'il croyait perdue pour toujours.

Cette réussite inespérée lui avait semblé de bon augure, et, tous les matins, sans rien dire à ses amis, il montait à cheval sous le premier prétexte venu, et faisait dix lieues pour venir, pendant quelques minutes, causer avec celle qu'il aimait.

Toute considération se taisait devant son amour ; il laissait ses amis s'épuiser dans de vaines recherches, conservant précieusement son secret, afin d'être heureux au moins pendant quelques jours, car il prévoyait parfaitement qu'il arriverait un moment où le Cèdre-Rouge serait découvert.

Mais, en attendant, il jouissait du présent.

Tous ceux qui aiment sont ainsi : pour eux l'avenir n'est rien, le présent est tout.

Don Pablo galopait à la lueur des éclairs, ne sentant ni la pluie qui l'inondait, ni le vent qui faisait rage au-dessus de sa tête.

Tout à son amour, il songeait à la conversation qu'il avait eue avec Ellen, et se plaisait à se rappeler toutes les paroles qui avaient été échangées pendant cette heure trop tôt écoulée.

Tout à coup, son cheval, dont il ne songeait pas à s'occuper, fit entendre un hennissement.

Don Pablo releva instinctivement la tête.

A dix pas devant lui, un cavalier se tenait immobile en travers de la route.

— Ah ! ah ! fit don Pablo en se redressant sur sa selle et en armant ses pistolets. Vous êtes bien tard sur les chemins, compagnon ! Livrez-moi passage, s'il vous plaît.

— Je ne suis pas plus tard que vous sur les chemins, don Pablo, répondit-on aussitôt, puisque je vous y rencontre.

— Enfin! dit-elle en accourant vers lui : j'avais peur que vous ne vinssiez pas, don Pablo.

— Eh mais! s'écria le jeune homme en désarmant ses pistolets et les renfonçant dans les fontes, que diable faites-vous ici, don Valentin?
— Vous le voyez, j'attends.
— Vous attendez?
— Oui.
— Et qui donc, à cette heure avancée, pouvez-vous attendre ainsi?

— Vous, don Pablo.

— Moi ! fit le Mexicain avec étonnement, voilà qui est étrange.

— Pas autant que vous le supposez ; je désire avoir avec vous une conversation que nul ne doit entendre ; comme cela aurait été impossible au camp, je suis venu guetter ici votre passage ; cela est simple, il me semble.

— En effet ; mais ce qui l'est moins, c'est l'heure et l'endroit que vous avez choisis, mon ami.

— Pourquoi cela ?

— Dame, un orage effroyable se déchaîne au-dessus de nos têtes, nous n'avons aucun lieu où nous abriter, et, je vous le répète, nous sommes plus près du matin que du soir.

— C'est juste ; mais le temps pressait, je ne pouvais disposer à mon gré du temps et de l'heure.

— Vous m'inquiétez, mon ami ; serait-il arrivé quelque chose de nouveau ?

— Rien, que je sache, jusqu'à présent ; mais, avant peu, nous en verrons, soyez tranquille.

Le jeune homme étouffa un soupir sans répondre.

Tout en échangeant ces paroles rapides, le Chercheur de pistes et le Mexicain s'étaient rapprochés l'un de l'autre et se trouvaient placés côte à côte.

Valentin reprit :

— Suivez-moi pendant quelques instants. Je vous conduirai dans un endroit où nous pourrons causer à notre aise, sans crainte d'être dérangés.

— Ce que vous avez à me dire est donc bien important ?

— Vous en jugerez bientôt.

— Et vous me conduirez bien loin comme cela ?

— A quelques pas seulement, dans une grotte que j'ai aperçue à la lueur des éclairs.

— Allons donc !

Les deux hommes piquèrent leurs chevaux et galopèrent silencieusement à côté l'un de l'autre.

Ils coururent ainsi pendant un quart d'heure à peine, se dirigeant vers un épais taillis qui bordait la rivière.

— Nous sommes arrivés, dit Valentin en arrêtant son cheval et mettant pied à terre ; descendez, seulement laissez-moi passer le premier, car il se pourrait fort bien que la grotte dans laquelle nous allons nous introduire possédât déjà un habitant peu soucieux de nous céder la place, et il est bon d'agir avec prudence.

— Que voulez-vous dire ? De quel habitant pensez-vous parler ?

— Dame ! je ne sais pas, moi, répondit insoucieusement le Français ; dans tous les cas, il est bon d'être sur ses gardes.

En disant cela, Valentin sortit de dessous son zarapé deux torches de bois-chandelle et les alluma ; il garda l'une, donna l'autre à don Pablo, et les deux hommes, après avoir eu soin d'entraver leurs chevaux afin qu'ils ne s'éloignassent pas, écartèrent les broussailles et s'avancèrent résolument vers la grotte.

Après avoir marché pendant quelques pas, ils se trouvèrent subitement à l'entrée d'une de ces magnifiques grottes naturelles formées par les convulsions volcaniques si fréquentes dans ces régions.

— Attention! murmura Valentin à voix basse à son compagnon.

L'apparition subite des deux hommes effraya une nuée d'oiseaux de nuit et de chauves-souris qui, avec des cris aigus, se mirent à voler lourdement et à s'échapper de tous côtés.

Valentin continua sa route sans s'occuper de ces hôtes funèbres dont il interrompait si inopinément les ébats.

Tout à coup, un grondement rauque et prolongé partit d'un coin reculé de la grotte.

Les deux hommes demeurèrent cloués au sol.

Ils se trouvaient face à face avec un magnifique ours noir, dont sans doute la caverne était la résidence habituelle, et qui, dressé sur ses pattes de derrière et la gueule ouverte, montrait aux importuns qui venaient si malencontreusement le troubler dans sa retraite une langue rouge comme du sang et des crocs d'un luisant et d'une longueur remarquables.

Il se balançait lourdement, suivant l'habitude de ses semblables, et ses yeux ronds et effarés se fixaient sur les aventuriers de façon à leur donner à réfléchir.

Heureusement que ceux-ci n'étaient pas hommes à se laisser longtemps intimider.

— Hum! fit Valentin en considérant l'animal, j'en étais sûr, voilà un gaillard qui paraît avoir envie de souper avec nous.

— Mon fusil nous fera, au contraire, souper avec lui, répondit don Pablo en riant.

— Gardez-vous bien de lui envoyer une balle, s'écria vivement le chasseur en arrêtant le jeune homme qui épaulait déjà son fusil; un coup de feu tiré en ce lieu fera un fracas épouvantable; nous ne savons pas quels sont les gens qui rôdent autour de nous : ne nous compromettons pas.

— C'est vrai! observa don Pablo. Comment faire alors?

— Cela me regarde, reprit Valentin; prenez ma torche et soyez prêt à m'aider.

Alors, posant sa carabine contre l'une des parois de la grotte, il sortit pendant que le Mexicain restait seul en présence de l'ours qui, ébloui et effrayé par la lumière, restait immobile sans oser s'approcher.

Au bout de quelques minutes, Valentin rentra; il avait été chercher son lasso attaché à la selle de son cheval.

— Maintenant, plantez vos torches dans le sol, afin d'être prêt à tout événement.

Don Pablo obéit.

Le chasseur prépara avec soin le lasso et le fit tournoyer autour de sa tête en sifflant d'une certaine façon.

A cet appel inattendu, l'ours fit pesamment deux ou trois pas en avant.

Ce fut ce qui le perdit.

Le lasso s'échappa des mains du chasseur, le nœud coulant tomba sur les épaules de l'animal, et les deux hommes s'attelant vivement à l'extrémité de la lanière, se rejetèrent en arrière en tirant de toutes leurs forces.

Le pauvre diable de quadrupède, ainsi étranglé et sortant une langue d'un pied de long, trébucha et tomba en se débattant, cherchant en vain avec ses grosses pattes à se débarrasser du collier maudit qui lui serrait la gorge.

Mais les chasseurs ne se laissèrent pas vaincre par les efforts puissants de leur ennemi ; ils redoublèrent leurs secousses et ne lâchèrent le lasso que lorsque l'ours eut enfin rendu le dernier soupir.

— Maintenant, dit Valentin, lorsqu'il se fut assuré que l'animal était bien mort, faites entrer ici les chevaux, don Pablo, pendant que je couperai les pattes de notre ennemi pour les faire cuire sous la cendre tandis que nous causerons.

Lorsque le jeune homme rentra dans la grotte, amenant les deux chevaux, il trouva Valentin, qui avait allumé un grand feu, en train d'écorcher consciencieusement l'ours, dont, ainsi qu'il l'avait dit, les pattes cuisaient doucement sous la cendre.

Don Pablo donna la prébende aux chevaux, puis vint s'asseoir devant le feu auprès de Valentin.

— Eh bien, dit celui-ci en riant, croyez-vous que nous ne sommes pas bien ici pour causer?

— Ma foi, oui, répondit négligemment le jeune homme en tordant entre ses doigts une fine cigarette de maïs avec une dextérité qui semble être particulière à la race espagnole, nous sommes fort bien ; j'attends donc que vous vous expliquiez, mon ami.

— C'est ce que je vais faire, dit le chasseur qui avait fini d'écorcher l'ours et repassait tranquillement son couteau dans sa botte, après toutefois en avoir essuyé la lame avec soin. Depuis combien de temps avez-vous découvert la retraite du Cèdre-Rouge?

A cette question, à laquelle il était si loin de s'attendre, faite ainsi à brûle-pourpoint, sans préparation aucune, le jeune homme tressaillit; une rougeur fébrile envahit son visage, il perdit contenance et ne sut que répondre.

— Mais... balbutia-t-il.

— Depuis un mois à peu près, n'est-ce pas ? continua Valentin sans paraître s'apercevoir du trouble de son ami

— Oui, environ, fit l'autre sans savoir ce qu'il disait.

— Et depuis un mois, reprit imperturbablement Valentin, toutes les nuits vous vous levez d'auprès de votre père pour aller parler d'amour à la fille de celui qui a tué votre sœur?

— Mon ami! fit péniblement le jeune homme.

— Voulez-vous dire que ce n'est pas vrai? reprit durement le chasseur en fixant sur lui un regard qui l'obligea à baisser les yeux; expliquez-vous, don Pablo, j'attends votre justification ; je suis curieux de voir comment vous vous y prendrez, don Pablo, pour me prouver que vous avez raison d'agir comme vous le faites.

Le jeune homme, pendant ces paroles de son ami, avait eu le temps de reprendre, sinon tout, du moins une partie de son sang-froid et de sa présence d'esprit.

— Vous êtes sévère, dit-il; avant de m'accuser, peut-être serait-il bon que vous vous donnassiez la peine d'écouter les raisons que j'ai à vous donner.

— Tenez, mon ami, répondit vivement Valentin, ne détournons pas la question, soyons francs ; ne prenez pas la peine de me raconter votre amour, je le connais aussi bien que vous : je l'ai vu naître et grandir; seulement, permettez-moi de vous dire que je pensais être sûr qu'après l'assassinat de doña Clara cet amour, qui jusque-là avait résisté à tout, aurait cette fois été brisé sans retour. On ne peut aimer ceux qu'on méprise: la fille du Cèdre-Rouge ne doit vous apparaître qu'à travers un nuage sanglant.

— Don Valentin ! s'écria le jeune homme avec douceur, voulez-vous rendre cet ange responsable des crimes d'un scélérat ?

— Je ne discuterai pas avec vous cette fameuse théorie qui pose en principe que les fautes et les crimes sont personnels ; les fautes, oui, peut-être ; mais dans la vie du désert, toute une famille doit être solidaire et responsable des crimes de son chef; sans cela il n'y a plus de sécurité possible pour les honnêtes gens.

— Oh! pouvez-vous parler ainsi!

— Fort bien! changeons de terrain, puisque celui-là vous déplaît, je le veux bien. Vous êtes la nature la plus noble et la plus loyale que je connaisse, don Pablo; vous n'avez jamais eu la pensée de faire d'Ellen votre maîtresse, n'est-ce pas?

— Oh! se récria vivement le jeune homme.

— En voudriez-vous donc faire votre femme? dit Valentin avec un accent incisif en le regardant bien en face.

Don Pablo courba la tête avec désespoir.

— Je suis maudit! s'écria-t-il.

— Non, lui dit Valentin en lui saisissant vivement le bras, vous êtes insensé! Comme tous les jeunes gens, la passion vous domine, vous maîtrise; vous n'écoutez qu'elle, vous méprisez la voix de la raison, et alors vous commettez des fautes qui, au premier moment, peuvent devenir, malgré vous, des crimes.

— Ne parlez pas ainsi, mon ami!

— Vous n'en êtes encore qu'aux fautes, continua imperturbablement Valentin; prenez garde!

— Oh! c'est vous qui êtes fou, mon ami, de me dire ces choses. Croyez-le bien, quelque grand que soit mon amour pour Ellen, jamais je n'oublierai les devoirs que m'impose la position étrange dans laquelle le sort nous a placés.

— Et voici un mois que vous connaissez la retraite du plus implacable ennemi de votre famille et que vous gardez ce secret au fond de votre cœur afin de satisfaire aux exigences d'une passion qui ne peut avoir qu'un résultat honteux pour vous! Vous nous voyez employer vainement tous les moyens en notre pouvoir pour découvrir les traces de notre implacable ennemi, et vous nous trahissez froidement, de propos délibéré, pour quelques paroles d'amour que chaque jour vous trouvez le moyen d'échanger avec une jeune fille, en nous faisant croire que, comme nous, vous vous livrez à des recherches toujours infructueuses. Quel nom donnerez-vous à votre conduite, si ce n'est pas celle d'un traître?

— Valentin, vous m'insultez comme à plaisir; l'amitié que vous avez pour moi ne vous autorise pas à agir ainsi; prenez garde, la patience a des bornes.

Le chasseur l'interrompit par un éclat de rire strident.

— Vous le voyez, enfant, dit-il d'une voix sévère, voilà déjà que vous me menacez!

Le jeune homme se laissa aller sur le sol avec accablement.

— Oh! s'écria-t-il avec désespoir, est-ce assez souffrir!

Valentin le regarda un instant avec une pitié tendre, puis il se pencha vers lui, et le touchant à l'épaule:

— Écoutez-moi, don Pablo, lui dit-il d'une voix douce.

IV

REGARD EN ARRIÈRE

Nous reprendrons maintenant notre récit au point où nous l'avons laissé en terminant les *Pirates des Prairies*.

Pendant le laps de six mois écoulé depuis la mort funeste de doña Clara, certains événements ont eu lieu qu'il est indispensable que le lecteur sache afin de bien comprendre ce qui va suivre.

On se souvient sans doute que la Gazelle-Blanche avait été ramassée évanouie par le Blood's Son auprès du corps du vieux pirate Sandoval.

Le Blood's Son avait jeté la jeune fille en travers sur le cou de son cheval, et s'était élancé à toute bride dans la direction du téocali qui lui servait de refuge et de forteresse.

Nous suivrons ces deux personnages importants, que nous nous reprochons d'avoir trop longtemps négligés.

C'était une chose effrayante à voir que la course effrénée du Blood's Son.

Dans l'ombre de la nuit, le groupe informe du cheval et des deux êtres humains qu'il portait faisait jaillir des étincelles des cailloux de la route.

Les pieds nerveux de l'animal bondissaient en broyant tout ce qu'ils rencontraient, tandis que sa tête allongée fendait l'air.

Ses oreilles étaient rejetées en arrière, et de ses naseaux sortaient des jets de vapeur qui traçaient de longs sillons blanchâtres dans l'espace.

Il allait, poussant des hennissements de douleur et mordant entre ses dents serrées le *bossal* qu'il inondait d'écume, tandis que ses flancs, labourés par l'éperon de son cavalier impatient, ruisselaient de sang et de sueur.

Et plus sa course augmentait de vélocité, plus le Blood's Son le harcelait et cherchait à l'augmenter encore.

Les arbres, les rochers disparaissaient avec une rapidité inouïe de chaque côté du chemin.

La Gazelle-Blanche s'était sentie rappelée à la vie par les mouvements brusques et saccadés que le cheval imprimait à son corps.

Ses longs cheveux traînaient dans la poussière, ses yeux levés au ciel étaient baignés de larmes de désespoir, de douleur et d'impuissance.

Au risque de se briser la tête sur les pierres du chemin, elle faisait d'inutiles efforts pour échapper aux bras de son ravisseur.

Mais celui-ci, fixant sur elle un regard dont l'expression décelait la joie féroce, ne paraissait pas s'apercevoir de l'épouvante qu'il causait à la jeune fille, ou plutôt il semblait y puiser la force d'une volupté indicible.

Ses lèvres contractées demeuraient muettes et laissaient passer de temps à autre un sifflement aigu destiné à redoubler l'ardeur de son cheval, qui, exaspéré par la pression de son cavalier, ne tenait plus pour ainsi dire à la terre et dévorait l'espace comme le coursier fantastique de la ballade allemande de Bürger.

La jeune fille poussa un cri.

Mais ce cri alla se perdre en mornes échos, emporté dans le tourbillon de cette course insensée.

Et le cheval galopait toujours.

Soudain la Gazelle-Blanche, réunissant toutes ses forces, s'élança en avant avec une telle vivacité que déjà ses pieds allaient toucher la terre ; mais le Blood's Son se tenait sur ses gardes, et avant même qu'elle eût repris son équilibre, il se baissa sans arrêter son cheval, et saisissant la jeune fille par les longues tresses de sa chevelure, il l'enleva et la replaça devant lui.

Un sanglot déchira la poitrine de la Gazelle, qui s'évanouit de nouveau.

— Ah! tu ne m'échapperas pas, s'écria le Blood's Son, personne au monde ne viendra te tirer de mes mains.

Cependant aux ténèbres avait succédé le jour.

Le soleil se levait dans toute sa splendeur.

Des myriades d'oiseaux saluaient le retour de la lumière par leurs chants joyeux.

La nature venait de se réveiller gaiement, et le ciel, d'un bleu transparent, promettait une de ces belles journées que le climat béni de ces contrées a seul le privilège d'offrir.

Une fertile campagne, délicieusement accidentée, s'étendait à droite et à gauche de la route, et se confondait à l'horizon à perte de vue.

Le corps inanimé de la jeune fille pendait de chaque côté du cheval, suivant sans résistance tous les mouvements qu'il lui imprimait.

La tête abandonnée et couverte d'une pâleur livide, les lèvres pâles et entr'ouvertes, les dents serrées, les seins nus et la poitrine haletante, elle palpitait sous la large main du Blood's Son qui pesait lourdement sur elle.

Enfin on arriva à une caverne où étaient campés une quarantaine d'Indiens armés en guerre.

Ces hommes étaient les compagnons du Blood's Son.

Il fit un geste.

Un cheval lui fut présenté.

Il était temps : à peine celui qui l'avait amené se fut-il arrêté, qu'il s'abattit, rendant par les naseaux, la bouche et les oreilles, un sang noir et brûlé.

Le Blood's Son se remit en selle, reprit la jeune fille dans ses bras et se remit en route.

— A l'hacienda Quemada¹ ! cria-t-il.

Les Indiens, qui sans doute n'attendaient que la venue de leur chef, imitèrent son exemple.

Bientôt toute la bande, à la tête de laquelle galopait l'inconnu, s'élança enveloppée dans le nuage compact de poussière qu'elle soulevait autour d'elle.

Après cinq heures d'une course dont la rapidité dépasse toute expression, les Indiens virent les hauts clochers d'une ville se dessiner dans les lointains bleuâtres de l'horizon, au-dessous d'une masse de fumée et de vapeurs.

Le Blood's Son et sa troupe étaient sortis du Far West.

Les Indiens obliquèrent légèrement sur la gauche, galopant à travers champs et foulant aux pieds de leurs chevaux, avec une joie méchante, les riches moissons qui les couvraient.

Au bout d'une demi-heure environ, ils atteignirent le pied d'une haute colline qui s'élevait solitaire dans la plaine.

— Attendez-moi ici, dit le Blood's Son en arrêtant son cheval ; quoi qu'il arrive, ne bougez pas jusqu'à mon retour.

Les Indiens s'inclinèrent en signe d'obéissance, et le Blood's Son, enfonçant les éperons aux flancs de son cheval, repartit à toute bride.

Cette course ne fut pas longue.

Lorsque le Blood's Son eut disparu aux regards de ses compagnons, il arrêta son cheval et mit pied à terre.

Après avoir ôté la bride de sa monture, afin que l'animal pût en liberté brouter l'herbe haute et drue de la plaine, l'inconnu reprit dans ses bras la jeune fille qu'il avait un instant posée à terre, où elle était restée étendue sans mouvement, et il commença à monter à pas lents la colline.

C'était l'heure où les oiseaux saluent de leurs derniers concerts le soleil dont le disque ardent, déjà au-dessous de l'horizon, ne répand plus que des rayons obliques et sans clarté. L'ombre envahissait rapidement le ciel.

Cependant, le vent se levait avec une force qui s'accroissait de minute en minute, la chaleur était lourde, de gros nuages noirâtres, frangés de gris, apportés par la brise, couraient pesamment dans l'espace, s'abaissant de plus en plus vers la terre.

Enfin, tout présageait pour la nuit un de ces ouragans comme on en voit seulement dans ces contrées, et qui font pâlir d'effroi les hommes les plus intrépides.

Le Blood's Son montait toujours, portant dans ses bras la jeune fille, dont la tête pâle retombait insensible sur son épaule.

1. La Ferme brûlée.

— Arrêtez ! s'écria-t-elle. Eh quoi ! Nathan, vous avez menacé votre père !

Des gouttes d'eau tiède, et larges comme des piastres, commençaient à tomber par intervalles et à marbrer la terre, qui les buvait immédiatement.

Une odeur âcre et pénétrante s'exhalait du sol et imprégnait l'atmosphère.

Le Blood's Son montait toujours du même pas ferme et lent, la tête basse, les sourcils froncés.

Enfin, il atteignit le sommet de la colline.

Alors, il s'arrêta pour jeter autour de lui un regard investigateur.

En ce moment un éclair éblouissant zébra le ciel, illuminant le paysage d'un reflet bleuâtre, et le tonnerre éclata avec fracas.

— Oui, murmura le Blood's Son avec un accent sinistre et comme répondant à voix haute à une pensée intime, la nature se met à l'unisson de la scène qui va se passer ici ; c'est le cadre du tableau ; l'orage du ciel n'est pas encore aussi terrible que celui qui gronde dans mon cœur ! Allez ! allez ! il me manquait cette mélodie terrible. Je suis le vengeur, moi, et je vais accomplir l'œuvre du démon que je me suis imposée dans une nuit de délire.

Après avoir prononcé ces paroles sinistres, il reprit sa marche, se dirigeant vers un monceau de pierres à demi calcinées, dont les pointes noirâtres perçaient les hautes herbes à peu de distance.

Le sommet de la colline où se trouvait le Blood's Son présentait un aspect d'une sauvagerie inexprimable.

A travers les touffes d'une herbe haute et épaisse, on apercevait des ruines noircies par le feu, des pans de murs, des voûtes à demi écroulées ; puis çà et là des arbres fruitiers, des plans de dahlias, des cèdres et une *noria* ou citerne dont la longue gaule portait encore à son extrémité les restes du seau de cuir qui servait jadis à puiser l'eau.

Au milieu des ruines s'élevait une haute croix de bois noir qui marquait l'emplacement d'une tombe ; au pied de cette croix étaient empilés avec une symétrie lugubre une vingtaine de crânes grimaçants auxquels l'eau du ciel, le vent et le soleil avaient donné le poli et la teinte jaunâtre de l'ivoire. Aux environs de la tombe, des serpents et des lézards, ces hôtes des sépulcres, glissaient silencieusement parmi les herbes, regardant avec leurs yeux ronds et effarés l'étranger qui osait venir troubler leur solitude.

Non loin de la tombe, une espèce de hangar en roseaux entrelacés achevait de se disjoindre, mais offrait encore, dans l'état de délabrement où il se trouvait, un abri précaire aux voyageurs surpris par l'orage.

Ce fut vers ce hangar que se dirigea le Blood's Son.

Au bout de quelques minutes, il l'atteignit et put se garantir de la pluie, qui en ce moment tombait à torrents.

L'orage était dans toute sa fureur ; les éclairs se succédaient sans interruption, le tonnerre roulait avec fracas et le vent fouettait violemment les arbres.

C'était enfin une de ces nuits sinistres pendant lesquelles s'accomplissent ces œuvres sans nom que le soleil ne veut pas éclairer de sa splendide lumière.

Le Blood's Son posa la jeune fille sur un amas de feuilles sèches placé dans un des angles du hangar, et après l'avoir regardée attentivement pendant quelques secondes, il croisa ses bras sur sa poitrine, fronça les sourcils, baissa la tête, et commença à marcher à grands pas de long en large en murmurant à voix basse des mots sans suite.

Chaque fois qu'il passait devant la jeune fille, il s'arrêtait, la couvrait d'un regard d'une expression indéfinissable, et reprenait en secouant la tête sa marche saccadée.

— Allons, dit-il d'une voix sourde, il faut en finir ! Eh quoi ! cette jeune fille si forte, si robuste, est là, pâle, abattue, à demi morte ! Que n'est-ce le Cèdre-Rouge que je tiens ainsi sous mon talon ! Patience, son tour viendra, et alors !

Un sourire sardonique plissa les coins de ses lèvres, et il se pencha sur la jeune fille.

Il souleva doucement sa tête et se prépara à lui faire respirer un flacon qu'il avait sorti de sa ceinture, mais tout à coup il laissa retomber le corps de la Gazelle sur son lit de feuilles, et s'éloigna en poussant un cri d'épouvante.

— Non, dit-il, ce n'est pas possible, je me suis trompé, c'est une illusion, un rêve !

Après un instant d'hésitation, il se rapprocha de la jeune fille et se pencha de nouveau sur elle.

Mais cette fois ses manières avaient complètement changé : autant il avait été brusque et brutal jusque-là, autant il était à présent rempli d'attentions pour elle.

Dans les diverses phases des événements dont la Gazelle avait été la victime, quelques-uns des boutons en diamants qui retenaient son corsage s'étaient détachés et avaient mis à nu sa poitrine ; le Blood's Son avait aperçu pendu à son cou, par une mince chaîne d'or, un scapulaire en velours noir sur lequel étaient brodées en argent deux lettres entrelacées.

C'était la vue de ce chiffre mystérieux qui avait causé au Blood's Son la violente émotion à laquelle il était en proie.

Il prit le scapulaire d'une main tremblante d'impatience, brisa la chaîne et attendit qu'un éclair lui permît une autre fois de voir le chiffre et de s'assurer qu'il ne s'était pas trompé.

Son attente ne fut pas longue : au bout de quelques secondes à peine, un éclair éblouissant illumina la colline.

Le Blood's Son regarda.

Il était convaincu : ce chiffre était bien celui qu'il avait cru voir.

Il se laissa tomber sur la terre, appuya sa tête dans ses mains et réfléchit profondément.

Une demi-heure se passa sans que cet homme à l'âme si fortement trempée sortît de son immobilité de statue.

Lorsqu'il releva la tête, deux larmes sillonnaient son visage bronzé.

— Oh ! ce doute est affreux ! s'écria-t-il ; coûte que coûte, je veux en sortir ; il faut que je sache enfin ce que je puis espérer.

Et se redressant fièrement de toute sa hauteur, il marcha d'un pas ferme et assuré vers la jeune fille, toujours étendue sans mouvement.

Alors, ainsi que nous l'avons vu une fois déjà auprès de Schaw, il déploya pour rappeler la Gazelle-Blanche à la vie les moyens inconnus qui lui avaient si bien réussi auprès du jeune homme.

Mais la pauvre enfant avait été soumise à de si rudes épreuves depuis deux jours que tout semblait brisé en elle. Malgré les soins empressés du Blood's Son, elle conservait toujours cette rigidité des cadavres si effrayante ; tous les remèdes étaient impuissants.

L'inconnu se désespérait du mauvais résultat de ses tentatives pour rappeler la jeune fille à la vie.

— Oh! s'écriait-il à chaque instant, elle ne peut être morte; Dieu ne le permettrait pas!

Et il recommençait à employer ces moyens dont l'inefficacité lui était cependant démontrée.

Tout à coup il se frappa le front avec violence.

— Je suis fou, dit-il.

Et, fouillant vivement dans sa poitrine, il tira d'une poche de son dolman un flacon de cristal rempli d'une liqueur rouge comme du sang; il déboucha le flacon, desserra avec son poignard les dents de la jeune fille, et laissa tomber dans sa bouche deux gouttes de cette liqueur.

L'effet en fut subit.

Les traits se détendirent, une couleur rosée envahit le visage, la Gazelle-Blanche entr'ouvrit faiblement les yeux et murmura d'une voix brisée :

— Mon Dieu! où suis-je?

— Elle est sauvée! fit le Blood's Son avec un soupir de joie en essuyant la sueur qui inondait son front.

Cependant, au dehors, l'orage était dans toute sa fureur.

Le vent secouait avec rage le misérable hangar, la pluie tombait à torrents, et le tonnerre roulait dans les abîmes du ciel avec un fracas horrible.

— Une belle nuit pour une reconnaissance! murmura le Blood's Son.

V

L'HACIENDA QUEMADA

C'était un groupe étrange que celui formé par cette charmante créature et ce rude coureur des bois, au sommet de cette colline dévastée, troublée par la foudre et illuminée d'éclairs fulgurants.

La Gazelle-Blanche était retombée pâle et inanimée.

Le Blood's Son scruta de l'œil les profondeurs de la nuit, et, rassuré par le silence, il se pencha une autre fois sur la jeune fille.

Pâle comme un beau lis abattu par la tempête, les yeux fermés, la pauvre enfant ne respirait plus.

L'inconnu la souleva dans ses bras nerveux et la transporta auprès d'un pan de mur ruiné, au pied duquel il avait étendu son zarapé; il la posa avec précaution sur cette couche moins dure. La tête de la jeune fille se pencha, insensible, sur son épaule.

Alors il la considéra longuement.

La douleur et la pitié étaient peintes sur le visage du Blood's Son.

Lui, dont la vie n'avait été jusqu'alors qu'un long drame, qui n'avait nulle croyance dans le cœur, qui ignorait les doux sentiments et les secrètes sympathies, lui, le vengeur, le tueur d'Indiens, il était ému et sentait quelque chose de nouveau se remuer dans ses entrailles.

Deux grosses larmes coulèrent sur ses joues bronzées.

— Mon Dieu! serait-elle morte? s'écria-t-il avec découragement. Oh! ajouta-t-il, j'ai été lâche et cruel envers cette faible créature, et Dieu me punit.

Le nom de Dieu, qui ne lui servait qu'à blasphémer, il le prononça presque avec respect.

C'était une sorte de prière, un cri de son cœur; cet homme indomptable était enfin convaincu, il croyait.

— Comment la secourir? se demandait-il.

L'eau, qui continuait à tomber par torrents et inondait la jeune fille, finit par la ranimer.

Elle entr'ouvrit les yeux en murmurant d'une voix éteinte:

— Où suis-je? Que s'est-il donc passé? Oh! j'ai cru mourir.

— Elle parle, elle vit, elle est sauvée! s'écria le Blood's Son.

— Qui est là? s'écria-t-elle en se relevant avec peine.

A la vue du brun visage du chasseur, elle eut un mouvement d'effroi, referma les yeux et retomba accablée.

Elle commençait à se souvenir.

— Rassurez-vous, mon enfant, dit le Blood's Son en adoucissant le timbre rude de sa voix; je suis votre ami.

— Mon ami, vous! s'écria-t-elle; que signifie ce mot dans votre bouche?

— Oh! pardonnez-moi, j'étais fou, je ne savais ce que je faisais.

— Vous pardonner! pourquoi? Ne suis-je pas née pour la douleur?

— Comme elle a dû souffrir! murmura le Blood's Son.

— Oh! oui, continua-t-elle, parlant comme dans un rêve, oui, j'ai bien souffert. Ma vie, quoique je sois bien jeune encore, n'a été jusqu'à présent qu'une longue souffrance... Pourtant autrefois, il y a longtemps, bien longtemps, je me souviens d'avoir été heureuse, hélas! Mais la pire douleur en ce monde, c'est un souvenir de bonheur dans l'infortune.

Un soupir s'échappa de sa poitrine oppressée, elle laissa tomber sa tête dans ses mains et pleura.

Le Blood's Son, comme suspendu à ses lèvres, écoutait et la contemplait.

Cette voix, ces traits, tout ce qu'il voyait et entendait faisait grandir le soupçon dans son cœur, et peu à peu le changeait en certitude.

— Oh! parlez! parlez encore! reprit-il avec tendresse. Que vous rappelez-vous de vos jeunes années?

La jeune fille le regarda, un sourire amer crispa ses lèvres.

— Pourquoi, dans le malheur, songer aux joies passées? dit-elle en secouant la tête avec tristesse.

— Oh! fit-il avec horreur, pouvez-vous avoir cette pensée! Hélas! j'ai été bien coupable envers vous, je le reconnais, pardonnez-moi! Pardonnez-moi, je vous en conjure! Je donnerais ma vie pour vous épargner une douleur.

La Gazelle-Blanche considérait avec un étonnement mêlé de frayeur cet homme presque prosterné devant elle, et dont le rude visage ruisselait de larmes ; elle ne comprenait rien à ses paroles, après la façon dont jusqu'alors il avait agi envers elle.

— Hélas! murmura-t-elle, mon histoire est celle de tous les infortunés; il fut un temps où, comme les autres enfants, j'avais des chants d'oiseaux pour bercer mon sommeil, des fleurs qui, au réveil, me souriaient; j'avais aussi une sœur qui partageait mes jeux, et une mère qui m'aimait et m'embrassait. Tout cela a fui pour toujours.

Le Blood's Son avait relevé deux perches couvertes de peaux, afin d'abriter la jeune fille contre l'orage qui s'apaisait par degrés.

Elle le regardait faire.

— Je ne sais pourquoi, dit-elle avec mélancolie, j'éprouve le besoin de me confier à vous qui pourtant m'avez fait tant de mal! D'où vient ce sentiment que votre vue me fait éprouver? Je devrais vous haïr.

Elle n'acheva pas et se cacha la tête dans ses mains en sanglotant.

— C'est Dieu qui permet qu'il en soit ainsi, pauvre enfant, répondit le Blood's Son en levant les yeux vers le ciel et en faisant le signe de la croix avec ferveur.

— Peut être, reprit-elle doucement. Eh bien! écoutez; je veux, quoi qu'il arrive, soulager mon cœur. Un jour, je jouais sur les genoux de ma mère, mon père était auprès de nous avec ma sœur; tout à coup un cri horrible retentit à la porte de notre hacienda : les Indiens Apaches nous attaquaient. Mon père était un homme résolu, il saisit ses armes et se précipita aux murailles. Que se passa-t-il alors? Je ne saurais le dire. J'avais cinq ans à peine à cette époque, et la scène terrible à laquelle j'assistai est enveloppée dans ma mémoire sous un voile sanglant; je me souviens seulement que ma mère, qui pleurait en nous embrassant, tomba tout à coup dans les bras de ma sœur et de moi en nous inondant de sang. Ce fut en vain que je cherchai à la ranimer par mes caresses : elle était morte.

Il y eut un silence.

Le Blood's Son écoutait avidement ce récit, le front pâle, les sourcils froncés, serrant convulsivement le canon de son rifle et essuyant par intervalles la sueur qui coulait sur son visage.

— Continuez, enfant, murmura-t-il.

— Je ne me rappelle plus rien. Des hommes semblables à des démons s'élancèrent dans l'hacienda, s'emparèrent de ma sœur et de moi, puis ils s'éloignèrent de toute la vitesse de leurs chevaux. Hélas! depuis cette époque je n'ai plus revu le visage si doux de ma mère, le sourire si bon de mon père; j'étais seule désormais au milieu des bandits qui m'avaient enlevée.

— Mais votre sœur, enfant, votre sœur, que devint-elle?

— Je ne sais; une violente querelle s'éleva entre nos ravisseurs, il y eut du sang versé. A la suite de cette querelle, ils se séparèrent. Ma sœur fut emmenée d'un côté, moi de l'autre : jamais je ne l'ai revue.

Le Blood's Son sembla faire un effort sur lui-même, puis, fixant ses yeux attendris sur la jeune fille :

— Mercédès! Mercédès! s'écria-t-il avec explosion, est-ce bien toi? est-ce donc toi que je retrouve après tant d'années?

La Gazelle-Blanche releva vivement la tête.

— Mercédès ! s'écria-t-elle, c'est le nom que me donnait ma mère.

— C'est moi ! moi, Stefano, ton oncle, le frère de ton père ! fit le Blood's Son, presque fou de joie en la serrant sur sa poitrine.

— Stefano ! mon oncle ! Oui ! oui ! Je me souviens ! je sais !...

Elle tomba inanimée dans les bras du Blood's Son.

— Misérable que je suis, je l'ai tuée !... Mercédès, ma fille chérie, reviens à toi !...

La jeune fille rouvrit les yeux et se jeta au cou du Blood's Son en pleurant de joie.

— Oh ! mon oncle ! mon oncle ! j'ai donc une famille enfin ! Mon Dieu ! merci.

Le visage du chasseur devint grave.

— Tu as raison, enfant, dit-il ; remercie Dieu, car c'est lui qui a tout fait et qui a voulu que je te retrouvasse sur la tombe même de ceux que tous deux nous pleurons depuis si longtemps.

— Que voulez-vous dire, mon oncle ? demanda-t-elle avec étonnement.

— Suis-moi, ma fille, répondit le coureur des bois, suis-moi et tu vas le savoir.

La jeune fille se leva péniblement, s'appuya sur son bras et le suivit. A l'accent de la voix de don Stefano, Mercédès comprit que son oncle avait une révélation importante à lui faire.

Ils ne marchaient qu'avec difficulté dans les ruines obstruées par les hautes herbes et les plantes grimpantes.

Arrivés auprès de la croix, le Blood's Son s'arrêta.

— A genoux, Mercédès, lui dit-il d'une voix triste ; c'est ici qu'il y a quinze ans ton père et ta mère ont été, dans une nuit semblable à celle-ci, ensevelis par moi.

La jeune fille se laissa tomber à genoux sans répondre ; don Stefano l'imita.

Tous deux prièrent longtemps avec des larmes et des sanglots. Enfin ils se relevèrent.

Le Blood's Son fit signe à la jeune fille de s'asseoir au pied de la croix, prit place à ses côtés, et, après avoir passé la main sur son front comme pour rassembler ses idées, il prit la parole d'une voix sourde, avec un accent que, malgré toute sa résolution, la douleur faisait trembler.

— Ecoute bien, enfant, dit-il, car ce que tu vas entendre servira peut-être à nous faire retrouver, s'ils existent encore, les meurtriers de ton père et de ta mère.

— Parlez, mon oncle, répondit la jeune fille d'une voix ferme ; oui, vous avez raison, c'est Dieu qui a voulu que notre reconnaissance s'opérât ainsi ; soyez persuadé qu'il ne permettra pas que les meurtriers demeurent impunis plus longtemps.

— Ainsi soit-il ! fit don Stefano. Il y a quinze ans que j'attends patiemment l'heure de la vengeance. Dieu me soutiendra, je l'espère, jusqu'au moment où elle sonnera. Ton père et moi, nous habitions au lieu où nous sommes en ce moment ; cette colline était occupée par une vaste hacienda que nous avions fait construire ; les champs environnants nous appartenaient et étaient défrichés par deux cents peones à notre solde. Dieu bénissait notre travail, qui prospérait ; tout le monde nous aimait et nous respectait dans la contrée, car notre habitation était toujours ouverte à ceux que frappait le malheur. Mais si nos compatriotes nous estimaient et applaudissaient à nos efforts, les maîtres d'une hacienda voisine nous avaient, en revanche, voué une haine implacable. Pour quelle raison? voilà ce que je ne pus jamais parvenir à savoir. Était-ce jalousie, basse envie? Toujours est-il que ces gens nous haïssaient. Ces hommes, il étaient trois, n'étaient pas nos compatriotes, ils n'appartenaient pas à la race espagnole : c'étaient des Américains du Nord, ou du moins, car jamais je ne me suis trouvé en rapport avec eux, et je ne puis l'affirmer, l'un d'eux au moins était réellement Américain du Nord et se nommait Wilke. Cependant, bien que la haine qui nous séparait fût vive, elle était sourde, et rien ne portait à supposer qu'elle dût jamais éclater au grand jour. Sur ces entrefaites, des affaires importantes m'obligèrent à un voyage de quelques jours. Ton père et moi, pauvre enfant, nous ne pouvions nous séparer, un secret pressentiment semblait nous avertir. Je partis. Lorsque je revins, l'hacienda était détruite de fond en comble, quelques pans de murs seuls fumaient encore, mon frère et toute notre famille, ainsi que nos serviteurs, avaient été massacrés.

Le Blood's Son s'arrêta.

— Terminez ce triste récit, mon oncle, dit la jeune fille d'une voix brève ; il faut que je sache bien tout afin de prendre la moitié de votre vengeance.

— C'est juste, répondit don Stefano ; mais je n'ai presque plus rien à dire et je serai bref : pendant une nuit tout entière je parcourus ces ruines fumantes cherchant les cadavres de ceux que j'avais aimés, puis, lorsqu'après des peines infinies je fus parvenu à les retrouver, je les enterrai pieusement, et sur leur tombe je fis le serment de les venger. Ce serment, je l'ai religieusement tenu depuis quinze ans ; malheureusement, si j'ai frappé bien des coupables, jusqu'à présent, par une fatalité inouïe, les chefs m'ont toujours échappé ; car, malgré tous mes efforts, jamais je n'ai pu les atteindre. Ton père, que j'avais recueilli mourant, avait expiré entre mes bras sans pouvoir me nommer ses assassins, et si j'ai de fortes raisons d'accuser Wilke et ses compagnons, aucune preuve n'est encore venue corroborer mes doutes, et les noms des coupables me sont inconnus. Avant-hier seulement, lorsque tomba ce misérable Sandoval, je crus avoir enfin découvert l'un d'eux.

— Vous ne vous êtes pas trompé, mon oncle, cet homme était en effet un de nos ravisseurs, répondit Mercédès d'une voix ferme.

— Et les autres ? demanda vivement don Stefano.

— Les autres ! je les connais, mon oncle.

A cette révélation, don Stefano poussa un cri qui ressemblait à un rugissement de bête fauve.

— Enfin ! s'écria-t-il avec une telle explosion de joie que la jeune fille en fut presque effrayée.

— Maintenant, mon oncle, reprit-elle, permettez-moi de vous adresser une question, puis après je répondrai aux vôtres, si vous avez à m'en faire.

Un sanglot déchira la poitrine de la Gazelle qui s'évanouit de nouveau.

— Parle, enfant.
— Pourquoi vous êtes-vous emparé de moi et m'avez-vous amenée ici ?
— Parce que je te croyais la fille de ce Sandoval, et que je voulais t'immoler sur la tombe de ses victimes, répondit le Blood's Son d'une voix tremblante.
— Vous n'aviez donc pas entendu ce que cet homme me disait ?

— Non; en te voyant penchée sur lui, je croyais que tu l'aidais à mourir. Ton évanouissement, que j'attribuai à la douleur, n'a fait qu'augmenter ma certitude; voilà pourquoi je m'élançai vers toi dès que je te vis tomber...

— Mais cette lettre que vous m'avez prise, cette lettre vous aurait tout révélé.

— Eh! penses-tu donc, enfant, que je me suis donné la peine de la lire? Non, je ne t'ai reconnue qu'à ce rosaire pendu à ton cou.

— Allons! allons! fit la jeune fille d'un accent convaincu, le doigt de Dieu est dans tout ceci; c'est bien réellement lui qui a tout dirigé.

— Maintenant à ton tour, Mercédès, nomme-moi les assassins.

— Donnez-moi d'abord la lettre, mon oncle.

— La voilà, dit-il en la lui remettant.

La jeune fille la prit vivement et la déchira en parcelles imperceptibles.

Le Blood's Son la regardait faire sans rien comprendre à son action; lorsque le dernier morceau de papier eut disparu enlevé par la brise, la jeune fille se tourna vers son oncle.

— Vous voulez savoir les noms des assassins de mon père, mon oncle, n'est-ce pas?

— Oui.

— Vous tenez à ce que la vengeance, que depuis si longtemps vous poursuivez, ne vous échappe pas maintenant que vous êtes sur le point de l'atteindre?

— Oui.

— Enfin, vous voulez accomplir votre serment jusqu'au bout?

— Oui; mais pourquoi toutes ces questions? demanda-t-il avec impatience.

— Je vais vous le dire, mon oncle, répondit-elle en redressant la tête avec une résolution étrange: c'est que moi aussi j'ai fait un serment, et je ne veux pas le fausser.

— Et ce serment?

— C'est celui de venger mon père et ma mère; pour que je l'accomplisse, il faut que je sois libre d'agir à ma guise; voilà pourquoi je ne vous révélerai ces noms que lorsqu'il en sera temps: aujourd'hui je ne puis le faire.

Une telle résolution brillait dans l'œil noir de la jeune fille, que le Blood's Son renonça à l'amener à faire ce qu'il désirait; il comprit que toute instance de sa part serait inutile.

— C'est bien, répondit-il; qu'il en soit donc ainsi, mais tu me jures...

— Que vous saurez tout quand l'instant sera venu! fit-elle en étendant la main droite vers la croix.

— Cette parole me suffit; mais puis-je au moins savoir ce que tu comptes faire?

— Jusqu'à un certain point, oui.

— J'écoute.

— Vous avez un cheval?

— Il est au bas de la colline.

— Amenez-le-moi, mon oncle, et laissez-moi partir ; surtout que tout le monde ignore les liens qui nous unissent.

— Je serai muet.

— Quoi que vous voyiez, quoi que vous entendiez, quelque chose qu'on vous rapporte sur mon compte, ne croyez rien, ne vous étonnez de rien ; dites-vous que j'agis dans l'intérêt de notre commune vengeance, car cela seulement sera vrai.

Don Stefano secoua la tête.

— Tu es bien jeune, enfant, pour une si rude tâche, dit-il.

— Dieu m'aidera, mon oncle, répondit-elle avec un éclair dans le regard. Cette tâche est juste et sainte, car je veux la punition des assassins de mon père.

— Enfin, reprit-il, que ta volonté soit faite! Tu l'as dit, cette tâche est juste et sainte, et je ne me reconnais pas le droit de t'empêcher de l'accomplir.

— Merci, mon oncle, fit la jeune fille avec sentiment ; et maintenant, tandis que je prierai sur la tombe de mon père, amenez-moi votre cheval afin que je me mette en route sans retard.

Le Blood's Son s'éloigna sans répondre.

La jeune fille tomba à genoux au pied de la croix.

Une demi-heure plus tard, après avoir tendrement embrassé don Stefano, elle montait à cheval et s'élançait au galop dans la direction du Far West.

Le Blood's Son la suivit des yeux tant qu'il lui fut possible de l'apercevoir dans les ténèbres ; puis, lorsqu'elle eut enfin disparu, il se laissa à son tour glisser sur la tombe, en murmurant d'une voix sourde :

— Réussira-t-elle?... qui sait! ajouta-t-il avec un accent impossible à rendre.

Il pria jusqu'au jour.

Aux premiers rayons du soleil le Blood's Son rejoignit ses compagnons, et regagna, lui aussi, le Far West.

VI

LES APACHES

Au coup de feu tiré par Pedro Sandoval, en guise de péroraison à sa trop longue histoire, ainsi que nous l'avons dit, les Apaches, qui jusqu'à ce moment s'étaient tenus hors de portée de la voix, accoururent en toute hâte.

Le Cèdre-Rouge s'élança à la poursuite du Blood's Son, mais inutilement ; il ne put l'atteindre et fut forcé de rejoindre ses compagnons.

Ceux-ci s'occupaient déjà des préparatifs de l'inhumation du vieux pirate, dont ils ne voulaient pas laisser le corps exposé à être dévoré par les bêtes fauves et les oiseaux de proie.

Pedro Sandoval était très aimé des Apaches, avec lesquels il avait longtemps vécu, et qui, en maintes circonstances, avaient pu apprécier son courage et surtout ses talents comme maraudeur.

Stanapat avait rallié sa troupe et se trouvait à la tête d'une certaine quantité de guerriers résolus.

Il les divisa en deux bandes, puis s'approcha du Cèdre-Rouge.

— Mon frère veut-il écouter les paroles d'un ami? lui dit-il.

— Que mon père parle; bien que mon cœur soit triste, mes oreilles sont ouvertes, répondit le squatter.

— Bon, reprit le chef; que mon frère prenne une partie de mes jeunes hommes et se mette sur la piste des Faces-Pâles, moi je rendrai au guerrier blanc les devoirs qui lui sont dus.

— Puis-je ainsi abandonner un ami avant que son corps soit rendu à la terre?

— Mon frère sait ce qu'il doit faire, seulement les Faces-Pâles s'éloignent rapidement.

— Vous avez raison, chef; je pars, mais je vous laisse vos guerriers; mes compagnons me suffiront. Où vous retrouverai-je?

— Au téocali du Blood's Son.

— Bon; mon frère y sera bientôt?

— Dans deux jours.

— Le deuxième soleil me retrouvera avec tous mes guerriers auprès du sachem.

Stanapat inclina la tête sans répondre.

Le Cèdre-Rouge s'approcha du corps de Sandoval, se baissa, et saisissant la main du mort:

— Adieu, frère, lui dit-il; pardonne-moi de ne pas assister à tes funérailles, mais un devoir important me réclame: je vais te venger. Adieu, mon vieux compagnon, repose en paix; tes ennemis ne compteront plus désormais de longs jours; adieu!

Après cette oraison funèbre, le squatter fit un signe à ses compagnons, salua une dernière fois Stanapat et s'éloigna au galop, suivi des autres pirates.

Lorsqu'ils eurent vu leurs alliés disparaître, les Apaches reprirent la cérémonie des funérailles, interrompue pendant la conversation de leur chef et du pirate.

Stanapat se chargea de laver le corps, de peindre le visage du mort de diverses couleurs, pendant que les autres Indiens l'entouraient en se lamentant et que quelques-uns, dont la douleur était plus forte ou plus exagérée, se faisaient des incisions sur les bras, ou d'un coup de leurs coutelas se tranchaient une phalange de l'un des doigts de la main gauche en signe de deuil.

Lorsque tout fut prêt, le sachem se plaça à côté de la tête du cadavre, et s'adressant aux assistants:

— Pourquoi pleurez-vous? leur dit-il, pourquoi vous lamentez-vous? Voyez, je ne pleure pas, moi, son ami le plus ancien et le plus dévoué. Il est allé dans l'autre pays, le Wacondah l'a rappelé à lui; mais si nous ne pouvons le faire revenir parmi nous, notre devoir est de le venger! Les Faces-Pâles l'ont tué, nous tuerons le plus de Faces-Pâles qu'il nous sera possible, afin qu'ils l'accompagnent, lui fassent cortège, s'attachent à son service, et qu'il arrive près du Wacondah comme un guerrier renommé doit y paraître ! Mort aux Faces-Pâles !

— Mort aux Faces-Pâles ! crièrent les Indiens en brandissant leurs armes.

Le chef détourna la tête et un sourire de dédain plissa ses lèvres blêmes à cette explosion enthousiaste.

Mais ce sourire n'eut que la rapidité d'un éclair. Reprenant aussitôt l'impassibilité indienne, Stanapat, avec tout le décorum usité en pareil cas, revêtit le cadavre, à la manière des Peaux-Rouges, des plus belles robes que l'on trouva et des plus riches couvertures.

Le corps fut ensuite placé assis dans la fosse creusée pour lui, dont le fond et les côtés avaient été garnis de bois ; on y ajouta un mors, un fouet, des armes et quelques autres objets, puis on jeta de la terre par-dessus en ayant bien soin de le recouvrir de grosses pierres, afin que les coyotes ne vinssent point déterrer le cadavre.

Ce devoir accompli, sur un signe de leur chef, les Apaches remontèrent à cheval et prirent au galop le chemin qui conduisait au téocali du Blood's Son, sans plus songer au compagnon dont ils venaient de se séparer pour toujours, que s'il n'eût jamais existé.

Les Apaches marchèrent trois jours; le soir du quatrième, après une journée fatigante à travers les sables, ils firent halte à une lieue au plus du Rio Gila, dans un bois touffu au milieu duquel ils se cachèrent.

Dès que le camp fut établi, Stanapat expédia des éclaireurs dans différentes directions afin de savoir si les autres détachements de guerre des nations alliées étaient proches et afin de tâcher en même temps de découvrir les traces du Cèdre-Rouge.

Les sentinelles posées, car diverses tribus belliqueuses du Far West se gardent avec grand soin lorsqu'elles sont sur le sentier de la guerre, Stanapat visita tous les postes et se prépara à écouter le rapport des éclaireurs, dont plusieurs étaient déjà de retour.

Les trois premiers Indiens qu'il interrogea ne lui annoncèrent rien d'intéressant ; ils n'avaient rien découvert.

— Bon! fit le chef, la nuit est sombre, mes jeunes gens ont des yeux de taupe, demain, au lever du soleil, ils verront plus clair; qu'ils dorment cette nuit. Au point du jour ils repartiront, et peut-être découvriront-ils quelque chose. Il fit un geste de la main pour congédier les éclaireurs.

Ceux-ci s'inclinèrent respectueusement devant le chef et se retirèrent en silence.

Un seul demeura impassible et immobile comme si ces paroles n'avaient pas été adressées à lui aussi bien qu'aux autres. Stanapat se tourna vers lui, après l'avoir considéré un instant :

— Mon fils l'*Élan-Rapide* ne m'a pas entendu, sans doute ? dit-il ; qu'il rejoigne ses compagnons.

— L'Élan-Rapide a entendu son père, répondit froidement l'Indien
— Alors, pourquoi reste-t-il ici ?
— Parce qu'il n'a pas dit ce qu'il a vu et que ce qu'il a vu est important pour le chef.
— *Oodh !* fit Stanapat. Et qu'a donc vu mon fils que ses compagnons n'ont pas découvert ?
— Les guerriers étaient en quête d'un autre côté ; voilà pourquoi ils n'ont point aperçu de piste.
— Et mon fils en a trouvé une ?
L'Élan-Rapide inclina affirmativement la tête.
— J'attends que mon fils s'explique, reprit le chef.
— Les Faces-Pâles sont à deux jets de flèche du camp de mon père, répondit l'Indien laconiquement.
— Oh ! oh ! fit le chef avec doute, cela me semble fort.
— Mon père veut-il voir ?
— Je veux voir, dit Stanapat en se levant.
— Que mon père me suive et il verra bientôt.
— Allons.

Les deux Indiens se mirent en route. L'Élan-Rapide fit traverser le bois au sachem et, arrivé sur les bords du fleuve, il lui montra à peu de distance un rocher dont la noire silhouette s'élevait silencieuse et sombre sur la rive du Gila.

— Ils sont là, dit-il en étendant le bras dans la direction du rocher.
— Mon fils les a vus ?
— Je les ai vus.
— Ceci est la roche du Bison-Fou, si je ne me trompe, reprit le chef.
— Oui, répondit l'Indien.
— Oh ! la position sera difficile à enlever, murmura le sachem en examinant avec soin le rocher.

Cet endroit se nommait, en effet, le rocher ou la colline de Bison-Fou. Voici pour quelle raison on lui avait donné ce nom que, du reste, il porte encore :

Les Comanches eurent, il y a une cinquantaine d'années, un chef fameux qui fit de sa tribu la nation la plus guerrière et la plus redoutée de toutes les tribus du Far West. Ce chef, qui se nommait *Stomich-Wash-in-Ghu* ou le Bison-Fou, était non seulement un grand guerrier, mais surtout encore un grand politique. A l'aide du secret de certains poisons, mais surtout de l'arsenic qu'il avait acheté pour des fourrures à des marchands blancs, il était parvenu, en tuant traîtreusement ceux qui lui étaient opposés, à inspirer à tous ses sujets une crainte superstitieuse sans bornes.

Lorsqu'il sentit la mort venir et qu'il comprit que sa dernière heure était arrivée, il désigna le lieu qu'il avait choisi pour sa sépulture.

C'était une colonne pyramidale de granit et de sable d'environ 145 mètres de hauteur.

Cette colonne domine au loin le cours de la rivière qui en lave le pied, et, après avoir fait des méandres sans nombre dans la plaine, revient passer tout auprès. Le Bison-Fou ordonna que sa tombe fût élevée au sommet de cette colline où il avait coutume de venir s'asseoir.

On exécuta ses dernières volontés avec cette fidélité que les Indiens mettaient à ces sortes de choses.

Son cadavre fut placé au sommet de la colline, à cheval sur son plus beau coursier; par-dessus tous les deux on éleva un monticule. Un bâton enfoncé dans le tombeau supportait la bannière du chef et les scalpes nombreux que, dans les combats, il avait enlevés à ses ennemis.

Aussi la montagne du Bison-Fou est-elle un objet de vénération pour les Indiens, et lorsqu'un Peau-Rouge va pour la première fois suivre le sentier de la guerre, il vient raffermir son courage en contemplant cette cime enchantée qui renferme le squelette du guerrier indien et de son cheval.

Le chef examinait attentivement la colline ; c'était en effet une formidable position.

Les blancs l'avaient encore fortifiée autant que cela leur avait été possible, en coupant les arbres les plus gros qu'ils avaient trouvés et en élevant d'épaisses palissades garnies de pieux taillés en pointe, et défendues par un fossé circulaire large de six mètres dans toute sa longueur. Ainsi armée, la colline devenait une véritable forteresse imprenable, à moins d'un siège en règle.

Stanapat rentra dans le bois, suivi de son compagnon, et regagna le campement.

— Le chef est-il satisfait de son fils? demanda l'Indien avant de se retirer.

— Mon fils a les yeux du tapir, rien ne lui échappe.

L'Élan-Rapide sourit avec orgueil en s'inclinant.

— Mon fils, continua le chef d'une voix insinuante, connaît-il les Faces-Pâles qui se sont retranchés sur la colline du Bison-Fou ?

— L'Élan-Rapide les connaît, répondit l'Indien.

— *Ooooh !* fit le sachem. Mon fils ne se trompe pas? il a bien reconnu les pistes ?

— L'Élan-Rapide ne se trompe jamais, répondit l'Indien d'une voix ferme, c'est un guerrier renommé.

— Mon fils a raison, qu'il parle.

— Le chef pâle qui s'est emparé du rocher du Bison-Fou est le grand chasseur blanc que les Comanches ont adopté et qui se fait appeler Koutonepi.

Stanapat ne put réprimer un mouvement de surprise.

— *Oooh !* s'écria-t-il, il serait possible ! Mon fils est positivement sûr que Koutonepi est réellement retranché au sommet de la colline ?

— Sûr ! répondit l'Indien sans hésiter.

Le chef fit signe à l'Indien de se retirer, et, laissant tomber sa tête dans ses mains, il réfléchit profondément.

L'Apache avait bien vu : c'était en effet Valentin Guillois et ses compagnons qui se trouvaient sur le rocher.

Après la mort de doña Clara, le Français et ses amis s'étaient élancés à la poursuite du Cèdre-Rouge, sans attendre, dans leur soif de vengeance, que le tremblement de terre fût complètement terminé et que la terre eût repris sa marche ordinaire.

Valentin, avec cette expérience du désert qu'il possédait si bien, avait, le soir précédent, dépisté un parti d'Apaches, et, ne se souciant pas de lutter contre eux en plaine découverte, à cause de la faiblesse numérique de sa troupe, il avait gravi la colline, résolu à se défendre contre ceux qui oseraient l'attaquer dans cette inexpugnable retraite.

Dans un de ses nombreux voyages à travers les prairies, le Français avait remarqué cette roche dont la position était si forte qu'il était facile d'y tenir contre des ennemis en nombre même considérable. Il s'était promis d'utiliser ce lieu si quelque jour les circonstances l'obligeaient à chercher un abri formidable.

Sans perdre de temps, les chasseurs s'étaient fortifiés. Dès que les retranchements avaient été terminés, Valentin était monté sur le sommet du tombeau du Bison-Fou et avait regardé avec attention dans la plaine.

On était alors à peu près à la moitié du jour. A la hauteur où se trouvait le Français, il découvrait une immense étendue de terrain.

La prairie et la rivière étaient désertes; rien ne paraissait à l'horizon, si ce n'est çà et là quelques troupes de buffles et de bisons, les uns broutant l'herbe épaisse, les autres nonchalamment couchés.

Le chasseur éprouva un sentiment de joie indicible en croyant reconnaître que sa piste était perdue par les Apaches et qu'il avait le temps nécessaire afin de tout préparer pour une vigoureuse défense.

Il s'occupa d'abord de garnir son camp de vivres pour ne pas être pris par la famine, si, comme il le supposait, il allait bientôt être attaqué.

Ses compagnons et lui firent donc une grande chasse aux bisons; à mesure qu'on les tuait, leur chair était coupée en lanières très minces, que l'on étendait sur des cordes pour les sécher au soleil et faire ce que dans les pampas on nomme du *charqué*.

La cuisine fut établie dans une grotte naturelle qui se trouva dans l'intérieur des retranchements. Il fut ainsi facile de faire du feu sans crainte d'être découvert, car la fumée se perdait par un nombre infini de fissures qui la rendaient imperceptible.

Les chasseurs passèrent la nuit à faire des outres avec des peaux de bisons; ils enduisirent les coutures de graisse, afin qu'elles ne laissassent pas filtrer le liquide, et ils eurent en peu de temps une provision considérable d'eau.

Au lever du soleil, Valentin remonta à son observatoire, et jeta un long regard dans la plaine afin de s'assurer que le désert conservait son calme et sa solitude.

— Pourquoi nous avez-vous donc fait percher comme des écureuils sur ce rocher? lui demanda tout à coup le général Ibañez.

Valentin étendit le bras.

— Regardez! lui répondit-il; que voyez-vous là bas?

— Hum! pas grand'chose, un peu de poussière, je crois, fit insoucieusement le général.

Les Apaches saisirent leurs armes, se formèrent en file indienne, et ils s'engagèrent dans les fourrés.

— Ah! reprit Valentin, fort bien, mon ami; et savez-vous ce qui occasionne cette poussière?
— Ma foi non, je vous l'avoue.
— Eh bien, moi, je vais vous le dire: ce sont les Apaches.
— *Caramba!* Vous ne vous trompez pas?
— Vous verrez bientôt.

— Bientôt! se récri le général. Supposez-vous donc qu'ils se dirigent de ce côté?

— Au coucher du soleil ils seront ici.

— Hum! Vous avez bien fait de prendre vos précautions; alors, compagnon, *cuerpo de Cristo!* nous allons avoir fort à faire avec tous ces démons rouges.

— C'est probable, fit Valentin en souriant; et il descendit la cime du tombeau où il était resté jusqu'alors.

Ainsi que le lecteur l'a appris déjà, Valentin ne s'était pas trompé. Les Apaches étaient, en effet, arrivés le soir même à peu de distance de la colline, et leurs éclaireurs n'avaient pas tardé à découvrir la trace des blancs.

Selon toute probabilité, un choc terrible était imminent entre les blancs et les Peaux-Rouges, ces deux races si distinctes l'une de l'autre, que divise une haine mortelle, et qui ne se rencontrent dans la prairie que pour chercher à s'entre-détruire.

Valentin avait aperçu l'éclaireur apache, lorsque celui-ci était venu reconnaître la coline; il s'était alors penché à l'oreille du général et lui avait dit avec cet accent railleur qui lui était habituel:

— Eh bien! cher ami, croyez-vous toujours que je me suis trompé?

— Je n'ai jamais dit cela, s'écria vivement le général; Dieu m'en garde! Seulement je vous avoue franchement que j'eusse bien sincèrement désiré que vous vous fussiez trompé. Comme vous le voyez, je n'y mets pas d'amour-propre; mais que voulez-vous, je suis comme cela, je préfère me battre contre dix de mes compatriotes que d'avoir affaire à un de ces Indiens maudits.

— Malheureusement, fit en souriant Valentin, en ce moment vous n'avez pas le choix, mon ami.

— C'est vrai, mais soyez tranquille; quelque ennui que ceci m'occasionne, je saurai faire mon devoir de soldat.

— Eh! qui en doute, mon cher général?

— *Caspita!* personne, je le sais, mais c'est égal, vous verrez.

— Allons, bonsoir; tâchez de prendre quelque repos, car je vous annonce que demain, au lever du soleil, nous serons attaqués.

— Ma foi, répondit le général en bâillant à se démettre la mâchoire, je ne demande pas mieux que d'en finir une bonne fois pour toutes avec ces bandits.

Une heure plus tard, excepté Curumilla, placé en sentinelle, les chasseurs dormaient; de leur côté les Indiens en faisaient autant.

VII

LA COLLINE DU BISON-FOU

Une heure environ avant le lever du soleil, Stanapat éveilla les guerriers et leur donna l'ordre de se mettre en marche.

Les Apaches saisirent leurs armes, se formèrent en file indienne, et, au signal de leur chef, ils s'engagèrent dans les fourrés qui les séparaient du rocher où se tenaient les chasseurs blancs.

Bien qu'il n'y eût qu'une distance de deux lieues, la marche des Apaches dura cependant plus d'une heure ; mais elle fut menée avec tant de prudence, que les chasseurs, malgré la surveillance qu'ils exerçaient, ne se doutèrent nullement que leurs ennemis se trouvaient aussi près d'eux.

Au pied du rocher les Apaches s'arrêtèrent ; Stanapat ordonna que le camp fût immédiatement dressé.

Les Indiens, lorsqu'ils le veulent, savent fort bien établir leurs lignes.

Cette fois, comme c'était un siège en règle qu'ils avaient l'intention de faire, ils ne négligèrent aucune précaution.

La colline du Buison-Fou fut enserrée par un fossé large de trois mètres et profond de quatre, dont la terre, rejetée en arrière, servit de contre-fort à de hautes barricades derrière lesquelles les Peaux Rouges se trouvèrent parfaitement à l'abri et purent tirer sans se découvrir.

Au milieu du camp on éleva deux hutes ou *calli*, l'une pour les chefs, l'autre destinée à servir de loge du conseil. Devant l'entrée de celle-ci, on planta d'un côté le *totem* ou emblème de la tribu, de l'autre on suspendit le *calumet* sacré.

Nous expliquerons ici ce que sont ces deux emblèmes, dont plusieurs auteurs ont parlé sans jamais les décrire, et que cependant il est fort important de connaître, si l'on veut approfondir les mœurs indiennes.

Le *totem* ou *kukèvium* est l'étendard national, la marque distinctive de chaque tribu.

Il est censé représenter l'animal emblème respectif de la tribu : coyote, jaguar, bison, etc., chaque tribu ayant le sien propre.

Celui-ci représentait un bison blanc.

Le totem est un long bâton garni de plumes de couleurs variées, qui y sont attachées perpendiculairement de haut en bas.

Cet étendard est porté par le chef seul de la tribu.

Le *calumet* est une pipe dont le tube est long de quatre, six et même dix pieds ; quelquefois ce tube est rond, mais le plus souvent plat. Il est orné d'animaux peints, de cheveux, de plumes de porc-épic ou d'oiseaux de couleurs tranchantes. Le fourneau est généralement en marbre rouge ou blanc ; lorsque la pierre est de couleur sombre, on la peint en blanc avant de s'en servir. Le calumet est sacré. Il a été donné aux Indiens par le Soleil ; pour cette raison il ne doit jamais être souillé par le contact du sol.

Dans les campements, il est tenu élevé sur deux bâtons fichés en terre, dont les extrémités sont en forme de fourche.

L'Indien chargé de porter le calumet est considéré comme l'étaient chez nous les hérauts d'armes ; sa personne est inviolable. C'est ordinairement un guerrier renommé de la tribu, qu'une blessure grave reçue dans un combat a estropié et rendu incapable de se battre.

Le soleil se levait au moment où les Apaches terminaient leurs retranchements.

Les blancs, malgré toute leur bravoure, sentirent un frisson de terreur agiter leurs membres lorsqu'ils s'aperçurent qu'ils étaient ainsi investis de tous côtés, d'autant plus que les clartés encore vagues du jour naissant leur laissaient apercevoir dans les lointains de l'horizon plusieurs troupes de guerriers qui s'avançaient de points différents.

— Hum! murmura Valentin en hochant la tête, la partie sera rude.
— Vous croyez notre situation mauvaise? lui demanda le général.
— C'est-à-dire que je la crois détestable.
— *Canarios!* fit le général Ibañez; nous sommes perdus alors.
— Oui, répondit le Français, à moins d'un miracle.
— *Caspita!* Ce que vous dites est peu rassurant, savez-vous, cher ami? Ainsi, à votre avis, il n'y a plus d'espoir?
— Si, reprit Valentin, il nous en reste un seul.
— Lequel? s'écria le général.
— Il nous reste l'espoir du pendu, que la corde casse.

Le général fit un mouvement.

— Rassurez-vous, reprit le Français toujours sarcastique; elle ne cassera pas, je vous en réponds.
— Belle consolation que vous me donnez là! fit le général d'un air moitié gai, moitié fâché.
— Dame! que voulez-vous? c'est la seule qu'il me soit permis de vous donner en ce moment; mais, ajouta-t-il en changeant brusquement de ton, tout cela ne nous empêche pas de déjeuner, je suppose.
— Bien au contraire, répondit le général, car je vous avoue que j'ai une faim de loup, chose qui, je vous assure, ne m'était pas arrivée depuis longtemps.
— A table alors! s'écria Valentin en riant, nous n'avons pas un instant à perdre si nous voulons déjeuner tranquilles.
— En êtes-vous sûr?
— Pardieu! Du reste, à quoi bon nous inquiéter d'avance? Venez vous mettre à table.

Les trois hommes se dirigèrent alors vers une tente en feuillage adossée au tombeau du Bison-Fou, et, comme ils l'avaient dit, ils mangèrent d'un excellent appétit; peut-être, ainsi que le soutenait le général, était-ce parce que la vue des Apaches les avait mis en bonnes dispositions.

Cependant Stanapat, dès qu'il avait eu installé son camp, s'était empressé d'expédier des courriers dans toutes les directions, afin d'avoir le plus tôt possible des nouvelles de ses alliés.

Ceux-ci parurent bientôt, accompagnés de leurs joueurs de chichikoués et de tambours.

Ces guerriers étaient au moins cinq cents, tous beaux et bien faits, revêtus de riches costumes, tous parfaitement armés et offrant à des yeux prévenus l'aspect le plus effrayant qui se puisse voir.

Le chef qui arrivait avec cette troupe nombreuse, était le Chat-Noir.

Nous expliquerons en quelques mots l'arrivée de ce chef avec sa tribu parmi ses frères apaches, arrivée qui peut sembler extraordinaire après le rôle joué par le Chat-Noir dans l'attaque du camp du squatter.

Le Cèdre-Rouge avait été surpris par les chasseurs au milieu de la nuit.

Le feu avait, dans les premiers moments, été mis au camp par les assaillants.

Le tremblement de terre était venu compliquer si bien la situation, que nul des gambusinos ne s'était aperçu de la trahison du Chat-Noir, qui, de son côté, dès qu'il avait eu enseigné la position des gambusinos, s'était borné à lancer ses guerriers en avant, tout en se gardant bien de donner de sa personne et restant, au contraire, à l'arrière-garde, de façon à ne pas se compromettre et pouvoir, le moment venu, prendre le parti qui lui conviendrait le mieux.

Sa ruse avait eu la plus complète réussite. Les gambusinos, attaqués de tous les côtés à la fois, n'avaient songé qu'à se défendre le mieux possible, sans avoir le temps de reconnaître si dans les rangs de leurs ennemis se trouvaient des transfuges de leurs alliés.

Aussi le Chat-Noir fut-il parfaitement reçu par Stanapat, heureux du secours qui lui arrivait.

Pendant le cours de la journée, d'autres troupes entrèrent successivement dans le camp, si bien qu'au coucher du soleil, près de quinze cents guerriers peaux-rouges se trouvèrent réunis au pied du rocher.

Les chasseurs furent complètement investis.

Les mouvements des Indiens leur firent bientôt comprendre qu'ils ne comptaient s'éloigner qu'après les avoir réduits.

Les Indiens sont les hommes les moins prévoyants qu'on puisse voir.

Au bout de deux jours, comme il fallait remédier à cet état de choses, une grande chasse aux bisons fut organisée.

Au point du jour, trente-cinq chasseurs, sous les ordres du Chat-Noir, quittèrent le camp, traversèrent le bois et s'élancèrent dans la prairie.

Après deux heures d'une course rapide, ils passèrent à gué la petite rivière de la Tortue, sur les bords de laquelle ils s'arrêtèrent pour laisser souffler leurs chevaux. Ils profitèrent de ce temps d'arrêt en allumant un feu de fiente de bison, auquel ils rôtirent leur déjeuner, puis ils se remirent en route.

Vers midi, du sommet d'une colline, ils examinèrent la plaine qui s'étendait à leurs pieds. Ils virent, à une assez grande distance, plusieurs petits troupeaux de cinq et six bisons mâles qui paissaient tranquillement.

Les chasseurs armèrent leurs fusils, descendirent dans la plaine et exécutèrent une charge en règle contre ces animaux, lourds à la vérité, mais qui pourtant courent fort vite.

Chacun se laissa bientôt entraîner à la poursuite de l'animal qui se trouvait e plus près de lui.

Les bisons prennent parfois des attitudes menaçantes et poursuivent même à leur tour les chasseurs pendant vingt ou vingt-cinq pas ; mais il est facile de les éviter ; dès qu'ils reconnaissent l'inutilité de leur poursuite, ils se prennent à fuir.

Les Indiens et les demi-sang ont une telle habitude de cette chasse à cheval qu'il leur arrive rarement d'avoir besoin de plus d'un coup pour tuer un bison.

Lorsqu'ils tirent, ils n'appuient pas leur arme contre l'épaule, mais étendent, au contraire, les deux bras dans toute leur longueur ; sitôt qu'ils sont à une douzaine de pas de l'animal, ils font feu dans cette position, puis ils rechargent leur fusil avec une promptitude incroyable, car ils ne bourrent pas, laissent la balle, dont ils conservent toujours un certain nombre dans la bouche, tomber immédiatement sur la poudre à laquelle elle s'attache et qui la renvoie aussitôt.

Au moyen de cette vitesse peu commune, les Indiens firent en peu de temps un vrai massacre dans les troupeaux de bisons.

Soixante-huit de ces animaux avaient été abattus en moins de deux heures.

Le Chat-Noir en avait tué onze pour sa part.

Les animaux furent dépecés et chargés sur des chevaux amenés à cet effet, puis les chasseurs reprirent gaiement le chemin du camp en causant entre eux des péripéties singulières ou dramatiques de la chasse avec toute la vivacité indienne si colorée.

Grâce à cette expédition, les Apaches étaient approvisionnés pour longtemps.

A peu de distance du camp, les Indiens aperçurent un cavalier qui accourait vers eux à toute bride.

Le Chat-Noir fit faire halte et attendit. Il était évident que l'individu qui arrivait ainsi ne pouvait être qu'un ami. Un ennemi ne serait pas venu se livrer de cette façon.

Les doutes furent bientôt dissipés.

Les Apaches reconnurent la Gazelle-Blanche. Nous avons dit quelque part que les Indiens aimaient beaucoup la jeune fille. Ils la reçurent fort gracieusement et la conduisirent au Chat-Noir, qui attendait immobile qu'elle vînt le trouver.

Le chef l'examina un instant avec attention.

— Ma fille est bienvenue, dit-il ; est-ce l'hospitalité qu'elle demande aux Indiens ?

— Non, chef ; je viens me joindre à eux contre les Faces-Pâles, ainsi que je l'ai déjà fait, répondit-elle résolument ; du reste, vous le savez aussi bien que moi, ajouta-t-elle.

— Bon, reprit le chef, nous remercions ma fille ; ses amis sont absents, mais nous attendons d'ici à quelques heures peut-être l'arrivée du Cèdre-Rouge et des grands couteaux de l'est.

Un nuage de mécontentement obscurcit le front de la jeune fille ; mais elle se remit aussitôt et fit ranger son cheval à côté de celui du chef en disant avec indifférence :

— Le Cèdre-Rouge reviendra quand bon lui semblera, cela m'est parfaitement égal. Ne suis-je pas l'amie des Apaches ?

— C'est vrai, répondit l'Indien en s'inclinant ; ma fille veut-elle se remettre en route ?

— Quand il vous plaira, chef.

— Partons donc, dit le Chat-Noir en faisant un signe à ses compagnons.

La troupe des chasseurs repartit au galop.

Une heure plus tard, elle entrait dans le camp, où elle était reçue par les cris de joie des guerriers apaches.

Le Chat-Noir fit préparer un calli pour la jeune fille ; puis, après avoir visité les postes et écouté les rapports des éclaireurs, il vint s'asseoir auprès de l'arbre où la Gazelle-Blanche s'était laissée tomber pour réfléchir aux devoirs nouveaux que lui imposaient les engagements qu'elle avait pris avec le Blood's Son et le soin de sa vengeance.

— Ma fille est triste, dit le vieux chef en allumant sa pipe au moyen d'une longue baguette garnie de plumes et peinte de diverses couleurs, qui lui servait de talisman ; car, avec cette superstition naturelle à certains Indiens, il était persuadé que s'il touchait une fois le feu avec ses mains, il mourrait sur-le-champ.

— Oui, répondit la jeune fille ; mon cœur est sombre, un nuage s'est étendu sur mon esprit.

— Que ma fille se console, celui qu'elle a perdu sera vengé.

— Les Visages-Pâles sont forts, répondit-elle en le regardant fixement.

— Oui, dit le chef, les blancs ont la force de l'ours gris, mais les Indiens ont la ruse du castor ; que ma fille se rassure donc, ses ennemis ne lui échapperont pas.

— Mon père le sait ?

— Le Chat-Noir est un des grands sachems de sa nation, rien ne lui est caché. En ce moment, toutes les nations des prairies, auxquelles se sont joints les demi-sang, s'avancent pour cerner définitivement le rocher qui sert de refuge au grand chasseur pâle ; demain, peut-être, six mille guerriers peaux-rouges seront ici. Ma fille peut donc voir que sa vengeance est assurée, à moins que les Visages-Pâles ne s'envolent au plus haut des airs ou plongent au plus profond des eaux, ce qui ne peut arriver ; ils sont perdus.

La jeune fille ne répondit pas, sans plus songer au chef indien dont le regard perçant restait fixé sur elle, elle se leva et se mit à marcher avec agitation.

— Mon Dieu ! mon Dieu ! disait-elle à demi-voix, ils sont perdus ! Oh ! n'être qu'une femme et ne pouvoir rien pour eux ! Comment les sauver ?

— Que dit donc ma fille ? *Wacondah* lui aurait-il troublé l'esprit ? lui demanda le Chat-Noir en lui posant la main sur l'épaule et se plaçant devant elle.

L'Espagnole le regarda un instant, puis elle laissa tomber sa tête dans ses mains en murmurant d'une voix étouffée :

— Mon Dieu ! mon Dieu ! je suis folle !

Le Chat-Noir jeta un regard scrutateur autour de lui, et se penchant à l'oreille de la jeune fille :

— Que ma sœur me suive, dit-il d'une voix ferme et accentuée.

La Gazelle-Blanche releva la tête et fixa les yeux sur lui ; le chef posa un doigt sur sa bouche comme pour lui recommander le silence, et, tournant le dos, il s'enfonça dans le bois.

La jeune fille le suivit inquiète.

Ils marchèrent pendant quelques minutes.

Enfin, ils arrivèrent au sommet d'un monticule dégarni d'arbres d'où l'œil, planant dans l'espace, distinguait tous les environs.

Le Chat-Noir s'arrêta, et faisant signe à l'Espagnole de s'approcher de lui :

— Ici, nous pouvons causer ; que ma fille parle ; mes oreilles sont ouvertes.

— Que puis-je dire que mon père ne sache pas ? répondit la jeune fille avec défiance.

— Ma fille veut sauver ses frères pâles. N'est-ce pas cela ?

— Eh bien, oui ! fit-elle avec exaltation. Pour des raisons que je ne puis vous dire, ces hommes qui, il y a quelques jours, m'étaient odieux, me sont devenus chers ; aujourd'hui, je voudrais les sauver au péril de ma vie.

— Oui, dit le vieillard comme se parlant à lui-même, les femmes sont ainsi : comme les feuilles que le vent balance dans l'espace, leur esprit change de direction au moindre souffle de la passion.

— Maintenant, vous savez mon secret, reprit-elle avec résolution, peu m'importe de vous l'avoir divulgué, agissez comme bon vous semblera, mais ne comptez plus sur moi.

— Au contraire, reprit l'Apache avec un rire sardonique, j'y compte plus que jamais.

— Que voulez-vous dire ?

— Eh bien ! continua le Chat-Noir en jetant un regard perçant autour de lui et en baissant la voix, moi aussi je veux les sauver.

— Vous ?

— Moi. Le grand chef pâle ne m'a-t-il pas fait échapper, dans le village des Comanches, à la mort qui m'attendait ? N'a-t-il pas partagé en frère avec moi l'eau de feu de sa gourde pour me donner la force de me tenir à cheval et de rejoindre les guerriers de ma tribu ? Le Chat-Noir est un grand chef. L'ingratitude est un vice blanc. La reconnaissance est une vertu rouge. Le Chat-Noir sauvera son frère.

— Merci, chef ! s'écria la jeune fille en serra dans ses mains mignonnes les rudes mains du vieillard, merci de votre loyauté. Mais, hélas ! le temps s'écoule rapidement ! demain sera dans quelques heures, et peut-être ne réussirons-nous pas.

— Le Chat-Noir est prudent, répondit le chef. Que ma sœur écoute ; mais d'abord, peut-être ne sera-t-elle pas fâchée d'avertir ses amis qu'elle veille sur eux.

La Gazelle-Blanche sourit sans répondre. L'Indien siffla d'une façon particulière.

Le Rayon-de-Soleil parut.

Le Chat-Noir sortit du village par le côté opposé et repartit au galop.

VIII

LE CHAT-NOIR ET L'UNICORNE

Le Chat-Noir avait gardé à Valentin une profonde reconnaissance, à cause de la générosité avec laquelle celui-ci lui avait sauvé la vie.

Le chef cherchait par tous les moyens possibles à payer cette dette qu'il avait contractée après l'attaque du camp des gambusinos, attaque pendant laquelle il avait vigoureusement soutenu le chasseur, tout en se laissant emporter au courant rapide du Gila, dans les pirogues en peau de bison que Valentin lui avait conseillé de construire. Le Chat-Noir réfléchit sérieusement aux événements qui se déroulaient sous ses yeux.

Il savait, comme tous les chefs indiens du Far West, les causes de la haine qui séparait les blancs; de plus, il avait été en maintes circonstances à même d'apprécier la différence morale qui existait entre le squatter américain et le chasseur français.

D'ailleurs, dans son esprit, la question était résolue : toutes ses sympathies l'attiraient vers le Français. Seulement, il était bon que son concours, pour être utile, fût accepté non seulement par Valentin, mais encore par ses amis, afin d'éviter tout malentendu.

Lorsque la terre eut repris son aplomb, que tout fut rentré dans l'ordre tracé par Dieu au commencement des siècles, le Chat-Noir fit un signe.

Les pirogues abordèrent.

Le chef ordonna à ses guerriers de camper où ils se trouvaient et de l'attendre.

Puis, avisant à une courte distance une troupe de chevaux sauvages qui paissaient, il en laça un, le dompta en quelques minutes, s'élança sur son dos, et s'éloigna au galop.

En ce moment, le soleil montait radieux à l'horizon.

Le chef apache marcha tout le jour sans s'arrêter, si ce n'est quelques instants pour laisser respirer son cheval.

Au coucher du soleil, il se trouvait à portée de flèche du village de l'Unicorne.

Après être demeuré quelques instants pensif, l'Indien sembla définitivement prendre une décision; il poussa son cheval et entra résolument dans le village.

Il était abandonné.

Le Chat-Noir le parcourut dans tous les sens, rencontrant à chaque pas des traces du combat terrible dont, quelques jours auparavant, il avait été le théâtre; mais pas un homme, pas un chien.

Lorsqu'un Indien suit une piste, il ne se décourage jamais, et marche jusqu'à ce qu'il la trouve.

Le Chat-Noir sortit du village par le côté opposé à celui par lequel il était entré, s'orienta un instant et partit au galop, sans hésiter, allant tout droit devant lui.

Son admirable connaissance de la prairie ne l'avait pas trompé; quatre heures plus tard, il arrivait à l'entrée de la forêt vierge, sous les verts arceaux de laquelle nous avons vu disparaître les Comanches de l'Unicorne.

Le Chat-Noir entra, lui aussi, dans la forêt, passant juste au même endroit où la population du village avait passé.

Au bout d'une heure, il aperçut des feux briller à travers les branches des arbres.

L'Apache s'arrêta un instant, jeta un regard autour de lui, et continua à s'avancer.

Bien qu'il fût seul en apparence, le Chat-Noir se sentait épié; il savait que depuis son premier pas dans la forêt il était suivi et surveillé par des yeux invisibles.

Comme il ne venait pas dans une intention belliqueuse, il n'avait en aucune façon cherché à dissimuler ses traces.

Tactique comprise par les sentinelles comanches, qui le laissèrent passer sans révéler leur présence, mais cependant se communiquèrent de l'une à l'autre l'entrée d'un chef apache sur leur territoire, si bien que le Chat-Noir était encore assez loin du village, que déjà on savait sa venue.

Le chef entra dans une vaste clairière, au centre de laquelle s'élevaient plusieurs huttes.

Plusieurs chefs étaient silencieusement accroupis autour d'un feu qui brûlait devant un calli que le Chat-Noir reconnut pour être le calli de médecine.

Contrairement à l'usage adopté en pareil cas, nul ne parut remarquer l'approche du chef; personne ne se leva pour lui faire honneur et lui souhaiter la bienvenue.

Le Chat-Noir comprit qu'il se passait quelque chose d'extraordinaire dans le village, et qu'il allait assister à une scène étrange.

Il ne s'émut nullement de la froide réception qui lui était faite, mit pied à terre, jeta la bride sur le cou de son cheval, et marchant vers le feu, il s'accroupit en face de l'Unicorne, entre deux chefs qui se reculèrent à droite et à gauche pour lui faire place.

Sortant alors son calumet de sa ceinture, il le bourra, l'alluma, et se mit à fumer après avoir salué les assistants d'un signe de tête.

Ceux-ci lui répondirent par le même geste, mais sans rompre le silence.

Enfin l'Unicorne ôta le calumet de la bouche, et se tournant vers le Chat-Noir :

— Mon frère est un grand guerrier, dit-il, qu'il soit le bienvenu ; son arrivée est d'un heureux augure pour mes jeunes hommes au moment où un chef redoutable va nous quitter pour se rendre dans les prairies bienheureuses.

— Le Maître de la vie m'a protégé en me faisant arriver à propos, répondit l'Apache ; mais quel est le chef qui va mourir ?

— La Panthère est las de la vie, reprit l'Unicorne d'une voix triste ; il compte beaucoup d'hivers ; son bras fatigué ne peut plus frapper le bison ni l'élan rapide ; son œil voilé ne distingue guère qu'avec peine les objets les plus rapprochés.

— La Panthère n'est plus utile à ses frères, auxquels elle devient à charge ; il doit mourir, dit sentencieusement le Chat-Noir.

— La Panthère est un chef sage : que faire de l'existence lorsqu'elle devient à charge aux siens ? Le Wacondah a été bon pour les Peaux-Rouges en leur donnant le discernement nécessaire pour se débarrasser des vieillards et des infirmes, et les envoyer dans un autre monde où ils seront renouvelés, et, après avoir subi une courte épreuve, chasseront avec toute la vigueur de la jeunesse.

— Mon frère a bien parlé, répondit l'Unicorne en s'inclinant.

En ce moment, il se fit un certain mouvement dans la foule rassemblée dans la cour des sueurs où le vieux chef était renfermé.

La porte s'ouvrit, la Panthère parut.

C'était un vieillard d'une taille majestueuse. Chose rare parmi les Indiens qui conservent fort longtemps les apparences de la jeunesse, ses cheveux et sa barbe, qui tombaient en désordre sur ses épaules et sa poitrine, étaient d'une blancheur éclatante.

On voyait sur son visage, dont les traits étaient empreints d'une énergie invincible, toutes les marques d'une décrépitude arrivée à sa dernière période.

Il était revêtu de ses plus beaux habits, peint et armé en guerre.

Dès qu'il se montra sur le seuil de la hutte, tous les chefs se levèrent. L'Unicorne s'avança vers lui et lui tendit respectueusement son bras droit sur lequel il s'appuya.

Le vieillard, guidé par l'Unicorne, s'approcha en chancelant du feu devant lequel il s'accroupit.

Les autres chefs prirent place à ses côtés, les guerriers formèrent un vaste cercle par derrière.

Le grand calumet de paix fut apporté par le porte-pipe qui le présenta au vieillard.

Lorsque le calumet eut passé de main en main et fait le tour du cercle, la Panthère prit la parole.

Sa voix était basse, sourde; mais, grâce au silence profond qui régnait dans la foule, elle fut entendue de tous.

— Mes fils, dit-il, je vais partir pour l'autre contrée; bientôt je serai près du Maître de la vie. Je dirai aux guerriers de notre nation que je rencontrerai sur ma route que les Comanches sont toujours invincibles et que leur nation est la reine des prairies.

Un murmure de satisfaction bientôt étouffé accueillit ces paroles du vieillard.

Au bout d'un instant il reprit:

— Continuez à être braves comme vos ancêtres, dit-il; soyez implacables pour les Faces-Pâles, ces loups dévorants recouverts de la peau de l'élan; qu'ils prennent toujours les pieds de l'antilope pour fuir plus rapides devant vous, et ne puissent jamais voir les queues de loup que vous attachez à vos talons ! Ne goûtez jamais à l'eau de feu, ce poison à l'aide duquel les Faces-Pâles nous énervent, nous rendent faibles comme des femmes et incapables de venger nos injures. Parfois, lorsque pendant les longues nuits de chasse ou de guerre vous serez réunis autour des feux du campement, pensez à la Panthère, ce chef dont la renommée fut grande autrefois, et qui, voyant que le Wacondah l'oubliait sur cette terre, préféra mourir que d'être plus longtemps à charge à sa nation. Racontez aux jeunes guerriers qui pour la première fois fouleront le sentier de la guerre les exploits de votre chef la Panthère-Bondissante, qui si longtemps fut l'effroi des ennemis des Comanches.

En prononçant ces paroles, l'œil du vieux chef s'était animé, sa voix tremblait d'émotion.

Les Indiens réunis autour de lui l'écoutaient avec respect.

— Mais à quoi bon parler ainsi ? reprit-il en étouffant un soupir, je sais que mon souvenir ne s'éteindra pas parmi vous, puisque mon fils l'Unicorne est là pour me succéder et vous guider à son tour sur cette route où si longtemps je vous ai précédés ? Faites apporter mon dernier repas, afin que nous puissions bientôt entonner la *chanson du grand remède*.

Immédiatement des Indiens apportèrent des marmites remplies de chair de chien bouillie.

Sur un signe de la Panthère, le repas commença.

Lorsqu'il fut terminé, le vieillard alluma son calumet et fuma, tandis que les guerriers dansaient en rond autour de lui.

L'Unicorne conduisait la danse.

Au bout d'un instant, le vieillard fit un geste.

Les guerriers s'arrêtèrent.

— Que désire mon père ? demanda l'Unicorne.

— Je veux, répondit-il, que vous chantiez la chanson du grand remède.

— Bon ! reprit l'Unicorne, mon père sera obéi.

Alors il entonna cette chanson bizarre dont voici la traduction, et que tous les autres Indiens répétèrent en chœur après lui, tout en reprenant leur danse :

« Maître de la vie, tu nous donnes du courage ! Il est vrai que les Peaux-Rouges savent que tu les aimes ! Nous t'envoyons notre père aujourd'hui ! Vois comme il est vieux et décrépit ! L'Élan rapide s'est changé en ours pesant ! Fais qu'il puisse se trouver jeune dans un autre monde et en état de chasser comme aux anciens jours ! »

Et la ronde tourbillonnait autour du vieillard, qui fumait impassible.

Enfin, lorsque son calumet fut vide, il secoua la cendre sur l'ongle de son pouce, posa la pipe devant lui et leva les yeux au ciel.

En ce moment, les premières lueurs du crépuscule teignaient de reflets couleur d'opale l'extrême ligne de l'horizon.

Le vieillard se redressa, son œil éteint sembla se ranimer et lança un éclair.

— Voici l'heure, dit-il d'une voix haute et ferme: le Wacondah m'appelle. Adieu, guerriers comanches ; mon fils, c'est à vous de m'envoyer auprès du Maître de la vie !

L'Unicorne détacha la hache pendue à sa ceinture, la brandit au-dessus de sa tête, et, sans hésitation, d'un mouvement rapide comme la pensée, il fendit le crâne du vieillard, dont le visage souriant était tourné vers lui, et qui tomba sans pousser un soupir.

Il était mort !

La danse recommença plus rapide et plus désordonnée, et les guerriers chantèrent en chœur :

« Wacondah ! Wacondah ! reçois ce guerrier. Vois, il n'a pas craint la mort ! Il sait qu'elle n'est pas, puisqu'il doit renaître dans ton sein !

« Wacondah ! Wacondah ! reçois ce guerrier.

« Il était juste ! le sang coulait rouge et limpide dans son cœur ! Les paroles que soufflait sa poitrine étaient sages !

« Wacondah ! Wacondah ! reçois ce guerrier. C'était le plus grand, le plus célèbre de tes enfants comanches !

« Wacondah ! Wacondah ! reçois ce guerrier. Vois combien de chevelures il porte à sa ceinture !

« Wacondah ! Wacondah ! reçois ce guerrier ! »

Les chants et la danse durèrent jusqu'au lever du soleil.

Dès que le jour eut paru, sur un signe de l'Unicorne, la ronde s'arrêta.

— Notre père est parti, dit-il, son âme a quitté son corps, qu'elle avait trop longtemps habité, pour choisir une autre demeure. Donnons-lui une sépulture convenable à un aussi grand guerrier.

Les préparatifs ne furent pas longs.

Le cadavre de la Panthère-Bondissante fut lavé, peint avec soin, puis enterré assis avec ses armes de guerre ; le dernier cheval qu'il avait monté et ses chiens, égorgés sur la fosse, furent placés auprès de lui, puis on éleva une hutte d'écorce d'arbre au-dessus du tombeau, afin de le préserver de la profanation des bêtes fauves.

Au sommet de la hutte on planta une longue perche surmontée des scalps pris par le vieux guerrier à l'époque où, jeune et plein de force, il guidait les Comanches au combat.

Le Chat-Noir avait assisté avec un respect et un recueillement religieux à toutes les émouvantes péripéties de cette lugubre tragédie ; lorsque les cérémonies de l'enterrement furent terminées, l'Unicorne s'approcha de lui.

— Je remercie mon frère, dit le Comanche, de nous avoir aidés à rendre les derniers devoirs à un guerrier illustre. Maintenant je suis tout à mon frère, il peut parler sans crainte, les oreilles d'un ami sont ouvertes et son cœur recueillera les paroles que soufflera sa poitrine.

— L'Unicorne est le premier guerrier de sa nation, répondit en s'inclinant le Chat-Noir, la justice et la loyauté résident en lui ; un nuage a passé sur mon esprit et l'a rendu triste.

— Que mon frère s'ouvre à moi, je sais qu'il est un des plus célèbres chefs de sa nation ; le Chat-Noir ne compte plus les scalps qu'il a enlevés à ses ennemis ; quelle est la raison qui le rend triste ?

Le chef apache sourit avec orgueil aux paroles de l'Unicorne.

— L'ami de mon frère, le grand chasseur pâle adopté par sa tribu, dit-il nettement, court en ce moment un danger terrible.

— *Ooah !* fit le chef, serait-il vrai ? Koutonepi est la chair de mes os ; qui le touche me blesse ! Que mon frère s'explique.

Le Chat-Noir rapporta alors au Comanche la façon dont Valentin lui avait sauvé la vie, la ligue formée par les Apaches et d'autres nations du Far West contre les blancs, et la position critique dans laquelle se trouvait personnellement Valentin à cause de l'influence du Cèdre-Rouge sur les Indiens et des forces dont il disposait en ce moment.

L'Unicorne secoua la tête à ce récit.

— Kontonepi est sage et intrépide, dit-il, la loyauté est dans son cœur, mais il ne pourra résister; comment lui venir en aide? Un homme, si brave qu'il soit, n'en vaut pas cent.

— Valentin est mon frère, répondit l'Apache; j'ai juré de le sauver, mais seul que puis-je faire?

Tout à coup une femme s'élança entre les deux chefs.

Cette femme était le Rayon-de-Soleil.

— Si mon seigneur le permet, dit-elle en jetant un regard suppliant à l'Unicorne, je vous aiderai, moi; une femme peut beaucoup de choses.

Il y eut un silence.

Les deux chefs considéraient la jeune femme, qui se tenait immobile et modeste devant eux.

— Ma sœur est brave, dit enfin le Chat-Noir; mais une femme est une créature faible dont le secours est de bien peu de poids dans des circonstances aussi graves.

— Peut-être! répondit-elle résolument.

— Femme, dit l'Unicorne en lui posant la main sur l'épaule, allez où votre cœur vous appelle; sauvez mon frère et acquittez la dette que vous avez contractée envers lui; mon œil vous suivra, au premier signal j'accourrai.

— Merci! dit la jeune femme avec joie; et, s'agenouillant devant le chef, elle lui baisa respectueusement la main.

L'Unicorne reprit :

— Je confie cette femme à mon frère; je sais que son cœur est grand, je suis tranquille; adieu.

Et après avoir fait un dernier geste pour congédier son hôte, le chef entra sans se retourner dans son calli, dont il laissa le rideau de peau de bison retomber derrière lui.

Le Rayon-de-Soleil le suivit des yeux; lorsqu'il eut disparu, elle se tourna vers le Chat-Noir.

— Partons! dit-elle, allons sauver notre ami.

Quelques heures plus tard le chef apache, suivi par la jeune femme, avait rejoint sa tribu sur le bord du Gila où il l'avait laissée campée.

Le surlendemain, le Chat-Noir arrivait avec toute sa troupe à la colline du Bison-Fou.

IX

LE RENDEZ-VOUS

L'explication qui précède donnée, nous reprendrons notre récit au point où nous l'avons laissé en terminant le septième chapitre.

Le Rayon-de-Soleil, sans parler, présenta à l'Espagnole une feuille de papier, une espèce de poinçon en bois et une coquille remplie de peinture bleue.

La Gazelle fit un mouvement de joie.

— Oh ! je comprends, dit-elle.

Le chef sourit.

— Les blancs ont beaucoup de science, fit-il, rien ne leur échappe ; ma fille dessinera un collier pour le chef pâle.

— Oui, murmura-t-elle, mais voudra-t-il me croire ?

— Que ma fille mette son cœur sur ce papier, le chasseur blanc la reconnaîtra.

La jeune fille poussa un soupir.

— Essayons, dit-elle.

Par un mouvement fébrile, elle prit le papier des mains du Rayon-de-Soleil, écrivit quelques mots à la hâte et le rendit à la jeune Indienne, toujours immobile et impassible devant elle.

Le Rayon-de-Soleil roula le papier, l'attacha avec soin autour du bois d'une flèche.

— Dans une heure il sera à son adresse, dit-elle.

Et elle disparut dans le bois avec la légèreté d'une biche effarouchée.

Ce petit manège avait duré moins de temps qu'il ne nous en a fallu pour le rapporter.

Dès que l'Indienne, avertie de longue main par le Chat-Noir du rôle qu'elle devait jouer, fut partie pour s'acquitter de son message :

— Voyons, dit le chef, nous ne pouvons les sauver tous, mais au moins j'espère que ceux qui nous sont chers échapperont.

— Dieu veuille que vous ne vous trompiez pas, mon père ! répondit la jeune fille.

— Wacondah est grand ! Sa puissance est sans bornes, il peut tout ; que ma fille espère !

Alors il y eut entre les deux interlocuteurs une longue conversation à la suite de laquelle la Gazelle glissa inaperçue entre les arbres et se rendit à une colline peu distante du poste occupé par les blancs, nommée la colline de l'*Elk*, où elle avait donné rendez-vous à don Pablo.

A la pensée de se retrouver en présence du Mexicain, la jeune fille était, malgré elle, en proie à une émotion indéfinissable.

Elle sentait son cœur se serrer ; tous ses membres étaient agités de mouvements convulsifs.

Le souvenir de ce qui s'était passé entre elle et lui, il y avait si peu de temps, jetait encore le trouble dans ses idées et lui rendait plus difficile la tâche qu'elle s'était imposée.

En ce moment ce n'était plus la rude amazone que nous avons représentée à nos lecteurs, qui, aguerrie depuis son enfance aux scènes terribles de la vie des prairies, bravait en se jouant les plus grands périls.

Elle se sentait femme ; tout ce qu'il y avait de viril en elle avait disparu pour ne plus laisser qu'une jeune fille, timide et craintive, qui tremblait de se retrouver face à face avec l'homme qu'elle se reprochait d'avoir si cruellement outragé, et qui, peut-être, en la voyant, ne voudrait pas condescendre à entrer en explication avec elle et lui tournerait le dos sans lui répondre.

Toutes ces pensées et bien d'autres encore tourbillonnaient dans son cer-

LA LOI DE LYNCH 57

Il y eut entre les deux interlocuteurs une longue conversation.

veau, tandis que d'un pas furtif elle se dirigeait vers le lieu du rendez-vous.

Plus elle approchait, plus ses craintes étaient vives, car son esprit frappé lui retraçait avec plus de force l'indignité de sa conduite antérieure.

Enfin elle arriva.

Le sommet de la colline était encore désert.

Un soupir de soulagement s'échappa de sa poitrine oppressée, et elle rendit grâce à Dieu qui lui accordait quelques minutes de répit pour se préparer à l'entretien solennel qu'elle avait elle-même demandé.

Mais le premier moment passé, une autre inquiétude la tourmenta : elle craignit que don Pablo ne voulût pas se rendre à son invitation et méprisât la chance de salut qu'elle lui offrait.

Alors, la tête penchée en avant, les yeux fixés dans l'espace et cherchant à sonder la profondeur des ténèbres, elle attendit en comptant avec anxiété les secondes.

Nul n'a pu calculer encore de combien de siècles se compose une minute pour celui qui attend.

Cependant le temps s'écoulait avec rapidité, la lune avait presque disparu à l'horizon ; une heure encore et le soleil se lèverait.

La jeune fille commençait à douter de l'arrivée de don Pablo ; un sourd désespoir s'emparait d'elle, et elle maudissait l'impossibilité matérielle qui l'obligeait à rester inactive à cette place et la réduisait à l'impuissance.

Disons en quelques mots ce qui se passait en ce moment sur la colline du Bison-Fou.

Valentin, Curumilla et don Pablo, assis au sommet de la colline, fumaient silencieusement leur calumet, chacun songeant à part soi au moyen à employer pour sortir de la position fâcheuse dans laquelle la petite troupe se trouvait, lorsqu'un sifflement aigu se fit entendre, et une longue flèche, passant rapide entre les trois hommes, vint profondément s'enfoncer dans le tertre de gazon au pied duquel ils se tenaient.

— Qu'est-ce là ? s'écria Valentin qui, le premier, reprit son sang-froid ; vive Dieu ! les Peaux-Rouges commenceraient-ils déjà l'attaque !

— Réveillons nos amis, dit don Pablo.

— Ami ! fit Curumilla qui avait arraché la flèche du tertre où elle tremblait et la considérait attentivement.

— Que voulez-vous dire, chef ? demanda le chasseur.

— Voyez ! répondit laconiquement l'Indien en lui remettant la flèche et lui montrant d'un geste un papier roulé autour du bois un peu au-dessus des plumes dont les Apaches garnissent cette arme.

— En effet, reprit Valentin en détachant le papier pendant que Curumilla prenait un tison allumé pour lui servir de fanal et le levait à la hauteur des yeux.

— Hum ! murmura don Pablo, cette façon de correspondre me semble assez louche.

— Nous allons savoir à quoi nous en tenir, répondit le chasseur.

Il déplia le papier sur lequel quelques lignes étaient écrites en espagnol avec une substance bleuâtre.

Voilà ce que contenait cette lettre :

« Les Faces-Pâles sont perdues ; les tribus indiennes levées en masse, aidées par les pirates des prairies, les cernent de tous les côtés. Les blancs n'ont de secours à attendre de personne. L'Unicorne est trop loin et le Blood's Son trop occupé à se défendre lui-même pour avoir le temps de songer à eux.

Don Pablo de Zarate peut, s'il le veut, échapper à la mort qui le menace et sauver ceux qui lui sont chers. Son sort est entre ses mains. Aussitôt après la réception de cet avis, qu'il quitte son campement et se rende seul à la colline de l'Elk : il y rencontrera une personne qui lui fournira les moyens qu'il chercherait en vain autre part ; cette personne attendra don Pablo de Zarate jusqu'au lever du soleil. Elle le supplie de ne pas négliger cet avertissement; demain il serait trop tard pour le sauver, il succomberait infailliblement dans une lutte insensée.

« Un ami. »

A la lecture de cette étrange missive, le jeune homme laissa tomber sa tête sur sa poitrine et resta quelque temps plongé dans de profondes réflexions.

— Que faire ? murmura-t-il.

— Y aller, pardieu ! répondit Valentin. Qui sait? peut-être ce chiffon de papier contient-il notre salut à tous.

— Mais si c'est une trahison.

— Une trahison ! Allons donc, mon ami, vous voulez rire ! Les Indiens sont traîtres et fourbes à l'excès, je vous l'accorde ; mais ils ont une frayeur épouvantable de tout ce qui est écriture, qu'ils tiennent pour un grimoire émanant du génie du mal. Non, cette lettre ne vient pas des Indiens. Quant aux pirates des prairies, ils savent fort bien se servir d'un rifle, mais ils ignorent complètement l'art de se servir d'une plume d'oie, et je vous affirme que d'ici à Monterey d'un côté, et à New-York de l'autre, vous n'en trouveriez pas un qui sût écrire. Cet avis émane donc, sans aucun doute, d'un ami. Quel est cet ami? voilà ce qui est plus difficile à deviner.

— Votre opinion serait donc d'accepter le rendez-vous?

— Pourquoi pas? en prenant, bien entendu, toutes les précautions usitées en pareil cas.

— Je dois m'y rendre seul !

— *Canarios !* on se rend toujours seul à ces sortes d'entrevues ; c'est convenu, cela, dit Valentin en ricanant, seulement on se fait accompagner, et bien fou celui qui négligerait cette précaution.

— En admettant que je sois disposé à suivre votre conseil, je ne puis abandonner mon père seul ici.

— Votre père est en sûreté quant à présent. D'ailleurs il a avec lui le général et Curumilla, qui, je vous en réponds, ne se laissera pas surprendre pendant notre absence. Du reste, réfléchissez, cela vous regarde; seulement je vous ferai observer que nous sommes dans des circonstances assez critiques pour que toutes considérations secondaires soient mises de côté. *Canarios !* ami ! songez qu'il y va peut-être du salut de tous !

— Vous avez raison, frère, dit résolument le jeune homme; qui sait si je n'aurais pas à me reprocher votre mort et celle de nos compagnons si je négligeais cet avis ? Je pars.

— Bon! fit le chasseur, partez ; pour moi, je sais ce qui me reste à faire. Soyez tranquille, ajouta-t-il avec son rire sardonique, vous irez seul au rendez-vous ; mais si vous aviez besoin d'aide, je ne serai pas long à paraître.

— Fort bien! mais il s'agit de sortir d'ici sans être vu et de gagner la colline de l'Elk en échappant aux milliers de regards de chats-tigres que les Apaches fixent probablement sur nous en ce moment.

— Fiez-vous à moi pour cela, dit le chasseur.

En effet, quelques minutes plus tard don Pablo, guidé par Valentin, gravissait la colline de l'Elk sans avoir été dépisté par les Apaches.

Cependant la Gazelle-Blanche attendait toujours, le corps penché en avant et l'oreille tendue, un bruit quelconque qui lui révélât la présence de celui qu'elle avait si instamment prié de venir.

Tout à coup une rude main s'appesantit sur son épaule et une voix moqueuse murmura à son oreille:

— Hé! niña, que faites-vous donc si loin du campement? est-ce que vous avez peur que vos ennemis ne s'échappent?

L'Espagnole se retourna avec un mouvement de dégoût mal dissimulé et reconnut Nathan, le fils aîné du Cèdre-Rouge.

— Oui, *by God!* c'est moi, reprit le bandit, cela vous étonne, niña? Oh! oh! nous sommes arrivés depuis une heure déjà avec la plus belle collection de vautours qui se puisse imaginer.

— Mais vous-mêmes que faites-vous ici? dit-elle sans même savoir pourquoi elle lui adressait cette question.

— Oh! reprit-il, c'est que moi aussi je veux me venger; j'ai laissé mon père et les autres là-bas, et je suis venu explorer un peu les lieux. Mais, ajouta-t-il avec un rire sinistre, il ne s'agit pas de cela dans ce moment; avez-vous donc le diable au corps, que vous courez ainsi la nuit, au risque de faire une mauvaise rencontre?

— Que puis-je craindre? Ne suis-je pas armée?

— C'est vrai, répondit le pirate en ricanant ; mais vous êtes jolie, et Dieu me damne si je ne connais pas des gens qui, à ma place, se moqueraient des joujoux que vous avez à votre ceinture! Oui, vous êtes jolie, niña, ne le savez-vous pas? Le diable m'emporte, puisque personne ne vous a encore fait la confidence, j'ai bien envie de vous le dire, moi; qu'en pensez-vous, hein?

— Le malheureux est ivre! murmura la jeune fille en voyant la face hébétée du brigand et le flageolement de ses jambes. Laissez-moi, lui dit-elle, l'heure est mal choisie pour plaisanter, nous avons à nous occuper de choses plus importantes.

— Bah! après nous la fin du monde! nous sommes tous mortels, et du diable si je me soucie de ce qui m'arrivera demain! Je trouve, au contraire, l'heure supérieurement choisie : nous sommes seuls, nul ne peut nous entendre ; qu'est-ce qui nous empêche de nous avouer franchement que nous nous adorons?

— Personne, si cela était vrai, répondit résolument la jeune fille ; mais je ne suis pas d'humeur à écouter plus longtemps vos sornettes; ainsi faites-moi le plaisir de vous retirer. J'attends ici le détachement de guerre des Bisons apaches qui ne tardera pas à arriver et à prendre position sur cette colline; au lieu de perdre un temps précieux, vous feriez mieux de rejoindre le

Cèdre-Rouge et Stanapat, avec lesquels vous devez arrêter tous les détails de l'attaque de demain.

— C'est vrai, répondit le bandit que ces paroles avaient un peu dégrisé; vous avez raison, niña, je m'en vais; mais ce qui est différé n'est pas perdu : j'espère, un autre jour, vous retrouver moins farouche, ma colombe. Au revoir !

Et, tournant insoucieusement sur lui-même, le bandit jeta son rifle sur l'épaule et descendit la colline dans la direction du camp des Apaches.

La jeune Espagnole, demeurée seule, se félicita d'avoir échappé au danger qui l'avait un instant menacée, car elle avait tremblé que don Pablo n'arrivât pendant que Nathan était avec elle.

Cependant la nouvelle de la jonction du Cèdre-Rouge avec sa bande augmentait encore les appréhensions de la Gazelle-Blanche et redoublait ses inquiétudes pour ceux qu'elle avait résolu de sauver coûte que coûte.

Au moment où elle n'espérait plus voir le jeune homme et où elle ne regardait plus que par acquit de conscience plutôt que dans la persuasion que celui qu'elle attendait vainement depuis si longtemps allait paraître, elle aperçut à une portée de flèche à peu près un homme qui s'avançait à grands pas de son côté.

Elle devina plutôt qu'elle ne reconnut don Pablo de Zarate.

— Enfin ! s'écria-t-elle avec bonheur en se précipitant à sa rencontre.

Le jeune homme fut bientôt auprès d'elle.

En la reconnaissant il fit un pas en arrière.

— Vous, madame ! lui dit-il; c'est vous qui m'avez écrit de me rendre ici ?

— Oui, répondit-elle d'une voix tremblante, oui, c'est moi.

— Que peut-il y avoir de commun entre nous ? reprit dédaigneusement don Pablo.

— Oh! ne m'accablez pas, je comprends à présent seulement tout ce que ma conduite a eu de coupable et d'indigne; pardonnez un égarement que je déplore. Écoutez-moi, au nom du Ciel ne méprisez pas les avis que je veux vous donner : il s'agit de votre salut et de celui de ceux que vous aimez !

— Grâce à Dieu, madame, répondit froidement le jeune homme, pendant les quelques heures que nous avons été réunis, j'ai assez appris à vous connaître pour ne plus ajouter foi à aucune de vos protestations; je n'ai qu'un regret en ce moment, c'est celui de m'être laissé entraîner dans le piège que vous m'avez tendu.

— Moi, vous tendre un piège ! s'écria-t-elle avec indignation, lorsque je verserais avec joie la dernière goutte de mon sang pour vous sauver !

— Me sauver? moi ! Allons donc, madame ! me perdre, vous voulez dire, reprit don Pablo avec un sourire de mépris. Me croyez-vous si niais ? Allons, soyez franche au moins : votre projet a réussi, je suis entre vos mains; faites paraître vos complices qui sont sans doute cachés derrière ces massifs de broussailles, je ne leur ferai pas l'honneur de leur disputer ma vie !

— Mon Dieu ! mon Dieu ! s'écria la jeune fille en se tordant les mains avec désespoir, suis-je assez punie? Don Pablo, au nom du Ciel, écoutez-moi! Dans quelques instants il sera trop tard; je veux vous sauver, vous dis-je!

— Vous mentez impudemment, madame, s'écria Valentin qui apparut en s'élançant d'un buisson; il n'y a qu'un instant, à cette place même où vous êtes, vous annonciez à Nathan, le digne fils de votre complice le Cèdre-Rouge, l'arrivée d'un détachement de guerre apache; osez dire que ce n'est pas vrai!

Cette révélation fut un coup de foudre pour la jeune fille. Elle comprit qu'il lui serait impossible de désabuser celui qu'elle aimait et de le convaincre de son innocence devant cette preuve en apparence si évidente de sa trahison.

Elle se laissa tomber accablée sur le sol aux pieds du jeune homme.

— Oh! dit celui-ci avec dégoût, cette misérable est mon mauvais génie.

Il fit un mouvement pour se retirer.

— Un instant, s'écria Valentin en l'arrêtant, cela ne peut finir ainsi; terminons-en une bonne fois avec cette créature avant qu'elle ne nous fasse massacrer.

Après avoir armé un pistolet, il en appuya froidement le canon sur la tempe de la jeune femme, qui ne fit pas un geste pour se soustraire au sort qui la menaçait.

Don Pablo lui saisit vivement le bras.

— Valentin, lui dit-il, qu'allez-vous faire, ami?

— C'est juste, répondit le chasseur; si près de la mort, je ne me déshonorerai pas en tuant cette malheureuse.

— Bien, frère! fit don Pablo en lançant un regard de mépris à la Gazelle qui l'implorait en vain; des hommes comme nous n'assassinent pas les femmes. Laissons cette misérable et vendons chèrement notre vie.

— Bah! bah! la mort n'est peut-être pas aussi proche que vous le supposez; pour ma part, je ne désespère pas de nous sortir de ce guêpier.

Ils jetèrent un regard anxieux dans la vallée pour reconnaître leur position.

L'obscurité était presque dissipée; le soleil, encore invisible, teintait le ciel de ces lueurs rougeâtres qui précèdent de peu d'instants son apparition.

Aussi loin que la vue pouvait s'étendre, la plaine était envahie par de forts détachements indiens.

Les deux hommes reconnurent qu'il leur restait de bien faibles chances de regagner leur forteresse.

Pourtant ces hommes, accoutumés à tenter journellement l'impossible, ne se découragèrent pas en présence du danger imminent qui les menaçait.

Après s'être silencieusement serré la main dans une étreinte suprême, ces deux natures d'élite relevèrent fièrement la tête, et le front calme, l'œil étincelant, ils se préparèrent à braver la mort horrible qui les attendait s'ils étaient découverts.

— Arrêtez, au nom du Ciel! s'écria la jeune fille en se traînant sur les genoux jusqu'aux pieds de don Pablo.

— Arrière, madame! répondit celui-ci; laissez-nous mourir bravement.

— Mais je ne veux pas que vous mouriez, moi, reprit-elle avec un cri déchirant; je vous répète que je vous sauverai si vous y consentez.

— Nous sauver! Dieu seul peut le faire, dit tristement le jeune homme; réjouissez-vous que nous ne veuillons pas rougir nos mains de votre sang perfide, et ne vous importunez pas davantage.

— Oh! rien ne pourra donc vous convaincre! fit-elle avec désespoir.

— Rien! dit froidement le Mexicain.

— Ah! s'écria-t-elle l'œil rayonnant de joie, j'ai trouvé!... Suivez-moi et vous rejoindrez vos compagnons!

Don Pablo, qui déjà s'était éloigné de quelques pas, se retourna en hésitant.

— Que craignez-vous? reprit-elle, vous serez toujours à même de me tuer si je vous trompe. Oh! fit-elle avec exaltation, que m'importe de mourir si je vous sauve!

— Au fait, observa Valentin, elle a raison; et puis dans notre position nous n'avons plus rien à ménager. Qui sait? elle dit peut-être la vérité!

— Oui! oui! s'écria la jeune fille avec prière, fiez-vous à moi!

— Bah! essayons, dit Valentin.

— Marchez, répondit laconiquement don Pablo, nous vous suivons.

— Oh! merci! merci! dit-elle avec effusion en couvrant de baisers et de larmes la main du jeune homme, dont elle s'était emparée malgré lui; vous verrez que je vous sauverai!

— Étrange créature! murmura le chasseur en s'essuyant les yeux avec le dos de sa main calleuse; elle a le diable au corps, elle est capable de le faire comme elle le dit.

— Peut-être! répondit don Pablo en hochant tristement la tête; mais notre position est bien désespérée, mon ami.

— On ne meurt qu'une fois, après tout! dit philosophiquement le chasseur en jetant son rifle sur l'épaule; je suis on ne peut plus curieux de savoir comment tout cela finira.

— Venez! dit l'Espagnole.

X

RUSE DE GUERRE

Les deux hommes la suivirent.

Tous trois commencèrent alors à ramper dans les hautes herbes et à descendre silencieusement la colline.

Cette marche pénible était nécessairement lente, à cause des précautions innombrables que les fugitifs étaient obligés de prendre pour ne pas être aperçus ou dépistés par les éclaireurs que les Indiens avaient disséminés de tous les côtés pour surprendre les mouvements des blancs qui auraient tenté de venir au secours de ceux qu'ils assiégeaient et ne pas courir le risque d'être pris entre deux feux.

La Gazelle-Blanche marchait leste et assurée en avant des chassseurs, regardant de tous les côtés à la fois, s'arrêtant pour prêter l'oreille avec inquiétude au moindre bruit suspect dans les taillis et les halliers ; puis, ses craintes calmées, elle reprenait sa course en jetant un sourire d'encouragement à ceux qu'elle guidait.

— *Pincés!* dit tout à coup Valentin en appuyant en riant la crosse de son rifle à terre ; allons, allons, la petite est plus fine que je ne croyais.

Les deux hommes se trouvèrent subitement enveloppés par une nombreuse troupe d'Indiens apaches.

Don Pablo, lui, ne prononça pas un mot ; il regarda l'Espagnole ; elle souriait toujours.

— Bah ! murmura philosophiquement le Français à part lui, j'en tuerai toujours bien sept ou huit ; après cela, nous verrons.

Complètement rassuré par cette consolante réflexion, le chasseur reprit incontinent toute sa liberté d'esprit et regarda curieusement autour de lui.

Les deux blancs étaient au milieu du détachement de guerre du Chat-Noir.

Le vieux chef s'avança vers le chasseur.

— Mon frère est le bienvenu parmi ses amis les bisons apaches, dit-il avec noblesse.

— Pourquoi railler, chef ? répondit Valentin. Je suis votre prisonnier, aites de moi ce que bon vous semblera.

— Le Chat-Noir ne raille pas ; le grand chasseur pâle n'est pas son prisonnier, mais son ami ; qu'il commande, et le Chat-Noir exécutera ses ordres.

— Que signifient ces paroles ? dit le Français avec étonnement. N'êtes-vous pas ici, ainsi que tous les membres de votre nation, pour vous emparer de mes amis et de moi ?

— Telle était, en effet, mon intention lorsque, il y a quelques jours, j'ai quitté mon village ; mais mon cœur est changé depuis que mon frère m'a sauvé la vie ; il a pu s'en apercevoir déjà. Si je suis venu jusqu'ici, ce n'est pas pour le combattre, mais pour le sauver, lui et les siens ; que mon frère ait donc confiance dans mes paroles, ma tribu lui obéira comme à moi-même.

Valentin réfléchit un instant, puis il reprit la parole en regardant fixement le chef :

— Et que demande le Chat-Noir en retour de l'aide qu'il veut bien me donner ?

— Rien. Le chasseur pâle est mon frère ; si nous réussissons, il agira à sa guise.

— Allons, allons, tout est pour le mieux, fit le Français en se tournant vers la jeune fille ; je m'étais trompé, madame ; veuillez agréer mes excuses.

La Gazelle-Blanche rougit de bonheur à ces nobles paroles.

— Ainsi, reprit Valentin en s'adressant au chef indien, je puis entièrement disposer de vos jeunes gens ?

— Arrêtez, au nom du Ciel, s'écria la jeune fille en se traînant sur les genoux aux pieds de don Pablo.

— Entièrement.
— Ils me seront dévoués?
— Je vous l'ai dit, comme à moi-même.
— Bon! fit le chasseur dont le visage s'éclaira. Combien avez-vous de guerriers?
Le Chat-Noir montra dix fois les doigts de ses deux mains ouvertes.

— Cent? fit Valentin.

— Oui, reprit le chef, et huit de plus.

— Mais les autres tribus sont beaucoup plus nombreuses que la vôtre?

— Elles forment une troupe de guerriers vingt-deux fois et sept fois plus nombreuse que la mienne.

— Hum! c'est beaucoup, sans compter les pirates.

— Ooah! il y a trois fois les doigts de mes deux mains de longs-couteaux de l'est.

— Je crains, observa don Pablo, que nous finissions par être accablés par tant d'ennemis.

— Peut-être! répondit Valentin, qui réfléchissait. Où est le Cèdre-Rouge?

— Le Cèdre-Rouge est avec ses frères les demi-sang des prairies; ils se sont joints au détachement de Stanapat.

En ce moment le cri de guerre des Apaches résonna avec force dans la plaine.

Une puissante détonation se fit entendre, et la colline du Bison-Fou apparut ceinte, comme un nouveau Sinaï, d'une auréole de fumée et d'éclairs éblouissants.

La bataille était commencée.

Les Indiens montaient bravement à l'assaut. Les Apaches marchaient vers la colline en déchargeant continuellement leurs fusils et en lançant des flèches à leurs invisibles ennemis.

De l'endroit où la chaîne de collines touche le Gila, on voyait sans cesse arriver de nouveaux Apaches.

Ils venaient au galop par troupes de trois jusqu'à vingt hommes à la fois. Leurs chevaux étaient couverts d'écume, ce qui faisait présumer qu'ils avaient fourni une longue traite.

Les Apaches étaient en grand costume, chargés de toutes sortes d'ornements et d'armes, l'arc et le carquois sur le dos, le fusil à la main, munis de leurs talismans, la tête couronnée de plumes, dont quelques-unes étaient de magnifiques plumes d'aigle noires et blanches, avec le grand plumet retombant.

Assis sur de belles housses de peaux de panthère doublées en rouge, tous avaient la partie inférieure du corps nue, sauf une longue bande de peau de loup passée par-dessus l'épaule. Leurs boucliers étaient ornés de plumes et de drap de plusieurs couleurs.

Ces hommes ainsi accoutrés avaient quelque chose de grand et de majestueux qui saisissait l'imagination et inspirait la terreur.

Plusieurs d'entre eux franchirent sur-le-champ les hauteurs, pressant du fouet leurs chevaux fatigués, afin d'arriver promptement sur le lieu du combat, chantant et poussant leur cri de guerre.

C'était aux environs des palissades que la lutte semblait plus acharnée.

Les deux Mexicains et Curumilla, à couvert derrière leurs retranchements, répondaient au feu des Apaches par un feu meurtrier, s'excitant courageusement à mourir les armes à la main.

Déjà de nombreux cadavres jonchaient çà et là la plaine; des chevaux échappés galopaient dans toutes les directions, et les cris de douleur des blessés se mêlaient aux cris de défi des assaillants.

Ce que nous avons décrit en tant de mots, Valentin et don Pablo l'avaient aperçu en quelques secondes, avec ce coup d'œil infaillible des hommes habitués de longue main à la vie des prairies.

— Voyons, chef, dit vivement le chasseur, il faut que nous rejoignions nos amis; aidez-nous, sinon ils sont perdus.

— Bon! répondit le Chat-Noir; que le chasseur pâle se mette avec son ami au milieu de mon détachement; dans quelques minutes il sera sur la colline. Surtout que les chefs pâles me laissent agir.

— Faites, faites! je m'en rapporte entièrement à vous!

Le Chat-Noir prononça quelques paroles à voix basse en s'adressant aux guerriers qui l'accompagnaient.

Ceux-ci se groupèrent immédiatement autour des deux chasseurs, qui disparurent entièrement au milieu d'eux.

— Oh! oh! fit don Pablo avec inquiétude, voyez donc, mon ami!

Valentin sourit en lui prenant le bras.

— J'ai deviné l'intention du chef, dit-il; il emploie le seul moyen possible. Soyez tranquille, tout est pour le mieux.

Le Chat-Noir se plaça en tête du détachement et fit un signe.

Un hurlement effroyable éclata dans l'air.

C'était la tribu du Bison qui poussait son cri de guerre.

Les Apaches, entraînant les deux hommes au milieu d'eux, s'élancèrent avec furie vers la colline.

Valentin et don Pablo cherchaient encore à se rendre compte de ce qui s'était passé, que déjà ils avaient rejoint leurs amis, et que les guerriers du Chat-Noir avaient roulé comme une avalanche, fuyant dans toutes les directions, comme si une terreur panique se fut emparée d'eux.

Cependant le combat n'était pas fini.

Les Indiens de Stanapat s'élançaient en rugissant comme des tigres sur les palissades et se faisaient tuer sans reculer d'un pas.

Cette lutte devait, en se prolongeant, finir par être fatale aux blancs, dont les forces s'épuisaient.

Stanapat et le Cèdre-Rouge le comprenaient, aussi redoublaient-ils d'efforts pour accabler leurs ennemis.

Soudain, au moment où les Apaches se précipitaient furieux contre les blancs pour tenter un dernier assaut, le cri de guerre des Coras se fit entendre, mêlé à des détonations d'armes à feu. Les Apaches, surpris, hésitèrent.

Le Cèdre-Rouge jeta un regard autour de lui et poussa une malédiction.

Le cri de guerre des Comanches s'élevait derrière le camp.

— En avant! en avant quand même! hurla le squatter, qui, suivi de ses deux fils et de quelques-uns des siens, s'élança vers la colline.

Mais la scène avait changé comme par enchantement.

Le Chat-Noir, voyant le secours qui arrivait à ses amis, avait fait sa jonction avec l'Unicorne; tous deux, avec leurs troupes réunies, attaquaient les

Apaches de flanc, pendant que Moukapec, à la tête de deux cents guerriers d'élite de sa nation, se ruait sur eux par derrière.

La fuite commença, bientôt elle se changea en déroute.

Le Cèdre-Rouge et une petite troupe de pirates réunis autour de lui résistaient seuls encore.

Le cercle d'ennemis qui les enveloppait se rétrécissait à chaque instant davantage autour d'eux.

D'assaillants ils étaient devenus assaillis. Il fallait en finir ; quelques secondes encore, et c'en était fait : toute retraite leur était coupée.

— *Hourrah ! by God !* hurla le Cèdre-Rouge en faisant tournoyer comme une massue, son rifle autour de sa tête. Sus à ces chiens ! Prenons leurs chevelures !

— Prenons leurs chevelures ! s'écrièrent ses compagnons en imitant ses mouvements et en massacrant tout ce qui s'opposait à leur passage.

Ils avaient réussi à s'ouvrir une sanglante trouée tout en combattant, et s'avançaient lentement du côté du fleuve.

Soudain, un homme se jeta résolument devant le Cèdre-Rouge.

Cet homme était Moukapec.

— Je t'apporte ma chevelure, chien des Visages-Pâles ! cria-t-il en lui assénant un coup de hache.

— Merci ! répondit le bandit en parant le coup qui lui était porté.

La Plume-d'Aigle bondit en avant comme une hyène, et, avant que son ennemi pût s'y opposer, il lui enfonça son couteau dans la cuisse.

Le Cèdre-Rouge poussa un cri de rage en se sentant blessé, et dégaîna son couteau d'une main, pendant que de l'autre il saisissait l'Indien à la gorge.

Celui-ci se vit perdu : la lame étincela au-dessus de sa tête et s'enfonça tout entière dans sa poitrine.

— Ah ! ah ! ricana le Cèdre-Rouge en lâchant son ennemi qui roula sur le sol ; je crois que nos comptes sont réglés cette fois.

— Pas encore ! fit le Coras avec un rire de triomphe ; et par un effort suprême, il déchargea son rifle sur le squatter.

Celui-ci lâcha les rênes et tomba aux côtés de l'Indien.

— Je meurs vengé ! murmura la Plume-d'Aigle en se tordant dans une dernière convulsion.

— Oh ! je ne suis pas mort encore, moi ! répondit le Cèdre-Rouge en se redressant sur un genou et brisant le crâne du Coras, j'échapperai quand même.

Le Cèdre-Rouge avait l'épaule brisée ; cependant, grâce au secours de ses compagnons, qui ne reculaient pas d'un pouce, il put se remettre sur son cheval.

Nathan et Sutter l'attachèrent après la selle.

— En retraite ! en retraite ! cria-t-il, ou nous sommes perdus ! Sauve qui peut, chacun pour soi !

Les pirates lui obéirent et se mirent à fuir dans différentes directions, suivis de près par les Coras et les Comanches.

Cependant ils parvinrent à gagner, les uns une forêt vierge au milieu de laquelle ils disparurent, les autres la rivière, qu'ils traversèrent à la nage.

Le Cèdre-Rouge fut des premiers. Valentin et ses amis, dès qu'ils avaient vu l'issue de la bataille, grâce au secours qui leur était si heureusement arrivé, avaient en toute hâte abandonné la colline du Bison-Fou, et étaient descendus dans la plaine dans l'intention de s'emparer du Cèdre-Rouge.

Malheureusement, ils ne purent arriver que pour le voir disparaître dans le lointain.

Cependant le succès inespéré du combat leur avait rendu un immense service, non seulement en les sortant de la fausse position dans laquelle ils se trouvaient, mais encore en rompant la ligne des tribus indiennes qui, atterrées par les pertes énormes qu'elles avaient faites pendant l'attaque, se retireraient, sans nul doute, et laisseraient les blancs régler entre eux le différend qui les divisait, sans se mêler davantage à la querelle.

Quant au Cèdre-Rouge, sa troupe était presque anéantie ou dispersée; seul, blessé gravement, il n'était plus à craindre.

La prise de cet homme, réduit à errer comme une bête fauve dans la prairie, ne devenait plus qu'une question de temps.

Stanapat, lui aussi, avait échappé avec quelques-uns de ses guerriers sans que nul pût savoir quelle direction il avait prise.

Les trois troupes réunies campèrent sur le champ de bataille.

Selon leur coutume, les Indiens s'occupèrent d'abord à scalper les cadavres de leurs ennemis,

Chose singulière! les vainqueurs n'avaient pas fait de prisonniers : le combat avait été si acharné que chacun n'avait cherché qu'à tuer son ennemi sans songer à s'emparer de sa personne.

Le corps de Moukapec fut relevé avec respect et enterré sur la colline du Bison-Fou, à côté du chef redoutable qui avait le premier choisi cette sépulture.

Le soleil se couchait au moment où les derniers devoirs finissaient d'être rendus aux guerriers comanches et coras qui avaient succombé.

Les feux de conseil furent allumés.

Lorsque chacun eut pris place, que les calumets eurent fait le tour du cercle, Valentin se leva :

— Chefs, dit-il, mes amis et moi nous vous remercions de vos généreux efforts en cherchant à délivrer les prairies du Far West du bandit qui les a si longtemps désolées ; ce n'est pas seulement une vaine vengeance que nous poursuivons, c'est une œuvre d'humanité : ce misérable déshonore le nom d'homme et la race à laquelle il appartient. Aujourd'hui, des nombreux brigands qui l'accompagnaient, quelques-uns à peine lui restent; cette bande de malfaiteurs, qui était la terreur des prairies, n'existe plus, et bientôt leur chef lui-même, j'en ai la certitude, tombera en notre pouvoir. Soyez prêts, quand il le faudra, à nous venir en aide comme vous l'avez fait aujourd'hui ; d'ici là, regagnez vos villages ; croyez que, de près comme de loin, nous garderons le souvenir des services que vous nous avez rendus, et que, le cas échéant, vous pourrez compter sur nous, comme nous avons partout et toujours compté sur vous.

Après avoir prononcé ces paroles, auxquelles les Indiens applaudirent, Valentin se rassit.

Il y eut un silence assez long, employé par les Indiens à fumer consciencieusement leurs calumets.

Ce fut le Chat-Noir qui le premier rompit ce silence.

— Que mes frères écoutent, dit-il; les paroles que souffle ma poitrine me sont inspirées par le Maître de la vie; le nuage qui obscurcissait mon esprit s'est fondu depuis que mes frères coras et comanches, ces deux nations si braves, m'ont rendu la place à laquelle j'avais droit au feu de leurs conseils; l'Unicorne est un chef sage, sont amitié m'est précieuse. J'espère que le Wacondah ne permettra jamais qu'il s'élève entre lui et moi, ainsi qu'entre mes jeunes hommes et les siens, d'ici mille et cinquante lunes, le moindre malentendu qui puisse rompre la bonne intelligence qui règne en ce moment.

L'Unicorne sortit le tuyau du calumet de ses lèvres, salua le Chat-Noir en souriant et répondit :

— Mon frère le Chat-Noir a bien parlé; mon cœur a tressailli de joie en l'écoutant. Pourquoi ne serions-nous pas amis? La prairie n'est-elle pas assez grande et assez large pour nous? les bisons ne sont-ils pas assez nombreux? Que mes frères écoutent : je cherche vainement autour de moi la hache de guerre, elle est si profondément enfouie, que les fils des petits-fils de nos enfants ne parviendront jamais à la déterrer.

D'autres discours furent encore prononcés par plusieurs chefs. La meilleure intelligence ne cessa de régner parmi les alliés.

Au point du jour, ils se séparèrent de la façon la plus cordiale, reprenant chacun le chemin de son village.

Valentin, Curumilla, le général Ibañez, don Pablo et don Miguel restèrent seuls.

La Gazelle-Blanche était appuyée, pensive, contre le tronc d'un chêne, à quelques pas d'eux.

XI

AU COIN D'UN BOIS

Le Cèdre-Rouge, emporté loin du champ de bataille par le galop furieux de son cheval qu'il n'avait même plus la force de gouverner, allait tout droit devant lui sans savoir quelle direction il suivait.

Chez cet homme jusqu'alors si ferme, d'une volonté si énergique, la pensée s'était voilée comme par enchantement; la perte de son sang, les secousses réitérées que lui imprimait son cheval l'avaient plongé dans une atonie complète. S'il n'avait pas été solidement attaché sur la selle, vingt fois il aurait été désarçonné.

Il allait les bras pendants, le corps penché sur le cou de son cheval, les yeux à demi fermés, sans avoir même la conscience de ce qui lui arrivait et ne cherchant pas à le savoir.

Secoué à droite, secoué à gauche, il regardait d'un œil sans intelligence fuir de chaque côté les arbres et les rochers, ne pensant plus, ne vivant plus que dans un songe horrible, en proie aux hallucinations les plus étranges et les plus dévergondées.

La nuit succéda au jour.

Le cheval continuait sa course, bondissant comme un jaguar effrayé, par-dessus les obstacles qui s'opposaient à son passage, suivi à la piste par une troupe de coyotes hurlants, et cherchant vainement à se débarrasser du poids inerte qui l'obsédait.

Enfin, le cheval trébucha dans l'ombre et tomba sur le sol avec son fardeau en poussant un hennissement plaintif.

Le Cèdre-Rouge avait jusqu'à ce moment conservé, nous ne dirons pas la connaissance complète et lucide de la position dans laquelle il se trouvait, mais au moins une certaine conscience de la vie qui résidait encore en lui.

Lorsque le cheval épuisé tomba, le bandit sentit une vive douleur à la tête, et ce fut tout : il s'évanouit en bégayant un blasphème, dernière protestation du misérable qui, jusqu'au dernier moment, niait la puissance du Dieu qui le frappait.

Combien de temps demeura-t-il dans cet état? il n'aurait su le dire.

Lorsqu'il rouvrit les yeux, sous l'impression d'un sentiment de bien-être indéfinissable, le soleil brillait à travers les branches touffues des arbres de la forêt, et les oiseaux cachés sous le vert feuillage faisaient entendre leurs joyeux concerts.

Le Cèdre-Rouge poussa un soupir de soulagement et promena autour de lui un regard voilé. A quelques pas, son cheval était étendu mort.

Lui, il était assis, adossé au tronc d'un arbre. Agenouillée et penchée sur lui, Ellen suivait avec une anxieuse sollicitude les progrès de son retour à la vie.

— Oh! oh! murmura le bandit d'une voix rauque, j'existe donc encore!

— Oui, grâce à Dieu, mon père, répondit doucement Ellen.

Le bandit la regarda.

— Dieu! dit-il, comme s'il se parlait à lui-même; Dieu! reprit-il avec un sourire sardonique.

— C'est lui qui vous a sauvé, mon père, fit la jeune fille.

— Enfant! murmura le Cèdre-Rouge en passant la main gauche sur son front, Dieu n'est qu'un mot, ne m'en parlez jamais!

Ellen baissa la tête.

Cependant, avec le sentiment de la vie, la douleur était revenue.

— Oh! que je souffre! dit-il.

— Vous êtes dangereusement blessé, mon père. Hélas! j'ai fait ce que j'ai pu pour vous soulager; mais je ne suis qu'une pauvre fille ignorante, et peut-être les soins que je vous ai prodigués ne sont-ils pas ceux que votre état réclame.

Le Cèdre-Rouge tourna vers elle sa tête pâle, une expression de tendresse brillait dans ses yeux éteints.

— Vous m'aimez donc, vous? dit-il.

— N'est-ce pas mon devoir, mon père?

Le bandit ne répondit pas, le sourire que nous lui connaissons plissa les coins de ses lèvres violettes.

— Hélas! depuis longtemps je vous cherche, mon père; cette nuit, le hasard m'a fait vous retrouver.

— Oui, vous êtes une bonne fille, Ellen. Je n'ai plus que vous à présent; mes fils, que sont-ils devenus? je l'ignore. Oh! fit-il avec un mouvement de rage, c'est ce misérable Ambrosio qui est cause de tout; sans lui je serais encore au Paso del Norte, dans les forêts dont je m'étais rendu maître.

— Ne pensez plus à cela, mon père; votre état réclame le plus grand calme: tâchez de dormir quelques heures, le sommeil vous fera du bien.

— Dormir! dit le bandit, est-ce que je dors, moi? Oh! non, fit-il avec un mouvement de répulsion; c'est la veille que je veux, au contraire; quand mes yeux se ferment, je vois... Oh! non, non, pas de sommeil!...

Il n'acheva pas.

Ellen le regardait avec une pitié mêlée de terreur.

Le bandit, affaibli par la perte de son sang et la fièvre occasionnée par ses blessures, sentait en lui s'éveiller un sentiment qui jusqu'alors lui avait été inconnu : il avait peur.

Peut-être sa conscience évoquait-elle sourdement les remords cuisants de ses crimes.

Il y eut un long silence.

Ellen, attentive, suivait les mouvements du bandit, que la fièvre plongeait dans une espèce de somnolence et qui parfois tressaillait en poussant des cris inarticulés et jetant autour de lui des regards effarés.

Vers le soir, le bandit rouvrit les yeux et sembla se ranimer; ses yeux étaient moins hagards, sa parole moins brève.

— Merci, enfant, lui dit-il, vous êtes une bonne créature; où sommes-nous ici?

— Je l'ignore, mon père, cette forêt est immense; je vous le répète, c'est Dieu qui m'a guidée vers vous.

— Non, vous vous trompez, Ellen, répondit-il avec ce sourire sarcastique dont il avait l'habitude; ce n'est pas Dieu qui vous a conduite ici; c'est le démon, qui craignait de perdre un ami aussi dévoué que moi.

— Ne parlez pas ainsi, mon père, dit la jeune fille avec tristesse; la nuit arrive rapidement, les ténèbres ne tarderont pas à nous envelopper; laissez-moi au contraire prier pour que Dieu éloigne de nous pendant l'obscurité les dangers qui nous menacent.

— Enfant! une nuit au fond des bois vous effraye-t-elle donc à ce point, nous dont toute la vie s'est écoulée au désert? Allumez un feu de branches sèches pour éloigner les bêtes fauves, et placez près de moi mes pistolets; ces précautions vaudront mieux, croyez-moi, que vos prières inutiles.

— Ne blasphémez pas, mon père, répondit vivement la jeune fille; vous

Elle suivait avec une anxieuse sollicitude les progrès de son retour à la vie...

êtes blessé, presque mourant; moi je suis faible et incapable de vous secourir efficacement; notre existence est entre les mains de Celui dont vous niez vainement la puissance; lui seul, s'il le veut, peut nous sauver.

Le bandit éclata d'un rire sec et saccadé.

— Qu'il le fasse donc alors, au nom du diable! s'écria-t-il, et je croirai en lui!

— Mon père, au nom du Ciel, ne parlez pas ainsi, murmura la jeune fille avec douleur.

— Faites ce que je vous dis, sotte enfant! interrompit brutalement le squatter, et laissez-moi en repos.

Ellen se détourna pour essuyer les larmes que ces dures paroles lui causaient, et se leva tristement pour obéir au Cèdre-Rouge.

Celui-ci la suivit du regard.

— Allons, folle, lui dit-il en ricanant, consolez-vous, je n'ai pas voulu vous faire de peine.

La jeune fille rassembla toutes les branches sèches qu'elle put trouver, en fit un amas et y mit le feu. Bientôt le bois pétilla, et une longue et claire gerbe de flamme monta vers le ciel.

Elle prit dans les arçons les pistolets encore chargés du squatter et les plaça à portée de sa main, puis elle vint reprendre sa place à ses côtés.

Le Cèdre-Rouge sourit avec satisfaction.

— Là, dit-il, maintenant nous n'avons plus rien à redouter; que les fauves viennent nous faire visite, nous les recevrons; nous passerons la nuit tranquilles. Quant à demain, eh bien, ma foi, nous verrons!

Ellen, sans répondre, l'enveloppa le mieux qu'il lui fut possible dans les couvertures et les peaux qui étaient sur le cheval, afin de le garantir du froid.

Tant de soins et d'abnégation touchèrent le bandit.

— Et vous, Ellen, lui demanda-t-il, ne gardez-vous pas quelques-unes de ces peaux pour vous?

— A quoi bon, mon père? le feu me suffira, dit-elle avec douceur.

— Mais au moins mangez quelque chose, vous devez avoir faim; car, si je ne me trompe, de toute la journée vous n'avez rien pris?

— C'est vrai, mon père, mais je n'ai pas faim.

— Cela ne fait rien, reprit-il en insistant, un jeûne trop prolongé pourrait vous être nuisible; je veux que vous mangiez.

— C'est inutile, mon père, répondit-elle avec hésitation.

— Mangez, je le veux, fit-il; si ce n'est pour vous, que ce soit pour moi; mangez la moindre des choses, afin de vous donner des forces; nous ne savons pas ce qui nous attend dans quelques heures.

— Hélas! je voudrais vous obéir, mon père, dit-elle en baissant les yeux, mais cela m'est impossible.

— Et pourquoi donc? puisque je vous dis que je le veux.

— Parce que je n'ai rien à manger.

Cette parole tomba comme une massue sur la poitrine du bandit.

— Oh! c'est affreux! murmura-t-il; pauvre enfant, pardonnez-moi; Ellen, je suis un misérable, indigne d'un dévouement comme le vôtre.

— Calmez-vous, mon père, je vous prie; je n'ai pas faim, je vous le répète; une nuit est bientôt passée, et demain, comme vous me l'avez dit, nous verrons; mais d'ici là, j'en ai la conviction, Dieu nous viendra en aide.

— Dieu? s'écria le squatter en grinçant des dents, encore ce mot!

— Dieu! toujours Dieu! mon père, répondit la jeune fille avec exaltation, l'œil étincelant et la lèvre frémissante; Dieu, toujours, car, si indignes que nous soyons de sa pitié, il est bon; il ne nous abandonnera peut-être pas.

— Comptez donc sur lui, folle que vous êtes, et dans deux jours vous serez morte.

— Non! s'écria-t-elle avec joie, car il m'a entendue et nous envoie du secours!

Le bandit regarda et se laissa aller sur le sol en fermant les yeux et en murmurant d'une voix sourde ces mots qui depuis quelque temps montaient toujours de son cœur à ses lèvres par une force indépendante de sa volonté et qui le maîtrisait malgré lui :

— Dieu ! existerait-il donc?

Terrible interrogation qu'il s'adressait sans cesse et à laquelle sa conscience bourrelée commençait à répondre au fond de son âme, dont le granit s'émiettait peu à peu sous les coups répétés du remords.

Mais Ellen ne remarqua pas l'état de prostration du Cèdre-Rouge; elle s'était levée et élancée en avant, les bras étendus, criant aussi haut que sa voix le lui permettait :

— Au secours! au secours!

La jeune fille avait cru, depuis quelques instants, entendre un certain bruissement dans le feuillage.

Ce bruit, d'abord éloigné et presque insaisissable, s'était rapidement approché; bientôt des lueurs avaient brillé à travers les arbres, et les pas d'une nombreuse troupe de cavaliers avaient distinctement frappé son oreille.

En effet, à peine avait-elle fait quelques pas qu'elle se trouva en présence d'une dizaine d'Indiens à cheval, tenant des torches allumées et escortant deux personnes enveloppées de longs manteaux.

— Au secours! au secours! répéta Ellen en tombant à genoux, les bras étendus en avant.

Les cavaliers s'arrêtèrent.

L'un d'eux mit pied à terre et s'élança vers la jeune fille, à laquelle il prit les mains et qu'il obligea à se relever.

— Du secours pour qui, pauvre enfant? lui dit-il d'une voix douce.

A l'accent plein de tendresse de l'étranger, elle sentit l'espoir rentrer dans son cœur.

— Oh! murmura-t-elle avec joie, mon père est sauvé!

— Notre vie est entre les mains de Dieu, répondit avec onction l'étranger; mais conduisez-moi près de votre père, et tout ce qu'un homme peut faire pour le secourir, je le ferai.

— C'est Dieu qui vous envoie; soyez béni, mon père! dit la jeune fille en lui baisant la main.

Dans le mouvement qu'il avait fait pour la relever, le manteau de l'étranger s'était ouvert, la jeune fille avait reconnu un prêtre.

— Marchons, dit-il.

— Venez.

La jeune fille s'élança joyeuse en avant; la petite troupe la suivit.

— Mon père! mon père! s'écria-t-elle en arrivant auprès du blessé, je savais bien que Dieu ne nous abandonnerait pas : je vous amène du secours !

En ce moment, les étrangers entrèrent dans la clairière où le bandit gisait étendu.

Les Indiens et le second personnage s'arrêtèrent à quelques pas en arrière. Quant au prêtre, il s'approcha vivement du Cèdre-Rouge, sur le corps duquel il se pencha.

Aux paroles de sa fille, le bandit avait ouvert les yeux ; il tourna la tête avec effort du côté où arrivait ce secours inespéré.

Soudain son visage, pâle déjà, se couvrit d'une teinte cadavéreuse ; ses yeux s'agrandirent et devinrent hagards, un frémissement convulsif agita ses membres et il retomba lourdement en arrière en murmurant avec épouvante :

— Oh !... le père Séraphin !

C'était effectivement le missionnaire ; sans paraître remarquer l'émotion du squatter, il lui saisit le bras pour lui tâter le pouls.

Le Cèdre-Rouge était évanoui. Mais Ellen avait entendu les paroles prononcées par son père ; sans en comprendre le sens, la jeune fille devina qu'un drame terrible était caché sous cette révélation.

— Mon père ! s'écria-t-elle avec douleur en tombant aux genoux du prêtre, mon père ayez pitié de lui, ne l'abandonnez pas !

Le missionnaire sourit avec une expression de bonté ineffable.

— Ma fille, répondit-il doucement, je suis un ministre de Dieu, l'habit que je porte me commande l'oubli des injures : les prêtres n'ont pas d'ennemis, tous les hommes sont leurs frères ; rassurez-vous, non seulement votre père a son corps à sauver, mais encore son âme. J'entreprendrai cette cure, et Dieu, qui a permis que je me trouve sur sa route, me donnera les forces nécessaires pour réussir.

— Oh ! merci, merci, mon père ! murmura la jeune fille en fondant en larmes.

— Ne me remerciez pas, pauvre enfant ; adressez à Dieu vos actions de grâce, car c'est lui seul qui a tout fait. Maintenant, laissez-moi m'occuper de ce malheureux qui souffre et dont l'état misérable réclame tous mes soins.

Et éloignant doucement la jeune fille, le père Séraphin ouvrit sa boîte à médicaments, qu'il prit au pommeau de sa selle, et se mit en devoir de panser le blessé.

Cependant les Indiens s'étaient rapprochés peu à peu.

Voyant ce dont il s'agissait, ils avaient mis pied à terre, afin de préparer le campement, car ils prévoyaient que dans l'état où se trouvait le Cèdre-Rouge, le missionnaire passerait la nuit dans cet endroit.

Un campement de nuit est bientôt établi par les Indiens dans la prairie.

La personne qui accompagnait le père Séraphin était une femme d'un âge déjà fort avancé, mais dont les traits ennoblis par la vieillesse avaient une expression de bonté et de grandeur peu commune.

Dès qu'elle vit que le missionnaire se préparait à panser le blessé, elle s'approcha en lui disant d'une voix douce :

— Ne puis-je pas vous être bonne à quelque chose, mon père, et vous aider dans ce que vous allez entreprendre? vous savez que j'ai hâte de faire mon apprentissage de garde-malade.

Ces paroles furent prononcées avec un accent de bonté indicible.

Le prêtre la regarda avec une expression sublime, et, lui prenant la main, il l'obligea à se pencher sur le corps du blessé toujours immobile.

— C'est Dieu qui a voulu que ce qui arrive en ce moment ait lieu, madame, lui dit-il; à peine débarquée dans ce pays et entrée dans ce désert pour y chercher votre fils, le Tout-Puissant vous impose une tâche qui doit réjouir votre cœur en vous plaçant en face de cet homme.

— Que voulez-vous dire, mon père? dit-elle avec étonnement.

— Mère de Valentin Guillois, reprit-il avec un accent rempli d'une majesté suprême, regardez bien cet homme, afin de le reconnaître plus tard; c'est le Cèdre-Rouge, le malheureux dont je vous ai si souvent parlé, l'ennemi implacable de votre fils !

A cette révélation terrible, la pauvre femme fit un geste d'effroi; mais surmontant, par un effort surhumain, le sentiment de répulsion qu'elle avait d'abord éprouvé :

— Peu importe, mon père! répondit-elle d'une voix calme, ce malheureux souffre, je le soignerai.

— Bien, madame! répondit le prêtre avec émotion, Dieu vous tiendra compte de cette abnégation évangélique.

XII

LE MISSIONNAIRE

Nous expliquerons en quelques mots par quel concours étrange de circonstances le père Séraphin, que depuis si longtemps nous avons perdu de vue, et la mère de Valentin Guillois, dont la noble figure n'a fait que passer dans ce récit, étaient si providentiellement arrivés au secours du Cèdre-Rouge.

Lorsque le missionnaire s'était séparé du Chercheur de pistes, il s'était rendu, ainsi qu'il en avait manifesté le désir, parmi les Indiens comanches, avec l'intention de leur prêcher l'Évangile, saint devoir que déjà depuis longtemps il avait commencé à mettre à exécution.

Le père Séraphin, par son caractère, la pureté de ses mœurs, s'était fait des amis de tous ces enfants de la nature, et comptait de nombreux prosélytes dans diverses tribus, surtout dans celle de l'Unicorne.

Le voyage était long et fatigant pour se rendre au village des Comanches, les moyens de transport nuls, dans un pays désert, traversé seulement par les hordes nomades qui errent sans but dans ses vastes solitudes.

Le missionnaire cependant ne se rebuta pas; trop faible pour monter à cheval, à cause de la blessure que peu de temps auparavant il avait reçue, blessure à peine cicatrisée, il avait bravement, comme les premiers Pères de l'Église, entrepris à pied ce voyage, qu'il est presque impossible d'accomplir à cheval.

Mais les forces humaines ont des bornes qu'elles ne peuvent franchir. Le père Séraphin, malgré son courage, fut obligé de convenir tacitement qu'il avait entrepris une tâche qu'il était trop faible pour mener à bien.

Un soir il était tombé épuisé par la fièvre et la fatigue sur le seuil d'une hutte d'Indiens qui l'avaient relevé et soigné.

Ces Indiens à demi civilisés, et chrétiens depuis longtemps, n'avaient pas souffert que dans l'état de délabrement où la santé du digne prêtre était réduite, il continuât son voyage; bien plus, profitant de la fièvre qui l'abattait et le mettait dans l'impossibilité de se rendre compte de ce qui se passait autour de lui, ils l'avaient, à petites journées, transporté au Texas.

Lorsque le père Séraphin, grâce à sa jeunesse et à la force de sa constitution, avait enfin triomphé de la maladie qui, pendant un mois, l'avait cloué sur une couche de douleur, entre la vie et la mort, en proie à un délire continuel, son étonnement avait été grand de se trouver à Galveston, dans la maison même de l'évêque chef de la mission.

Le digne prélat, usant des pouvoirs spirituels que lui donnaient son caractère et son titre sur le missionnaire, avait exigé de celui-ci, non pas qu'il retournât au désert, mais, au contraire, qu'il montât sur un navire en partance pour le Havre et qui n'attendait qu'un vent favorable pour appareiller.

Le père Séraphin n'avait obéi qu'avec douleur aux ordres de son supérieur; il avait fallu que l'évêque lui prouvât que sa santé était presque perdue, que l'influence du sol natal pouvait seule la rétablir, pour qu'il se résignât à obéir et, ainsi qu'il le disait avec amertume, à fuir et abandonner son poste.

Le missionnaire partit donc, mais avec la ferme résolution de revenir aussitôt que cela lui serait possible.

La traversée de Galveston au Havre fut heureuse. Deux mois après son départ du Texas, le père Séraphin débarquait au Havre et posait le pied sur sa terre natale, avec une émotion que ceux-là qui ont longtemps erré en pays étranger pourront comprendre.

Puisque le hasard le ramenait en France, le missionnaire en profita pour se rendre auprès de sa famille qu'il n'espérait plus revoir et par laquelle il fut reçu avec des transports de joie d'autant plus grands, qu'elle non plus ne comptait pas sur son retour.

C'est que c'est une rude vie que celle de missionnaire; ceux-là qui les ont vus à l'œuvre, dans le grand désert américain, peuvent seuls apprécier ce qu'il y a de sainte abnégation et de vrai courage dans le cœur de ces hommes si simples et si réellement bons, qui sacrifient leur vie, sans espoir de récompense possible, pour prêcher les Indiens. Presque toujours ils tombent, dans un coin ignoré de la prairie, victimes de leur dévouement, ou bien, s'ils résistent pendant cinq ou six ans, ils reviennent dans leur patrie vieux avant l'âge, impotents, presque aveugles, accablés d'infirmités, contraints de traîner une vie misérable au milieu d'hommes qui les méconnaissent et le plus souvent les calomnient.

Le temps du père Séraphin était compté, toutes les heures qu'il passait loin de ses chers Indiens, il se les reprochait comme un vol qu'il leur faisait. Il s'arracha des bras de ses parents et se hâta de retourner au Havre, afin de profiter de la première occasion qui se présenterait de s'embarquer pour le Texas.

Un soir qu'assis sur la plage, le père Séraphin contemplait la mer qui le séparait du but de sa vie, et songeait aux prosélytes qu'il avait laissés en Amérique et que, privés de sa présence, il tremblait de retrouver plongés dans leurs anciennes erreurs, il entendit auprès de lui des gémissements. Il leva la tête et vit à quelques pas une femme qui, agenouillée sur le sable, pleurait ; de temps en temps des mots entrecoupés s'échappaient de ses lèvres. Le père Séraphin s'émut de cette douleur, il s'approcha et entendit ces mots : « Mon fils ! mon pauvre fils ! Mon Dieu, rendez-moi mon fils ! »

Cette femme avait le visage couvert de larmes, elle tenait les yeux levés au ciel, une expression d'un profond désespoir était empreinte sur sa physionomie.

Le père Séraphin comprit, avec l'instinct de son cœur, qu'il y avait là une grande infortune à consoler, et, s'adressant à l'inconnue, il lui dit :

— Pauvre femme, que cherchez-vous ici ? Pourquoi pleurez-vous ?

— Hélas ! mon père, répondit-elle, j'ai perdu tout espoir d'être heureuse en ce monde.

— Qui sait, madame ? Contez-moi vos malheurs, Dieu est grand, peut-être me donnera-t-il le pouvoir de vous consoler.

— Vous avez raison, mon père, Dieu n'abandonne jamais les affligés, et c'est surtout lorsque l'espoir leur manque qu'il leur vient en aide.

— Parlez donc avec confiance.

L'inconnue reprit la parole d'une voix entrecoupée par l'émotion intérieure qu'elle éprouvait.

— Voilà plus de dix ans, dit-elle, que je suis séparée de mon fils. Hélas ! depuis qu'il est parti pour l'Amérique, malgré les démarches que j'ai tentées, je n'ai jamais pu avoir de ses nouvelles, savoir ce qu'il est devenu, s'il est mort ou vivant.

— Ainsi, jamais depuis l'époque dont vous parlez, aucun indice, aucun renseignement, si faible qu'il soit, n'est venu vous rassurer sur le sort de celui que vous pleurez ?

— Hélas ! non, mon père, depuis que mon fils, le brave enfant, a voulu accompagner au Chili son frère de lait.

— Eh bien ! interrompit le prêtre, au Chili on pourrait s'informer.

— Je l'ai fait, mon père.

— Et rien ?

— Pardonnez-moi, le frère de lait de mon fils est marié, propriétaire d'une grande fortune au Chili : c'est à lui que je me suis adressée. Mon fils s'est séparé de lui un an environ après avoir quitté la France, sans lui révéler les raisons qui le forçaient à agir ainsi, et depuis, malgré toutes ses recherches pour le retrouver, jamais il n'en a entendu parler ; tout ce qu'il est parvenu à savoir, c'est qu'il s'était enfoncé dans les forêts vierges du *grand Chaco*, en compagnie de deux chefs indiens.

— Voilà qui est étrange, en effet, murmura le prêtre tout pensif.

— Le frère de lait de mon fils m'écrit souvent; grâce à lui, je suis riche pour une femme de ma condition, habituée à vivre de peu. Dans chacune de ses lettres il m'engage à venir finir mes jours auprès de lui, mais c'est mon fils, mon pauvre enfant que je veux revoir, c'est dans ses bras que je désirerais fermer les yeux. Hélas! cette consolation ne me sera pas accordée. Oh! mon père, vous ne pouvez vous imaginer quelle douleur c'est pour une mère de vivre seule, seule toujours, loin du seul être qui rendait la joie à ses derniers jours. Quoiqu'il y ait dix ans que je ne l'ai vu, je me le représente, comme le jour où je l'ai quitté, jeune et fort, ne doutant de rien, alors qu'il m'embrassait en me quittant pour toujours, hélas !

En prononçant ces paroles, la pauvre femme ne put retenir ses larmes et éclata en sanglots.

— Du courage ! la vie n'est qu'une longue épreuve ; vous qui avez tant souffert, peut-être Dieu, dont la bonté est infinie, vous réserve-t-il une joie suprême pour vos derniers jours.

— Hélas! mon père, vous le savez, rien ne peut consoler une mère de l'absence de son fils; son fils! c'est sa chair, c'est son cœur! Chaque navire qui arrive, je vais, je cours, je m'informe, et toujours, toujours le même silence!... Et pourtant, vous l'avouerai-je? j'ai en moi quelque chose qui me dit qu'il n'est pas mort et que je le reverrai; c'est comme un pressentiment dont je ne puis me rendre compte, il me semble que si mon fils était mort, quelque chose se serait brisé dans mon cœur et que depuis longtemps déjà je n'existerais plus. Cet espoir me soutient, malgré moi il me donne la force de vivre.

— Vous êtes une mère véritablement selon l'Évangile, madame, je vous admire.

— Vous vous trompez, mon père, je ne suis qu'une pauvre créature, bien simple et bien malheureuse ; je n'ai qu'un sentiment dans le cœur, mais ce sentiment le remplit tout entier : l'amour de mon enfant. Oh! si je le voyais, ne serait-ce qu'une minute, il me semble que je mourrais heureuse! Ainsi parfois, de loin en loin, un banquier m'écrit de me rendre chez lui et me remet de l'argent, tantôt de petites sommes, tantôt de plus fortes ; lorsque je lui demande d'où me vient cet argent, qui me l'envoie, cet homme me répond qu'il ne le sait pas lui-même, qu'un correspondant inconnu l'a chargé de me le remettre. Eh bien! mon père, chaque fois que je reçois de l'argent ainsi, je me figure qu'il me vient de mon fils, qu'il pense à moi, et je suis heureuse.

— N'en doutez pas, madame, c'est votre fils qui vous adresse cet argent.

— N'est-ce pas? dit-elle avec un mouvement de joie. Eh bien! j'en suis tellement persuadée, que je n'y touche pas, je le garde; toutes les sommes sont là, chez moi, intactes, dans l'ordre où je les ai reçues. Souvent, quand la douleur m'accable plus que de coutume, que le poids qui pèse sur mon cœur me paraît trop lourd et m'étouffe, je prend les pièces les unes après les autres, je les regarde, je les fais couler dans mes doigts en causant avec elles,

— Au secours ! au secours ! répéta Ellen en tombant à genoux.

et il me semble que mon fils me répond, qu'il me dit d'espérer, que je le reverrai, et je sens l'espoir rentrer dans mon âme. Oh! vous devez me trouver bien folle, n'est-ce pas, mon père, de vous dire tout cela? mais une mère, de qui peut-elle parler, si ce n'est de son fils? A qui peut-elle penser, sinon à son fils?

Le père Séraphin la regardait avec un attendrissement mêlé de respect.

Tant de grandeur et de simplicité dans une femme d'une condition si ordinaire le subjuguaient, il sentait des larmes couler sur ses joues sans songer à les cacher.

— Oh! sainte et noble créature, lui dit-il, espérez, espérez! Dieu veille sur vous!

— Vous le croyez, vous aussi, n'est-ce pas, mon père? Oh! merci! Tenez, vous ne m'avez rien appris, eh bien! pourtant, je me sens toute réconfortée de vous avoir vu, d'avoir laissé mon cœur déborder devant vous. C'est que vous êtes bon, vous avez compris ma douleur, car, vous avez souffert sans doute.

— Hélas! madame, chacun de nous a sa croix à porter en ce monde; heureux celui que son fardeau n'accable pas!

— Pardonnez-moi de vous avoir importuné de mes douleurs, mon père, dit-elle en se préparant à partir; je vous remercie de vos bonnes paroles.

— Je n'ai rien à vous pardonner; mais permettez-moi de vous adresser encore une question.

— Faites, mon père, je vous écoute.

— Je suis missionnaire. Depuis plusieurs années j'ai été envoyé en Amérique, dont j'ai parcouru dans tous les sens les immenses solitudes. J'ai vu bien des choses dans mes voyages, rencontré bien des individus. Qui sait? peut-être, sans le connaître, me suis-je trouvé avec votre fils et pourrai-je vous donner enfin ces nouvelles que depuis si longtemps vous attendez vainement.

La pauvre mère lui lança un regard d'une expression indéfinissable et posa la main sur son cœur pour en contenir les battements précipités.

— Madame, Dieu dirige toutes nos actions, c'est lui qui a voulu notre rencontre sur cette plage; cet espoir que vous avez perdu, je pourrai peut-être vous le rendre, Dieu ne fait rien sans but. Quel est le nom de votre fils?

En ce moment, le père Séraphin avait l'air réellement inspiré, sa voix était imposante, ses yeux brillaient d'un feu clair et fascinateur.

— Mon père, mon père! s'écria-t-elle haletante.

— Madame, reprit-il, quel est le nom de votre fils?

— Valentin Guillois! murmura la pauvre femme en se laissant tomber presque évanouie sur une pièce de bois abandonnée sur la plage.

— Oh! s'écria le prêtre avec explosion, à genoux et remerciez Dieu! Consolez-vous, pauvre mère! votre fils existe.

Elle se redressa comme mue par un ressort et tomba à deux genoux en sanglotant et en tendant les bras vers celui qui, comme le Rédempteur à la mère de Lazare, lui avait annoncé la résurrection de son fils.

Mais c'en était trop pour elle; cette mère, si forte contre la douleur, ne put résister à la joie : elle s'évanouit.

Le père Séraphin s'élança vers elle et la rappela à la vie.

Nous ne décrirons pas la scène qui suit.

Huit jours plus tard, le missionnaire et la mère du chasseur s'embarquaient pour l'Amérique.

Pendant la traversée, le père Séraphin raconta dans les plus grands détails à sa compagne ce qui était arrivé à son fils pendant sa longue absence, les causes de son silence et le souvenir sacré et toujours vif qu'il avait gardé d'elle.

La pauvre mère écoutait, rayonnante de bonheur, ces récits qu'elle faisait sans cesse recommencer, car elle ne se lassait pas d'entendre parler de son fils.

Ils arrivèrent à Galveston.

Le missionnaire, redoutant avec raison pour elle les fatigues d'un voyage dans le désert, voulut l'engager à rester dans cette ville pour y attendre son fils.

A cette proposition, la mère secoua la tête.

— Non, dit-elle résolument, je ne suis pas venue jusqu'ici pour m'arrêter ; je veux passer auprès de lui les quelques jours qui me restent à vivre ; j'ai assez souffert pour être avare de mon bonheur et désirer ne pas en perdre une parcelle. Partons, mon père, menez-moi auprès de mon enfant.

Devant une volonté si fermement exprimée, le prêtre se trouva sans force, il ne se reconnut pas le droit d'insister plus longtemps ; seulement il tâcha d'éviter à sa compagne, autant que possible, les fatigues de la route.

Ils partirent donc de Galveston, se dirigeant à petites journées vers le Far West.

Sur la limite des contrées civilisées, le père Séraphin avait pris une escorte d'Indiens dévoués, afin de protéger sa compagne. Depuis six jours ils étaient entrés dans le désert, lorsque tout à coup Dieu les avait placés face à face avec le Cèdre-Rouge, mourant sans secours au fond d'une forêt vierge.

XIII

RETOUR A LA VIE

La charité est une vertu fort préconisée à notre époque, mais que peu de personnes mettent en pratique.

L'histoire du bon Samaritain trouve très peu d'applications dans le vieux monde, et si l'on veut retrouver la charité exercée saintement et simplement, ainsi que l'enseigne l'Évangile, il faut prendre ses exemples au fond des déserts du Nouveau-Monde.

Cela est triste à dire, encore plus triste à constater, mais ce ne sont pas les hommes qui sont coupables, le siècle seul doit être responsable de cet égoïsme qui s'est depuis quelques années implanté dans le cœur de chacun et y réside en maître.

A deux causes doivent être attribués le personnalisme et l'égoïsme qui régissent les actions de la grande famille humaine en Europe :

La découverte de l'or en Californie, en Australie et à la rivière Frazer ;

Et surtout la Bourse.

La Bourse, cette plaie du vieux monde. La conséquence est facile à tirer : dès que chacun a cru qu'il lui était loisible de s'enrichir du jour au lendemain, nul n'a plus songé à son voisin resté pauvre que pour le considérer comme un être incapable d'améliorer sa position. De ce que nous venons de dire, il ressort ceci : c'est que les hommes qui ont le courage de sortir du tourbillon enivrant qui les entoure, de mépriser ces richesses qui miroitent et ruissellent autour d'eux, pour aller, poussés seulement par cette charité chrétienne, la plus sainte et la moins récompensée de toutes les vertus, s'en terrer parmi les sauvages, au milieu des hordes les plus hostiles à tout sentiment bon et honnête, dans les contrées les plus mortifères, ces hommes qui, de gaieté de cœur, poussés seulement par un sentiment divin, font l'abandon de toutes les jouissances terrestres, sont des âmes d'élite et ont, sous tous les rapports, bien mérité de l'humanité.

Leur nombre est beaucoup plus grand que l'on ne le supposerait au premier abord, et cela est très logique ; à côté de la passion de l'or devait se trouver la passion du dévouement, afin que l'éternelle balance du bien et du mal qui régit le monde restât toujours dans les proportions égales, qui sont les conditions de sa vitalité et de sa prospérité.

Nous sommes heureux de constater ici que le plus grand nombre de ces hommes dévoués qui se sacrifient avec tant d'abnégation pour propager les lumières, appartient à la France.

Et cela devait être. Si les passions mesquines trouvent en France des adhérents, beaucoup plus nombreux sont ceux qui n'obéissent qu'à de nobles instincts et ont fait du beau et du bon le culte de toute leur vie.

L'état du Cèdre-Rouge était grave.

La commotion morale qu'il avait reçue en reconnaissant l'homme que quelque temps auparavant il avait cherché à assassiner, avait déterminé un délire effrayant.

La misérable, en proie aux plus cuisants remords, était harcelé par les fantômes hideux de ses victimes évoqués par son imagination malade, et qui tournaient autour de sa couche comme une légion de démons.

La nuit qu'il passa fut horrible.

Le père Séraphin, Ellen et la mère de Valentin ne le quittèrent pas une seconde, le veillant avec sollicitude, contraints souvent de lutter avec lui pour l'empêcher, dans le paroxysme de la crise qui le torturait, de se briser la tête contre les arbres.

Étrange coïncidence ! le bandit avait à l'épaule la même blessure que jadis lui-même avait faite au missionnaire, et dont celui-ci avait été forcé d'aller chercher la guérison en Europe, voyage dont il était de retour à peine depuis quelques jours, lorsque la Providence lui avait fait retrouver, étendu au pied d'un arbre et presque agonisant, l'homme qui avait voulu l'assassiner.

Vers la fin de la nuit, la crise se calma un peu et le squatter tomba dans une espèce de somnolence qui lui ôta la faculté de sentir et de percevoir

Nul n'avait dormi durant cette longue et funèbre nuit passée au fond des bois.

Le père Séraphin, dès qu'il vit le Cèdre-Rouge plus calme, fit préparer par ses Indiens un brancard afin de le transporter.

Les Indiens répugnaient à ce travail.

Ils connaissaient le squatter de longue date ; ces hommes primitifs ne comprenaient pas comment, au lieu de le tuer, puisque le hasard le faisait tomber en sa puissance, le missionnaire prodiguait au contraire des secours à un tel misérable qui avait commis tant de crimes et dont la mort serait un bienfait pour la prairie.

Il fallut tout le dévouement qu'ils avaient voué au père Séraphin pour qu'ils consentissent à faire, de très mauvaise grâce, nous devons l'avouer, ce qu'il leur commandait.

Lorsque le brancard fut prêt, on étala dessus un lit de feuilles sèches et d'herbe, et le squatter fut déposé sur cette couche dans un état d'insensibilité presque complète.

Avant de quitter la forêt, le missionnaire, qui comprenait combien, dans l'intérêt du blessé, il était nécessaire de raviver la foi chancelante des Peaux-Rouges, se résolut à offrir le saint sacrifice de la messe.

Un autel fut improvisé sur un tertre de gazon recouvert d'un lambeau de toile blanche, et la messe fut dite, servie par un des Indiens qui se présenta spontanément.

Certes, dans nos grandes cathédrales d'Europe, sous les splendides arceaux de pierre noircie par le temps, aux murmures imposants de l'orgue qui résonne sous les archivoltes, les cérémonies du culte ont lieu avec plus d'apparat ; mais je doute que ce soit avec plus de magnifique simplicité, qu'elles élèvent autant l'âme et soient écoutées avec une ferveur aussi grande que cette messe dite au milieu d'un bois, sous les verdoyants arceaux d'une forêt vierge, accompagnée par les saisissantes mélodies du désert, par ce pauvre prêtre au front pâle, aux yeux brillants d'un saint enthousiasme, et qui priait pour son assassin râlant à ses pieds.

Lorsque la messe fut terminée, le père Séraphin fit un signe, quatre Indiens enlevèrent le brancard sur leurs épaules et on partit.

Ellen était montée sur un des chevaux des hommes qui portaient le blessé.

La journée fut longue.

Le père Séraphin avait quitté Galveston pour se mettre à la recherche de Valentin, mais un chasseur habitué à parcourir de grandes distances et dont la vie se compose de courses incessantes, est fort difficile à découvrir dans le désert ; le missionnaire comptait donc se rendre au village d'hiver des Comanches de l'Unicorne, où il était certain d'obtenir des renseignements exacts sur l'homme qu'il voulait voir.

Mais sa rencontre avec le Cèdre-Rouge l'empêchait de mettre ce projet à exécution ; l'Unicorne et Valentin avaient des griefs trop grands contre le squatter pour que le missionnaire se flattât qu'ils renonçassent à se venger.

Le père Séraphin connaissait trop bien l'esprit et les mœurs de ces hommes que la vie du désert rend malgré eux implacables, pour que la pensée lui vînt d'essayer une telle démarche.

La conjecture était difficile ; le Cèdre-Rouge était un proscrit dans toute la force du terme, un de ces proscrits dont heureusement le nombre est fort restreint, qui ont le genre humain pour ennemi et auxquels toute contrée est hostile.

Il fallait pourtant sauver cet homme.

Après de mûres réflexions, la résolution du père Séraphin fut prise.

Il se dirigea, suivi de toute sa troupe, vers la grotte où déjà nous l'avons rencontré, grotte qui servait assez habituellement au Chercheur de pistes, mais dans laquelle, selon toute probabilité, il ne serait pas en ce moment.

Par suite d'un hasard extraordinaire, le missionnaire passa sans les voir et sans être vu d'eux à une portée de pistolet au plus du lieu où, en ce moment, Valentin et ses amis étaient campés.

Au coucher du soleil on s'installa pour la nuit.

Le père Séraphin enleva l'appareil qu'il avait posé sur les blessures du Cèdre-Rouge et le pansa. Celui-ci se laissa faire sans paraître s'apercevoir qu'on lui donnait des soins; son abattement était extrême.

Les blessures avaient bonne apparence; celle de l'épaule était la plus sérieuse, cependant tout faisait présager un rétablissement prochain.

Quand on eut pris le repas du soir, fait la prière en commun, et que les Indiens, roulés dans leurs couvertures et leurs robes de bison, se furent étendus sur l'herbe pour chercher le repos et se délasser des fatigues du jour, le missionnaire, après s'être assuré que le Cèdre-Rouge dormait paisiblement, fit signe aux deux femmes de venir s'asseoir à ses côtés, auprès du feu allumé pour éloigner les bêtes fauves.

Le père Séraphin connaissait un peu Ellen, il se rappelait avoir souvent rencontré la jeune fille, et même avoir causé avec elle dans la forêt, à l'époque où son père s'était si audacieusement installé sur les propriétés de don Miguel de Zarate.

Le caractère d'Ellen lui avait plu; il avait trouvé en elle tant de simplicité de cœur et de loyauté native, que souvent il s'était demandé comment une aussi charmante créature pouvait être la fille d'un scélérat si endurci que le Cèdre-Rouge; cela lui semblait d'autant plus incompatible, qu'il avait fallu à la pauvre enfant un grand fonds d'honnêteté dans le cœur pour résister à l'entraînement des mauvais exemples qu'elle avait incessamment sous les yeux.

Aussi il s'était vivement intéressé à elle et lui avait prodigué des marques d'intérêt en l'engageant à persévérer dans ses bons sentiments. Il lui avait laissé entrevoir qu'un jour Dieu la récompenserait en l'enlevant du milieu pervers dans lequel le sort l'avait jetée, pour la faire rentrer dans la grande famille humaine qu'elle ignorait.

Lorsque les deux femmes furent assises à ses côtés, le missionnaire leur fit, de sa voix douce, sympathique et pleine d'onction, une paternelle admonestation pour les engager à supporter avec patience et résignation les tribulations que le Ciel leur envoyait; puis il pria Ellen de lui raconter en détail tout ce qui s'était passé dans la prairie depuis son départ pour la France.

Le récit de la jeune fille fut long et triste, souvent interrompu par ses larmes qu'elle ne pouvait contenir.

La mère de Valentin frémissait en entendant raconter ces choses pour elle si extraordinaires ; de grosses larmes coulaient sur ses joues flétries, et elle se signait en murmurant avec compassion :

— Pauvre enfant ! quelle vie horrible !

Car, en effet, c'était sa vie que racontait Ellen ; toutes ses terreurs, toutes ces atrocités, dont elle déroulait devant ses deux interlocuteurs les sinistres et sanglantes images, elle y avait assisté, elle les avait vues et en avait souffert la plus grande part.

Lorsque son récit fut terminé, elle laissa tomber sa tête dans ses mains et pleura silencieusement, accablée d'avoir ravivé de si cuisantes douleurs et d'avoir rouvert des plaies encore saignantes.

Le missionnaire la couvrit d'un long et calme regard empreint d'une pitié douce. Il lui prit la main, la serra dans les siennes et, se penchant vers elle, il lui dit avec un accent de bonté qui lui alla au cœur :

— Pleurez, pauvre fille, car vous avez bien souffert ; pleurez, mais soyez forte. Dieu, qui vous éprouve, vous réserve sans doute d'autres coups plus terribles que ceux qui vous ont frappée ; ne cherchez pas à repousser le calice qui s'approche de vos lèvres ; plus vous souffrirez dans cette vie, plus vous serez heureuse et glorifiée dans l'autre. Si Dieu vous châtie, vous, pauvre brebis immaculée, c'est qu'il vous aime ; heureux ceux qu'il châtie ainsi ! Puisez des forces dans la prière, la prière élève l'âme et rend meilleur ; ne désespérez pas, le désespoir est une suggestion du démon qui rend l'homme rebelle aux enseignements de la Providence. Songez à notre divin Maître ; rappelez-vous ce qu'il a souffert pour nous ; alors vous reconnaîtrez combien vos douleurs sont peu de chose comparées aux siennes, et vous espérerez, car la Providence n'est pas aveugle : lorsqu'elle s'appesantit lourdement sur une créature, c'est qu'elle se prépare à la récompenser au centuple de ce qu'elle a souffert.

— Hélas ! mon père, répondit tristement Ellen, je ne suis qu'une misérable enfant sans force et sans courage ; le fardeau qui m'est imposé est bien lourd ; cependant, si c'est la volonté du Seigneur qu'il en soit ainsi, que son saint nom béni ! je tâcherai d'étouffer les sentiments soit de révolte qui parfois s'élèvent dans mon cœur et de lutter sans me plaindre contre le sentiment qui m'accable.

— Bien, ma fille, bien, dit le prêtre ; le Dieu puissant qui sonde les cœurs aura pitié de vous.

Alors il la fit lever et la conduisit à quelque distance, où un lit de feuilles sèches avait été préparé par ses soins.

— Tâchez de dormir, mon enfant, lui dit-il, la fatigue vous accable ; quelques heures de sommeil vous sont indispensables.

— Je tâcherai de vous obéir, mon père.

— Que les anges veillent sur votre sommeil, mon enfant, reprit le prêtre, et que le Tout-Puissant vous bénisse comme je le fais !

Puis il revint tout pensif et à pas lents reprendre sa place près de la mère de Valentin.

Elle se laissa aller sur sa couche, où, malgré ses appréhensions, le sommeil ne tarda pas à clore ses paupières.

La nature a certains droits qu'elle n'abandonne jamais, et le sommeil, qui nous a été donné par Dieu pour oublier temporairement nos douleurs, est un de ces droits imprescriptibles, surtout sur les natures jeunes et vigoureuses.

Il y eut un assez long silence entre le missionnaire et la mère de Valentin. Le père Séraphin réfléchissait profondément ; enfin il prit la parole.

— Madame, dit-il, vous avez entendu le récit de cette jeune fille : son père a été blessé dans un combat contre votre fils. Valentin n'est sans doute pas éloigné de nous ; cependant l'homme que nous avons sauvé réclame tous nos soins, nous devons veiller à ce qu'il ne tombe pas entre les mains de ses ennemis ; je vous demande donc encore quelque temps avant de vous réunir à votre fils, car il faut que le Cèdre-Rouge soit en sûreté ; surtout je vous supplie de garder le plus profond silence sur les événements dont vous avez été ou dont vous serez témoin d'ici là ; pardonnez-moi, je vous en supplie, de retarder le moment de votre réunion.

— Mon père, répondit-elle spontanément, voilà dix ans que, sans désespérer un jour ni une minute, j'attends patiemment l'heure qui doit me réunir à mon fils bien-aimé ; maintenant que je suis certaine de le revoir, qu'il n'existe plus sur son sort un doute dans mon cœur, je puis attendre quelques jours encore : je serais ingrate envers Dieu et envers vous, mon père, qui avez tant fait pour moi, si j'exigeais qu'il en fût autrement. Agissez comme votre charité et votre dévouement vous poussent à le faire ; remplissez votre devoir sans vous préoccuper de moi ; c'est Dieu qui a voulu que nous rencontrassions cet homme. Les voies de la Providence sont souvent incompréhensibles ; obéissons-lui en le sauvant, quelque indigne qu'il soit du pardon.

— Je m'attendais à votre réponse ; cependant je suis heureux de voir que vous me confirmez dans ce que j'ai l'intention de faire.

Le lendemain, au point du jour, on se remit en marche, après toutefois avoir, selon la coutume établie par le missionnaire, prononcé la prière en commun.

Le Cèdre-Rouge était toujours plongé dans le même abattement.

Les deux jours qui suivirent se passèrent sans incidents dignes d'être rapportés.

Vers le soir du troisième jour, on entra dans le défilé au centre duquel, sur un des versants des deux montagnes qui le formaient, s'ouvrait la grotte.

Le Cèdre-Rouge y fut monté avec précaution et installé dans un des compartiments éloignés, loin des bruits du dehors, et de façon à être caché aux yeux des étrangers que le hasard amènerait dans la caverne pendant qu'il s'y trouverait.

Ce fut avec un sentiment de joie inexprimable que la mère de Valentin entra dans la grotte qui servait d'habitation à ce fils que si longtemps elle avait craint de ne jamais revoir.

Son attendrissement fut extrême en retrouvant quelques objets sans valeur à son usage.

La digne femme, si véritablement mère, s'enferma seule dans le compartiment dont le chasseur avait plus spécialement fait sa chambre, et là, face à face avec ses souvenirs, elle resta plusieurs heures absorbée en elle-même.

LA LOI DE LYNCH 89

Quatre Indiens enlevèrent le brancard sur leurs épaules et on partit.

Le missionnaire avait désigné à chacun la place qu'il devait occuper ; lorsque tout le monde fut installé, la prière fut dite en commun.

Il laissa ses compagnons se livrer au repos et alla s'asseoir auprès du blessé ; une autre personne s'y trouvait déjà.

Cette seconde garde-malade était Ellen.

— Pourquoi ne dormez-vous pas, mon enfant ? lui demanda-t-il.

La jeune fille lui montra le blessé par un geste plein de noblesse.

— Laissez-moi le veiller, dit-elle, c'est mon père.

Le missionnaire sourit doucement et se retira.

Au point du jour il revint.

Le Cèdre-Rouge, en l'entendant venir, poussa un soupir et se souleva avec peine sur sa couche.

— Comment vous trouvez-vous, mon frère? lui demanda le père Séraphin avec intérêt.

Une rougeur fébrile envahit le visage du bandit, une sueur froide perla à ses tempes, son œil lança un fulgurant éclair, et d'une voix basse et entrecoupée par l'émotion extrême qui l'oppressait :

— Mon père, dit-il, je suis un misérable indigne de votre pitié.

— Mon fils, répondit doucement le prêtre, vous êtes une pauvre créature égarée dont, je n'en doute pas, Dieu aura pitié, si votre repentir est sincère.

Le Cèdre-Rouge baissa les yeux ; un mouvement convulsif agita ses membres.

— Mon père, murmura-t-il, voulez-vous m'enseigner comment on fait le signe de la croix ?

A cette demande étrange dans la bouche d'un tel homme, le père Séraphin joignit les mains avec ferveur, et leva les yeux au ciel avec une expression de sublime reconnaissance.

Le mauvais ange était-il réellement vaincu sans retour ? ou bien était-ce encore une comédie jouée par cet homme pervers pour tromper son sauveur, et, grâce à ce moyen, éviter le châtiment de ses crimes et échapper aux nombreux ennemis qui chercheraient à lui donner la mort?

Hélas ! l'homme est un composé si extraordinaire de bien et de mal, que peut-être en ce moment, et malgré lui, le Cèdre-Rouge était de bonne foi.

XIV

UNE ANCIENNE CONNAISSANCE DU LECTEUR

Après le combat, lorsque d'un côté les Apaches du Chat-Noir et de l'autre les Comanches de l'Unicorne se furent retirés, chaque détachement de guerre reprenant la direction de son village, et que les chasseurs se trouvèrent seuls de nouveau dans la prairie, Valentin aperçut la Gazelle-Blanche appuyée pensive contre un arbre, tenant d'une main distraite la bride de son cheval qui arrachait çà et là, du bout des lèvres, quelques brins d'herbe.

Le chasseur comprit que ses compagnons et lui devaient une réparation à la jeune fille, dont l'incompréhensible dévouement leur avait été si utile pendant les émouvantes péripéties de la tragédie qui venait de finir.

Il s'avança vers elle et s'inclina avec courtoisie en lui disant d'une voix douce :

— Pourquoi vous tenir ainsi à l'écart, madame ? votre place est à nos côtés. Entravez votre cheval avec les nôtres et venez, je vous en prie, vous asseoir à notre foyer.

La Gazelle-Blanche rougit de plaisir aux paroles de Valentin ; mais, après un moment de réflexion, elle secoua la tête et lui jeta un regard triste en lui répondant d'une voix tremblante :

— Merci, caballero, de l'offre que vous daignez me faire ; mais je ne puis l'accepter : si vous et vos amis êtes assez généreux pour oublier ce que ma conduite a eu de répréhensible à votre égard, ma mémoire est moins complaisante ; je dois, je veux racheter par d'autres services, plus efficaces que celui que j'ai pu vous rendre aujourd'hui, les fautes que j'ai commises.

— Madame, reprit le chasseur, le sentiment que vous exprimez vous honore encore plus à nos yeux ; ne résistez donc pas à notre invitation. Mon Dieu ! vous le savez, dans la prairie, nous n'avons pas le droit d'être bien sévères ; il arrive rarement que l'on rencontre des personnes qui réparent aussi noblement que vous l'erreur qu'elles ont pu commettre.

— N'insistez pas, caballero, ma volonté est immuable, dit-elle avec effort en dirigeant un regard vers l'endroit où se tenait don Pablo, il faut que je parte, que je vous quitte à l'instant ; laissez-moi donc m'éloigner.

Valentin s'inclina.

— Votre volonté est pour moi un ordre, madame, dit-il, vous êtes libre ; je tenais seulement à vous exprimer ma reconnaissance.

— Hélas ! nous n'avons rien fait encore, ni vous ni moi, puisque notre plus cruel ennemi, le Cèdre-Rouge, nous échappe.

— Eh quoi ! fit le chasseur avec étonnement, le Cèdre-Rouge est votre ennemi !

— Mortel ! fit-elle avec une expression de haine terrible. Oh ! je comprends que vous, qui m'avez vue auprès de lui l'aider dans ses desseins, vous ne puissiez pas concevoir un tel changement. Écoutez, à l'époque où je cherchais à servir ce misérable, je le croyais seulement un de ces bandits comme il y en a tant dans le Far West.

— Au lieu qu'aujourd'hui ?

— Aujourd'hui, reprit-elle, je sais ce que j'ignorais alors, j'ai un compte terrible à lui demander.

— Loin de moi la pensée de pénétrer vos secrets ; seulement, permettez-moi de vous faire une observation.

— Faites.

— Le Cèdre-Rouge n'est pas un ennemi vulgaire, un de ces hommes que l'on puisse facilement réduire ; vous le savez aussi bien que moi, n'est-ce pas ?

— Oui, eh bien ?

— Ce que des hommes comme mes amis et moi, aidés par des guerriers nombreux, n'ont pu faire, auriez-vous la prétention d'y réussir ?

La Gazelle-Blanche sourit.

— Peut-être, dit-elle; j'ai des alliés, moi aussi, et ces alliés, si vous le désirez, caballero, je vous les ferai connaître.

— Dites, madame, car, réellement, votre calme et votre assurance m'effrayent malgré moi.

— Merci, caballero, de l'intérêt que vous me portez; le premier allié sur lequel je compte, c'est vous.

— C'est juste, fit le chasseur en s'inclinant; quand mes sentiments pour vous ne m'y porteraient pas, le devoir et l'intérêt me le commanderaient. Et le second, pouvez-vous aussi me révéler son nom?

— Sans doute, d'autant plus que déjà vous le connaissez; le second, c'est le Blood's Son.

Valentin fit un mouvement de surprise qu'il réprima aussitôt.

— Pardonnez-moi, madame, dit-il gracieusement; mais vous avez réellement le privilège de me faire tomber dans une suite d'étonnements incroyables.

— Comment cela, caballero?

— Parce que, pardonnez-moi, parce que je croyais que le Blood's Son était au contraire un de vos ennemis les plus acharnés.

— Il l'a été, fit-elle avec un sourire.

— Et maintenant?

— Maintenant c'est mon ami le plus cher.

— Voilà qui me passe! Et depuis quand ce changement extraordinaire s'est-il opéré?

— Depuis, répondit finement la jeune fille, que le Cèdre-Rouge, au lieu d'être mon ami, est devenu subitement mon ennemi.

Valentin laissa tomber les bras avec le geste d'un homme qui renonce à chercher le mot d'un problème insoluble.

— Je ne comprends pas, dit-il.

— Bientôt vous me comprendrez, dit-elle.

D'un bond elle se mit en selle, et se penchant vers Valentin :

— Adieu, caballero, reprit-elle; je pars pour rejoindre le Blood's Son; bientôt nous nous reverrons, adieu!

Elle enfonça les éperons dans les flancs de sa monture, agita une dernière fois la main en signe d'adieu, partit au galop, et disparut presque aussitôt dans un nuage de poussière.

Valentin rejoignit tout pensif ses amis.

— Eh bien? lui demanda don Miguel.

— Eh bien! répondit-il, cette femme est la créature la plus extraordinaire que j'aie jamais rencontrée.

Arrivée hors de vue des chasseurs, la Gazelle-Blanche ralentit le pas de son cheval et lui laissa prendre une allure plus conforme aux précautions dont tout voyageur doit user dans la prairie.

La jeune fille était heureuse en ce moment; elle avait réussi non seulement à sauver d'un danger terrible celui qu'elle aimait, mais encore à se réhabiliter aux yeux de Valentin et de ses compagnons.

Le Cèdre-Rouge s'était, il est vrai, échappé; mais cette fois la leçon avait été rude, et le bandit, traqué partout comme une bête fauve, ne tarderait pas sans doute à tomber entre les mains de ceux qui avaient intérêt à se débarrasser de lui.

Elle marchait ainsi insoucieusement, en jetant autour d'elle des regards distraits, admirant le calme de la plaine et les reflets des rayons du soleil sur les taillis.

Jamais le désert ne lui avait semblé si beau; jamais tranquillité plus grande n'avait régné dans son esprit.

Déjà le soleil, arrivé à son déclin, allongeait démesurément l'ombre des grands arbres; les oiseaux, cachés sous l'épais feuillage, chantaient au Tout-Puissant l'hymne du soir, lorsqu'elle crut distinguer un homme à demi couché sur le revers d'un de ces innombrables fossés creusés par les grandes eaux des pluies d'hiver.

Cet homme, auprès duquel se tenait un cheval, paraissait absorbé par une occupation que ne put comprendre la jeune fille, mais qui l'intrigua vivement.

Bien qu'elle approchât rapidement du lieu où il se trouvait, cet individu ne se dérangeait nullement et continuait impassible ce travail incompréhensible pour la jeune fille.

Enfin elle se trouva face à face avec lui; alors elle ne put retenir un cri d'étonnement, et s'arrêta net en le regardant avec admiration.

Cet homme jouait tout seul au monté, le lansquenet mexicain, avec un jeu de cartes crasseux.

La chose lui parut si extraordinaire qu'elle partit d'un strident éclat de rire.

Au bruit, l'homme releva la tête :

— Tiens, tiens! fit-il sans paraître autrement étonné; j'étais bien sûr qu'il arriverait quelqu'un; cela est immanquable sur cette terre bénie!

— Ah! bah! fit en riant la jeune fille, vous croyez?

— Canarios! j'en suis sûr, répondit l'autre, et vous en êtes la preuve, puisque vous voilà.

— Expliquez-vous, mon maître, je vous prie, car je vous avoue que je ne vous comprends pas le moins du monde.

— J'en doute, fit l'inconnu en hochant la tête; cependant cela se peut, à la rigueur. Malgré cela, j'en suis pour ce que j'ai dit.

— Fort bien; mais pourtant veuillez vous expliquer plus clairement.

— Rien de plus facile, señor caballero. Je suis de Jalapa, une ville que vous devez connaître.

— Oui, par les productions médicinales qui lui doivent leur nom.

— Bon, bon, fit l'autre en riant; cela n'empêche pas que Jalapa soit une bonne ville.

— Au contraire; continuez.

— Je continue. Donc vous saurez que nous avons à Jalapa un proverbe.

— C'est possible; à la rigueur même cela n'a rien d'étonnant.

— C'est vrai; mais ce proverbe, vous ne le connaissez pas, hein?

— Non, j'attends que vous me le citiez,

— Le voici : Voulez-vous de la compagnie? battez les cartes.

— Je ne comprends pas.

— Bah !

— Ma foi, non.

— Cependant, rien n'est plus facile ; vous allez voir.

— Je ne demande pas mieux, fit la jeune fille, que cette conversation amusait outre mesure.

L'inconnu se leva, mit ses cartes dans sa poche avec ce respect que tout joueur de profession apporte à cette opération, et, s'appuyant nonchalamment sur le cou du cheval de la jeune fille :

— Par suite de raisons trop longues à vous raconter, je me trouve seul, perdu dans cette immense prairie que je ne connais pas, moi honnête habitant des villes, nullement au fait des mœurs et coutumes du désert, et, pour cette raison, naturellement en passe de mourir de faim.

— Pardon, si je vous interromps ; seulement je vous ferai observer qu'il y a quelque chose comme trois cents milles d'ici à la ville la plus proche, et que par conséquent il doit à la rigueur y avoir déjà quelque temps que vous, l'homme civilisé, vous vous trouvez dans le désert.

— C'est juste ; ce que vous dites est on ne peut plus vrai, compagnon ; mais cela tient à ce que je vous ai dit tout à l'heure, qui serait trop long à vous raconter.

— Fort bien. Continuez.

— Or, me voyant perdu, je me suis rappelé le proverbe de mon pays, et sortant des cartes de mes *alforjas*, bien que je fusse seul, je me suis mis à jouer, certain que bientôt il m'arriverait un adversaire de je ne sais d'où, non pour faire ma partie, mais pour me tirer d'embarras.

La Gazelle-Blanche reprit tout à coup son sérieux et se redressant sur sa selle :

— Vous avez joué à coup sûr, dit-elle, car vous le voyez, don Andrès Garote, je suis venue.

En entendant prononcer son nom, le ranchero, car c'était effectivement notre ancienne connaissance qui faisait ainsi la partie du diable, leva soudain la tête et regardant en face son interlocuteur :

— Qui donc êtes-vous, dit-il, vous qui me connaissez si bien et que je ne me rappelle pas avoir jamais vu ?

— Allons, allons, fit la jeune fille en riant, votre mémoire est courte, mon maître ; comment, vous ne vous souvenez pas de la Gazelle-Blanche ?

A ce nom le ranchero fit un bond en arrière.

— Oh ! *tonto !* — fou — s'écria-t-il ; c'est vrai. Mais j'étais si loin de supposer... Pardonnez-moi, señorita.

— Comment se fait-il, interrompit la Gazelle-Blanche, que vous ayez ainsi abandonné le Cèdre-Rouge ?

— Caramba ! s'écria le ranchero, dites que c'est le Cèdre-Rouge qui m'a abandonné ; mais ce n'est pas lui qui m'inquiète, j'ai une vieille rancune contre un autre de mes amis.

— Ah !

— Oui, et je voudrais bien m'en venger, d'autant plus que je crois en ce moment en avoir les moyens entre les mains.

— Et quel est cet ami?
— Vous le connaissez aussi bien que moi, señorita.
— C'est possible; seulement, à moins que son nom ne soit un secret...
— Nullement, interrompit vivement le ranchero, vous savez ce nom aussi bien que moi : l'homme dont je vous parle est Fray Ambrosio.

La jeune fille commença, à ce nom, à prendre grand intérêt à la conversation.

— Fray Ambrosio! dit-elle, et que lui reprochez-vous donc, à ce digne homme?

Le ranchero regarda la jeune fille en face pour voir si elle parlait sérieusement; le visage de la Gazelle-Blanche était froid et sévère; il hocha la tête.

— C'est un compte entre lui et moi, dit-il, Dieu nous jugera,
— Fort bien, je ne vous demande pas d'explication; seulement, comme vos affaires m'intéressent fort médiocrement, d'autant plus que j'en ai d'assez importantes moi-même, vous me permettrez de vous quitter.

— Pourquoi cela? fit vivement le ranchero; nous sommes bien ensemble, restons-y; à quoi bon nous séparer?

— Dame! parce que probablement nous ne suivons pas la même route.
— Qui sait, niña? si je vous ai rencontrée, c'est que nous devions marcher de compagnie.

— Je ne suis pas de cet avis: je vais rejoindre un homme que probablement vous ne seriez que fort médiocrement flatté de trouver devant vous.

— On ne sait pas, niña, on ne sait pas, répondit le ranchero avec une certaine animation; j'ai à me venger de ce moine maudit nommé Fray Ambrosio; seul, je suis trop faible, tranchons le mot, trop poltron pour le faire.

— Bon, fit en souriant la jeune fille; alors comment vous arrangerez-vous pour que cette vengeance ne vous échappe pas?

— Oh! bien simplement, allez; je sais un homme au désert qui lui en veut mortellement et qui donnerait beaucoup pour avoir contre lui une preuve suffisante, parce que malheureusement cet homme a le défaut d'être honnête.

— Ah!
— Oui, que voulez-vous! on n'est pas parfait.
— Et quel est cet homme?
— Oh! vous n'en avez jamais entendu parler, niña.
— Qu'en savez-vous? Dites-moi toujours son nom.
— Comme vous voudrez; on le nomme le Blood's Son.
— Le Blood's Son! s'écria-t-elle avec un mouvement de surprise.
— Oui; vous le connaissez?
— Un peu; continuez.
— Voilà tout; je cherche cet homme.
— Et vous avez, dites-vous, entre les mains les moyens de perdre ce Fray Ambrosio?
— Je le crois.
— Qui vous le fait supposer?

Le ranchero haussa les épaules en faisant une moue significative.

La Gazelle-Blanche lui lança un de ces regards profonds qui lisent au fond des cœurs.

— Écoutez, lui dit-elle en lui appuyant la main sur l'épaule : cet homme que vous cherchez, je puis vous le faire trouver, moi.

— Le Blood's Son?

— Oui!

— Est-ce sérieux ce que vous me dites là? fit le gambusino avec un soubresaut d'étonnement.

— On ne peut plus sérieux; seulement je tiens à savoir si ce que vous avancez est vrai.

Andrès Garote la regarda.

— Vous lui en voulez donc aussi à Fray Ambrosio? lui demanda-t-il.

— Peu vous importe, répondit-elle; ce n'est pas de moi qu'il s'agit, mais de vous; ces preuves, les avez-vous, oui ou non?

— Je les ai.

— Véritablement?

— Sur mon honneur!

— Suivez-moi donc alors, car avant deux heures vous serez en face du Blood's Son.

Le ranchero tressaillit, un sourire joyeux éclaira son visage flétri.

— Vous parlez sérieusement? s'écria-t-il.

— Venez, répondit-elle.

Le gambusino sauta sur son cheval.

— Je suis prêt, dit il, marchons.

— Marchons, fit la jeune fille.

Ils partirent.

Cependant le jour avait fait place à la nuit, le soleil était couché depuis longtemps déjà, un nombre infini d'étoiles plaquaient la voûte céleste; les deux voyageurs marchaient toujours, silencieux, au côté l'un de l'autre.

— Arriverons-nous bientôt? demanda Andrès Garote.

La Gazelle-Blanche étendit le bras dans la direction qu'ils suivaient, et montrant au ranchero une lumière qui brillait à peu de distance à travers les arbres :

— C'est là, dit-elle.

XV

LA CONVALESCENCE

Le Cèdre-Rouge se rétablissait lentement, malgré les soins assidus que lui prodiguaient le père Séraphin, Ellen et la mère du chasseur.

La commotion morale reçue par le bandit, en se trouvant face à face avec le missionnaire, avait été trop forte pour ne pas influer gravement sur le physique.

Cet homme jouait tout seul au monté, le lansquenet mexicain, avec un jeu de cartes crasseux

Cependant le squatter ne s'était pas démenti depuis le jour où, en revenant à la vie, il s'était humblement courbé devant l'homme de Dieu ; soit repentir sincère, soit rôle joué, il avait persévéré dans cette voie, à l'édification du missionnaire et des deux femmes, qui ne cessaient de remercier Dieu du fond du cœur d'un tel changement.

Dès qu'il lui fut possible de se lever et de faire quelques pas dans la grotte, le père Séraphin, qui redoutait toujours l'arrivée de Valentin, lui demanda quelles étaient ses intentions pour l'avenir et quel genre de vie il comptait adopter.

— Mon père, répondit le squatter, je vous appartiens désormais ; ce que vous me conseillerez, je le ferai ; seulement, je vous ferai observer que je suis une espèce de sauvage dont la vie tout entière s'est écoulée au désert. A quoi serais-je bon dans une ville, parmi des gens dont je ne comprendrai ni les habitudes, ni le caractère ?

— C'est vrai, dit le prêtre, et puis sans ressources comme vous l'êtes, vieux déjà et ignorant tout autre travail que celui des bois, vous ne feriez que traîner une existence misérable.

— Cela ne m'arrêterait pas, mon père, si cela devait être pour moi une expiation, mais j'ai trop offensé les hommes pour retourner au milieu d'eux ; c'est dans le désert que je dois vivre et mourir, tâchant de racheter par une vieillesse exempte de blâme les fautes et les crimes d'une jeunesse dont j'ai horreur.

— Je vous approuve, votre intention est bonne ; laissez-moi réfléchir quelques jours, et je verrai à vous procurer les moyens de vivre ainsi que vous l'entendez.

La conversation en était restée là.

Un mois s'écoula sans que le missionnaire, à part les instructions qu'il donnait au Cèdre-Rouge, fît aucune allusion à ce qui avait été dit entre eux.

Le squatter avait toujours montré à Ellen une certaine amitié brusque et hargneuse, si l'on peut se servir de cette expression, parfaitement en rapport avec la rudesse de son caractère inculte et grossier ; mais depuis qu'il avait pu apprécier le dévouement complet de la jeune fille, l'abnégation dont elle avait fait preuve à son égard, une espèce de révolution s'était opérée en lui ; un sentiment nouveau s'était révélé dans son cœur, et il s'était épris à aimer cette charmante créature de toutes les forces de son âme.

Cet homme brutal s'adoucissait subitement à la vue de la jeune fille, un éclair de plaisir éclairait ses yeux fauves, et sa bouche, habituée à maudire, s'entr'ouvrait avec joie pour prononcer de douces paroles.

Souvent, assis sur le versant de la montagne, à peu de distance de la grotte, il causait avec elle des heures entières, prenant un plaisir infini à entendre le son mélodieux de cette voix dont jusqu'alors il avait ignoré les charmes.

Ellen, renfonçant ses douleurs dans son âme, feignait un enjouement qui était loin de son esprit, afin de ne pas attrister celui qu'elle considérait comme son père et qui paraissait si heureux de la voir joyeuse à ses côtés.

Certes, si quelqu'un avait en ce moment un ascendant quelconque sur l'esprit du vieux pirate et devait le ramener au bien, c'était Ellen.

Elle le savait et usait avec finesse de ce pouvoir qu'elle avait conquis pour ramener entièrement au bien cet homme qui, jusque-là, n'avait été pour l'humanité qu'une espèce de génie du mal.

Un matin, au moment où le Cèdre-Rouge, presque entièrement guéri de ses blessures, faisait, appuyé sur le bras d'Ellen, sa promenade accoutumée, le père Séraphin, qui depuis deux jours était absent de la grotte, se présenta devant lui.

— Ah! vous voilà, mon père! dit le squatter en l'apercevant; j'étais inquiet de ne pas vous voir, je suis heureux de votre retour.

— Comment vous trouvez-vous? demanda le missionnaire.

— Bien; je serais tout à fait guéri si mes forces étaient entièrement revenues, mais cela ne peut tarder, je l'espère.

— Tant mieux ! car si mon absence a été longue, vous en êtes un peu la cause.

— Comment cela? fit le squatter avec curiosité.

— Vous savez que vous m'avez, il y a quelque temps, manifesté le désir de vivre dans la prairie.

— En effet.

— Ce qui, du reste, reprit le missionnaire, me semble beaucoup plus prudent de votre part, et vous donnera les moyens d'échapper aux poursuites de vos ennemis.

— Croyez, mon père, dit gravement le Cèdre-Rouge, que je n'ai nullement le désir d'échapper à ceux que j'ai offensés; si ma mort pouvait racheter les crimes dont je me suis rendu coupable, je n'hésiterais pas à sacrifier ma vie à la vindicte publique.

— Je suis heureux, mon ami, de vous savoir dans ces bons sentiments, mais je crois que Dieu, qui ne veut dans aucun cas la mort du pécheur, sera plus satisfait de vous voir, par une vie exemplaire, réparer autant qu'il sera en vous le mal que vous avez fait.

— Je vous appartiens, mon père; ce que vous me conseillerez sera un ordre pour moi, ordre que j'accomplirai avec bonheur. C'est surtout depuis que la Providence a permis que je vous rencontrasse que j'ai compris l'énormité de mes crimes. Hélas ! je n'en suis pas seul responsable; n'ayant jamais eu devant moi que de mauvais exemples, j'ignorais la différence du bien et du mal, je croyais que tous les hommes étaient méchants, et je n'agissais comme je le faisais que parce que je me croyais comme en état de légitime défense.

— Maintenant votre oreille s'est ouverte à la vérité, votre esprit commence à comprendre les sublimes préceptes de l'Évangile, votre route est toute tracée; désormais vous n'avez plus qu'à persévérer dans la voie dans laquelle vous vous êtes si franchement engagé.

— Hélas ! murmura le squatter avec un soupir, je suis une créature si indigne de pardon que je crains que le Tout-Puissant ne me prenne pas en pitié.

— Ces paroles sont une offense à la Divinité, dit sévèrement le prêtre ; quelque coupable que soit le pécheur, il ne doit jamais désespérer de la clémence divine; l'Évangile ne dit-il pas : Il y aura plus de joie dans le Ciel pour un pécheur qui se sera repenti, que pour dix justes qui auront persévéré?

— Excusez-moi, mon père.

— Voyons, reprit le missionnaire en changeant de ton, revenons à ce qui m'amène auprès de vous. Je vous ai fait construire à quelques lieues d'ici, dans une situation délicieuse, un jacal où vous pourrez habiter avec votre fille.

— Que vous êtes bon, mon père ! dit avec effusion le squatter, combien je vous dois de reconnaissance !

— Ne parlons pas de cela, je serai assez récompensé si je vous vois persévérer dans votre repentir.

— Oh ! mon père, croyez bien que je déteste et que j'ai horreur de ma vie passée.

— Je désire qu'il en soit toujours ainsi. Ce jacal, auquel je vous conduirai aussitôt que vous le désirerez, est situé dans une position qui le rend presque impossible à découvrir ; je l'ai muni moi-même des objets et des ustensiles nécessaires à votre existence ; vous trouverez de la nourriture pour quelques jours, des armes et de la poudre pour vous défendre si vous étiez attaqué par les bêtes féroces et vous livrer à la chasse. J'ai ajouté des filets, des trappes à castor, enfin toutes les choses nécessaires à un trappeur et à un chasseur.

— Oh ! que vous êtes bon, mon père ! dit Ellen avec des larmes de joie dans les yeux.

— Bah ! bah ! ne parlons pas de cela, reprit gaiement le missionnaire, je n'ai fait que mon devoir ; du reste, pour plus de sûreté et afin d'éviter toute espèce d'indiscrétion, je n'ai voulu indiquer le secret de votre retraite à personne ; le jacal a été construit par moi seul sans aide étrangère. Vous pouvez donc être certain que nul ne viendra vous troubler dans votre ermitage.

— Et quand pourrai-je me rendre au jacal, mon père ?

— Lorsque vous le désirerez ; tout est prêt.

— Ah ! si je ne craignais de vous paraître ingrat, je vous dirais tout de suite, mon père.

— Croyez-vous vos forces assez revenues pour faire un voyage d'une quinzaine de lieues ?

— Je me sens une force extraordinaire en ce moment, mon père.

— Venez donc alors ; car, si vous ne m'aviez vous-même fait cette proposition, j'avais l'intention de vous la faire moi-même.

— De sorte que tout est pour le mieux, n'est-ce pas ? et que vous n'êtes pas peiné de me voir mettre tant de hâte à me séparer de vous, mon père ?

— Nullement, rassurez-vous.

Tout en causant ainsi, nos trois personnages avaient descendu le versant de la montagne, sur lequel s'ouvrait la grotte, et étaient arrivés dans le ravin.

Trois chevaux sellés les attendaient, tenus en bride par un Indien.

— Dans le désert, dit le missionnaire, il est presque impossible, à cause des grandes distances que l'on a à parcourir, de se passer de chevaux ; vous me ferez donc le plaisir de garder ceux-ci.

— Mais, mon père, dit le squatter, c'est trop, c'est beaucoup trop ; vous me comblez, véritablement.

— Le père Séraphin secoua la tête.

— Comprenez-moi bien, dit-il : il entre dans tout ce que je fais pour vous beaucoup plus de calcul que vous ne le supposez.

— Oh ! fit le Cèdre-Rouge.

— Du calcul dans une bonne action ! s'écria Ellen avec incrédulité ; vous raillez, mon père.

— Non, mon enfant, je parle sérieusement, vous allez me comprendre : j'ai tâché de si bien arranger la vie de votre père, de le mettre si complètement à même de devenir un brave et honnête chasseur, qu'il lui soit impossible de trouver le plus léger prétexte pour retourner à ses anciennes erreurs, et que toute la faute soit de son côté s'il ne persévère pas dans la résolution qu'il a prise de s'amender.

— C'est vrai, répondit le Cèdre-Rouge. Eh bien ! mon père, je vous remercie de ce calcul, qui me fait le plus heureux des hommes et me prouve que vous avez confiance en moi.

— Allons ! allons ! à cheval.

— Mais, dit Ellen, nous ne pouvons, il me semble, partir ainsi.

— C'est juste, appuya le squatter. Qu'est-ce que je fais donc, moi, où ai-je la tête ?

— Que voulez-vous dire ?

— Dame, il y a une personne qui a bien voulu vous aider dans les soins que vous m'avez prodigués, mon père ; la bonté de cette personne pour moi ne s'est pas démentie un instant ; je suis reconnaissant à ma fille de m'avoir fait songer à ne pas être ingrat envers elle et à ne pas quitter la grotte sans lui adresser l'expression de...

— C'est inutile, interrompit vivement le missionnaire ; cette dame est un peu souffrante en ce moment, elle m'a chargé de vous témoigner tout l'intérêt qu'elle vous porte et combien elle désire vous savoir à l'abri de tout danger.

Le Cèdre-Rouge et sa fille n'insistèrent pas ; ils comprirent que le missionnaire, pour des raisons particulières, désirait briser sur ce sujet ; ils se mirent en selle sans appuyer davantage sur une chose qui paraissait déplaire à leur bienfaiteur.

Le squatter ignorait que la femme qui l'avait soigné était la mère de Valentin Guillois, son ennemi mortel ; le père Séraphin avait fait promettre à Ellen de ne pas divulguer ce secret à son père, et la jeune fille l'avait tu sans chercher à découvrir les raisons du silence qui lui était imposé.

Poussée par la charité et la noblesse qui faisaient le fond de son caractère, la mère du chasseur, renfermant dans son cœur tous les sentiments de répulsion que lui inspirait le Cèdre-Rouge, l'avait, tant qu'il s'était trouvé en danger, soigné avec l'abnégation la plus complète et la plus dévouée ; mais, au fur et à mesure que le squatter était revenu à la santé et que ses soins s'étaient faits de moins en moins nécessaires, la digne femme s'était mise à l'écart et avait fini par ne plus voir le malade qu'à de longs intervalles.

Malgré elle, dans son âme, la mère l'avait emporté sur la chrétienne ; ce n'avait été qu'avec un frisson d'épouvante et un douloureux pressentiment qu'elle avait vu revenir à la vie celui qu'elle avait tant de raisons de considérer comme un ennemi.

D'un autre côté, elle ne pouvait s'empêcher de lui en vouloir de la priver, par sa présence dans la grotte, de voir son fils à qui elle désirait tant être réunie ; aussi, lorsque le père Séraphin lui apprit le départ du squatter, elle reçut cette nouvelle avec un vif mouvement de joie, tout en le priant de la dispenser d'adieux qui ne sauraient que lui être pénibles.

Le père Séraphin y avait consenti, et nous avons vu comment il avait coupé court à la demande du squatter et de sa fille. Ils partirent.

Le Cèdre-Rouge respirait à pleins poumons ; c'était avec un bonheur indicible qu'il sentait l'air pur et frais du désert affluer à sa poitrine.

Il lui semblait renaître, il était libre de nouveau.

Le missionnaire l'examinait curieusement, analysant, à part lui, les sensations qu'éprouvait le squatter, et cherchant à établir sur ce qu'il voyait ses prévisions pour l'avenir.

Le Cèdre-Rouge comprit instinctivement qu'il était observé par son compagnon et, pour lui donner le change sur ses sentiments, il feignit de se laisser aller à haute voix à un enthousiame et un besoin d'exprimer sa reconnaissance, dont une partie était vraie sans nul doute, mais qui cependant était trop bruyant pour ne pas être exagéré.

Le père Séraphin feignit de se laisser prendre à ce manège et continua pendant tout le voyage à causer gaiement.

Six heures environ après avoir quitté la grotte, on arriva au jacal.

C'était une charmante petite hutte en roseaux entrelacés divisée en plusieurs compartiments avec un corral derrière pour les chevaux.

Rien ne manquait ; cachée au fond d'une vallée d'un abord assez difficile, elle s'élevait sur la rive gauche d'un mince cours d'eau affluent du Gila.

Bref, la position de cette sauvage demeure était délicieuse, et rien n'était plus facile que de s'y trouver parfaitement heureux.

Lorsque les voyageurs eurent mis pied à terre et conduit leurs chevaux au corral, le père Séraphin visita avec ses deux protégés l'intérieur du jacal.

Tout était dans l'ordre qu'il avait dit, rien ne manquait, et si le confortable ne s'y trouvait pas, il y avait du moins plus que le strict nécessaire.

Ellen était ravie ; son père feignait peut-être de le paraître plus qu'il ne l'était en réalité.

Après avoir passé une heure à se promener d'un côté et d'un autre afin de tout voir, le père Séraphin prit congé du squatter et de sa fille.

— Déjà ! s'écria Ellen ; déjà vous nous quittez, mon père !

— Il le faut, mon enfant ; vous savez que mon temps ne m'appartient pas, répondit-il en montant sur son cheval que le squatter lui avait amené.

— Mais j'espère, dit le Cèdre-Rouge, que votre absence ne sera pas longue, mon père, et que vous vous souviendrez de ce jacal, où se trouvent deux personnes qui vous doivent tout.

— Je veux vous laisser libre de vos actions. Si je venais trop souvent, vous pourriez voir dans mes visites une espèce d'inquisition dont l'impression serait fâcheuse pour vous ; cependant je viendrai, n'en doutez pas.

— Vous ne viendrez jamais trop, mon père, dirent-ils tous deux en lui pressant et lui baisant les mains.

— Adieu, soyez heureux, reprit le missionnaire avec attendrissement ; vous savez où me trouver si vous avez besoin de consolation ou de secours. Venez, je serai toujours prêt à vous aider de tout mon pouvoir ; si peu que je sois, Dieu, j'en suis convaincu, bénira mes efforts. Adieu !

Après avoir prononcé ces mots, le missionnaire éperonna son cheval et s'éloigna au grand trot.

Le Cèdre-Rouge et sa fille le suivirent des yeux tant qu'ils purent l'apercevoir.

Lorsqu'il eut disparu enfin de l'autre côté de la rivière dans les fourrés de la prairie, ils poussèrent un soupir et entrèrent dans le jacal.

— Digne et sainte créature ! murmura le squatter en se laissant tomber sur une butaque. Oh ! je ne veux pas tromper l'espoir qu'il a fondé sur ma conversion !

Ce n'était donc pas une comédie que jouait le Cèdre-Rouge !

XVI

UN COMPLICE.

Le Cèdre-Rouge s'habitua beaucoup plus facilement que sa fille ne l'aurait supposé à la nouvelle vie qui lui était faite.

Du reste, rien n'était changé dans son existence ; à part le mode de procéder, c'était toujours le même travail, c'est-à-dire la vie du désert dans toute sa splendide liberté, la chasse et la pêche, pendant qu'Ellen, restée à la maison, s'occupait des soins du ménage.

Seulement, le soir, avant de se livrer au repos, la jeune fille lisait à son père un passage des Écritures saintes dans une Bible que lui avait donnée le père Séraphin.

Le squatter, le coude sur la table et la pipe à la bouche, prêtait à cette lecture une attention qui l'étonnait lui-même, et qui chaque jour ne faisait qu'augmenter.

C'était un ravissant tableau que celui offert dans ce coin ignoré du grand désert américain, au milieu de cette nature grandiose, dans ce misérable jacal qui tremblait au moindre souffle de la brise, par ce vieillard taillé en athlète, aux traits énergiques et sombres, écoutant lire cette jeune fille pâle, blonde et délicate, dont les traits fins et les contours vaporeux formaient un si étrange contraste avec ceux de son auditeur.

Tout les jours il en était ainsi ; le squatter était heureux ou du moins il croyait l'être : comme tous les hommes dont la vie n'a été qu'un long drame et qui sont taillés pour l'action, chez lui le souvenir tenait fort peu de place, il oubliait et croyait être oublié.

Ellen souffrait, elle était inquiète ; cette existence sans issue et sans avenir n'avait que des désenchantements pour elle, puisqu'elle la condamnait à renoncer à ce bien suprême de toute créature humaine, l'espoir.

Cependant, de crainte d'affliger son père, elle renfermait avec soin dans son cœur sa tristesse pour ne lui présenter qu'un visage riant.

Le Cèdre-Rouge se laissait de plus en plus aller aux charmes de cette vie si douce pour lui. Si parfois le souvenir de ses fils venait troubler le repos dans lequel il vivait, il jetait les yeux sur sa fille, et la vue de l'ange qu'il possédait et s'était dévoué à son bonheur chassait loin de lui toute autre pensée.

Cependant le père Séraphin était plusieurs fois déjà venu visiter les habitants du jacal; s'il avait été satisfait de la résignation avec laquelle le squatter avait accepté sa nouvelle position, la sourde tristesse qui minait la jeune fille n'avait pas échappé à ses regards clairvoyants. Son expérience du monde lui disait bien qu'un enfant de l'âge d'Ellen ne pouvait passer ainsi ses plus belles années dans la solitude, sans contact avec la société.

Malheureusement le remède était sinon impossible, du moins difficile à trouver; le bon missionnaire ne se faisait point illusion sur ce point, et comprenait fort bien que toutes les consolations qu'il prodiguait à la jeune fille étaient en pure perte, que rien ne pouvait combattre efficacement l'état d'atonie dans lequel elle était tombée.

Ainsi que cela arrive toujours en pareil cas, le Cèdre-Rouge ne se doutait pas le moins du monde du chagrin de sa fille; elle était pour lui bonne, douce, affectueuse, attentive; il profitait de tout, se trouvait parfaitement heureux, et, dans son égoïsme, ne voyait pas plus loin.

Les jours s'écoulaient ainsi, se ressemblant tous; cependant l'hiver approchait, le gibier se faisait rare, les courses du Cèdre-Rouge devenaient de plus en plus longues.

Autour du sommet des montagnes s'amoncelaient des nuages grisâtres qui s'abaissaient toujours davantage et ne tarderaient pas à crever en pluie et en neige sur la prairie.

L'hiver est une saison terrible dans les déserts du Far West; tous les fléaux viennent assaillir le malheureux que son mauvais destin a jeté dans ces contrées déshéritées sans avoir les moyens de braver les intempéries de leur climat effroyable; et, victime de son imprévoyance, il ne tarde pas à mourir de faim et de misère après d'inimaginables tortures.

Le Cèdre-Rouge connaissait trop bien et depuis trop longtemps le Far West pour ne pas voir arriver cette saison avec une espèce de terreur.

Aussi il cherchait par tous les moyens possibles à se procurer les vivres nécessaires et les fourrures indispensables.

Levé au point du jour, il s'élançait au galop dans la prairie, l'explorant dans tous les sens, et ne regagnant le jacal que lorsque la nuit le forçait à renoncer à la chasse.

Mais, nous l'avons dit plus haut, le gibier se faisait rare de plus en plus, et par conséquent les courses du squatter devenaient plus longues.

Le soir, avant de se livrer au repos, la jeune fille lisait à son père un passage des Écritures.

Un matin, le Cèdre-Rouge se leva de meilleure heure que de coutume, sortit du jacal en évitant de faire du bruit, afin de ne pas éveiller sa fille qui dormait, sella son cheval et s'éloigna au galop.

Il avait, le soir précédent, reconnu les traces d'un magnifique ours noir qu'il avait suivi jusqu'à peu de distance de la caverne dans laquelle il se retirait et il voulait le prendre au gîte.

Pour cela, il fallait se presser : l'ours n'est pas comme les autres fauves; c'est surtout le jour qu'il cherche sa nourriture, et il abandonne ordinairement son domicile d'assez bonne heure.

Le squatter, parfaitement au courant des habitudes de cet animal, s'était mis sur sa piste le plus tôt qu'il avait pu.

Le soleil n'était pas levé encore. Le ciel, d'un bleu sombre, commençait seulement à prendre, à l'extrême limite de l'horizon, ces reflets d'opale qui passent ensuite au rosé et qui sont les précurseurs du lever du soleil.

La journée promettait d'être superbe ; une légère brise courbait faiblement la cime ombreuse des arbres et ridait à peine le mince filet d'eau dont le squatter suivait les rives.

Un léger brouillard s'élevait du sol imprégné de ces senteurs âcres qui dilatent si efficacement la poitrine. Les oiseaux s'éveillaient les uns après les autres sous la feuillée et préludaient doucement au mélodieux concert qu'ils chantent chaque matin pour saluer le réveil de la nature.

Peu à peu, les ténèbres s'effacèrent, le soleil monta resplendissant à l'horizon et le jour se leva splendide.

Le Cèdre-Rouge, arrivé à l'entrée d'une gorge étroite, à l'extrémité de laquelle, au milieu d'un chaos de rochers, s'ouvrait la grotte de l'ours, s'arrêta quelques instants pour reprendre haleine et faire ses derniers préparatifs.

D'abord il mit pied à terre, entrava son cheval auquel il donna sa provende de pois grimpants ; puis, après s'être assuré que son couteau jouait facilement dans sa gaîne et que son rifle était en état, il s'enfonça dans le défilé.

Le squatter marchait le corps penché en avant, l'œil et l'oreille au guet, comme le chasseur en quête, lorsque tout à coup, à quelques pas à peine de l'entrée du défilé, une main se posa sur son épaule et un rire éclatant résonna à son oreille.

Il se retourna avec surprise, mais cette surprise se changea presque en épouvante à la vue de l'homme qui, debout devant lui, les bras croisés sur la poitrine, le regardait d'un air railleur.

— Fray Ambrosio ! s'écria-t-il en faisant un pas en arrière.

— Hola! compadre! dit celui-ci ; vous avez l'oreille dure, sur mon âme : voilà plus de dix fois que je vous appelle sans que vous daigniez me répondre *Satanas!* il a fallu vous toucher pour que vous vous aperçussiez qu'on avait affaire à vous.

— Que me voulez-vous? demanda le squatter d'un accent glacé.

— Comment! ce que je vous veux, compadre? La question est étrange; ne le savez-vous pas aussi bien que moi?

— Je ne vous comprends pas, reprit le Cèdre-Rouge toujours impassible; donc expliquez-vous, je vous prie.

— Ainsi ferai-je, mon maître, répondit le moine avec un sourire railleur.

— Seulement, hâtez-vous, car je vous avertis que je suis pressé.

— C'est possible! mais moi j'ai le temps ; il faudra bien que vous preniez celui de m'entendre.

Le squatter fit un geste de colère qu'il réprima aussitôt.

— C'est ainsi, fit le moine avec aplomb. Il y a assez longtemps que je vous cherche.

— Bien ! trêve de discours ! Me voilà, expliquez-vous en deux mots : je vous répète que je suis pressé.

— Et moi je vous répète que cela m'est égal. Oh ! vous avez beau froncer les sourcils, compadre, il faudra que vous m'écoutiez.

Le Cèdre-Rouge frappa du pied avec colère ; faisant un pas vers le moine, il lui posa la main sur l'épaule, et le regardant bien en face :

— Ah çà ! mon maître, dit-il d'une voix brève et sèche, il me semble, sur mon âme, que nous changeons de rôles et que vous le prenez bien haut avec moi ; prenez garde ! je ne suis pas patient, vous le savez, et si vous n'y faites pas attention, la patience pourra me manquer bientôt.

— C'est possible, reprit audacieusement le moine ; mais si les rôles sont changés, à qui la faute, s'il vous plaît ? Est-ce à moi ou à vous ? Vos fils ont raison de dire que vous vous êtes embéguiné et que vous n'êtes plus bon à rien.

— Misérable ! s'écria le squatter avec un geste qu'il réprima aussitôt.

— Bon ! des injures maintenant ! Ne vous gênez pas ; je vous aime mieux ainsi, au moins je vous reconnais. Hum ! quel changement ! Il faut avouer que ces missionnaires français sont de véritables sorciers. Quel malheur que depuis l'indépendance l'inquisition n'existe plus !

Le Cèdre-Rouge considérait le moine qui fixait sur lui ses yeux fauves avec une expression diabolique ; le squatter était en proie à une de ces colères froides d'autant plus terribles qu'elles sont concentrées. Il éprouvait des démangeaisons inouïes de briser le misérable qui le narguait, et faisait des efforts impuissants pour contenir la colère qui peu à peu s'emparait de lui et commençait à le maîtriser.

Cependant le moine n'était pas aussi rassuré qu'il voulait le paraître ; il voyait les sourcils du squatter se froncer de plus en plus, son visage devenir livide ; tout lui faisait présager un orage qu'il se souciait peu de faire éclater à son préjudice.

— Voyons, dit-il d'un ton radouci, à quoi bon se fâcher entre anciens amis, *con mil diablos !* je ne suis ici que dans une bonne intention et pour vous rendre service.

Le squatter rit avec mépris

— Vous ne me croyez pas, continua le moine d'un air béat, cela ne me surprend pas ; il en est toujours ainsi, les bonnes intentions sont méconnues et on croit plutôt ses ennemis que ses amis.

— Trêve à vos sottes paroles ! s'écria le squatter avec impatience ; je ne vous ai écouté que trop longtemps ; livrez-moi passage et allez au diable !

— Grand merci pour la proposition que vous me faites, dit en riant le moine ; si vous le permettez, je n'en profiterai pas, quant à présent du moins. Mais, trêve de plaisanteries ! il y a ici près deux personnes qui tiennent à vous voir et que vous serez sans doute charmé de rencontrer.

— De quelles personnes parlez-vous ? Ce sont sans doute des drôles de votre espèce.

— C'est probable, fit le moine ; du reste, vous allez en juger, compadre.

Et sans attendre la réponse du squatter, Fray Ambrosio imita le sifflement du serpent corail à trois reprises différentes.

Au troisième sifflement, un léger mouvement s'opéra dans les buissons à peu de distance des deux interlocuteurs, et deux hommes sautèrent dans le défilé.

Le squatter poussa en les voyant un cri de surprise, presque d'effroi ; il avait reconnu ses deux fils, Sutter et Nathan.

Les jeunes gens s'avancèrent vivement vers leur père, qu'ils saluèrent avec un respect mêlé d'ironie qui n'échappa pas à celui-ci.

— Eh! vous voilà, père ! dit brusquement Sutter en posant lourdement à terre la crosse de son rifle, et appuyant les deux mains sur le canon ; il faut courir longtemps avant de vous atteindre.

— Il paraît que depuis notre séparation le père s'est fait quaker ; sa nouvelle religion lui ordonne probablement de ne pas fréquenter une aussi mauvaise compagnie que la nôtre.

— Paix ! drôles que vous êtes ! s'écria le squatter en frappant du pied ; je fais ce que je veux, et nul, que je sache, n'a le droit d'y trouver à redire.

— Vous vous trompez, père, répondit sèchement Sutter ; moi, d'abord, je trouve que votre conduite est indigne d'un homme.

— Sans compter, appuya le moine, que vous mettez vos associés dans l'embarras, ce qui n'est pas loyal.

— Il ne s'agit pas de cela, dit Nathan ; si notre père veut se faire puritain, cela le regarde, ce n'est pas moi qui le trouverai mauvais ; mais il y a temps pour tout. A mon avis, ce n'est pas lorsque l'on est entouré d'ennemis, traqué comme une bête fauve, qu'il convient d'endosser une toison d'agneau et de se poser en homme inoffensif.

— Que voulez-vous dire ? s'écria le squatter avec impatience ; aurez-vous bientôt fini de parler par énigmes ? Voyons, expliquez-vous une fois pour toutes et que cela finisse.

— C'est ce que je vais faire, reprit Nathan. Pendant que vous vous endormez dans une trompeuse sécurité, vos ennemis veillent et tissent incessamment la trame dans laquelle ils ont l'espoir de bientôt vous envelopper. Croyez-vous que depuis longtemps déjà nous ne connaissions pas votre retraite ? Qui peut espérer de se cacher dans la prairie sans être découvert ? Seulement nous n'avons pas voulu troubler votre repos avant que le moment fût arrivé de le faire ; voilà pourquoi vous ne nous voyez qu'aujourd'hui.

— Oui, fit le moine ; mais à présent le temps presse : pendant que vous vous fiez aux belles paroles du missionnaire français qui vous a soigné et qui vous endort afin de vous tenir toujours sous sa main, vos ennemis se préparent en silence à vous attaquer tous à la fois et à en finir avec vous.

Le squatter fit un geste d'étonnement.

— Mais cet homme m'a sauvé la vie, dit-il.

Les trois hommes éclatèrent de rire.

— A quoi sert l'expérience pourtant ! fit le moine en se tournant vers les jeunes gens avec un haussement d'épaules significatif. Voilà votre père, un homme dont toute la vie s'est passée dans le désert, qui tout d'abord en oublie la loi la plus sacrée : œil pour œil, dent pour dent, et qui ne veut pas comprendre que cet homme qui, dit-il, lui a sauvé la vie, a au contraire soigné ses blessures afin de jouir plus tard de ses tortures et d'avoir le plaisir de lui ôter cette vie tout entière au lieu du misérable souffle qui lui restait lorsqu'il l'a rencontré.

— Oh ! non, s'écria le squatter, vous mentez, cela n'est pas possible.

— Cela n'est pas possible ! reprit le moine avec pitié ; oh ! que les hommes sont aveugles ! Voyons, réfléchissez, compère : ce prêtre n'avait-il pas une injure à venger ?

— C'est vrai, murmura le Cèdre-Rouge avec un soupir ; mais il m'a pardonné.

— Il vous a pardonné ! Est-ce que vous pardonneriez, vous ? Allons donc ! vous êtes fou, compère ; je vois qu'il n'y a rien à tirer de vous ; faites ce que vous voudrez, nous vous laissons.

— Oui, fit le squatter, laissez-moi, je ne demande pas mieux.

Le moine et ses deux compagnons firent quelques pas en arrière comme pour s'en aller.

Fray Ambrosio se retourna, le Cèdre-Rouge était toujours à la même place ; la tête basse et les sourcils froncés, il réfléchissait.

Le moine comprit que le squatter était ébranlé, que le moment était venu de frapper un grand coup.

Il retourna sur ses pas.

— Compadre, dit-il, un dernier mot, ou, si vous le préférez, un dernier conseil.

— Quoi encore ? fit le Cèdre-Rouge avec un mouvement nerveux.

— Veillez sur Ellen.

— Hein ? s'écria-t-il en bondissant comme une panthère et saisissant Fray Ambrosio par le bras, qu'as-tu dit, moine ?

— J'ai dit, reprit l'autre d'une voix ferme et accentuée, que c'est par Ellen que vos ennemis veulent vous punir, et que, si ce missionnaire maudit a jusqu'ici paru vous protéger, c'est qu'il craignait que cette victime qu'il convoite ne lui échappât.

A ces paroles terribles, un changement affreux s'opéra dans la personne du Cèdre-Rouge ; une pâleur livide couvrit son visage, son corps fut agité d'un frémissement convulsif.

— Oh ! s'écria-t-il avec un rugissement de tigre, qu'ils y viennent donc !

Le moine lança un regard de triomphe à ses compagnons. Il avait réussi et tenait sa proie palpitante entre ses mains.

— Venez, continua le Cèdre-Rouge, venez, ne m'abandonnez pas, *by God !* Nous écraserons cette race de vipères ! Ah ! ils croient me tenir, ajouta-t-il avec un rire nerveux qui lui déchira la gorge ; je leur montrerai que le vieux lion n'est pas vaincu encore ! Je puis compter sur vous, n'est-ce pas, mes enfants ? n'est-ce pas, Fray Ambrosio ?

— Nous sommes vos seuls amis, fit le moine, vous le savez bien.

— C'est vrai, reprit-il, pardonnez-moi de l'avoir oublié un instant. Ah ! vous verrez, vous verrez !

Deux heures après, les trois hommes arrivèrent au jacal.

En les voyant entrer, Ellen sentit un frisson de terreur parcourir tout son corps.

Un pressentiment secret l'avertit d'un malheur.

XVII

MÈRE ET FILS.

Aussitôt que le père Séraphin eut installé le Cèdre-Rouge et Ellen dans le jacal et qu'il se fut ainsi assuré que la nouvelle existence qu'il leur avait faite sinon leur plaisait, du moins leur semblait supportable, il songea à tenir sa promesse envers la mère de Valentin.

La digne femme, malgré tout son courage et sa résignation, sentait ses forces diminuer de jour en jour; elle ne disait rien, ne se plaignait pas; mais la certitude d'être près de son fils et de ne pouvoir le voir, le serrer dans ses bras après une si longue séparation, de si cruelles alternatives d'espoirs trompés et de déceptions affreuses, la plongeait dans une mélancolie sombre dont rien ne pouvait la sortir; elle se sentait mourir peu à peu et en était arrivée à ce point terrible de croire qu'elle ne reverrait jamais son fils, qu'il était mort, et que le missionnaire, de crainte de lui porter un coup terrible, la berçait d'un espoir qui ne devait jamais se réaliser.

L'amour maternel ne raisonne pas.

Tout ce que lui avait dit le père Séraphin pour lui faire prendre patience n'avait fait qu'endormir sa douleur, pour ensuite redoubler son impatience et ses craintes.

Ce qu'elle avait vu, ce qu'elle avait entendu raconter depuis son débarquement en Amérique, tout cela n'avait fait qu'ajouter à son anxiété en lui montrant combien dans ce pays la vie ne tient souvent qu'à un fil. Aussi, lorsque le missionnaire lui annonça que dans huit jours au plus tard elle embrasserait son fils, son saisissement et sa joie furent tels qu'elle fut sur le point de s'évanouir et pensa mourir.

Elle ne crut pas d'abord à un tel bonheur.

A force d'espérer en vain, elle en était arrivé à un si grand degré de méfiance qu'elle supposa que le bon prêtre lui disait cela pour lui faire prendre patience encore quelque temps, et qu'il lui promettait cette réunion suprême comme on promet à des malades désespérés des choses qui jamais ne se doivent réaliser.

Cependant le père Séraphin, bien qu'il fût certain que Valentin était en ce moment dans la prairie, ne savait pas dans quel lieu il se trouvait.

Aussitôt arrivé dans la grotte qu'il habitait provisoirement, il expédia quatre de ses Indiens dans quatre directions différentes, afin de prendre des renseignements et de lui rapporter des nouvelles positives du chasseur.

La mère de Valentin était présente lorsque le missionnaire dépêcha ses courriers; elle entendit les instructions qu'il leur donna, les vit partir, et alors elle se mit à compter les minutes jusqu'à leur retour, supputant dans son esprit le temps qu'ils devaient employer pour rencontrer son fils, le temps qu'il leur faudrait pour revenir à la grotte, les incidents qui pourraient les retarder, faisant enfin les mille suppositions auxquelles se livrent les gens qui attendent impatiemment une chose qu'ils désirent avec ardeur.

Deux jours s'écoulèrent sans qu'aucun des courriers ne reparût.

La pauvre mère, assise sur un quartier de roc, les yeux fixés sur la plaine, attendait toujours, immobile et infatigable.

Vers le soir du troisième jour, elle aperçut à une grande distance un point noir qui se rapprochait rapidement de l'endroit où elle se tenait.

Peu à peu, ce point devint plus distinct; elle reconnut alors un cavalier qui galopait à toute bride du côté du défilé.

Le cœur de la mère battait à se rompre dans sa poitrine.

Cet homme était évidemment un des courriers du missionnaire; mais de quelles nouvelles était-il porteur?

Enfin, l'Indien entra dans le défilé, mit pied à terre et commença à gravir la montagne.

La vieille femme sembla retrouver les jambes de sa jeunesse, tant elle s'élança rapidement vers lui, et franchit en peu d'instants la distance qui le séparait d'elle.

Mais lorsqu'ils furent face à face, un autre obstacle se dressa devant elle.

Le Peau-Rouge ne comprenait et ne parlait pas un mot de français; elle, de son côté, ne savait pas une parole indienne.

Mais il existe pour les mères une espèce de langage à part, francmaçonnerie du cœur, qui se comprend dans tous les pays.

Le guerrier comanche s'arrêta devant elle, croisa les bras sur sa poitrine et la salua avec un doux sourire en prononçant ce seul mot:

—*Koutonepi.*

La mère de Valentin savait que c'était ainsi que les Indiens avaient l'habitude de nommer son fils.

Elle se sentit soudainement rassurée par le sourire de cet homme et la façon dont il avait prononcé le nom de son fils.

Elle prit le bras du guerrier et l'entraîna dans la grotte, à l'endroit où se tenait le père Séraphin occupé à lire son bréviaire.

— Eh bien! lui demanda-t-il en l'apercevant, quelles nouvelles?

— Cet homme n'a rien pu m'apprendre, répondit-elle, je ne comprends pas son langage; mais quelque chose me dit qu'il est chargé de bonnes nouvelles.

— Si vous le permettez, je l'interrogerai.

— Faites, faites, j'ai hâte de savoir à quoi m'en tenir.

Le missionnaire se tourna vers l'Indien immobile à quelques pas, et qui avait écouté, impassible, le peu de mots prononcés entre les interlocuteurs.

— Mon frère l'Araignée a le front couvert de sueur, dit-il ; qu'il prenne place à mes côtés et se repose ; sa course a été longue.

L'Indien sourit gravement en saluant respectueusement le missionnaire.

— L'Araignée est un chef dans sa tribu, dit-il de sa voix gutturale et mélodieuse ; il sait bondir comme le jaguar et ramper comme le serpent ; rien ne le fatigue.

— Je sais que mon frère est un grand guerrier, reprit le prêtre ; ses coups sont nombreux, les Apaches fuient à son aspect. Mon frère a-t-il rencontré les jeunes hommes de sa tribu?

— L'Araignée les a rencontrés ; ils chassaient le bison sur le Gila.

— Leur grand chef l'Unicorne était-il avec eux?

— L'Unicorne était avec les guerriers.

— Bon! Mon frère a l'œil du chat-tigre, rien ne lui échappe. A-t-il rencontré le grand chasseur pâle?

— L'Araignée a fumé le calumet avec Koutonepi et plusieurs guerriers amis du chasseur pâle, accroupis autour de son foyer.

— Mon frère a parlé à Koutonepi? reprit le missionnaire.

— Oui, Koutonepi se félicite du retour du père de la prière qu'il n'espérait plus revoir. Lorsque le walkon aura chanté pour la deuxième fois, Koutonepi sera près de mon père avec ses compagnons.

— Mon frère est un guerrier sage et adroit ; je le remercie de la façon dont il a su remplir la mission dont il s'était chargé, mission dont aucun autre guerrier ne se serait acquitté avec autant de prudence et de finesse.

A ce compliment mérité, un sourire de joie et d'orgueil plissa les lèvres de l'Indien, qui se retira après avoir respectueusement baisé la main du missionnaire.

Le père Séraphin se tourna alors vers Mme Guillois, qui attendait anxieuse le résultat de cette conversation, cherchant à lire dans les regards du prêtre ce qu'elle devait craindre ou espérer. Il lui prit la main, la lui serra doucement, et lui dit avec cet accent sympathique qu'il possédait au suprême degré :

— Votre fils va venir, bientôt vous le verrez ; il sera ici cette nuit même, dans deux heures à peine.

— Oh! fit-elle avec un accent impossible à rendre ! mon Dieu! mon Dieu! soyez béni !

Et, tombant agenouillée sur le sol, elle fit une longue prière en fondant en larmes.

Le missionnaire l'examinait avec inquiétude, la surveillait avec soin, prêt à lui porter secours si son émotion trop forte lui causait une défaillance.

Au bout de quelques instants, elle se releva riant à travers ses larmes, et reprit sa place aux côtés du prêtre.

— Du courage! lui dit-il ; vous qui avez été si forte dans la douleur, faiblirez-vous devant la joie?

— Oh! fit-elle avec âme, c'est mon fils, c'est-à-dire le seul être que j'aie jamais aimé, l'enfant que j'ai nourri de mon lait, que je vais revoir! Hélas!

Tout à coup, une main se posa sur son épaule et un rire éclatant résonna à son oreille.

voilà dix ans que nous sommes séparés, voilà dix ans que, sur son front, la trace de mes baisers s'est effacée! Mon Dieu! mon Dieu! vous ne pouvez comprendre ce que j'éprouve; mon père, cela ne se dit pas : pour une mère, son enfant est tout.

— Ne vous laissez pas ainsi maîtriser par votre émotion.
— Ainsi, il va venir? demanda-t-elle avec insistance.

— Dans deux heures au plus.
— Que c'est long, deux heures ! fit-elle avec un soupir.
— Oh ! que c'est bien ainsi que sont toutes les créatures humaines ! s'écria le missionnaire. Vous, qui avez attendu tant d'années sans vous plaindre, vous trouvez maintenant deux heures trop longues...
— Mais c'est mon fils, mon enfant bien-aimé que j'attends ; jamais je ne le reverrai assez tôt.
— Allons, calmez-vous ; voyez, vous avez la fièvre.
— Oh ! ne craignez rien, mon père, la joie ne tue pas, allez ! La vue de mon fils me rendra la santé, j'en suis sûre.
— Pauvre mère ! ne put s'empêcher de dire le prêtre.
— N'est-ce pas ? fit-elle. C'est une chose bien terrible, si vous saviez, de vivre dans des transes continuelles, de n'avoir qu'un fils qui est sa joie, son bonheur, et de ne pas savoir où il est, ni ce qu'il fait, s'il est mort ou s'il existe. La plus cruelle torture pour une mère, c'est cette incertitude continuelle, cette alternative de bien et de mal, d'espoir et de désappointement. Vous ne comprenez pas cela, vous ne pourrez jamais le comprendre, vous autres hommes ; c'est un sens qui vous manque, et que nous, les mères, nous possédons seules, l'amour de nos enfants !...

Il y eut quelques minutes de silence, puis elle reprit :
— Mon Dieu ! comme le temps s'écoule lentement ! Le soleil ne se couchera-t-il donc pas bientôt ? De quel côté croyez-vous que mon fils vienne, mon père ? Je veux le voir arriver. Quoiqu'il y ait bien longtemps que je ne l'aie vu, je suis certaine que je le reconnaîtrai tout de suite ; une mère ne se trompe pas, voyez-vous, car elle ne voit pas son enfant avec les yeux, elle le sent avec le cœur !...

Le missionnaire la conduisit à l'entrée de la grotte, la fit asseoir, se plaça auprès d'elle, et lui dit en étendant le bras dans la direction du sud-ouest :
— Regardez par là, c'est de ce côté qu'il doit venir.
— Merci ! répondit-elle avec effusion. Oh ! vous avez toutes les délicatesses comme vous avez toutes les vertus. Vous êtes saintement bon, mon père ; Dieu vous récompensera ; moi je ne puis que vous dire merci.

Le missionnaire sourit doucement.
— Je suis heureux de vous voir heureuse, fit-il avec bonhomie.
Ils regardèrent.
Cependant le soleil s'abaissait rapidement à l'horizon ; peu à peu l'obscurité envahit la terre; les objets se confondaient; il fut impossible de rien apercevoir même à une courte distance.
— Rentrons, dit le père Séraphin, le froid de la nuit pourrait vous saisir.
— Bah ! fit-elle en haussant les épaules, je ne sens rien.
— D'ailleurs, reprit-il, les ténèbres sont si épaisses que vous ne pourrez pas le voir.
— C'est vrai, répondit-elle avec âme, mais je l'entendrai.
Il n'y avait rien à répondre. Le père Séraphin le comprit; il baissa la tête et reprit sa place auprès de Mme Guillois.

— Pardonnez-moi, mon père, dit-elle, mais la joie me rend folle !

— Vous avez assez souffert, pauvre mère ! répondit-il avec bonté, pour avoir enfin aujourd'hui le droit de jouir d'un bonheur sans mélange. Faites donc à votre guise sans craindre de me causer de la peine.

Une heure environ s'écoula ainsi sans qu'une parole fût prononcée entre eux. Ils écoutaient.

Cependant la nuit se faisait de plus en plus sombre, les bruits du désert plus imposants.

La brise du soir s'était levée ; elle mugissait sourdement à travers les quebradas avec des sifflements mélancoliques et prolongés.

Soudain Mme Guillois se redressa, son œil lança un éclair ; elle saisit fortement la main du missionnaire :

— Le voilà ! dit-elle d'une voix rauque.

Le père Séraphin releva la tête.

— Je n'entends rien, dit-il.

— Ah ! fit la mère avec un accent qui venait du cœur, je ne me trompe pas cependant ; c'est lui, écoutez encore.

Le père Séraphin prêta l'oreille avec la plus grande attention.

En effet, un bruit à peine perceptible se faisait entendre dans la prairie, assez semblable aux grondements prolongés d'un tonnerre lointain.

— Oh ! reprit-elle, c'est lui, il arrive ; écoutez !

Ce bruit devenait de plus en plus fort, bientôt il fut facile de distinguer le galop de plusieurs chevaux qui accouraient à toute bride.

— Eh bien ! s'écria-t-elle, est-ce une illusion ? Oh ! le cœur d'une mère ne se fourvoie pas ainsi.

— Vous avez raison, madame, dans quelques minutes il sera près de vous.

— Oui, oui ! murmura-t-elle d'une voix haletante.

C'est tout ce qu'elle put dire. La joie l'étouffait.

— Au nom du Ciel ! s'écria le missionnaire avec inquiétude, prenez garde : cette émotion est trop forte pour vous, vous vous tuez.

Elle secoua la tête avec un mouvement d'insouciance et de béatitude inexprimable.

— Qu'importe, fit-elle, je suis heureuse, oh ! bien heureuse en ce moment.

Les cavaliers étaient entrés dans le défilé, le galop de leurs chevaux retentissait avec un bruit extrême.

— Pied à terre, messieurs ! cria une voix forte, pied à terre ! nous sommes arrivés.

— C'est lui ! c'est lui ! fit-elle, avec un mouvement, comme pour s'élancer en avant ; c'est lui qui a parlé, j'ai reconnu sa voix.

Le missionnaire la retint entre ses bras.

— Que faites-vous ? s'écria-t-il, vous allez vous briser.

— Pardon, mon père, pardon ; mais en l'entendant parler, je ne sais quelle émotion j'ai éprouvée, quelle commotion j'ai reçue au cœur, je n'ai plus été maîtresse de moi et je me suis élancée.

— Un peu de patience, le voilà qui monte ; dans cinq minutes il sera dans vos bras.

Elle se rejeta vivement en arrière.

— Non, dit-elle, pas ainsi, pas ainsi, la reconnaissance serait trop brusque; laissez-moi savourer mon bonheur sans en perdre une parcelle; je veux qu'il me devine comme je l'ai deviné, moi !

Et elle entraîna rapidement le père Séraphin dans la grotte.

— C'est Dieu qui vous inspire, dit-il ; oui, cette reconnaissance serait trop brusque, elle vous tuerait tous deux.

— N'est-ce pas, fit-elle avec joie, n'est-ce pas, mon père, que j'ai raison ? Oh ! vous verrez, vous verrez. Cachez-moi dans un endroit où je puisse tout voir et tout entendre sans être vue; hâtez-vous, hâtez-vous, le voilà.

La caverne, ainsi que nous l'avons dit, était immense, elle se divisait en une infinité de compartiments qui communiquaient tous les uns aux autres ; le père Séraphin cacha Mme Guillois dans un de ces compartiments dont les murs à jour étaient formés par une réunion de stalactites qui affectaient les formes les plus bizarres.

Après avoir entravé leurs chevaux, les chasseurs gravissaient la montagne. Tout en montant on les entendait causer entre eux; le bruit de leurs voix arrivait distinctement jusqu'aux habitants de la grotte, qui écoutaient avidement les paroles qu'ils prononçaient.

— Ce pauvre père Séraphin, disait Valentin, je ne sais si vous êtes comme moi, caballeros, mais je suis tout heureux de le voir; je craignais qu'il ne nous eût abandonnés sans retour.

— C'est une grande consolation pour moi dans ma douleur, répondit don Miguel, de le savoir aussi près de nous; cet homme est un véritable apôtre.

— Qu'avez-vous donc, Valentin? dit tout à coup le général Ibañez; pourquoi vous arrêtez-vous?

— Je ne sais, répondit celui-ci d'une voix peu assurée, il se passe en moi quelque chose que je ne puis m'expliquer. Aujourd'hui, lorsque l'Araignée m'a annoncé l'arrivée du père, j'ai éprouvé un serrement de cœur indéfinissable; maintenant, voilà que cela me reprend; pourquoi? je ne saurais le dire.

— Mon ami, c'est la joie de revoir le père Séraphin qui vous cause cette émotion, voilà tout.

Le chasseur secoua la tête.

— Non, dit-il, ce n'est pas cela, il y a autre chose; ce que j'éprouve n'est pas naturel; j'ai la poitrine oppressée, j'étouffe. Mon Dieu ! Mon Dieu ! que se passe-t-il donc?

Ses amis se groupèrent autour de lui avec inquiétude.

— Laissez-moi monter, dit-il avec résolution; si j'ai une mauvaise nouvelle à apprendre, il vaut mieux que ce soit tout de suite.

Et, malgré les exhortations de ses amis inquiets de le voir en cet état, il recommença à monter, mais en courant cette fois.

Il arriva bientôt sur la plate-forme; là, il s'arrêta un moment pour reprendre haleine.

— Allons, dit-il.

Il entra résolument dans la grotte suivi de ses amis.

A l'instant où il mettait le pied sur le seuil de la caverne, il s'entendit appeler par son nom.

Au son de cette voix le chasseur tressaillit, il devint pâle et tremblant, une sueur froide inonda son visage.

— Oh! murmura-t-il, qui donc m'appelle ainsi?

— Valentin! Valentin! reprit la voix plus douce et plus caressante.

Le chasseur hésita et pencha le corps en avant; son visage prit une expression de bonheur et d'inquiétude inexprimable.

— Encore! encore! fit-il d'une voix inarticulée, en mettant la main sur son cœur pour en comprimer les battements.

— Valentin! répéta la voix.

Cette fois, le chasseur bondit en avant comme un lion, en poussant un rugissement terrible.

— Ma mère! s'écria-t-il d'une voix éclatante, ma mère, me voilà!

— Ah! je savais bien qu'il me reconnaîtrait, s'écria-t-elle en se précipitant dans ses bras.

Le chasseur la serra sur sa poitrine avec une espèce de frénésie furieuse.

La pauvre femme lui prodiguait ses caresses en pleurant, à demi folle de joie et de terreur de le voir en cet état.

Elle se repentait de l'épreuve qu'elle avait voulu tenter.

Lui, il baisait son visage, ses cheveux blancs, sans pouvoir prononcer une parole.

Enfin, un rauquement sourd s'échappa de sa poitrine, il respira avec force, un sanglot déchira sa gorge et il fondit en larmes en s'écriant avec un accent de tendresse inexprimable :

— Ma mère! ma mère! oh! ma mère!

Ces paroles furent les seules qu'il trouva.

Valentin riait et pleurait à la fois, assis sur un quartier de roc, tenant sa mère sur ses genoux; il l'embrassait avec une joie délirante, la dévorait des yeux et ne se rassasiait pas de baiser ses cheveux blancs, ses joues pâlies et ses yeux qui avaient versé tant de larmes.

Les spectateurs de cette scène, émus par cet amour si vrai et si naïf, pleuraient silencieusemet autour de la mère et du fils.

Curumilla, accroupi dans un coin de la grotte, regardait fixement le chasseur, pendant que deux larmes coulaient lentement sur ses joues brunies.

Lorsque la première émotion fut un peu calmée, le père Séraphin, qui jusqu'alors s'était tenu à l'écart afin de ne pas troubler les doux épanchements de cette entrevue suprême, fit un pas en avant, et se plaçant au milieu des assistants :

— Mes enfants, dit-il d'un ton doucement impérieux, en montrant le simple crucifix de cuivre qu'il élevait de la main droite, rendons grâce au Seigneur pour sa bonté infinie.

Les chasseurs s'agenouillèrent et prièrent.

XVIII

LA DÉLIBÉRATION

Il faut avoir soi-même vécu longtemps loin des êtres que l'on chérit, séparé d'eux par d'incommensurables distances sans espoir de les revoir jamais, pour comprendre les émotions douces et douloureuses à la fois qu'éprouva Valentin en revoyant sa mère.

Nous, dont la plus grande partie de la vie s'est écoulée dans les déserts du Nouveau-Monde, au milieu des hordes sauvages qui les habitent, parlant des langues qui n'avaient avec la nôtre aucune espèce de ressemblance, astreint à des coutumes en complet désaccord avec celles de notre pays, nous nous souvenons de l'attendrissement qui s'emparait de nous lorsque parfois un voyageur égaré prononçait devant nous ce nom sacré si cher à notre cœur, *la France!*

C'est-à-dire la famille, la joie, le bonheur, trois mots qui résument l'existence humaine.

Oh! l'exil est pire que la mort.

C'est une plaie toujours vive et toujours saignante que le temps, au lieu d'amoindrir, ne fait qu'augmenter à chaque heure, à chaque minute, à chaque seconde, et change enfin en un tel besoin de respirer l'air natal, ne serait-ce qu'un jour, que l'exilé finit par contracter cette maladie terrible et sans remède à laquelle les médecins donnent le nom de nostalgie.

Il arrive un moment où l'homme éloigné de sa patrie éprouve un besoin invincible de la revoir, d'entendre parler sa langue; ni fortune ni honneurs ne peuvent lutter contre ce besoin du pays.

Le Français est peut-être le peuple qui, plus que tout autre, éprouve ce sentiment si vivace dans son cœur, que, dès qu'il a été quelques années à peine éloigné de la France, il abandonne tout pour y revenir, quels que soient les avantages qu'il aurait à demeurer à l'étranger.

Valentin, pendant les longues années qu'il avait employées à parcourir le désert, avait toujours eu présent à la pensée ce souvenir du pays.

Souvent, dans ses longues causeries avec le père Séraphin, il lui avait parlé de sa mère, cette femme si sainte et si bonne qu'il n'espérait plus revoir; car depuis longtemps il avait fait dans son cœur le sacrifice de son retour.

La fiévreuse existence du désert l'avait séduit à un point que toute autre considération avait dû céder devant celle-là, surtout après les malheurs de sa première jeunesse et les blessures de son seul amour.

Lorsqu'il se vit réuni à sa mère, qu'il comprit qu'elle ne se séparerait plus de lui, qu'il la verrait toujours, une joie immense envahit son âme.

Cet homme qui si longtemps avait été contraint de renfermer au fond de son cœur ses joies et ses douleurs fut heureux d'avoir enfin rencontré l'être dans le sein duquel il pourrait, sans restrictions menteuses, verser le trop-plein de son âme.

Le besoin d'épanchement est une des nécessités de notre nature.

La nuit entière s'écoula comme une heure en délicieuses causeries.

Les chasseurs, accroupis autour du feu, écoutaient la mère et le fils se raconter, avec cet accent qui vient de l'âme, les divers incidents de leur existence, pendant cette si longue séparation.

Cependant, quelques instants avant le lever du soleil, Valentin exigea que sa mère prît du repos.

Il craignait qu'à son âge avancé, après les émotions poignantes de la journée, une veille aussi prolongée ne fût nuisible à sa santé.

Après plusieurs difficultés, Mme Guillois se rendit enfin aux observations de son fils et se retira dans un compartiment éloigné de la grotte.

Dès que Valentin crut sa mère endormie, il pria, d'un geste, ses amis de s'asseoir auprès de lui.

Ceux-ci, soupçonnant qu'il avait une communication grave à leur faire, obéirent silencieusement.

Valentin se promenait de long en large dans la grotte, les bras derrière le dos, les sourcils froncés.

— Caballeros! dit-il d'une voix sévère, le jour va paraître, il est trop tard pour qu'aucun de vous songe à dormir, soyez donc assez bons pour m'aider de vos conseils.

— Parlez, mon ami, répondit le père Séraphin, vous savez que nous vous sommes dévoués.

— Je le sais, et vous plus que tout autre, mon père, dit-il; aussi vous garderai-je une éternelle reconnaissance pour le service immense que vous m'avez rendu; vous savez que je n'oublie rien; le moment venu de m'acquitter envers vous, je saurai, soyez-en convaincu, vous payer ma dette.

— Ne parlez pas de cela, mon ami; je connaissais le violent désir que vous aviez de revoir votre mère, l'inquiétude qui vous tourmentait au sujet de cette cruelle séparation; je n'ai agi que comme tout autre l'eût fait à ma place; ainsi, brisons, je vous en supplie, sur ce sujet, je n'ambitionne pas d'autre récompense que de vous savoir heureux.

— Je le suis, mon ami, s'écria le chasseur avec émotion, je le suis plus que je ne saurais le dire; mais c'est justement ce bonheur qui m'effraye. Ma mère est près de moi, c'est vrai; mais, hélas! vous connaissez la vie à laquelle nous condamne l'existence du désert, toute de lutte et de combat; en ce moment surtout où nous sommes à la poursuite d'une vengeance implacable, convient-il de faire partager les hasards et les dangers de cette vie à ma mère, cette femme d'un âge avancé, d'une santé chancelante? Pouvons-nous, sans être cruels, l'obliger à nous suivre sur la piste du misérable que nous poursuivons? Non, n'est-ce pas? aucun de vous, j'en suis convaincu, ne me donnera ce conseil; mais que faire? Ma mère ne peut non plus demeurer seule ici, dans cette grotte, abandonnée, loin de tout secours, à des privations sans nombre; nous ne savons où peut nous entraîner demain le devoir que nous avons juré d'accomplir. D'un autre côté, ma mère, si heureuse de notre réunion, consentira-t-elle si promptement à une séparation même provisoire, séparation qui peut, suivant les circonstances, durer un temps indéfini? Je vous prie donc vous tous, mes seuls et vrais amis, de me conseiller, car j'avoue que je ne sais à quel parti me résoudre; parlez, mes amis, dites-moi ce que je dois faire.

Il y eut un assez long silence parmi les chasseurs.

Chacun comprenait l'embarras de Valentin; mais le remède était difficile à trouver, car tous étaient intérieurement maîtrisés par la pensée de poursuivre à outrance le Cèdre-Rouge et de ne pas lui donner de répit jusqu'à ce qu'il eût été châtié de tous ses crimes.

Comme toujours, dans cette circonstance, l'égoïsme et l'intérêt particulier étaient mis à la place de l'amitié. Seul, le père Séraphin, désintéressé dans la question, voyait juste; aussi fut-ce lui qui, le premier, reprit la parole.

— Mon ami, répondit-il, tout ce que vous avez dit est on ne peut plus juste : je me charge de faire entendre raison à votre mère; elle comprendra, j'en suis certain, combien il est urgent qu'elle retourne aux habitations, surtout à l'époque de l'année où nous nous trouvons; seulement, il faut ménager sa sensibilité, la ramener doucement au Mexique sans lui faire entrevoir cette séparation qu'elle redoute et que vous redoutez autant qu'elle. Pendant la route, d'ici aux frontières civilisées, nous tâcherons de la préparer doucement, afin que le coup soit moins rude lorsque le moment de la quitter sera venu. Voilà, je crois, la seule chose que vous deviez faire dans les circonstances présentes. Voyez, réfléchissez; si vous avez quelque projet meilleur que le mien, je serai le premier à m'y soumettre.

— Cet avis est, en effet, le meilleur que l'on me puisse donner, dit Valentin avec chaleur; aussi, je m'empresse de l'adopter. Vous consentirez donc, mon père, à nous accompagner jusqu'aux frontières?

— Sans doute, mon ami; plus loin même s'il le fallait. Ainsi, que cela ne vous inquiète pas; il ne s'agit plus maintenant que de déterminer le lieu où nous nous rendrons.

— C'est juste, fit Valentin; mais voilà où est la difficulté. Il faudrait loger ma mère dans un défrichement assez rapproché pour que je pusse la voir souvent, et cependant assez éloigné du désert pour qu'elle fût à l'abri de tout danger.

— Mais, dit don Miguel, il me semble que l'hacienda que je possède aux environs du Paso del Norte conviendrait parfaitement, d'autant plus qu'elle offrirait à votre mère, mon ami, toutes les garanties de confortable et de sécurité que vous pouvez désirer pour elle.

— En effet, s'écria Valentin, ma mère serait on ne peut mieux dans votre hacienda, je vous remercie du fond de mon cœur de l'offre que vous me faites; malheureusement, je ne puis l'accepter.

— Pourquoi donc cela?

— Eh! mon Dieu, pour une raison que vous apprécierez aussi bien que moi; elle est beaucoup trop éloignée.

— Croyez-vous? demanda don Miguel.

Valentin ne put retenir un sourire à cette question de l'hacendero.

— Ah! je savais bien qu'il me reconnaîtrait! s'écria-t-elle en se précipitant dans ses bras.

— Mon ami, lui dit-il doucement, depuis que vous êtes entré dans le désert, les circonstances vous ont obligé à faire tant de tours et de détours, que vous avez complètement perdu le sentiment des distances, et vous ne vous doutez pas, j'en suis sûr, à combien de milles nous sommes du Paso del Norte.

— Ma foi non, je l'avoue, fit don Miguel étonné; cependant, je suppose que nous ne devons pas être fort éloignés.

— Mais encore ?
— Dame, à cent cinquante mille au plus.
— Mon pauvre ami, fit Valentin en hochant la tête, vous êtes loin de compte ; nous sommes à plus de sept cents milles du Paso del Norte, qui est l'extrême limite des établissements civilisés.
— Diable ! s'écria l'hacendero, je ne me croyais pas aussi loin.
— Maintenant, continua Valentin, de cette ville à votre hacienda il y a environ cinquante milles, n'est-ce pas ?
— Oui, à peu près.
— Vous voyez donc, mon ami, qu'à mon grand regret, il est impossible d'accepter votre offre généreuse.
— Que faire ? dit le général Ibañez.
— C'est embarrassant, répondit Valentin ; le temps nous presse.
— Et d'aucune façon votre mère ne peut rester ici ; cela est de toute impossibilité, objecta don Miguel.
Curumilla avait jusque-là suivi la discussion sans, suivant son habitude, y prendre part. Voyant que les chasseurs ne pouvaient réussir à se mettre d'accord, il se tourna vers Valentin.
— Un ami voudrait parler, dit-il.
Tous le regardèrent.
Les chasseurs savaient que Curumilla ne prenait jamais la parole que pour donner des avis qui, presque généralement, étaient suivis.
Valentin fit un geste d'assentiment.
— Nos oreilles sont ouvertes, chef, dit-il.
Curumilla se leva.
— Koutonepi oublie, fit-il.
— Qu'est-ce que j'oublie ? demanda le chasseur.
— Koutonepi est le frère de l'Unicorne, le grand chef comanche.
Le Français se frappa le front avec un mouvement de joie.
— C'est vrai, s'écria-t-il, à quoi pensé-je donc ? Ma foi, chef, vous êtes notre providence : rien ne vous échappe.
— Mon frère est content ? demanda le chef avec joie.
Valentin lui serra les mains avec effusion.
— Chef, vous êtes la plus excellente créature que je connaisse, s'écria-t-il ; je vous remercie du fond du cœur ; du reste, entre nous, nous n'avons plus rien à nous dire ; nous nous comprenons, n'est-ce pas ?
L'ulmen araucan répondit chaleureusement à l'étreinte de son ami, et se rassit en murmurant ce seul mot qui résumait toutes ses impressions :
— Bon !
Cependant les autres personnages avaient assisté à cette scène sans la deviner. Bien que depuis assez longtemps ils vécussent dans la société de l'Aucas, ils n'avaient pu encore s'habituer à son mutisme et comprendre ses réticences ; ils attendaient donc avec anxiété que Valentin leur donnât l'explication des quelques mots qu'il avait échangés avec son ami.
— Le chef, dit vivement Valentin, a trouvé d'un seul coup ce que nous nous creusons la tête à chercher vainement.

— Comment cela ? Expliquez-vous, demanda don Miguel.
— Comment, vous ne comprenez pas ?
— Ma foi non.
— C'est cependant bien simple : j'ai été adopté depuis longtemps déjà par la nation des Comanches ; je fais partie de la tribu de l'Unicorne ; ce chef ne refusera pas, j'en suis convaincu, de garder ma mère dans son village. Les Peaux-Rouges m'aiment, l'Unicorne m'est dévoué, ma pauvre mère sera soignée et choyée par les Indiens, et, d'un autre côté, il me sera facile de la voir dès que j'aurai un moment disponible.

— *Canarios!* s'écria le général Ibañez, c'est vrai, ma foi. Chef, ajouta-t-il en frappant gaiement sur l'épaule de l'Araucan, je dois avouer que nous sommes tous des niais, et que vous avez plus d'esprit dans votre petit doigt que nous n'en avons dans tout notre corps.

Cette discussion avait duré assez longtemps ; le soleil était levé depuis environ une heure lorsqu'elle se termina.

Mme Guillois, entièrement remise de ses émotions de la nuit, apparut dans la grotte et vint embrasser son fils.

Lorsque le déjeuner fut terminé, les chevaux furent sellés et on se mit en selle.

— Où me conduis-tu, mon enfant? demanda Mme Guillois au chasseur ; tu sais que maintenant je t'appartiens tout entière et que le soin de veiller sur moi te regarde seul.

— Soyez tranquille, ma mère, répondit Valentin ; bien que nous soyons au désert, je vous ai trouvé une retraite dans laquelle non seulement vous serez à l'abri de tout danger, mais où il me sera possible de vous voir au moins toutes les semaines.

Valentin, de même que tous les hommes doués d'un caractère ferme et résolu, au lieu de tourner la difficulté, avait préféré l'attaquer de front, persuadé que plus le coup qu'il porterait serait rude, moins il aurait du durée, et plus vite il parviendrait à en amoindrir les conséquences.

Par un mouvement instinctif, la vieille dame arrêta son cheval, et regardant son fils avec des yeux pleins de larmes :

— Que me dis-tu donc là, Valentin? lui demanda-t-elle avec une voix tremblante, tu vas me quitter?

— Vous m'avez mal compris, ma mère, répondit-il ; après une aussi longue séparation, je ne consentirais pas à vivre éloigné de vous.

— Hélas! murmura-t-elle.

— Seulement, ma mère, continua-t-il impassiblement, il faut que vous vous persuadiez bien d'une chose, c'est que la vie de désert est toute différente de la vie civilisée.

— Je le sais déjà! fit-elle avec un soupir.

— Fort bien, reprit-il ; cette vie a des exigences qui seraient trop longues à vous expliquer, et qui nécessitent une suite de marches et de contremarches continuelles, allant tantôt ici, tantôt là, sans raison apparente, vivant au jour le jour, et éternellement à cheval.

— Voyons, mon ami, ne me fais pas souffrir plus longtemps, dis-moi en deux mots où tu veux en venir.

— A ceci, ma mère, que cette vie de fatigues et de dangers sans trêve peut être fort agréable à un homme jeune comme moi, doué d'un tempérament de fer et habitué de longue date à toutes ses péripéties, mais qu'elle est matériellement impossible pour vous, à votre âge, débile et maladive comme vous l'êtes; or, vous êtes mon seul bien, mon seul trésor, ma mère; je vous ai retrouvée par un miracle, et je tiens à vous conserver le plus longtemps possible; pour cela, je ne dois pas vous exposer ainsi, par une faiblesse de cœur mal entendue, à supporter des fatigues et des privations qui vous tueraient en huit jours.

— Et alors? demanda timidement la mère, vaincue malgré elle par l'accent péremptoire du jeune homme.

— Voici ce que j'ai résolu, dit-il d'un air câlin. Si je ne veux pas que vous souffriez : je veux que nous soyons, sinon continuellement, du moins le plus possible, auprès l'un de l'autre.

— Oh! oui, fit-elle : te voir, mon enfant, te voir toujours, je ne te demande pas autre chose; que m'importe tout le reste, pourvu que je sois près de toi, que je puisse te consoler dans ta tristesse, me réjouir de ta joie?

— Ma mère, dit le chasseur, je crois avoir arrangé les choses aussi bien que possible; le père Séraphin vous répétera que toute autre combinaison aurait été absurde.

— Enfin, murmura-t-elle.

— Je vous conduis, reprit-il, dans un village des Comanches, dont je suis le fils adoptif; leur chef m'aime comme un frère; ce village est à quelques lieues d'ici tout au plus; là, vous serez au milieu d'amis qui vous respecteront et vous prodigueront les soins les plus empressés.

— Mais toi, mon enfant?

— Moi, ma mère, je vous visiterai le plus souvent que je pourrai, et, croyez-moi, peu de jours se passeront sans que je vous voie.

— Hélas! mon pauvre enfant, pourquoi t'obstiner à mener cette vie de dangers et de fatigues? Nous serions si heureux, si tu le voulais, tous les deux, vivant l'un pour l'autre, retirés dans un petit village de notre pays. La France, mon enfant, est-ce que tu l'as oubliée?

Valentin soupira.

— Non, ma mère, dit-il avec effort; depuis que je vous ai revue, tous les souvenirs de mon enfance ont, je ne sais comment, ravivé tout à coup ce désir que j'avais de revoir la France un jour; ce désir que je croyais mort n'était qu'endormi : votre vue m'a fait comprendre que l'homme ne renonce pas ainsi de gaieté de cœur, à ces joies du foyer dont on ne comprend bien les charmes que lorsque l'on ne peut pas en jouir. Aussi ai-je l'intention de vous faire bientôt quitter ces contrées déshéritées du ciel pour retourner dans notre pays.

— Hélas! fit-elle avec un accent de doux reproche, nous serions si heureux là-bas; pourquoi ne pas y retourner tout de suite?

— Parce que cela ne se peut pas, ma mère; j'ai à accomplir ici un devoir sacré : mais je vous donne ma parole d'honneur que, lorsque j'aurai rempli le devoir que je me suis imposé et que je serai libre, nous ne demeurerons pas une heure de plus ici. Ayez donc patience, ma mère : peut-être avant deux mois nous partirons pour la France.

— Dieu le veuille! mon fils, dit la vieille dame avec tristesse. Enfin, que ta volonté soit faite, j'attendrai.

— Merci, ma mère; votre condescendance me rend plus heureux que je ne puis vous le dire.

La vieille dame soupira sans répondre. La petite troupe continua à cheminer en silence dans la direction du village des Comanches, aux abords duquel on arriva environ vers les trois heures de l'après-midi.

— Ma mère, dit Valentin, vous n'êtes pas encore au fait des usages indiens; ne vous effrayez ni de ce que vous verrez ni de ce que vous entendrez.

— Ne suis-je pas auprès de toi, dit-elle; de quoi puis-je avoir peur?

— Oh! dit-il avec joie, vous êtes bien véritablement la mère forte de l'Évangile.

— Hélas! répondit-elle avec un soupir étouffé, tu te trompes, mon enfant; je ne suis qu'une pauvre vieille femme qui aime son fils, voilà tout...

XIX

LE BLOOD'S SON.

La Gazelle-Blanche avait rejoint le Blood's Son.

Celui-ci était campé avec sa troupe sur le sommet d'une colline d'où il dominait au loin la prairie.

C'était le soir, les feux étaient déjà allumés pour la nuit, et les partisans, réunis autour des brasiers, soupaient gaiement.

Le Blood's Son fut charmé de revoir sa nièce. Tous deux eurent ensemble une longue conversation à la suite de laquelle le *Vengeur*, ainsi qu'il se nommait lui-même, ordonna au ranchero de s'approcher.

Malgré toute son impudence, ce ne fut pas sans un secret sentiment de terreur que le digne Andrès Garote se trouva en face de cet homme dont les regards semblaient vouloir lire ses pensées les plus cachées au fond de son cœur.

La réputation du Blood's Son était trop bien établie depuis longtemps dans la prairie pour que le ranchero ne se sentît pas ému en sa présence.

Le Blood's Son était assis devant un feu, il fumait dans une pipe indienne; auprès de lui se trouvait la Gazelle-Blanche.

Un instant le ranchero se repentit presque de la démarche qu'il avait tentée auprès d'un pareil homme, mais cette pensée n'eut que la durée d'un éclair :

la haine reprit immédiatement le dessus, et toute trace d'émotion s'effaça de son visage.

— Approche, drôle, lui dit le Blood's Son. D'après ce que vient de m'apprendre la señora, tu crois avoir entre les mains les moyens de perdre le Cèdre-Rouge ?

— Ai-je dit le Cèdre-Rouge ? répondit le ranchero ; je ne crois pas, Seigneurie.

— De qui as-tu parlé alors ?

— De Fray Ambrosio.

— Que m'importe ce moine misérable ! fit le Blood's Son en haussant les épaules, ses affaires ne me regardent pas, je ne veux point m'en occuper ; d'autres devoirs plus importants réclament mes soins.

— C'est possible, Seigneurie, répondit le ranchero avec plus d'assurance que l'on aurait dû le supposer ; mais moi c'est à Fray Ambrosio seul que j'ai affaire.

— Alors, tu peux aller au diable, car, certes, je ne te viendrai pas en aide dans tes projets.

Andrès Garote, si brutalement reçu, ne se découragea cependant pas ; il baissa les épaules avec un sourire cauteleux, et prenant sa voix la plus câline :

— On ne sait pas, Seigneurie, dit-il.

— Hum ! cela me semble difficile.

— Moins que vous ne pensez, Seigneurie.

— Comment cela ?

— Vous en voulez au Cèdre-Rouge, n'est-ce pas ?

— Que t'importe, drôle ? répondit brusquement le Blood's Son.

— A moi, cela ne me fait rien du tout, d'autant plus que je ne lui dois ni obligations, ni services ; seulement, vous, c'est autre chose, Seigneurie.

— Qu'en sais-tu ?

— Je le suppose, Seigneurie ; aussi ai-je l'intention de vous proposer un marché.

— Un marché ! fit dédaigneusement le Blood's Son.

— Oui, Seigneurie, répondit effrontément le ranchero, et un marché avantageux pour vous, j'ose le dire.

— Et pour toi ?

— Pour moi aussi naturellement.

Le Blood's Son se mit à rire.

— Cet homme est fou, dit-il en haussant les épaules, et, se tournant vers sa nièce, il ajouta : Où diable aviez-vous la tête en me l'amenant ?

— Bah ! fit la Gazelle-Blanche, écoutez-le toujours ; qu'est-ce que cela vous fait ?

— La señora a raison, fit vivement le ranchero : écoutez-moi, Seigneurie, cela ne vous engage à rien ; d'ailleurs, vous serez toujours à même de refuser si ce que je vous propose ne vous plaît pas.

— C'est juste, répondit dédaigneusement le Blood's Son. Allons, parle, picaro, et surtout sois bref

— Oh ! je n'ai pas l'habitude de faire de longs discours, allez !

— Voyons, au fait, au fait.

— Le fait, le voici, dit résolument le ranchero. Vous voulez, je ne sais pourquoi, et cela m'est fort égal, vous venger du Cèdre-Rouge ; pour certaines raisons dont il est inutile de vous entretenir, moi, je veux me venger de Fray Ambrosio : cela est vrai, n'est-ce pas?

— Parfaitement clair. Continue.

— Fort bien. Maintenant voilà ce que je vous propose : aidez-moi à me venger du moine, je vous aiderai à vous venger du bandit.

— Je n'ai pas besoin de toi pour cela.

— Peut-être, Seigneurie ; si je ne craignais pas de vous paraître outrecuidant, je vous dirais même...

— Quoi donc?

— Que je vous suis indispensable.

— *Voto à Dios!* s'écria le Blood's Son en éclatant de rire, cela passe la plaisanterie ; ce drôle se moque définitivement de moi.

Andrès Garote demeurait impassible devant le partisan.

— Allons, allons, reprit celui-ci, cela est beaucoup plus amusant que je ne le croyais d'abord ; et comment m'es-tu indispensable?

— Oh! mon Dieu, Seigneurie, c'est bien simple ; vous ne savez pas ce qu'est devenu le Cèdre-Rouge?

— C'est vrai ; je le cherche vainement depuis assez longtemps déjà.

— Je vous défie bien de le trouver, si je ne vous y aide.

— Tu sais donc où il est, toi? s'écria le Blood's Son en redressant subitement la tête

— Ah! ah! cela vous intéresse à présent, Seigneurie, dit le ranchero d'un air narquois.

— Réponds, oui ou non, reprit brusquement le partisan, sais-tu où il est?

— Eh! sans cela, serais-je venu vous trouver?

Le Blood's Son réfléchit un instant.

— Dis-moi où il se trouve, fit-il.

— Et notre marché tient-il?

— Il tient.

— Vous me le jurez?

— Sur l'honneur !

— Bon! fit l'autre avec joie. Écoutez bien alors.

— J'écoute.

— Vous savez sans doute que le Cèdre-Rouge et le Chercheur de pistes se sont battus?

— Je le sais. Continue.

— Donc, après la bataille chacun se sauva de son côté. Le Cèdre-Rouge était blessé ; il n'alla pas plus loin, bientôt il tomba évanoui au pied d'un arbre Le Français et ses amis le cherchaient de tous les côtés, et je crois qu'ils lui auraient fait un fort mauvais parti s'ils avaient pu lui mettre la main dessus. Heureusement pour lui son cheval l'avait emporté au milieu d'une forêt vierge où nul ne songea à le poursuivre. Le hasard, ou plutôt ma bonne fortune, je le crois à présent, m'amena du côté où il se trouvait ; sa fille Ellen était auprès de lui et lui prodiguait les soins les plus touchants ; cela m'attendrit presque. Comment était-elle venue là? je ne saurais le dire ; ce qu'il y a de certain, c'est qu'elle y était. En apercevant le Cèdre-Rouge, j'eus un instant la pensée d'aller trouver le chasseur français afin de lui faire part de ma découverte.

— Hum ! Comment ayant une telle pensée ne l'as-tu pas mise à exécution, drôle?

— Par une raison bien simple, mais que je crois péremptoire.

— Voyons cette raison, fit le Blood's Son qui, malgré lui, en était arrivé à écouter avec un plaisir dont il ne se rendait pas compte le verbiage décousu du ranchero.

— Voilà ma raison, reprit celui-ci. Don Valentin, ainsi qu'on le nomme, est assez brutal ; je ne suis pas en odeur de sainteté auprès de lui ; en sus, il était au milieu d'une foule de Comanches et d'Apaches plus coquins les uns que les autres ; bref, j'ai eu peur pour ma chevelure à laquelle j'ai la faiblesse de tenir : je me suis abstenu, craignant de retirer sans bénéfice les marrons du feu pour d'autres.

— Pas mal raisonné.

— N'est-ce pas, Seigneurie? Donc, pendant que je réfléchissais ainsi au parti que je devais prendre, une troupe d'une dizaine de cavaliers est arrivée je ne sais d'où à l'endroit où gisait à moitié mort ce pauvre diable de Cèdre-Rouge.

— Il est donc réellement blessé ?

— Oui, et assez dangereusement, j'ose le dire. Le chef de ces cavaliers se trouvait être justement un missionnaire français que vous devez connaître.

— Le père Séraphin?

— Celui-là même.

— Qu'a-t-il fait ?

— Ce que, certes, je n'eusse pas fait à sa place : il a emmené le Cèdre-Rouge avec lui.

— Oh ! je le reconnais bien là, ne put s'empêcher de dire le Blood's Son. Et dans quel lieu a-t-il conduit le blessé ?

— Dans une caverne où je vous mènerai quand vous le voudrez.

— Tu ne mens pas?

— Non, Seigneurie.

— C'est bien ; va dormir, tu peux compter sur ma promesse si tu m'es fidèle.

— Merci, Seigneurie, soyez tranquille ; à défaut de dévouement, l'intérêt m'engage à ne pas vous tromper.

— C'est juste.

Le ranchero se retira. Une demi-heure plus tard il dormait ainsi que doit le faire tout honnête homme qui a la conscience d'avoir accompli un devoir.

Le lendemain, au point du jour, la troupe du Blood's Son se mit en marche.

Mais dans le désert il est souvent fort difficile de rencontrer ceux que l'on cherche, à cause de la vie nomade que chacun est obligé de mener afin de subvenir à son existence, et le Blood's Son, qui tenait avant toute chose à

Curumilla se leva : — Koutonepi oublio, fit-il.

s'entendre avec Valentin et ses amis, perdit beaucoup de temps avant d'apprendre d'une manière certaine en quel endroit ceux-ci campaient.

Enfin, un de ses éclaireurs lui annonça que le Français était en ce moment retiré au village d'hiver de l'Unicorne.

Il se dirigea immédiatement de ce côté.

Dans l'intervalle, le Blood's Son avait chargé Andrès Garote de surveiller toutes les démarches du Cèdre-Rouge, ne voulant pas tenter une démarche décisive avant d'avoir une certitude.

Rien ne lui aurait été plus facile que de se présenter au père Séraphin et d'exiger de lui qu'il remît le blessé entre ses mains ; mais ce moyen lui répugnait. Le Blood's Son partageait le respect qu'inspirait à tous dans le Far West le saint missionnaire ; jamais il n'aurait osé lui demander de lui livrer son hôte, certain d'avance que celui-ci l'aurait péremptoirement refusé ; et, d'un côté, il n'aurait pas voulu employer la violence vis-à-vis d'un homme dont il admirait le caractère.

Il fallait donc attendre que le Cèdre-Rouge, guéri de ses blessures, quittât son protecteur ; ce fut ce que fit le Blood's Son, qui se borna, ainsi que nous l'avons dit, à faire épier toutes ses démarches par Andrès Garote.

Enfin, un jour, celui-ci reparut tout joyeux au camp du Blood's Son.

Il était porteur d'excellentes nouvelles. Le père Séraphin, après avoir guéri le Cèdre-Rouge, l'avait installé dans un jacal où lui et sa fille vivaient comme deux anachorètes.

Le Blood's Son poussa un cri de joie à cette nouvelle. Sans même se donner le temps de la réflexion, il sauta sur son cheval, laissa provisoirement le commandement de sa troupe à sa nièce et se dirigea à toute bride vers le village de l'Unicorne.

La distance n'était pas longue ; le partisan la franchit en deux heures à peine.

Le Blood's Son était aimé des Comanches, auxquels il avait eu souvent occasion d'être utile ; aussi fut-il reçu par eux avec tous les honneurs et les cérémonies usités en pareil cas.

L'Unicorne, accompagné de quelques-uns des principaux chefs de la tribu, vint le recevoir, à une légère distance du village, en criant, tirant des coups de fusil et faisant caracoler les chevaux.

Le Blood's Son se prêta de bonne grâce à ce que voulait le chef et arriva en galopant à sa droite.

Les Comanches sont excessivement discrets, jamais ils ne se permettent d'adresser des questions à leurs hôtes avant que ceux-ci ne les y autorisent.

Dès que le Blood's Son eut pris place au foyer de la hutte du conseil et qu'il eut fumé le grand calumet de paix, l'Unicorne le salua gravement et prit la parole.

— Mon frère le Visage-Pâle est le bienvenu parmi ses amis rouges, dit-il. Mon frère a fait une bonne chasse?

— Les bisons sont nombreux près des montagnes, répondit le Blood's Son ; mes jeunes hommes en ont tué beaucoup.

— Tant mieux, mon frère ne souffrira pas de la famine.

Le partisan s'inclina en signe de remercîment.

— Mon frère restera-t-il plusieurs jours avec ses amis rouges ? demanda encore le chef ; ils seraient heureux de le posséder quelque temps parmi eux.

— Mes heures sont comptées, répondit le Blood's Son ; j'ai seulement eu l'intention de faire une visite à mes frères pour m'informer de la prospérité de leur village en passant auprès d'eux.

En ce moment, Valentin parut sur le seuil de la hutte.
— Voici mon frère Koutonepi, dit l'Unicorne.
— Qu'il soit le bien arrivé, fit le partisan ; je désirais le voir.
Valentin et lui se saluèrent.
— Par quel hasard vous trouvez-vous donc ici ? lui demanda le chasseur.
— Pour vous apprendre où se cache en ce moment le Cèdre-Rouge, répondit nettement le Blood's Son.
Valentin tressaillit et lui lança un regard clair et perçant.
— Oh ! oh ! fit-il, c'est une grande nouvelle que vous me donnez-là.
— Je ne vous la donne pas, je vous la vends.
— Hein ! Expliquez-vous, je vous prie.
— Je serai bref. Il n'y a pas dans toute la prairie un homme qui n'ait un compte terrible à demander à ce misérable bandit, n'est-ce pas ?
— C'est vrai.
— Ce monstre a pesé trop lourdement et trop longtemps sur la terre, il faut qu'il disparaisse.
Le Blood's Son prononça ces mots avec un tel accent de haine, que tous les assistants, qui, cependant, étaient des hommes doués de nerfs d'acier, sentirent un frisson courir dans leurs veines.
Valentin fixa sur le partisan un regard sévèrement interrogateur.
— Vous lui en voulez beaucoup, dit-il.
— Plus que je ne puis l'exprimer.
— Bien, continuez.
En ce moment, le père Séraphin entra dans la hutte sans que sa présence fût remarquée, tant l'attention des assistants était concentrée sur le Blood's Son.
Le missionnaire se tint immobile dans le coin le plus obscur et écouta.
— Voici ce que je vous propose, reprit le Blood's Son ; je vous révélerai où ce misérable a son repaire ; nous nous disséminerons de tous les côtés afin de l'envelopper dans un cercle infranchissable, et si vous ou les chefs ici présents vous êtes plus heureux que moi et vous emparez de lui, vous le remettrez entre mes mains.
— Pourquoi faire ?
— Pour tirer de lui une vengeance éclatante.
— Je ne puis vous promettre cela, répondit lentement Valentin.
— Pour quelle raison ?
— Cette raison, vous-même venez de la dire : il n'y a pas un homme dans toute la prairie qui n'ait un compte terrible à demander à ce misérable.
— Eh bien !
— L'homme qu'il a le plus outragé, c'est, à mon avis, don Miguel de Zarate, dont il a lâchement assassiné la fille ; dont Miguel seul a le droit de disposer de lui à sa guise.
Le Blood's Son fit un geste de désappointement.
— Oh ! s'il était ici ! s'écria-t-il.
— Me voilà, monsieur, répondit l'hacendero en s'avançant ; moi aussi

j'ai une vengeance à tirer du Cèdre-Rouge; mais je la veux grande et noble, à la clarté du soleil, devant tous; je ne veux pas l'assassiner, je veux le punir.

— Bien ! s'écria le Blood's Son en étouffant un cri de joie; notre pensée est la même, caballero ; car ce que je veux, c'est appliquer au Cèdre-Rouge *la loi de Lynch;* mais la loi de Lynch dans toute sa rigueur, dans le lieu même où il a commis son premier crime, en face de la population qu'il a épouvantée; voilà ce que je veux faire, caballero. Dans le Far West, on ne me nomme pas seulement le Fils du Sang, on me nomme encore le Vengeur et le Justicier.

— Laissez à Dieu le soin de la vengeance, dit une voix qui fit tressaillir les assistants.

Tous se retournèrent.

Le père Séraphin, son crucifix élevé dans la main droite, la tête haute, le regard inspiré, semblait les dominer de toute la grandeur de sa mission évangélique.

— De quel droit vous faites-vous les instruments de la justice divine? reprit-il. Si cet homme fut coupable, qui vous dit qu'à cette heure le repentir n'est pas venu laver les souillures de son âme?

— Œil pour œil, dent pour dent! murmura le Blood's Son d'une voix sombre.

Ces mots rompirent le charme qui enchainait les assistants.

— Œil pour œil, dent pour dent! s'écrièrent-ils avec colère.

Le père Séraphin se vit vaincu, il comprit que tout raisonnement échouerait auprès de ces hommes sanguinaires pour qui la vie de leurs semblables n'est rien et qui ont érigé la vengeance en vertu.

— Adieu, dit-il d'une voix triste, adieu, pauvres égarés ! Je n'ose vous maudire, je ne puis que vous plaindre; mais, sachez-le, la victime que vous voulez immoler à vos passions haineuses, j'essayerai par tous les moyens de la soustraire à vos coups. Adieu !

Et il sortit.

Lorsque la première émotion causée par les paroles du prêtre fut calmée, don Miguel s'avança vers le Blood's Son, et mettant sa main droite dans celle que lui tendait le partisan :

— J'accepte, dit-il, la loi de Lynch.

— Oui, s'écrièrent les assistants, la loi de Lynch !

Quelques heures plus tard, le Blood's Son regagnait son camp.

C'était à la suite de cette entrevue que Valentin avait eu avec don Pablo, à quelque distance du village, la conversation que nous avons rapportée au commencement de ce volume, lorsqu'il avait rencontré le jeune homme revenant du jacal du Cèdre-Rouge.

XX

LE CÈDRE-ROUGE

Maintenant que nous avons expliqué les incidents qui avaient eu lieu pendant les six mois écoulés depuis la mort de doña Clara jusqu'à la conversation de Valentin et de don Pablo dans la grotte de l'ours pendant l'orage, nous reprendrons notre récit au point où nous l'avons laissé en terminant le troisième chapitre.

A peine quelques minutes après que le fils de l'hacendero fut sorti, la porte du jacal fut ouverte brusquement et quatre hommes entrèrent.

Ces quatre hommes étaient le Cèdre-Rouge, Fray Ambrosio, Sutter et Nathan.

Ils paraissaient tristes et soucieux; l'eau dégouttait le long de leurs vêtements comme s'ils sortaient de la rivière.

— Holà! dit le moine. Comment! ni feu ni lumière, ni rien sur la table pour nous recevoir! Vous vous souciez peu de nous, il me semble.

Le Cèdre-Rouge baissa sa fille au front, et se tournant vers Fray Ambrosio, à qui il jeta un regard de travers, il lui dit d'une voix rude :

— Vous êtes ici chez moi, mon maître; ne m'obligez pas à vous en faire souvenir : ainsi commencez par être poli avec ma fille, si vous ne voulez pas que je vous remette à votre place.

— Hum! fit le moine en grommelant, est-ce donc l'arche sainte, cette jeune femme, pour que vous preniez ainsi la mouche au moindre mot qu'on lui adresse?

— Je ne prends pas la mouche, répondit brusquement le squatter en frappant du poing sur la table; seulement vos façons d'agir et de parler ne me conviennent pas et je vous le dis; ne m'obligez pas à vous le répéter.

Fray Ambrosio ne répliqua pas; il comprit que le Cèdre-Rouge était dans une disposition d'esprit peu favorable à une discussion, il s'abstint prudemment de toute réflexion qui aurait pu envenimer la question et faire éclater une querelle dont il se souciait d'autant moins que le squatter semblait la désirer.

Pendant l'échange des quelques mots qui précèdent, Ellen, aidée par ses deux frères, avait allumé une torche de bois-chandelle, ranimé le feu dont le besoin commençait à se faire sentir, et couvert la table d'un repas, sinon confortable, du moins suffisant.

— Caballeros, dit-elle de sa voix douce, vous êtes servis.

Les quatre hommes s'assirent autour de cette table avec l'empressement de gens affamés qui ont hâte de rompre un long jeûne.

Cependant, avant de porter le premier morceau à ses lèvres, le squatter se tourna vers sa fille.

— Ellen! lui dit-il avec bonté.

— Mon père, répondit-elle en s'approchant vivement de lui, que désirez-vous? Vous manque-t-il donc quelque chose?

— Ce n'est pas cela, enfant, reprit-il; il ne nous manque rien, du moins, je le crois.

— Qu'est-ce donc, alors? fit-elle d'un air étonné.

— Pourquoi, reprit-il, ne vous placez-vous pas près de nous?

— Vous m'en dispenserez, mon père, je n'ai pas faim; il me serait réellement impossible de prendre la moindre des choses.

Le squatter soupira; mais, sans faire d'objection, il commença à servir les convives, tandis qu'elle se retirait dans le coin le plus obscur du jacal.

Le repas fut triste; les quatre hommes paraissaient préoccupés, ils mangeaient vite et en silence.

Lorsque leur faim fut assouvie, ils allumèrent leurs pipes et fumèrent.

— Père, dit tout à coup Nathan au Cèdre-Rouge qui regardait mélancoliquement la fumée de sa pipe monter en tournoyant vers le toit du jacal, j'ai retrouvé des pistes.

— Moi aussi, observa le moine.

— Et moi aussi, dit le squatter; après?

— Après! dit Fray Ambrosio; canarios, compadres, vous le prenez bien gaiement! Des pistes dans le désert décèlent toujours un ennemi.

— Qu'est-ce que cela me fait? dit le Cèdre-Rouge en haussant les épaules.

— Comment, qu'est-ce que cela vous fait? s'écria le moine en bondissant; je trouve le mot charmant, par exemple! On dirait, à vous entendre, que vous êtes entièrement étranger à la question, et que votre vie n'est pas en jeu comme la nôtre.

— Qui vous dit que je veuille la défendre? répondit brusquement le squatter en lui jetant un regard qui, malgré lui, l'obligea à baisser les yeux.

— Hum! fit le moine après un instant de silence, que vous ne teniez pas à la vie, je le conçois : vous en avez assez usé de toutes les manières, soit dit sans reproche, pour que vous ne la regrettiez pas; mais il est une chose que vous oubliez, compadre, sans vouloir ici parler de moi qui, cependant, serais en droit de vous adresser quelques reproches parfaitement fondés.

Le squatter secoua insoucieusement la cendre de sa pipe sur la table, la bourra une seconde fois, la ralluma, et se remit impassiblement à fumer sans paraître attacher la moindre attention aux paroles du moine.

Celui-ci fronça les sourcils en serrant les poings; mais, se remettant presque aussitôt, il continua avec une feinte indifférence tout en jouant avec son couteau :

— Oui, vous oubliez une chose, compadre, qui cependant vaut bien la peine qu'on s'en souvienne.

— Quoi donc?

— Vos enfants, caspita!

Le squatter lui lança un regard ironique.

— Oh! por Dios santo! reprit le moine, je ne parle pas ici de vos fils, ce sont deux hommes forts et résolus qui se sortiront toujours d'affaire; je ne m'inquiète nullement d'eux.

— De qui donc vous inquiétez-vous alors? lui demanda le squatter en le regardant fixement.

— De qui je m'inquiète! reprit le moine avec hésitation.

— Oui.

— De votre fille Ellen, canarios! Que deviendra-t-elle si vous mourez? dit le moine avec cette hardiesse des gens peureux qui veulent savoir tout de suite si la mine à laquelle ils ont mis le feu les écrasera.

Le squatter hocha tristement la tête.

— C'est vrai, murmura-t-il en jetant un regard à sa fille.

Le moine sourit, le coup avait porté; il continua :

— En vous perdant vous la perdez, dit-il ; votre obstination peut causer sa mort, prenez-y garde?

— Que faire? dit le Cèdre-Rouge.

— Prendre nos précautions, voto á Dios! Croyez-moi, nous sommes épiés; rester plus longtemps ici est commettre une grave imprudence.

Les fils du squatter baissèrent affirmativement la tête.

— Il est évident, observa Sutter, que nos ennemis ont découvert nos traces.

— Et qu'ils ne tarderont pas à être ici, appuya Nathan.

— Vous voyez! reprit le moine.

— Encore une fois que faire? demanda le Cèdre-Rouge.

— Caspita! déguerpir le plus tôt possible.

— Où aller à cette époque avancée de l'année? Bientôt la neige couvrira la terre et interrompra toute communication; abandonner le jacal est nous exposer à mourir de faim.

— Oui, si nous restons dans le désert, fit le moine d'une voix insinuante.

— Où voulez-vous donc aller? fit le squatter.

— Que sais-je, moi? les villes ne manquent pas, je suppose, sur la frontière indienne; à la rigueur, nous pourrions, il me semble, retourner au Paso del Norte; là, au moins, nous avons des amis et nous sommes certains d'être bien reçus.

Le Cèdre-Rouge le regarda bien en face, et lui dit avec ironie :

— Voyons votre pensée tout entière, señor padre; vous avez un but en voulant retourner au Paso, faites-le-moi connaître.

— Caspita ! vous êtes aussi instruit que moi, s'écria le moine en rougissant; qu'avons-nous besoin de jouer au plus fin ?

Le squatter se leva brusquement et repoussa son siège d'un coup de pied.

— Vous avez raison, dit-il avec colère ; jouons cartes sur table, je ne demande pas mieux ; et pour vous donner l'exemple de la franchise, écoutez-moi. Vous n'avez jamais perdu de vue la raison qui vous a fait entrer dans le désert; vous n'avez qu'un but, un désir : arriver au riche placer dont, en assassinant un homme, vous avez appris le gisement ; ni les fatigues que vous avez endurées, ni les péril que vous avez courus, n'ont pu vous faire renoncer à votre projet ; l'espoir de récolter de l'or vous aveugle et vous rend fou, est-ce vrai ?

— C'est vrai, répondit crûment le moine. Après ?

— Après, lorsque notre troupe a été détruite et complètement dipersée, voici le raisonnement que vous vous êtes fait, raisonnement, ajouta-t-il avec un sourire sardonique, qui fait honneur à votre sagacité et à la fermeté de votre caractère : le Cèdre-Rouge connaît à peu près le gisement du *placer*, il faut que je l'oblige à revenir avec moi au Paso, afin de reformer une autre troupe, parce que, si je le laisse seul dans la prairie, dès que je ne serai plus là, il se mettra à la recherche du trésor et il fera tant qu'il le découvrira. N'ai-je pas deviné juste, hein, dites-moi, compadre ?

— A peu près, répondit le moine, furieux de se voir si bien et si entièrement deviné.

— Oui, n'est-ce pas ? continua le Cèdre-Rouge. Seulement, comme toutes les natures mauvaises, gangrenées jusqu'au cœur, vous avez dépassé le but, en m'attribuant les mêmes instincts sordides qu'à vous, et vous avez pensé que si je suis assassin je puis être voleur ; voilà l'erreur dans laquelle vous êtes tombé, compadre. Sachez-le bien, fit-il en frappant du pied avec force, ce trésor tant convoité serait là, sous mon talon, que je ne me baisserais pas pour en ramasser une parcelle. L'or n'est rien pour moi, je le méprise. Lorsque j'ai consenti à vous guider vers le placer, vous avez naturellement supposé que c'était l'avarice qui m'engageait à le faire, vous vous êtes trompé ; j'avais un mobile plus puissant et surtout plus noble : la vengeance. Maintenant, tenez-vous-le pour dit et ne me reparlez plus de votre placer maudit, dont je me soucie comme d'une *avellana* (noisette). Sur ce, bonsoir, compadre ; je vais dormir ou du moins essayer, je vous conseille d'en faire autant.

Et sans attendre la réplique du moine, le squatter tourna le dos et se retira dans un des compartiments inférieurs.

Depuis quelque temps déjà, Ellen était allée se livrer au repos.

Fray Ambrosio demeura seul avec les fils du squatter.

Il y eut quelques minutes de silence entre eux.

— Bah ! dit enfin le moine avec insouciance, il a beau résister, il faudra bien qu'il y arrive.

Sutter hocha la tête d'un air de doute.

— Non, dit-il, vous ne connaissez pas le vieux ; quand il a dit non, c'est non.

— Hum ! ajouta Nathan, il est bien changé depuis quelque temps, il baisse beaucoup : de son ancien caractère il ne semble avoir gardé que l'entêtement ; j'ai peur que vous échouiez, señor padre.

— Qui vivra verra ! dit gaiement celui-ci. Demain il fera jour ; en attendant, messieurs, suivons son conseil, allons dormir.

Dix minutes plus tard, tout dormait ou semblait dormir dans le jacal.

L'orage dura toute la nuit, faisant rage au dehors.

Au point du jour le squatter se leva et sortit, afin de se rendre compte du temps qu'il faisait.

La journée s'annonçait bien, le ciel était pur, le soleil se levait

Le Blood's Son était assis devant un feu ; auprès de lui se trouvait la Gazelle-Blanche.

radieux ; le Cèdre-Rouge se disposa à se rendre au carral pour seller son cheval et ceux de ses compagnons.

Avant de quitter le seuil de la porte il jeta un regard circulaire aux environs.

Tout à coup il poussa une exclamation de surprise en se rejetant vivement en arrière.

Il avait aperçu un cavalier qui accourait à toute bride.

— Le père Séraphin ! murmura-t-il avec étonnement ; quelle raison assez grave peut l'amener à une pareille heure et l'obliger de faire une si grande diligence ?

En ce moment, le moine et ses fils entrèrent dans la salle commune.

Le squatter entendit le bruit de leurs pas derrière lui.

Il se retourna vivement.

— Cachez-vous, cachez-vous ! dit-il d'une voix rauque.

— Qu'y a-t-il donc ? demanda le moine en s'avançant curieusement.

D'un coup de poing dans la poitrine, le squatter l'envoya rouler au milieu de la salle.

— Ne m'avez-vous pas entendu ? fit-il avec colère.

Mais quelque brusque qu'eût été le geste du Cèdre-Rouge, il ne l'avait pas été assez pour empêcher le moine de reconnaître l'arrivant.

— Ah ! ah ! fit-il avec un mauvais sourire, le père Séraphin ! Caspita ! si notre ami voulait se confesser, est-ce que je n'aurais pas suffi ? Il n'avait qu'à me le dire, sans faire venir ce corbeau d'Europe.

Le Cèdre-Rouge se retourna comme si un serpent l'eût piqué ; il lança aux trois hommes un regard empreint d'une telle férocité que, malgré eux, instinctivement, ils reculèrent.

— Misérable ! s'écria-t-il d'une voix creuse et avec un geste terrrible, je ne sais qui me retient de vous tuer comme un chien que vous êtes ! Au moindre mot que vous vous permettrez contre ce saint personnage, *by God !* je vous écorcherai vif ! Cachez-vous, je le veux !

Subjugés par l'accent du squatter, les trois hommes sortirent de la salle sans répondre.

Dix minutes plus tard, le père Séraphin arrêtait son cheval et mettait pied à terre devant le jacal.

Le Cèdre-Rouge et sa fille vinrent le recevoir avec empressement.

Le père Séraphin entra dans la hutte en essuyant la sueur qui coulait sur son front.

Le Cèdre-Rouge lui avança une butaque.

— Asseyez-vous, père, lui dit-il, vous êtes en nage ; voulez-vous vous rafraîchir ?

— Merci, répondit le missionnaire ; nous n'avons pas un instant à perdre, écoutez-moi.

— Que se passe-t-il donc, père ? pourquoi êtes-vous venu avec une si grande précipitation ?

— Hélas ! reprit-il, parce que vous êtes menacé d'un malheur terrible.

Le squatter devint pâle.

— C'est juste, murmura-t-il en fronçant les sourcils : l'expiation commence.

— Du courage, mes enfants ! dit affectueusement le missionnaire ; vos ennemis ont, je ne sais comment, découvert votre retraite : demain, aujourd'hui peut-être, ils seront ici : il faut fuir, fuir au plus vite !

— A quoi bon ? murmura le squatter ; le doigt de Dieu est là dedans, nul ne peut éviter sa destinée : mieux vaut rester, au contraire.

Le père Séraphin prit un air grave, et d'une voix sévère :

— Dieu, dit-il, veut vous éprouver sans doute ; vous livrer à ceux qui vous cherchent pour vous tuer serait une lâcheté, un suicide ! le Ciel ne vous le pardonnerait pas. Toute créature doit défendre sa vie quand on l'attaque ; fuyez, il le faut, je le veux ; je vous l'ordonne !

Le squatter ne répondit pas.

— Du reste, reprit le père Séraphin avec un ton qu'il essaya de rendre gai, peut-être n'est-ce qu'une bourrasque : vos ennemis ne vous trouvant pas ici, abandonneront sans doute votre poursuite ; dans quelques jours vous pourrez revenir.

— Non, dit le squatter avec découragement, c'est ma mort qu'ils veulent. Puisque vous m'ordonnez de fuir, mon père, je vous obéirai ; mais, avant tout, accordez-moi une grâce.

— Parlez, mon fils.

— Moi, reprit le squatter avec une émotion mal contenue, je suis un homme, je puis, sans succomber, supporter les plus excessives fatigues, braver les plus grands dangers, mais...

— Je vous comprends, interrompit vivement le missionnaire ; j'avais l'intention de garder votre fille avec moi. Soyez tranquille, elle ne manquera de rien.

— Oh ! merci, merci, mon père ! s'écria-t-il avec un accent dont on aurait cru un tel homme incapable.

Ellen avait jusqu'alors assisté silencieuse à l'entretien ; elle fit un pas en avant, et, se plaçant entre les deux hommes, elle dit avec une majesté suprême :

— Je vous suis, au fond du cœur, reconnaissante à tous deux de vos intentions pour moi ; mais je ne puis abandonner mon père, je le suivrai partout où il ira, pour le consoler et l'aider à souffrir en chrétien les tribulations que Dieu lui envoie.

Les deux hommes firent un mouvement pour l'interrompre.

— Arrêtez ! continua-t-elle avec chaleur ; j'ai pu jusqu'à ce jour souffrir de la conduite de mon père, elle était coupable ; aujourd'hui le repentir est entré dans son âme, je le plains et je l'aime : ma résolution est immuable.

Le père Séraphin la regarda avec admiration.

— Bien, mon enfant, dit-il, Dieu vous tiendra compte de votre dévouement si pur et si noble.

Le squatter serrait sa fille dans ses bras sans avoir la force de prononcer une parole ; la joie inondait son âme ; jamais il n'avait éprouvé une émotion si douce.

Le missionnaire se leva.

— Adieu, dit-il, bon courage ! Ayez confiance en Dieu, il ne vous abandonnera pas ; de loin, je veillerai sur vous. Adieu, mes enfants, je vous bénis ! Partez ! partez sans retard !

Puis, s'arrachant avec effort des bras du Cèdre-Rouge et de sa fille, le père Séraphin remonta à cheval, enfonça les éperons dans les flancs de sa monture et s'éloigna à toute bride, après avoir fait à ses protégés un dernier signe de la main.

— Oh! murmura le Cèdre-Rouge, cela ne pouvait pas durer, j'étais presque heureux.

— Courage, mon père! lui dit doucement Ellen.

Ils rentrèrent dans le jacal.

Fray Ambrosio, Nathan et Sutter attendaient dans la salle.

— Allez seller les chevaux, dit le squatter; nous partons.

— Hein! fit le moine à l'oreille de Sutter. Quand je vous disais que le *able était pour nous, *canarios!* il ne pouvait pas nous oublier, nous avons assez fait pour lui.

Les préparatifs de l'abandon du jacal ne furent pas longs à faire : une heure plus tard les cinq personnages s'éloignaient.

— De quel côté nous dirigeons-nous? demanda le moine.

— Gagnons les montagnes, répondit laconiquement le squatter en jetant un triste et mélancolique regard sur cette misérable hutte dans laquelle il avait peut-être espéré mourir et que le destin l'obligeait à quitter pour toujours.

A peine les fugitifs disparaissaient-ils à quelque distance derrière un fourré d'arbres, qu'un tourbillon de poussière s'éleva à l'horizon, et bientôt cinq cavaliers apparurent accourant à fond de train.

Ces cinq cavaliers étaient Valentin et ses amis.

Il paraît que le chasseur avait obtenu du Blood's Son des renseignements positifs sur la situation du jacal; il n'hésita pas un instant et marcha droit à la hutte.

Le cœur de don Pablo battait à briser sa poitrine, bien qu'il semblât impassible.

— Hum! fit Valentin lorsqu'il se trouva à une dizaine de pas du jacal, tout est bien silencieux ici.

— Le squatter est à la chasse, sans doute, observa don Miguel : nous ne trouverons que sa fille.

Valentin se mit à rire.

— Vous croyez! fit-il; non, non, don Miguel; souvenez-vous des paroles du père Séraphin.

Le général Ibañez, arrivé le premier devant le jacal, mit pied à terre et ouvrit la porte.

— Personne! dit-il avec étonnement.

— Pardieu! fit Valentin, je me doutais bien que les oiseaux seraient dénichés; mais cette fois ils seront bien fins s'ils nous échappent. En route, en route! ils ne peuvent être loin.

Ils repartirent.

Curumilla resta un instant en arrière et jeta une torche enflammée dans la hutte, qui bientôt prit feu et brûla comme un phare.

— Le terrier est enfumé, murmura l'Indien tout en rejoignant ses compagnons.

XXI

CURUMILLA

Un mois environ après les événements que nous avons rapportés dans notre dernier chapitre, dans les premiers jours du mois de décembre, que les Indiens comanches nomment dans leur langue harmonieuse et imagée *ah-escia kiouska-oni*, c'est-à-dire la lune du chevreuil qui jette ses cornes, quelques instants à peine après le lever du soleil, une troupe composée de cinq ou six hommes, qu'à leur costume il était facile de reconnaître pour des coureurs des bois des prairies du Far West, gravissait un des pics les plus élevés de la Sierra de los Comanches, chaîne orientale des montagnes Rocheuses qui s'étend jusqu'au Texas, où elle se termine par le mont Guadalupe.

Le temps était froid, une épaisse couche de neige couvrait les flancs des montagnes. La pente que suivaient ces hardis aventuriers était si escarpée que, bien qu'ils fussent habitués à voyager dans ces régions, ils étaient souvent forcés de rejeter leurs rifles derrière le dos et de grimper en s'aidant des mains et des genoux.

Mais aucune difficulté ne les rebutait, aucun obstacle n'était assez fort pour les contraindre à rebrousser chemin.

Parfois, épuisés de fatigue et trempés de sueur, ils s'arrêtaient pour reprendre haleine, s'étendaient sur la neige, en ramassaient quelques poignées afin d'étancher la soif ardente qui les dévorait, puis, dès qu'ils étaient un peu reposés, ils se remettaient courageusement en route et recommençaient à gravir ces glaces éternelles dont les masses gigantesques se faisaient à chaque pas plus abruptes.

Ces hommes étaient-ils à la recherche d'une route praticable dans cet effroyable labyrinthe de montagnes dont les pics s'élevaient tout autour d'eux, à une hauteur immense, dans les régions glacées de l'atmosphère ?

Ou bien peut-être voulaient-ils, pour des raisons connues d'eux seuls, atteindre un endroit duquel ils pourraient découvrir un vaste point de vue.

Si tel était leur espoir, il ne fut pas trompé. Lorsqu'après des fatigues sans nombre ils arrivèrent enfin au sommet du pic qu'ils gravissaient, ils eurent tout à coup devant les yeux un paysage dont l'aspect grandiose les étonna et les atterra par son immensité sublime.

De quelque côté qu'ils dirigeassent leurs regards, ils étaient confondus par la majesté du panorama qui se déroulait à leurs pieds.

C'est que les montagnes Rocheuses sont d'étranges montagnes, uniques dans le monde, qui n'ont aucun point de ressemblance avec les Pyrénées, les Alpes, les Apennins et toutes ces magnifiques chaînes de monts qui, d'espace en espace, bosselent le vieux monde et de leur tête chenue semblent protester, au nom du Créateur, contre l'orgueil des créatures.

Les chasseurs planaient, pour ainsi dire, au-dessus d'un monde.

Au-dessous d'eux était la sierra de los Comanches, qui n'est qu'une seule et immense montagne entrecoupée de pics neigeux qui dévoilaient toutes leurs cavités sombres, leurs vallées profondes et imposantes, leurs lacs brillants, leurs défilés ténébreux et leurs torrents écumeux qui bondissaient avec fracas; puis, bien loin par delà ces limites sauvages, l'œil des chasseurs se perdait dans un paysage sans bornes se déroulant de tous côtés dans un lointain vaporeux, comme la surface de la mer par un temps calme.

Grâce à la pureté et à la transparence de l'atmosphère, les aventuriers distinguaient les moindres objets à une étonnante distance.

Du reste, selon toutes probabilités, ces hommes n'avaient pas entrepris cette ascension périlleuse dans un but de curiosité. La façon dont ils examinaient le paysage et analysaient les différentes parties du vaste panorama qui se déroulait devant eux prouvait, au contraire, que des raisons fort graves les avaient poussés à braver les difficultés presque insurmontables qu'ils avaient vaincues afin d'atteindre le point où ils se trouvaient.

Le groupe formé par ces hommes aux visages hâlés, aux traits énergiques et aux costumes pittoresques, appuyés sur leurs rifles, les yeux fixés dans l'espace et les sourcils froncés, avait quelque chose de grand et de fatal, à cette hauteur incommensurable, au sommet de ce pic couvert de neiges éternelles dont la masse leur servait pour ainsi dire de piédestal, au milieu de cette nature tourmentée et bouleversée qui les environnait de toutes parts.

Longtemps ils demeurèrent ainsi sans parler, cherchant à distinguer, dans les anfractuosités des mornes et dans les détours des quebrados, les moindres accidents de terrain, sourds aux grondements lugubres des torrents qui bondissaient à leurs pieds et aux roulements sinistres des avalanches qui glissaient le long des pentes et se précipitaient avec fracas dans les vallées, entraînant arbres et rochers à leur suite.

Enfin, celui qui paraissait être le chef de la troupe passa à plusieurs reprises le revers de sa main droite sur son front moite de sueur bien que le froid fût intense dans cette région glacée, et, se tournant vers ses compagnons :

— Amis, leur dit-il, nous sommes à vingt mille pieds au-dessus du niveau de la plaine, c'est-à-dire que nous sommes arrivés enfin à la hauteur où le guerrier indien aperçoit pour la première fois, après sa mort, le pays des âmes, et contemple les territoires de chasse fortunés, séjour brillant des guerriers justes, libres et généreux! L'aigle seul pourrait s'élever plus haut que nous!

— Oui, répondit un de ses compagnons en secouant la tête; mais j'ai beau regarder de tous les côtés, moins je vois la possibilité de nous échapper.

— Hum! général, reprit le premier interlocuteur, que dites-vous donc là? On pourrait supposer, Dieu me pardonne! que vous désespérez.

— Eh! fit celui-ci, qui n'était autre que le général Ibañez, cette supposition ne manquerait pas d'une certaine justesse; écoutez donc, don Valentin : depuis dix jours bientôt que nous sommes perdus dans ces diables de montagnes, cernés par les glaces et les neiges, sans avoir rien à nous mettre sous la dent, sous prétexte de découvrir le repaire de ce vieux scélérat de Cèdre-Rouge, je vous avoue que je commence non pas à désespérer, mais à croire qu'à moins d'un miracle nous ne sortirons plus de ce chaos inextricable dans lequel nous sommes enfermés.

Valentin hocha la tête à plusieurs reprises. Les cinq hommes debout sur la crête du pic étaient en effet le Chercheur de pistes et ses amis.

— C'est égal, reprit le général Ibañez, vous conviendrez avec moi que notre position, loin de s'améliorer, se fait, au contraire, à chaque instant plus difficile; depuis deux jours les vivres nous manquent complètement, et je ne vois pas comment, dans ces régions glacées, nous nous en procurerons d'autres. Le Cèdre-Rouge s'est joué de nous avec cette astuce diabolique qui ne lui fait jamais défaut; il nous a attirés dans un piège d'où nous ne pourrons sortir, et où nous trouverons la mort.

Il y eut un lugubre silence.

C'était quelque chose de navrant que le désespoir de ces hommes si fortement trempés, calculant froidement, au milieu de la nature marâtre qui les enserrait de toutes parts, les quelques heures d'existence qui leur restaient à peine encore.

Se soutenant à peine, ressemblant plus à des cadavres qu'à des hommes, les traits hâves et les yeux rougis de fièvre, ils étaient là en proie à une faim dévorante, calmes et résignés, voyant à leurs pieds se dérouler les campagnes magnifiques au milieu desquelles bondissaient des milliers d'animaux, et croissaient de toutes parts les arbres dont les fruits les auraient si vite rassasiés. Mais entre ces campagnes et eux s'élevait une barrière infranchissable que ni la force ni la ruse n'avaient pu enlever; tout ce qu'il était humainement possible de faire pour se sauver, depuis dix jours, ces hommes l'avaient fait. Tous leurs projets avaient été déjoués par une fatalité étrange qui les avait continuellement fait tourner dans le même cercle au milieu de ces montagnes qui se ressemblent toutes, si bien que toutes leurs tentatives avaient continuellement avorté.

— Pardonnez-moi, mes amis, dit avec un accent de tristesse déchirante don Miguel de Zarate, pardonnez-moi! car moi seul suis cause de votre mort.

— Ne parlez pas ainsi! don Miguel, s'écria vivement Valentin, tout n'est pas perdu encore,

Un navrant sourire plissa les lèvres de l'hacendero.

— Vous êtes toujours le même, don Valentin, dit-il, bon et généreux, vous oubliant pour vos amis. Hélas! si nous avions suivi vos conseils, nous ne serions pas réduits à mourir de faim et de misère dans ces montagnes désolées.

— Bon, bon! fit le chasseur d'un ton bourru; ce qui est fait est fait; peut-être aurait-il mieux valu que vous m'écoutiez il y a quelques jours, c'est vrai; mais, maintenant, à quoi bon récriminer? Cherchons plutôt les moyens de sortir d'ici.

— Hélas! c'est impossible, répondit don Miguel avec découragement; et, laissant tomber sa tête dans ses mains, il s'abîma dans de lugubres réflexions.

— Caraï! s'écria le chasseur avec énergie; impossible est un mot que nous autres Français nous avons rayé du dictionnaire. Vive Dieu! tant que le cœur bat dans la poitrine, il y a de l'aspoir. Le Cèdre-Rouge serait-il encore plus fourbe et plus rusé qu'il n'est, ce qui serait difficile, je vous jure que nous le trouverons et que nous sortirons d'ici.

— Mais comment? demanda vivement don Pablo.

— Je ne sais pas ; seulement, je suis certain que nous échapperons.

— Ah! si nous nous trouvions seulement où sont ces deux cavaliers, dit le général avec un soupir, nous serions sauvés.

— De quels cavaliers parlez-vous, général? Où les voyez-vous? fit le chasseur.

Le général étendit les bras dans la direction du nord-est.

— Tenez, là, dit-il, auprès de ce bouquet de chênes-lièges... Les voyez-vous?

— Oui, répondit Valentin ; ils vont tranquillement, comme des gens qui se savent sur le bon chemin et qui n'ont rien à redouter.

— Ils sont bien heureux ! murmura le général.

— Bah ! qui sait ce qui les attend au tournant de ce chemin qu'ils suivent si paisiblement? fit le chasseur en riant ; personne ne peut répondre de la minute à venir ; ils sont sur la route d'Indépendance à Santa Fé.

— Hum ! je voudrais bien y être, moi aussi, grommela le général entre ses dents.

Valentin, qui n'avait d'abord jeté sur les voyageurs qu'un regard distrait, les suivait maintenant des yeux avec intérêt, presque avec anxiété ; mais bientôt ils disparurent derrière un angle du chemin.

Cependant longtemps encore le chasseur resta la vue fixée vers le point où ils lui étaient d'abord apparus ; peu à peu ses sourcils se froncèrent, une ride profonde se creusa sur son front, et il resta immobile et muet, appuyé sur son rifle, mais semblant en proie à une vive émotion.

Malgré eux, ses compagnons suivaient avec un intérêt croissant le travail de la pensée dont les progrès se lisaient pour ainsi dire couramment sur le vaste front du chasseur.

Il demeura longtemps absorbé en lui-même. Enfin il releva tout à coup la tête, et, promenant autour de lui un regard clair et intrépide :

— Mes amis, dit-il d'une voix joyeuse en frappant la crosse de son rifle sur la glace, reprenez courage ; je crois, pour cette fois, avoir trouvé le moyen de sortir sain et sauf du guêpier dans lequel nous nous sommes fourrés.

Les compagnons poussèrent un soupir de soulagement, presque de joie.

Ils connaissaient le chasseur ; ils savaient combien l'esprit de cet homme intrépide et dévoué était fertile en expédients et inaccessible au découragement ; ils avaient foi entière en lui.

Valentin leur annonçait qu'il les sauverait, ils le croyaient.

Ils ne soupçonnaient pas quels moyens il emploierait pour cela. C'était son affaire, non la leur. Maintenant ils étaient tranquilles, car ils avaient sa parole, cette parole à laquelle le Français n'avait jamais manqué ; ils n'avaient plus qu'à attendre patiemment que sonnât l'heure de leur délivrance.

— Bah ! répondit gaiement le général, je savais bien que vous nous sortiriez de là, mon ami.

— Quand partirons-nous? demanda don Pablo.

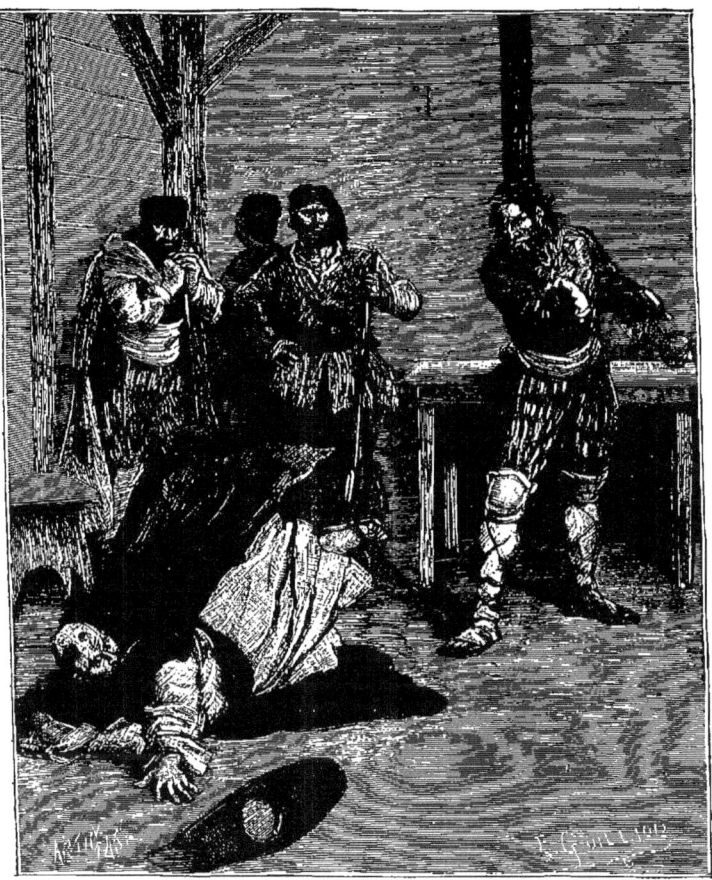

D'un coup de poing dans la poitrine, le squatter l'envoya rouler au milieu de la salle.

— Dès qu'il fera nuit, répondit Valentin; mais où est Curumilla?
— Ma foi, je ne sais pas. Je l'ai vu il y a une demi-heure environ se laisser glisser le long de la pente de la montagne, comme s'il devenait fou subitement; depuis, je ne l'ai plus revu.
— Curumilla ne fait rien sans raison, fit le chasseur en hochant la tête, bientôt vous le verrez revenir.

En effet, à peine le Français achevait-il de parler, que le chef indien montrait sa tête au niveau de la plate-forme, puis son corps, et, d'un bond, se retrouvait auprès de ses amis.

Son zarapé, attaché par les quatre coins, pendait derrière son dos.

— Que portez-vous donc là, chef ? lui demanda Valentin en souriant; seraient-ce des vivres ?

— Cuerpo de Cristo! s'écria le général ; ils seraient les bien venus, car j'ai une faim de loup.

— Où trouver des vivres dans ces affreuses régions? s'écria don Pablo d'une voix sombre.

— Que mes frères regardent! répondit simplement le chef.

Et il jeta son zarapé sur la neige. Valentin défit les nœuds.

Le zarapé contenait un lièvre, un jeune pécari et plusieurs oiseaux.

Les chasseurs poussèrent un cri de joie, presque de bonheur.

Ces provisions arrivant si à point, lorsque depuis quarante-huit heures déjà les chasseurs étaient à jeun, cela semblait tenir de la magie.

Pour comprendre l'émotion qu'éprouvèrent les quatre hommes à la vue de ces vivres si désirés, il faut avoir soi-même passé par toutes les angoisses de la faim sans espoir de l'assouvir

C'était du délire, presque de la frénésie.

Lorsque la première impression fut un peu calmée, Valentin se tourna vers le chef, et lui serrant la main avec tendresse, tandis qu'une larme roulait dans ses yeux :

— Mon frère est-il donc un machi (sorcier)? lui dit-il.

L'ulmen sourit doucement, et étendant le bras vers un aigle qui volait à peu de distance de l'endroit où se tenaient les chasseurs :

— Nous avons partagé, dit-il.

Le Français ne put retenir un cri d'admiration : tout lui était expliqué

L'Araucan, auquel rien n'échappait, avait vu l'aigle, avait deviné qu'il avait des petits, et s'était introduit dans son aire pour dérober une partie de ses provisions, tandis qu'au sommet du pic, ses compagnons se laissaient presque aller à leur désespoir.

— Oh! fit Valentin avec joie, c'est maintenant que nous sommes bien réellement sauvés, puisque nous allons reprendre les forces dont nous avons tant besoin pour mener à bien le projet que j'ai conçu; suivez-moi, retournons à notre camp, mangeons gaiement le dîner dont, grâce au dévouement du chef, les aigles font tous les frais, et ce soir nous nous mettrons en route.

Réconfortés par ces bonnes paroles, les chasseurs s'élancèrent à sa suite, et la petite troupe redescendit allégrement cette montagne qu'elle avait gravie le matin avec tant de difficultés et le désespoir au cœur.

XXII

EL MAL PASO

Il ne fallut aux chasseurs qu'une heure à peine pour descendre cette montagne, qu'ils avaient mis près de huit heures à gravir.

Leur camp était placé sur le sommet d'une roche escarpée, dans une position inexpugnable.

Après leur visite au jacal, ils n'avaient pas été longtemps à découvrir les traces des fugitifs et les avaient suivies pendant quatre jours.

Ces traces aboutissaient à la sierra de los Comanches. Les chasseurs s'étaient bravement engagés dans les défilés obscurs des montagnes, mais tout à coup les traces avaient disparu comme par enchantement, et depuis il avait été impossible de les retrouver.

Les recherches incessantes des chasseurs n'avaient abouti qu'au résultat désastreux pour eux de les perdre dans la sierra, sans que, malgré tous leurs efforts, ils pussent reconnaître un sentier au moyen duquel il leur fût possible de se remettre dans le bon chemin.

Depuis deux jours leurs vivres étaient complètement épuisés, ils commençaient à sentir les étreintes de fer de la faim.

La position n'était plus tenable; à tout prix il fallait en sortir.

Valentin et ses compagnons avaient donc, malgré l'épuisement de leurs forces, escaladé le pic sur le sommet duquel nous les avons vus, afin de chercher un chemin.

Mais cette audacieuse tentative, au lieu d'un résultat, en avait obtenu deux, puisque non seulement le Français disait avoir découvert ce qu'il cherchait, mais encore que Curumilla avait trouvé des vivres.

Aussi les cinq hommes regagnèrent-ils tout joyeux ce camp qu'ils avaient quitté la mort dans le cœur.

Nul, s'il ne s'est trouvé dans une situation analogue, ne peut se figurer la sensation de bonheur extrême qui envahit l'âme lorsque, du désespoir le plus complet, elle passe tout à coup, sans transition aucune, à la plus grande confiance.

Dès que l'on fut au camp, Valentin ralluma le feu que depuis deux jours on avait laissé s'éteindre, puisqu'il était devenu inutile.

Seulement, comme la vue de la fumée aurait sans doute éveillé les soupçons du Cèdre-Rouge, si, ce qui était probable, il était blotti aux environs, en lui révélant la position exacte de ceux qui le poursuivaient, les chasseurs firent rôtir leurs provisions dans une grotte qui s'ouvrait sur le flanc de la colline où ils avaient établi leur camp.

Puis, lorsque tout fut prêt, ils se mirent à manger.

Ce fut seulement lorsque leur première faim fut calmée, qu'ils songèrent à remercier le chef indien du repas copieux qu'il leur avait procuré par son adresse, repas dont ils avaient un si pressant besoin.

Mais alors, ce dont ils ne s'étaient pas aperçus encore, tant ils avaient hâte d'assouvir la faim qui les dévorait, ils remarquèrent que l'Araucan n'avait pas conquis les vivres qu'ils avaient mangés sans courir des dangers assez sérieux : en effet, Curumilla portait au visage, aux épaules et à la poitrine des blessures assez graves, faites avec les serres et le bec des aigles qui devaient avoir courageusement défendu leurs provisions.

Avec ce stoïcisme indien que rien ne peut égaler, Curumilla, toujours calme et silencieux, étanchait gravement le sang qui coulait de ses blessures, dédaignant de se plaindre, paraissant, au contraire, gêné de l'inquiétude que lui témoignaient ses compagnons.

Lorsque le repas fut terminé, Valentin poussa un hum sonore et bourra gravement son calumet, qu'il alluma ; les autres en firent autant ; bientôt les chasseurs fumèrent à qui mieux mieux et disparurent presque au milieu d'un nuage intense de fumée.

— Caballeros, dit-il, Dieu nous est venu en aide, ainsi qu'il le fait toujours lorsqu'on a une foi ferme en sa toute-puissance ; il a daigné nous fournir les moyens de récupérer les forces qui déjà nous abandonnaient ; ne nous laissons donc pas abattre ; demain nous serons sortis du maudit guêpier dans lequel nous sommes ; dès que vous aurez fini de fumer, étendez-vous sur le sol et dormez ; je vous réveillerai lorsqu'il en sera temps ; il faut qu'à l'heure du départ vous soyez dispos et prêts à entreprendre une longue route. Nous avons encore quatre heures de jour à peu près, profitons-en, car nous aurons, je vous en avertis, fort à faire cette nuit, de toutes les façons ; maintenant vous voilà avertis, suivez mon conseil.

Et, joignant l'exemple au précepte, Valentin secoua la cendre de son calumet, le repassa à sa ceinture, s'allongea sur le sol et s'endormit presque immédiatement,

Les chasseurs trouvèrent probablement que l'avis était bon, car ils le suivirent sans hésiter.

Dix minutes plus tard, excepté Curumilla, tout le monde dormait dans le camp.

Combien de temps dura leur sommeil ? ils n'auraient pu le dire ; mais, lorsque le Français les éveilla, la nuit était profonde.

Le ciel, plaqué d'un nombre infini d'étoiles, étendait au-dessus de leur tête sa voûte d'un bleu sombre ; la lune, pâle et blafarde, immobile dans l'éther, semblait nager dans un océan de vapeurs, et répandait sur le paysage sa lumière mélancolique qui imprimait aux objets une apparence fantastique.

— Debout ! murmura sourdement Valentin en frappant tour à tour sur l'épaule de ses compagnons.

— Nous partons ? demanda le général Ibañez en étouffant un bâillement et se redressant, comme poussé par un ressort.

— Oui, répondit seulement le chasseur.

Bientôt chacun fut prêt à partir.

— En route! reprit Valentin; profitons de l'obscurité; nos ennemis veillent sans doute autour de nous.

— Nous sommes à vos ordres, mon ami, répondit don Miguel.

D'un geste, le chasseur réunit ses compagnons autour de lui.

— Écoutez-moi bien, dit-il, car, avant de tenter l'audacieuse entreprise que j'ai conçue, je veux avoir votre complet assentiment. Notre position est désespérée: demeurer plus longtemps ici, c'est mourir; mourir de froid, de faim, de soif et de misère, après avoir enduré je ne sais pendant combien de jours des souffrances intolérables; vous en êtes bien convaincus, n'est-ce pas?

— Oui, répondirent-ils d'une seul voix.

— Bien, reprit-il; essayer plus longtemps de retrouver le chemin que nous avons perdu serait une tentative folle et qui n'aurait aucune chance de réussite, n'est-ce pas?

— Oui, dirent-ils encore.

Le chasseur continua :

— Eh bien! fit-il, c'est une tentative aussi folle que je veux tenter en ce moment; seulement, si cette tentative ne réussit pas, nous périrons, mais au moins nous tomberons roides morts sans souffrances, presque sans agonie; si nous réussissons par un miracle, car c'est presque un miracle que j'attends de l'inépuisable bonté de Dieu, nous serons sauvés. Réfléchissez bien avant de me répondre. Mes amis, êtes-vous fermement résolus à me suivre et à m'obéir en tout ce que je vous ordonnerai, sans hésitation et sans murmure; à faire enfin, pour quelques heures, abnégation entière de votre volonté pour ne vous diriger que par la mienne ? Répondez!

Les chasseurs échangèrent un regard.

— Commandez, mon ami, dit l'hacendero répondant pour ses compagnons; nous jurons de vous suivre et de vous obéir! quoi qu'il arrive.

Il y eut un instant de silence.

Enfin Valentin le rompit.

— C'est bien, dit-il, j'ai votre promesse; à moi d'accomplir la mienne.

D'un geste empreint d'une majesté suprême, le coureur des bois se découvrit, et, levant les yeux au ciel: « Seigneur, murmura-t-il, notre vie est entre tes mains; nous nous confions en ta justice, en ta bonté. » Puis, se tournant vers ses compagnons :

— Partons! dit-il d'une voix ferme.

Les chasseurs se mirent en devoir de quitter leur camp.

Valentin prit la tête de la petite troupe.

— Et maintenant, ajouta-t-il d'un ton bref, le plus grand silence!

Les chasseurs s'avançaient en file indienne: le Français ouvrait la marche, Curumilla la fermait.

Par cette nuit obscure, ce n'était pas certes une chose facile que de se diriger au milieu de ce chaos inextricable de rochers dont les têtes chenues pointaient çà et là au-dessus d'abîmes incommensurables, au fond desquels on entendait vaguement murmurer une eau invisible.

Un faux pas était mortel.

Cependant Valentin s'avançait avec autant d'assurance que s'il se fût trouvé voyageant par un éblouissant soleil dans la plus belle sente de la prairie, tournant à droite, revenant à gauche, gravissant un rocher en se laissant glisser le long d'une pente presque perpendiculaire sans hésiter jamais, sans se retourner vers ses compagnons, auxquels seulement il disait parfois à voix basse ce seul mot :

— Courage !

Il fallait que ces cinq hommes fussent doués d'un cœur de bronze pour ne pas donner de marques de faiblesse pendant cette rude course dans des régions où l'aigle lui-même ne s'élevait qu'en hésitant.

Ils marchèrent ainsi deux heures, sans qu'un mot fût échangé entre eux.

Après une descente assez longue, pendant laquelle ils avaient vingt fois couru le risque de rouler au fond des précipices, Valentin fit signe à ses compagnons de s'arrêter.

Ils jetèrent alors un regard anxieux autour d'eux.

Ils se trouvaient, pour ainsi dire, en équilibre sur une plate-forme de dix mètres carrés.

Autour de cette plate-forme tout était ombre.

Elle dominait un abîme d'une profondeur incommensurable.

La montagne, tranchée comme par l'épée de Roland, était séparée en deux parties, au milieu desquelles s'étendait un gouffre béant de douze mètres de large.

— C'est ici que nous passons, dit Valentin ; vous avez dix minutes pour reprendre haleine et vous préparer.

— Comment, ici ? demanda don Miguel avec étonnement ; mais je ne vois que des précipices de tous les côtés !

— Eh bien ! répondit le chasseur, nous les franchirons.

L'hacendero secoua la tête avec découragement.

Valentin sourit.

— Savez-vous où nous sommes ? dit-il.

— Non, répondirent ses compagnons.

— Je vais vous le dire, reprit-il : ce lieu est lugubrement célèbre parmi les Peaux-Rouges et les chasseurs des prairies ; peut-être vous-mêmes aurez-vous déjà plusieurs fois entendu prononcer son nom devant vous sans supposer qu'il arriverait jamais un jour où vous vous en trouveriez aussi près : on le nomme le Mal Paso, à cause de cet énorme précipice qui coupe tout à coup la montagne et interrompt brusquement les communications avec le bord opposé.

— Eh bien ? fit don Miguel.

— Eh bien ! reprit Valentin, il y a quelques heures, en haut du pic, pendant que je suivais des yeux ces deux voyageurs que nous apercevions au loin sur la route de Santa Fé, mon regard est tombé par hasard sur le Mal Paso ; alors j'ai compris qu'une chance de salut nous restait encore, et qu'avant de nous avouer vaincus, nous devions essayer de franchir le Mal Paso.

— Ainsi, demanda en frémissant don Miguel, vous êtes résolu à essayer une tentative insensée ?

— Je le suis.

— Mais c'est tenter Dieu !

— Non, c'est lui demander un miracle, voilà tout. Croyez-moi, mon ami, Dieu n'abandonne jamais ceux qui se confient à lui sans arrière-pensée; il nous viendra en aide.

— Mais... fit l'hacendero.

Valentin l'interrompit vivement.

— Assez, dit-il; vous avez juré de m'obéir; moi, j'ai juré de vous sauver; tenez votre serment comme je tiendrai le mien.

Ses compagnons, dominés malgré eux par Valentin, courbèrent la tête sans répondre.

— Frères, dit le chasseur, prions, afin que Dieu ne nous abandonne pas!

Et, donnant l'exemple, il tomba à genoux sur le rocher; ses compagnons l'imitèrent.

Il y avait quelque chose de grand et de sublime dans le tableau que formaient ces cinq hommes pieusement agenouillés sur cette plate-forme, dans la nuit sombre, au milieu de cette nature abrupte, suspendus au-dessus de l'abîme qui grondait sous leurs pieds, et qui, les yeux levés vers le ciel, imploraient Celui seul qui pouvait les sauver dans la lutte suprême qu'ils allaient entreprendre.

Au bout d'un instant Valentin se redressa.

— Ayez espoir, dit-il.

Le chasseur s'avança jusqu'à l'extrémité de la plate-forme et se pencha sur l'abîme, les yeux fixés devant lui avec une ténacité étrange.

Ses compagnons suivaient ses mouvements sans y rien comprendre.

Après être resté quelques minutes immobile, le chasseur rejoignit ses amis.

— Tout va bien, fit-il.

Alors il détacha son lasso de sa ceinture, et commença froidement à l'enrouler à sa main droite.

Curumilla sourit; l'Indien avait compris ce que le Français voulait faire; sans parler, selon sa coutume, il détacha son lasso et imita les mouvements de son ami.

— Bon, lui dit Valentin avec un signe approbatif; à nous deux, chef!

Les deux coureurs des bois étendirent la jambe droite en avant, rejetèrent le corps en arrière afin de se trouver bien d'aplomb et firent tournoyer les lassos autour de leur tête.

A un signal convenu, les lassos s'échappèrent de leur main et partirent en sifflant.

Valentin et Curumilla avaient conservé dans la main gauche l'extrémité de la corde; ils tirèrent à eux, les lassos se tendirent; malgré tous leurs efforts, les chasseurs ne purent les ramener.

Valentin poussa un cri de joie : il avait réussi.

Le chasseur réunit les deux lassos, les enroula autour d'un rocher et les attacha solidement.

Se tournant alors vers ses compagnons :

— Voici un pont, dit-il.

— Ah! s'écrièrent les Mexicains, à présent nous sommes sauvés!

Ces hommes au cœur de bronze, qui ne redoutaient aucun péril et ne connaissaient aucun obstacle, pouvaient à la rigueur parler ainsi, bien que le chemin fût des plus périlleux.

Valentin et Curumilla avaient jeté leurs lassos après un rocher qui s'élevait de l'autre côté du précipice; le nœud coulant s'était serré : de cette façon la communication était établie; mais cette communication, ce pont, ainsi que disait Valentin, consistait seulement en deux cordes de cuir grosses comme l'index, tendues sur un précipice d'une profondeur inconnue, large de quinze mètres au moins, et qu'il fallait traverser à la force des poignets.

Certes, avant de se hasarder sur cet étrange chemin, il y avait matière à réflexion, même pour l'homme le plus brave. Faire, ainsi suspendu par les mains au-dessus d'un abîme, une longueur de quinze mètres, ce n'était pas tentant par cette nuit sombre, sur cette corde qui pouvait ou se rompre ou se dénouer. Les chasseurs hésitèrent.

— Eh bien ! leur dit Valentin, partons-nous ?

Nul ne répondit.

— C'est juste, fit le chasseur en souriant, vous désirez savoir si le pont est solide, n'est-ce pas ? A votre aise !

Alors, de ce même pas calme qui lui était ordinaire, le chasseur s'avança vers le bord du précipice. Arrivé auprès du lasso, il le saisit des deux mains, et se tournant vers ses compagnons :

— Regardez, dit-il avec cette insouciance dont il n'avait jamais pu se défaire, la vue n'en coûte rien.

Et doucement, sans se presser, avec ce laisser-aller d'un professeur qui fait une démonstration, il franchit le précipice à reculons, afin de pouvoir bien enseigner à ses amis de quelle façon ils devaient s'y prendre.

Puis, lorsqu'il eut touché le bord opposé, sur lequel il laissa son fusil, il retourna tranquillement auprès de ses amis.

Ceux-ci l'avaient suivi d'un regard inquiet, la poitrine oppressée, frémissant malgré eux du danger que courait l'intrépide Français.

— J'espère, dit-il en remontant sur la plate-forme, que maintenant vous êtes bien certains que le lasso est solide, et que vous n'hésiterez plus.

Sans répondre, Curumilla franchit l'abîme.

— Et d'un ! fit Valentin en riant, ce n'est pas plus difficile que cela. A qui le tour ?

— A moi, répondit don Pablo.

Il passa.

— A présent c'est à moi, fit don Miguel.

— Allez, dit Valentin.

L'hacendro se trouva, au bout de quelques minutes, de l'autre côté.

Deux hommes restaient seuls : Valentin et le général Ibañez.

— Allons, fit le chasseur, c'est à vous, général ; je ne dois passer que le dernier, moi.

Le général hocha la tête avec découragement.

— Je ne pourrai pas, dit-il.

LA LOI DE LYNCH 153

Les chasseurs planaient pour ainsi dire au-dessus d'un monde.

XXIII

EL RASTREADOR

Valentin crut avoir mal entendu.
— Hein? fit-il en se penchant vers le général.
— Je ne pourrai jamais passer là, reprit celui-ci.

Le chasseur le regarda avec étonnement. Il connaissait depuis trop longtemps le général, il l'avait vu dans trop de circonstances suprêmes pour douter de son courage.

— Pourquoi donc? lui demanda-t-il.

Le général se leva, lui serra le bras, et, collant presque sa bouche à son oreille en jetant autour de lui un regard effaré :

— Parce que j'ai peur! dit-il d'une voix basse et concentrée.

A cet aveu auquel il était si loin de s'attendre, Valentin fit un bond de surprise, et, examinant son ami avec le plus grand soin, tant ce qu'il venait d'entendre lui paraissait monstrueux dans la bouche d'un homme pareil :

— Vous voulez rire? répondit-il.

Le général secoua la tête :

— C'est ainsi, dit-il, j'ai peur ; oui, je le comprends, ajouta-t-il après un instant en poussant un soupir, cela vous semble étrange, n'est-ce pas, que je vous dise cela, moi que vous avez vu en riant braver les plus grands périls, moi que rien jusqu'à présent n'a pu étonner! Que voulez-vous, mon ami, cela est ainsi, j'ai peur ; je ne sais pourquoi, mais l'idée de traverser ce précipice en me soutenant par les poignets à cette corde qui peut se rompre sous mon poids, me cause un terreur ridicule, invincible, dont je ne me rends pas compte, et qui malgré moi me fait frissonner d'épouvante; cette mort me semble hideuse, je ne saurais m'y exposer.

Pendant que le général parlait, le chasseur le regardait tout en lui prêtant la plus grande attention.

Le général Ibañez n'était plus le même homme ; son front était pâle, une sueur froide inondait son visage, un tremblement convulsif agitait tous ses membres, sa parole était saccadée, sa voix sourde.

— Bah! fit Valentin en essayant de sourire, ce n'est rien, un peu de volonté et vous vous rendrez maître de cette terreur qui n'est pas autre chose que le vertige.

— Je ne sais ce que c'est, je ne pourrais le dire ; seulement je vous certifie que tout ce qu'il est moralement possible de faire, je l'ai fait pour me rendre maître de ce sentiment qui me domine et me maîtrise.

— Eh bien?

— Tout a été inutile ; bien plus, je crois que ma terreur augmente en proportion de mes efforts pour la vaincre.

— Comment! vous qui êtes si brave!

— Mon ami, répondit le général en souriant tristement, le courage est une affaire de nerfs; il n'est pas plus possible à un homme d'être constamment brave qu'à un autre d'être constamment lâche; il y a des jours où plus d'autres la matière domine l'intelligence, le physique prend le dessus sur le moral ; ces jours-là, l'homme le plus intrépide a peur : je suis dans un de ces jours-là, voilà tout.

— Voyons, mon ami, reprit Valentin, réfléchissez un peu, que diable! Vous ne pouvez rester ici ; retourner en arrière est impossible ; faites de nécessité vertu.

— Tout ce que vous me dites, interrompit le général, je me le suis dit ; et, je vous le répète, plutôt que de m'aventurer sur cette corde, je me brûlerai la cervelle.

— Mais c'est de la folie cela! s'écria le chasseur, cela n'a pas le sens commun.

— C'est tout ce que vous voudrez. Je comprends aussi bien que vous combien je suis ridicule, mais c'est plus fort que moi.

Valentin frappa du pied avec colère en jetant un regard de côté sur ses compagnons qui, groupés de l'autre côté de la barranca, ne savaient à quoi attribuer ce retard incompréhensible.

— Écoutez, général, dit-il au bout d'un instant, je ne vous abandonnerai pas ainsi, quoi qu'il arrive; trop de raisons nous lient l'un à l'autre pour que je vous laisse exposé à mourir de faim sur ce rocher; on ne vit pas près d'un an dans le désert avec un homme, partageant avec lui les dangers, le froid, le chaud, la faim et la soif, pour s'en séparer de cette façon. S'il vous est réellement impossible de traverser le précipice comme l'ont fait nos compagnons, eh bien! laissez-moi faire, je trouverai un autre moyen.

— Merci, mon ami, répondit tristement le général en lui serrant la main mais, croyez-moi, ne vous occupez plus de moi, laissez-moi ici; je deviendrai ce qu'il plaira à Dieu; nos compagnons s'impatientent, le temps vous presse, partez, il le faut.

— Je ne partirai pas, s'écria résolument le chasseur; je vous jure que vous viendrez avec moi.

— Non, vous dis-je, je ne puis.

— Essayez!

— C'est inutile, je sens que le cœur me manque. Adieu, mon ami.

Valentin ne lui répondit pas, il réfléchissait.

Au bout d'un instant, il releva la tête; son visage rayonnait de joie.

— Pardieu! s'écria-t-il gaiement, je savais bien que je finirais pas trouver un moyen. Laissez-moi faire, je réponds de tout. Vous passerez comme dans une voiture vous verrez.

Le général sourit.

— Brave cœur! murmura-t-il.

— Attendez-moi, répondit Valentin; dans quelques minutes je reviendrai; le temps seulement de préparer ce qu'il faut.

Le chasseur saisit la corde et passa.

Dès que le général le vit de l'autre côté, il dénoua le lasso enroulé autour du rocher et le lança de l'autre côté.

— Que faites-vous? Arrêtez! s'écrièrent les chasseurs avec une stupeur mêlée d'épouvante.

Le général se pencha sur le précipice en se retenant de la main gauche à un rocher.

— Il ne fallait pas que le Cèdre-Rouge découvrît vos traces, répondit-il, voilà pourquoi j'ai dénoué le lasso; adieu, frères; adieu, bon courage, et que Dieu tout-puissant vous aide!

Une explosion se fit entendre, répercutée au loin par les échos des mornes, et le cadavre du général roula dans l'abîme en bondissant avec un bruit sourd sur la pointe aiguë des rocs.

Le général Ibañez s'était brûlé la cervelle [1].

Au dénoûment inattendu de cette scène étrange, les chasseurs demeurèrent anéantis.

Ils ne comprenaient pas que, dans la crainte de se tuer en passant un précipice, le général avait préféré se faire sauter la cervelle. Pourtant l'action du général était logique en soi : ce n'était pas la mort, mais seulement le genre de mort qui l'épouvantait ; et comme il lui semblait prouvé qu'il lui serait impossible de suivre le chemin pris par ses compagnons, il avait préféré en finir de suite.

Du reste, le brave général était mort en leur rendant un dernier et immense service : grâce à lui, leurs traces avaient disparu si bien qu'il était impossible au Cèdre-Rouge de les retrouver, à moins, cas peu probable, que Dieu ne consentît à faire un miracle en sa faveur.

Les chasseurs, bien qu'ils fussent parvenus à sortir du cercle fatal dans lequel les enserrait le pirate, grâce à l'audacieuse initiative de Valentin, se trouvaient malgré cela dans une position excessivement critique ; il leur fallait descendre le plus tôt possible dans la plaine, afin de trouver un chemin quelconque ; aussi, comme cela arrive toujours en pareil cas dans le désert, tout sentiment dut-il promptement céder à la nécessité qui les étreignait de son bras de fer : le danger commun réveilla subitement chez eux cet instinct de la conservation qui, chez l'homme, quoi qu'il arrive, ne fait jamais que sommeiller.

Valentin fut le premier qui parvint à maîtriser sa douleur et à reprendre sur lui-même cet empire qui ne lui faisait jamais défaut.

Depuis qu'il parcourait le désert, le chasseur avait assisté à tant de scènes étranges, il avait été acteur dans tant de lugubres tragédies, que chez lui, nous devons l'avouer, les sentiments tendres étaient tant soit peu émoussés, et les événements même les plus tragiques ne parvenaient que difficilement à l'émouvoir.

Cependant Valentin éprouvait pour le général une profonde amitié ; en maintes circonstances il avait été à même d'apprécier ce qu'il y avait de réellement noble et de réellement grand dans son caractère : aussi la catastrophe terrible qui, tout à coup, sans préparation aucune, avait rompu tous les liens qui les attachaient l'un à l'autre, lui avait-elle causé une grande impression.

— Allons, allons, dit-il en secouant la tête comme pour en chasser les idées qui le bourrelaient, *cosa que no tiene remedio olvidarla é lo mejor* [2]. Notre ami nous a quittés pour un monde meilleur, peut-être vaut-il mieux qu'il en soit ainsi ; Dieu fait bien ce qu'il fait ; nos regrets ne rendront pas la vie à notre cher général ; songeons à nous, mes amis ; nous ne sommes pas sur des roses non plus, et si nous ne nous hâtons pas, nous courrons risque de l'aller bientôt rejoindre. Voyons, soyons hommes.

---

1. Cet épisode, tout incroyable qu'il paraisse, est rigoureusement historique (*L'auteur*).
2. Ce qui n'a pas de remède, mieux vaut l'oublier.

Don Miguel Zarate le considéra d'un air triste.

— C'est juste, dit-il, maintenant il est heureux, lui; occupons-nous de nous. Parlez, don Valentin : que faut-il faire? Nous sommes prêts.

— Bien, dit Valentin; il est temps que le courage nous revienne, car le plus rude de notre besogne n'est pas fait encore; ce n'est rien d'avoir franchi cette barranca si l'on peut ici retrouver nos traces : voilà ce que je veux éviter.

— Hum! fit don Pablo, cela est bien difficile, pour ne pas dire impossible.

— Rien n'est impossible avec de la force, du courage et de l'adresse; écoutez avec attention ce que je vais vous dire.

— Nous écoutons.

— La barranca, de ce côté de la montagne, n'est pas coupée à pic comme du côté que nous avons quitté, n'est-ce pas?

— C'est vrai, fit don Miguel.

— A une vingtaine de mètres au-dessous de nous, vous apercevez une plate-forme à partir de laquelle commence une forêt inextricable qui descend jusqu'au fond du précipice, c'est-à-dire au bas de la montagne.

— Oui.

— Voilà notre chemin.

— Comment, notre chemin, mon ami! se récria don Miguel; mais comment atteindrons-nous la plate-forme dont vous parlez?

— De la façon la plus simple : au moyen de mon lasso je vous y descendrai.

— C'est juste : pour nous, en effet, cela est facile; mais vous, comment nous rejoindrez-vous?

— Que cela ne vous inquiète pas.

— Fort bien, reprit don Miguel; pourtant permettez-moi de vous faire une observation,

— Faites.

— Voici devant vous, reprit l'hacendero en tendant le bras, une route toute tracée, il me semble, route d'un accès facile et même commode.

— En effet, répondit froidement Valentin, ce que vous dites est on ne peut plus juste; mais deux raisons m'empêchent de prendre cette route, ainsi que vous l'appelez.

— Et ces deux raisons?

— Je vais vous les dire : premièrement, cette route toute tracée est tellement facile à suivre que je suis certain que les soupçons du Cèdre-Rouge se dirigeront de suite vers elle, si le diable permet qu'il arrive jusqu'ici.

— Et la seconde? interrompit don Miguel.

— La seconde, la voici, reprit Valentin : à part les avantages incontestables que nous procure la descente que je vous propose, je ne veux pas, entendez-vous, mes amis, et je suis certain que vous êtes de mon avis, je ne veux pas, dis-je, que le corps de notre pauvre compagnon, qui a roulé au fond du précipice, reste sans sépulture et devienne la proie de bêtes fauves; voilà ma deuxième raison, don Miguel; comment la trouvez-vous?

L'hacendero sentit à ces nobles paroles son cœur se fendre, tant fut grande l'émotion qu'il éprouva; deux larmes jaillirent de ses yeux et coulèrent silencieusement le long de ses joues.

Il saisit la main du chasseur, et, la lui serrant avec force :

— Valentin, lui dit-il d'une voix brisée, vous êtes meilleur que nous tous ; votre noble cœur est le foyer de tous les grands et généreux sentiments : merci de votre bonne pensée, mon ami.

L'enthousiasme de ses compagnons ne put faire passer sur le visage du chasseur ni flamme ni sourire ; ce qu'il avait dit était si bien l'expression de ses sentiments, qu'il croyait ce qu'il faisait tout naturel, et ne comprenait pas qu'on le remerciât pour une chose si simple.

— Ainsi, c'est convenu, dit-il, nous partons ?
— Quand vous voudrez.
— Bon ; mais, comme la nuit est sombre, que la route est assez dangereuse, Curumilla, qui de longue main a l'habitude du désert, passera le premier pour vous enseigner le chemin. Allons, chef, y êtes-vous ?

L'ulmen fit un signe affirmatif ; Valentin s'arcbouta solidement contre un rocher, fit faire à son lasso deux fois le tour de son corps et en laissa tomber l'extrémité dans l'abîme ; puis il fit signe au chef de descendre.

Celui-ci ne se fit pas répéter l'invitation ; il empoigna la corde avec les deux mains, et, plaçant ses pieds au fur et à mesure dans les anfractuosités des rochers, il s'*affala* peu à peu, et au bout de quelques minutes, arriva sans accident sur la plate-forme inférieure.

L'hacendero et son fils avaient suivi d'un regard attentif les mouvements de l'Indien. Lorsqu'ils le virent sain et sauf sur le rocher, ils poussèrent un soupir de soulagement et se préparèrent à leur tour, ce qu'ils effectuèrent l'un et l'autre sans accident.

Valentin restait seul ; par conséquent, personne ne pouvait lui tenir le lasso et lui rendre le service qu'il avait rendu à ses compagnons ; mais le chasseur était homme de ressources : il ne se trouva pas embarrassé pour si peu. Il était justement appuyé contre le rocher qui lui avait servi précédemment à fixer les lassos. Il retira la corde, la passa autour du rocher, de façon à ce que les bouts fussent égaux et que le lasso fût double ; puis, saisissant à pleine main les deux cordes, il descendit lentement à son tour et arriva sans accident auprès de ses compagnons, étonnés et effrayés de cette audacieuse descente. Puis il lâcha le double de la corde, tira à lui le lasso, le roula et le rattacha à sa ceinture.

Il se tourna ensuite vers ses compagnons qui ne pouvaient s'empêcher de l'admirer, confondus par tant de courage et de présence d'esprit.

— Je crois, dit-il en souriant, que, si nous continuons ainsi, le Cèdre-Rouge aura une certaine difficulté à retrouver notre piste, et que nous, au contraire, nous pourrons bien retrouver la sienne. Ah çà ! maintenant, jetons un coup d'œil sur nos domaines, et voyons un peu où nous sommes.

Et il se mit immédiatement en mesure de faire le tour de la plate-forme.

Elle était beaucoup plus vaste que le rocher supérieur qu'ils venaient de quitter. A son extrémité commençait la forêt vierge qui descendait en pente assez douce jusqu'au fond de la barranca.

Lorsque Valentin eut reconnu les abords de la forêt, il rejoignit ses compagnons en hochant la tête.

— Qu'avez-vous? demanda don Pablo; auriez-vous aperçu quelque chose de suspect?

— Hum! répondit Valentin; je ne sais trop, mais je me trompe fort, ou dans les environs se trouve la tanière d'une bête fauve.

— Une bête fauve! s'écria don Miguel; à cette hauteur!

— Oui, et voilà justement ce qui m'inquiète; les traces sont larges, profondes. Voyez donc vous-même, Curumilla, ajouta-t-il en se tournant vers l'Indien et lui indiquant d'un geste l'endroit vers lequel il devait se diriger.

Sans répondre, l'ulmen se courba vers la terre et examina attentivement les empreintes.

— A quel animal croyez-vous donc que nous ayons affaire? demanda don Miguel.

— A un ours gris, répondit Valentin.

L'ours gris est l'animal le plus redoutable et le plus justement redouté de l'Amérique. Les Mexicains ne purent réprimer un mouvement de terreur en entendant prononcer le nom de ce terrible adversaire.

— Mais, ajouta Valentin, voici le chef qui revient, tous nos doutes vont être éclaircis. Eh bien! chef, à qui appartiennent ses traces?

— Un ours gris, répondit laconiquement Curumilla.

— J'en étais sûr, fit Valentin, et qui plus est, l'animal est de forte taille.

— De la plus grande, les traces ont huit pouces de large.

— Oh! oh! dit l'hacendero, c'est un rude compagnon que nous avons là. Mais dans quel état sont les empreintes, chef?

— Toutes fraîches; l'animal a passé il y a une heure à peine.

— Pardieu! s'écria tout à coup Valentin, voici sa tanière.

Et il montra alors un large trou béant dans la montagne. Les chasseurs firent un mouvement d'effroi.

— Messieurs, reprit Valentin, vous n'êtes pas plus soucieux que moi de vous mesurer avec un ours gris, n'est-ce pas?

— Oh! certes, non! s'écrièrent les Mexicains.

— Eh bien! si vous m'en croyez, nous ne resterons pas plus longtemps ici; l'animal est sans doute descendu à son abreuvoir et ne tardera pas à revenir, ne l'attendons pas, et profitons de son absence pour nous éloigner.

Les trois hommes applaudirent avec enthousiasme à la proposition du chasseur : bien que d'une bravoure éprouvée, la lutte leur paraissait tellement disproportionnée avec cet hôte redoutable, qu'ils ne désiraient nullement se trouver face à face avec lui.

— Partons! partons! s'écrièrent-ils avec empressement.

Soudain un bruit de branches brisées se fit entendre dans la forêt, et un rauquement formidable troubla le silence de la nuit.

— Il est trop tard! dit Valentin, voici l'ennemi; maintenant, à la grâce de Dieu! car le combat sera rude.

Les chasseurs se pressèrent les uns contre les autres en s'adossant au rocher.

Au bout de quelques minutes, la tête hideuse de l'ours gris apparut entre les arbres au niveau de la plate-forme.

— Nous sommes perdus, murmura don Miguel en armant son fusil, car sur ce rocher toute fuite est impossible.
— Qui sait? répondit Valentin, Dieu a tant fait pour nous jusqu'à présent, que nous serions ingrats de supposer qu'il nous abandonnera dans ce nouveau péril.

XXIV

UN CAMP DANS LA MONTAGNE

En quittant le jacal, le Cèdre-Rouge s'était dirigé vers les montagnes.

Le squatter était un de ces vieux routiers de la prairie à qui toutes les ruses du désert sont connues.

D'après les quelques paroles prononcées par le père Séraphin et la hâte qu'il avait mise à venir les lui dire, le Cèdre-Rouge avait compris que cette fois il s'agissait d'une lutte suprême, sans trêve ni merci, où ses ennemis déploieraient toutes leurs connaissances et leur habileté, afin d'en finir une fois pour toutes avec lui.

Il avait eu le bonheur d'atteindre assez tôt les sierras de los Comanches pour faire disparaître ses traces.

Alors, pendant un mois avait eu lieu entre lui et Valentin un de ces assauts incroyables d'adresse et de ruse où chacun d'eux avait déployé tout ce que son esprit fertile en expédients avait pu lui fournir de fourberies pour tromper son adversaire et lui donner le change.

Comme cela arrive souvent en pareille circonstance, le Cèdre-Rouge, qui dans le principe n'avait accepté qu'avec répugnance la lutte dans laquelle on l'engageait malgré lui, avait peu à peu senti se réveiller en lui ses vieux instincts de coureur des bois ; l'orgueil s'était mis de la partie, sachant qu'il avait affaire à Valentin Guillois, c'est-à-dire au plus rude jouteur des prairies, et alors il s'était passionné pour cette lutte et avait déployé un génie dont lui-même était étonné, afin de prouver à son redoutable adversaire qu'il n'était pas indigne de lui.

Pendant tout un mois, les deux adversaires avaient manœuvré, sans s'en douter, dans un périmètre de moins de dix lieues, tournant incessamment autour l'un de l'autre, et souvent, n'étant séparés que par un rideau de feuillage ou par un ravin.

Mais cette lutte devait tôt ou tard avoir une fin, le Cèdre-Rouge le comprenait, et, n'étant plus soutenu par les mêmes passions qui jadis servaient de mobile à toutes ses actions, le découragement commençait presque à s'emparer de lui, d'autant plus que les souffrances physiques s'étaient, depuis quelques jours, jointes aux douleurs morales, et semblaient s'être réunies pour lui porter le dernier coup.

Voici dans quelle position nous retrouvons le Cèdre-Rouge au moment où les besoins de notre récit nous obligent à retourner vers lui.

Et doucement, sans se presser, il franchit le précipice à reculons.

Il était huit heures du soir à peu près ; trois hommes et une jeune fille, réunis autour d'un maigre feu de fiente de bison, se chauffaient en jetant parfois autour d'eux un regard terne et désolé sur les gorges sombres des montagnes d'alentour. Ces quatre personnages étaient Nathan, Sutter, Fray Ambrosio et Ellen.

L'endroit où ils se trouvaient était un de ces ravins étroits, lits de torrents desséchés, comme il s'en rencontre tant dans la sierra de los Comanches.

Sur les flancs du ravin s'étendaient, à droite et à gauche, d'épais taillis, contreforts d'une sombre forêt vierge, des mystérieuses profondeurs de laquelle on entendait sortir par intervalles des hurlements et des rauquements prolongés de bêtes fauves.

La situation des fugitifs était des plus critiques et même des plus désespérées.

Cernés depuis un mois dans ces montagnes arides, traqués de tous les côtés, ils n'avaient jusque-là échappé à leurs persécuteurs que grâce à d'immenses sacrifices et surtout aux prodiges d'adresse déployés par le Cèdre-Rouge.

La poursuite avait été tellement vive que, toujours sur le point d'être surpris par leurs ennemis, ils n'avaient pu même se hasarder à chasser le rare gibier qui, comme pour les narguer, bondissait parfois à quelques pas d'eux seulement.

Un coup de fusil, en révélant la direction dans laquelle ils se trouvaient, aurait suffi pour les faire découvrir.

Cependant les quelques vivres dont ils s'étaient approvisionnés en quittant le jacal n'avaient pas tardé, malgré l'économie dont ils en usaient, à disparaître.

Alors la faim, la soif surtout s'étaient fait sentir.

De tous les fléaux qui affligent les malheureux voyageurs, la soif est, sans contredit, le plus terrible.

On peut jusqu'à un certain point endurer la faim pendant un laps de temps plus ou moins long sans grande souffrance, surtout au bout de quelques jours ; mais la soif cause des douleurs atroces qui, en peu de temps, occasionnent une espèce de folie furieuse ; le palais se dessèche, la gorge est en feu, les yeux s'injectent de sang, et le malheureux, en proie à un horrible délire qui lui fait voir partout cette eau si désirée, meurt enfin dans des douleurs atroces que rien ne peut calmer.

Les provisions épuisées, il avait fallu s'en procurer d'autres ; dans ces montagnes, cela était presque impossible, surtout se trouvant, comme l'étaient les fugitifs, privés de leur liberté d'action.

Ils parvinrent cependant, pendant quelques jours, à vivre de racines et de quelque menu gibier pris au collet.

Malheureusement, le froid devenait tous les jours plus vif, les oiseaux se retiraient dans des régions moins glacées : cette ressource leur manqua.

Le peu d'eau qui restait avait, d'un commun accord, été réservée pour Ellen.

La jeune fille s'était défendue d'accepter ce sacrifice ; mais la soif la prenait à chaque instant davantage, et, vaincue par les prières de ses compagnons, elle avait fini par accepter.

Ceux-ci n'avaient trouvé d'autre moyen pour étancher la soif qui les dévorait que de fendre les oreilles de leurs chevaux et de boire le sang au fur et à mesure qu'il coulait.

Puis ils avaient tué un cheval. Pas plus que leurs maîtres, les pauvres animaux ne trouvaient de nourriture. La chair rôtie de ce cheval les avait aidés, tant bien que mal, à passer quelques jours.

Bref, les quatre chevaux avaient été dévorés à la suite l'un de l'autre.

Maintenant il ne restait plus rien aux aventuriers. Non seulement il ne leur restait plus rien, mais depuis deux longs jours ils n'avaient pas mangé.

Aussi gardaient-ils un lugubre silence, en se jetant à la dérobée des regards farouches et se plongeant de plus en plus dans de sinistres réflexions.

Ils sentaient la pensée tournoyer dans leur cerveau, leur échapper peu à peu, et le délire s'emparer d'eux ; ils sentaient approcher le moment où ils ne seraient plus maîtres de leur raison et deviendraient la proie de l'affreuse calenture qui déjà serrait leurs tempes comme dans un étau et faisait miroiter devant leurs yeux brûlés de fièvre les plus effrayants mirages.

C'était un sepctacle navrant que celui qu'offraient autour de ce feu mourant, dans ce désert d'un aspect morne et sévère, ces trois hommes étendus sans force et presque sans courage auprès de cette jeune fille pâle qui, les mains jointes et les yeux baissés, priait à voix basse.

Le temps s'écoulait, le vent mugissait lugubrement dans les quebradas ; la lune, à demi noyée dans un flot de vapeurs, n'envoyait qu'à de longs intervalles ses rayons blafards, qui éclairaient d'une lueur fantastique et incertaine cette scène de désolation, dont le silence sinistre n'était troublé parfois que par un blasphème étouffé ou un gémissement arraché par la douleur.

Ellen releva la tête et promena sur ses compagnons un regard chargé de compassion.

— Courage, murmura-t-elle de sa voix douce, courage, mes frères ! Dieu ne peut nous abandonner ainsi.

Un ricanement nerveux fut la seule réponse qu'elle obtint.

— Hélas ! reprit-elle, au lieu de vous laisser ainsi aller au désespoir, pourquoi ne pas prier, mes frères ? la prière console, elle donne des forces et rend l'espoir.

— Étanchera-t-elle la soif damnée qui me brûle la gorge ? répondit brutalement le moine en se relevant péniblement sur le coude et fixant sur elle un regard furieux. Taisez-vous, folle jeune fille, si vous n'avez pas d'autres secours que vos banales paroles à nous donner.

— Silence ! moine damné, interrompit brusquement Sutter en fronçant le sourcil ; n'insultez pas ma sœur ! elle seule peut nous sauver peut-être, car si Dieu a pitié de nous, ce sera à sa considération.

— Ah ! fit le moine avec un rire hideux, à présent vous croyez en Dieu, mon maître ! Vous vous sentez donc bien près de la mort que vous avez si peur ? Dieu ! misérable ; réjouissez-vous qu'il n'y en ait pas, au lieu de l'appeler à votre aide : car s'il existait réellement, depuis longtemps il vous aurait foudroyé.

— Bien parlé, moine, fit Nathan. Allons, la paix ! Si nous devons mourir ici comme des chiens que nous sommes, mourons au moins tranquilles ; ce n'est pas trop demander, je suppose.

— Oh ! que je souffre ! murmura Sutter en se tordant avec rage sur la terre.

Ellen se leva.

Elle s'approcha doucement de son frère, et portant à ses lèvres le goulot de l'outre dans laquelle restaient quelques gouttes de l'eau qu'on lui avait abandonnée :

— Buvez, lui dit-elle.

Le jeune homme fit un mouvement pour s'emparer de l'outre; mais au même instant il la repoussa en secouant négativement la tête.

— Non, fit-il avec tristesse; gardez cela, ma sœur; c'est votre vie que vous me donnez.

— Buvez, je le veux, reprit-elle avec autorité.

— Non, répondit-il fermement, cela serait lâche! Oh! je suis un homme, moi, ma sœur; je puis souffrir.

Ellen comprit que ses instances seraient inutiles ; elle savait l'affection presque superstitieuse que lui portaient ses frères; elle retourna auprès du feu.

Arrivée là elle s'assit, prit trois vases de corne de buffle qui servaient de gobelets, les emplit d'eau et les posa devant elle; ensuite elle saisit un couteau à lame longue et aiguë et en appuya la pointe sur l'outre, puis, se tournant vers les trois hommes qui la regardaient avec anxiété et suivaient attentivement ses mouvements sans les comprendre :

— Voici de l'eau, dit-elle, buvez! Je vous jure que si vous ne m'obéissez pas à l'instant, je perce avec le couteau l'outre dans laquelle il en reste encore; alors tout sera perdu, et je souffrirai les mêmes douleurs que vous.

Ses compagnons ne répondirent pas; ils se consultaient du regard.

— Pour la dernière fois, voulez-vous boire, oui ou non? dit-elle en appuyant résolument son couteau sur l'outre.

— Arrêtez! s'écria le moine en se levant précipitamment et en s'élançant vers elle. Demonios ! elle le ferait comme elle le dit.

Et, s'emparant du gobelet, il le vida d'un trait.

Ses compagnons l'imitèrent.

Cette gorgée d'eau, car les gobelets étaient d'une très petite dimension, suffit cependant pour calmer l'irritation des trois hommes; le feu qui les brûlait s'éteignit; ils respirèrent plus facilement, et poussèrent un *ah!* de satisfaction en se laissant retomber sur le sol.

Un sourire angélique éclaira le visage radieux de la jeune fille.

— Vous le voyez, reprit-elle, tout n'est pas perdu encore!

— Allons! allons! niña, répondit brusquement le moine, à quoi bon nous bercer d'un fol espoir? Cette goutte d'eau que vous nous avez donnée ne peut qu'endormir pour quelques instants nos souffrances : dans une heure, notre soif reviendra plus ardente, plus aiguë, plus terrible que jamais.

— D'ici là, fit-elle avec douceur, savez-vous ce que vous réserve le Ciel? Un sursis, si court qu'il soit, est tout dans votre position; tout dépend pour vous, non du moment présent, mais de celui qui le suit.

— Bon, bon, nous ne nous disputerons pas après le service que vous nous avez rendu, niña ; cependant tout semble vous donner tort.

— Comment cela?

— Eh! caspita, ce que je dis est cependant bien facile à comprendre; sans aller plus loin, votre père qui nous avait donné sa parole de ne jamais nous abandonner...

— Eh bien?

— Où est-il? Depuis ce matin, au point du jour, il nous a quittés pour aller où, le diable seul le sait; la nuit est depuis longtemps tombée et, vous le voyez vous-même, il n'est pas revenu.

— Qu'est-ce que cela prouve?

— Canarios! cela prouve qu'il est parti, voilà tout.

— Vous croyez? fit Ellen.

— Dites que j'en suis sûr, niña.

Ellen lui lança un regard méprisant.

— Señor, lui répondit-elle fièrement, vous connaissez mal mon père si vous le jugez capable d'une telle lâcheté.

— Hum! dans la position où nous sommes, il serait presque excusable de le faire.

— Peut-être eût-il, en effet, agi ainsi, reprit-elle vivement, s'il n'avait pas eu d'autre compagnon que vous, caballero; mais il laisserait ici sa fille et ses fils, et mon père n'est pas homme à abandonner ses enfants dans le péril.

— C'est vrai, fit humblement le moine, je n'y songeais pas; pardonnez-moi, niña. Cependant vous me permettrez de vous faire observer qu'il est extraordinaire que votre père ne soit pas encore de retour.

— Eh! señor, s'écria la jeune fille avec vivacité, vous qui êtes si prompt à accuser un ami qui si souvent et depuis si longtemps vous a donné des preuves non équivoques d'un dévouement sans bornes, savez-vous si ce n'est pas encore le soin de votre sûreté qui le retient loin de nous?

— Bien parlé, by God! fit une voix rude; merci, ma fille.

Les aventuriers se retournèrent en tressaillant malgré eux.

En ce moment les broussailles furent écartées par une main ferme, un pas lourd et assuré résonna sur les cailloux du ravin et un homme parut.

C'était le Cèdre-Rouge.

Il portait un daim sur l'épaule.

Arrivé dans la zone de lumière que répandait le feu, il s'arrêta, jeta son fardeau à terre, et, s'appuyant sur le canon de son fusil dont il posa rudement la crosse sur le sol, il promena un regard sardonique autour de lui.

— Oh! oh! fit-il en ricanant, il paraît que j'arrive à propos, señor padre *Vive Dios!* vous m'arrangiez assez bien, il me semble, en mon absence; est-ce donc de cette façon que vous entendez la charité chrétienne, compadre! Cristo! je ne vous en fais pas mon compliment alors.

Le moine, interdit par cette brusque apparition et cette rude apostrophe, ne trouva rien à répondre.

Le Cèdre-Rouge continua :

— By God! je suis meilleur compagnon que vous, moi, car je vous apporte à manger, et ce n'a pas été sans peine que je suis parvenu à tuer ce maudit animal, je vous jure. Allons, allons! hâtez-vous d'en faire rôtir un quartier!

Sutter et Nathan n'avaient pas attendu l'ordre de leur père : déjà depuis longtemps ils étaient en train de dépouiller le daim.

— Mais, observa Nathan, pour faire rôtir ce gibier il va falloir augmenter notre feu ; et ceux qui nous surveillent ?

— C'est un risque à courir, répondit le Cèdre-Rouge, voyez si vous voulez vous y exposer.

— Qu'en pensez-vous ? fit le moine.

— Moi ? cela m'est parfaitement égal. Je veux qu'une fois pour toutes vous sachiez bien une chose : c'est que comme je suis intimement convaincu qu'un jour ou l'autre nous finirons par tomber entre les mains de ceux qui nous guettent, je me soucie fort peu que cela soit aujourd'hui ou dans huit jours.

— Diable ! vous n'êtes guère rassurant, compadre ! s'écria Fray Ambrosio. Le courage vous manquerait-il, à vous aussi, ou bien auriez-vous découvert quelques pistes suspectes ?

— Le courage ne me manque jamais ; je sais fort bien le sort qui m'est réservé : mon parti est donc pris. Quant à des pistes suspectes, ainsi que vous dites, il faudrait être aveugle pour ne pas les voir.

— Ainsi, plus d'espoir ! firent les trois hommes avec une terreur mal déguisée.

— Ma foi, non, je ne crois pas ; mais, ajouta-t-il avec un accent railleur, pourquoi ne faites-vous pas rôtir un quartier de daim ? Vous devez presque mourir de faim, by God !

— C'est vrai. Mais ce que vous nous annoncez nous coupe l'appétit et nous ôte entièrement l'envie de manger, fit tristement Fray Ambrosio.

Ellen se leva, s'approcha du squatter et, lui posant doucement la main sur l'épaule, elle approcha son charmant visage du sien.

Le Cèdre-Rouge sourit.

— Que me voulez-vous, ma fille ? lui demanda-t-il.

— Je veux, mon père, répondit-elle d'une voix câline, que vous nous sauviez.

— Vous sauver, pauvre enfant ! fit-il en hochant la tête ; j'ai bien peur que cela soit impossible.

— Ainsi, reprit-elle, vous me laisserez tomber entre les mains de nos ennemis ?

Le squatter frissonna.

— Oh ! ne me dites pas cela, Ellen ! fit-il d'une voix sourde.

— Cependant, mon père, puisque nous ne pouvons pas nous échapper...

Le Cèdre-Rouge passa le dos de sa main calleuse sur son front inondé de sueur.

— Écoutez, dit-il au bout d'un instant, il y a peut-être un moyen.

— Lequel ? lequel ? s'écrièrent vivement les trois hommes en se groupant autour de lui.

— C'est qu'il est bien précaire, bien dangereux, et, probablement, ne réussira pas.

— Dites-le toujours, fit le moine avec insistance.

— Oui, oui, parlez, mon père ! reprit-elle.

— Vous le voulez ?
— Oui, oui.
— Eh bien! alors, écoutez-moi avec attention, car le moyen que je vais vous proposer, tout bizarre qu'il vous paraîtra d'abord, offre des chances de réussite qui, dans notre situation désespérée, ne doivent pas être dédaignées.
— Parlez, mais parlez donc! fit le moine avec impatience.
Le Cèdre-Rouge le regarda en ricanant.
— Vous êtes bien pressé, dit-il; peut-être ne le serez-vous plus autant tout à l'heure.

XXV

UN JEU DE HASARD

— Avant de vous exposer mon projet, reprit le Cèdre-Rouge, je dois d'abord vous expliquer où nous en sommes, et quelle est réellement notre position, afin que lorsque je vous aurai expliqué le moyen que je veux employer, vous puissiez vous décider avec connaissance de cause.
Les assistants firent un geste d'assentiment, mais aucun ne répondit.
Le squatter continua :
— Nous sommes cernés de trois côtés : d'abord par les Comanches, ensuite par les partisans du Blood's Son, et, en dernier lieu, par le chasseur français et ses amis. Affaiblis comme nous le sommes par les privations horribles que nous avons souffertes depuis notre entrée dans les montagnes, toute lutte nous est impossible; il nous faut donc renoncer à l'espoir de nous ouvrir un passage par la force.
— Comment faire, alors? demanda le moine; il est évident qu'il faut à tout prix nous échapper; chaque seconde qui s'écoule nous enlève une chance de nous évader.
— J'en suis convaincu comme vous et mieux que vous-même. Ma longue absence d'aujourd'hui avait un double but : d'abord celui de nous procurer des vivres, et vous voyez que je l'ai atteint.
— C'est vrai.
— Ensuite, continua le squatter, celui de reconnaître positivement les points occupés par nos ennemis.
— Eh bien ? demandèrent-ils avec anxiété.
— J'ai réussi; je me suis avancé sans être découvert jusqu'auprès de leurs camps; ils font bonne garde; ce serait folie d'essayer de passer inaperçus au milieu d'eux; ils forment autour de nous un vaste cercle dont nous sommes le centre; ce cercle va toujours en se rétrécissant, si bien que dans deux ou trois jours, peut-être avant, nous nous trouverons si pressés qu'il ne nous sera plus possible de nous cacher, et nous tomberons infailliblement entre leurs mains.
— Demonios! s'écria Fray Ambrosio, cette perspective n'est rien moins

que gaie; nous n'avons aucune grâce à espérer de ces misérables, qui se feront au contraire un plaisir de nous torturer de toutes les façons. Hum! rien que la pensée de tomber entre leurs mains me donne la chair de poule; je sais ce dont les Indiens sont capables en fait de tortures, je les ai assez souvent vus à l'œuvre pour être édifié à cet égard.

— Fort bien; je n'insisterai donc pas sur ce point.

— Ce serait complètement inutile. Vous ferez mieux de nous faire part du projet que vous avez conçu et qui, dites-vous, peut nous sauver.

— Pardon! je ne vous ai donné aucune certitude; je vous ai seulement dit qu'il offrait quelques chances de réussite.

— Nous ne sommes pas dans une situation à chicaner sur les mots; voyons votre projet.

— Le voici.

Les trois hommes prêtèrent l'oreille avec la plus grande attention.

— Il est évident, continua le Cèdre-Rouge, que si nous restons ensemble et si nous cherchons à fuir tous du même côté, nous serons infailliblement perdus, en supposant, ce qui est certain, que nos traces soient découvertes par ceux qui nous poursuivent.

— Bien, bien, grommela le moine; allez toujours : je ne comprends pas encore bien où vous voulez en venir.

— J'ai donc réfléchi mûrement à cet inconvénient, et voici la combinaison que j'ai trouvée.

— Voyons la combinaison.

— Elle est bien simple : nous établirons une double piste.

— Hum! une double piste! c'est-à-dire une fausse et une vraie. Ce projet me semble vicieux.

— Parce que ? fit le Cèdre-Rouge avec son sourire.

— Parce qu'il y aura un point où la fausse piste se confondra dans la vraie et...

— Vous vous trompez, compadre, interrompit vivement le Cèdre-Rouge; les deux pistes seront vraies, autrement l'idée serait absurde.

— Je n'y suis plus du tout, alors; expliquez-vous.

— Je ne demande pas mieux, si vous me laissez parler en deux mots. Un de nous se dévouera pour les autres; pendant que nous fuirons d'un côté, il s'échappera du sien en cherchant, tout en cachant ses traces, à attirer l'ennemi sur ses pas. De cette façon, il nous ouvrira un passage par lequel nous passerons sans être découverts. Comprenez-vous maintenant ?

— Caspita! si je comprends, je le crois bien! l'idée est magnifique, s'écria le moine avec enthousiasme.

— Il ne s'agit plus que de la mettre à exécution.

— Oui, et sans retard.

— Fort bien. Quel est celui qui s'offre pour sauver ses compagnons ?

Nul ne répondit.

— Eh bien, reprit le Cèdre-Rouge, vous gardez le silence ? Voyons, Fray Ambrosio, vous qui êtes dans les ordres, un bon mouvement!

Au bout de quelques minutes, la tête hideuse de l'ours gris apparut entre les arbres.

— Merci, compadre ! je n'ai jamais eu de vocation pour le martyre. Oh ! je ne suis nullement ambitieux, moi.
— Il faut cependant sortir de là.
— Caramba ! je ne demande pas mieux ; seulement je ne me soucie pas que ce soit aux dépens de ma peau ou de ma chevelure.

Le Cèdre-Rouge réfléchit un instant. Les aventuriers le regardèrent avec anxiété, attendant en silence qu'il eût trouvé la solution de ce problème si difficile à résoudre.

Le squatter releva la tête.

— Hum! dit-il, toute discussion serait inutile : vous n'êtes pas hommes à vous laisser prendre par les sentiments.

Ils firent un geste affirmatif.

— Voici ce que nous ferons : nous tirerons au sort à qui se dévouera ; celui que le hasard désignera obéira sans murmurer. Ce moyen vous convient-il ?

— Comme il faut en finir, dit Nathan, le plus tôt sera le mieux ; autant ce moyen qu'un autre, je ne m'y oppose pas.

— Ni moi non plus, fit Sutter.

— Bah ! s'écria le moine, j'ai toujours eu du bonheur aux jeux de hasard.

— Ainsi, c'est bien convenu, vous jurez que celui sur lequel le choix tombera obéira sans hésitation et accomplira sa tâche avec conscience ?

— Nous le jurons ! dirent-ils d'une commune voix ; allez, Cèdre-Rouge, et terminons-en.

— Oui ; mais, observa le Cèdre-Rouge, de quelle façon consulterons-nous le sort ?

— Que cela ne vous embarrasse pas, compadre, dit en riant Fray Ambrosio ; je suis homme de précaution, moi.

Tout en parlant ainsi, le moine avait fouillé dans ses bottes vaqueras et en avait tiré un jeu de cartes crasseux.

— Voilà l'affaire, continua-t-il d'un air triomphant. Cette belle enfant, fit-il en se tournant vers Ellen, battra les cartes, l'un de nous coupera, puis elle nous distribuera à chacun les cartes, une par une, et celui qui aura le dos de espadas devra faire la double piste : cela vous convient-il ainsi ?

— Parfaitement, répondirent-ils.

Ellen prit les cartes des mains du moine et les battit pendant quelques instants.

Un zarapé avait été étendu sur la terre auprès du feu, afin que l'on pût distinguer la couleur des cartes à la lueur des flammes.

— Coupez, dit-elle en posant le jeu sur le zarapé.

Fray Ambrosio avança la main.

Le Cèdre-Rouge lui retint le bras en souriant.

— Un instant, dit-il, ces cartes sont à vous, compadre, et je connais votre talent de joueur ; laissez-moi couper.

— Comme il vous plaira ! repondit le moine avec une grimace de désappointement.

Le squatter coupa, Ellen commença à donner une carte à chacun.

Il y avait réellement quelque chose d'étrange dans l'aspect de cette scène.

Par une nuit sombre, au fond de cette gorge désolée, au bruit du vent qui mugissait sourdement, ces quatre hommes penchés en avant, regardant avec anxiété cette jeune fille pâle et sérieuse qui, aux reflets changeants et capricieux des flammes du brasier, semblait accomplir une œuvre cabalistique sans nom, l'expression sinistre des traits de ces hommes qui jouaient en ce moment leur vie sur une carte ; certes, l'étranger auquel il aurait été donné d'assister invisible à ce spectacle extraordinaire aurait cru être en proie à une hallucination.

Les sourcils froncés, le front pâle et la poitrine haletante, ils suivaient d'un regard fébrile chaque carte qui tombait, essuyant par intervalles la sueur froide qui perlait à leurs tempes.

Cependant les cartes tombaient toujours, le dos de espadas n'était pas encore arrivé de tout le jeu ; Ellen n'avait plus dans la main qu'une dizaine de cartes.

— Ouf ! fit le moine, c'est bien long !

— Bah ! répondit en ricanant le Cèdre-Rouge, peut-être allez-vous le trouver trop court.

— C'est moi, dit Nathan d'une voix étranglée.

En effet, le dos de espadas venait de tomber devant lui.

Tous respirèrent à pleins poumons.

— Eh ! fit le moine en lui frappant sur l'épaule, je vous félicite, Nathan, mon ami ; vous êtes chargé d'une belle mission.

— Voulez-vous l'accomplir à ma place ? répondit l'autre en ricanant.

— Je ne veux pas vous ravir l'honneur de nous sauver, dit Fray Ambrosio avec aplomb.

Nathan lui lança un regard de pitié, haussa les épaules et lui tourna le dos.

Fray Ambrosio ramassa le jeu de cartes et le replaça dans ses bottes vaqueras avec une satisfaction évidente.

— Hum ! murmura-t-il, elles peuvent encore servir ; on ne sait pas dans quelle circonstance le hasard nous placera.

Après cette réflexion philosophique, le moine, tout ragaillardi par la certitude de ne pas être obligé de se sacrifier pour ses amis, se rassit tranquillement auprès du feu.

Cependant le Cèdre-Rouge, qui ne perdait pas de vue l'exécution de son projet, avait étendu quelques grillades de daim sur les charbons afin que ses compagnons pussent prendre les forces nécessaires pour les fatigues qu'ils allaient avoir à supporter.

Comme cela arrive ordinairement en pareil cas, le repas fut silencieux ; chacun, absorbé dans ses pensées, mangeait rapidement sans songer à entamer ou soutenir une conversation oiseuse.

Il était environ cinq heures du matin, le ciel commençait à prendre les reflets d'opale qui annoncent le crépuscule.

Le Cèdre-Rouge se leva, tous l'imitèrent.

— Allons, garçon, dit-il à Nathan, es-tu prêt ? Voici l'heure.

— Je partirai quand vous voudrez, père, répondit résolument le jeune homme. Je n'attends plus que vos dernières instructions, afin de savoir quelle direction je dois suivre et en quel lieu je vous retrouverai si, ce qui n'est pas probable, j'ai le bonheur d'échapper sain et sauf.

— Mes instructions ne seront pas longues, garçon. Tu dois te diriger vers le nord-ouest, c'est la route la plus courte pour sortir de ces montagnes maudites. Si tu peux déboucher sur la route d'Indépendance, tu es sauvé; de là il te sera facile d'atteindre en peu de temps la caverne de nos anciens compagnons, dans laquelle tu te cacheras, en nous attendant. Je te recommande surtout de dissimuler tes traces le mieux possible; nous avons affaire aux hommes les plus rusés de la prairie; une piste facile leur donnerait des soupçons et notre but serait complètement manqué. Tu me comprends bien, n'est-ce pas?

— Parfaitement.

— Du reste, je m'en rapporte à toi; tu connais trop bien la vie du désert pour te laisser jouer facilement; tu as un bon rifle, de la poudre, des balles; bonne chance, garçon! Seulement n'oublie pas que tu dois entraîner nos ennemis après toi.

— Soyez tranquille, répondit Nathan d'un ton bourru, on n'est pas un imbécile.

— C'est juste; prends un quartier de daim, et adieu!

— Adieu, et que le diable vous emporte! mais prenez garde à ma sœur: je me soucie fort peu de vos vieilles carcasses pourvu que la fillette ne coure aucun danger.

— Bon, bon, fit le squatter; nous ferons ce qu'il faudra pour sauvegarder ta sœur; ne t'occupe pas d'elle, garçon; allons, décampe!

Nathan embrassa Ellen, qui lui serra affectueusement la main en essuyant quelques larmes.

— Ne pleurez pas, Ellen, lui dit-il brusquement; la vie d'un homme n'est rien, après tout; ne vous chagrinez donc pas pour moi, il n'en sera jamais que ce qu'il plaira au diable.

Après avoir prononcé ces paroles d'un ton qu'il cherchait vainement à rendre insouciant, le jeune sauvage jeta son rifle sur l'épaule, prit un quartier de daim qu'il suspendit à sa ceinture et s'éloigna à grands pas, sans se retourner une seule fois.

Cinq minutes plus tard, il disparut au milieu des halliers.

— Pauvre frère! murmura Ellen, il marche à une mort certaine.

— By God! fit le Cèdre-Rouge en haussant les épaules, nous y marchons tous à la mort, chaque pas nous en rapproche à notre insu; à quoi bon nous attendrir sur le sort qui le menace? savons-nous celui qui nous attend, nous autres? Pensons à nous, mes enfants; nous ne sommes nullement sur des roses, je vous en préviens, et il faudra toute notre adresse et notre sagacité pour sortir d'ici, car je n'ose pas compter sur un miracle.

— C'est beaucoup plus prudent, répondit Fray Ambrosio d'un air narquois; d'ailleurs il est écrit quelque part, je ne sais où: aide-toi, le Ciel t'aidera.

— Oui, fit en ricanant le squatter, et jamais occasion n'a été plus belle, n'est-ce pas, pour mettre ce précepte en pratique?

— Je le crois, et j'attends, en conséquence, que vous nous expliquiez ce que nous devons faire.

Sans répondre au moine, le Cèdre-Rouge se tourna vers sa fille.

— Ellen, mon enfant, lui demanda-t-il d'une voix affectueuse, te sens-tu la force de nous suivre?

— Ne vous inquiétez pas de moi, mon père, répondit-elle ; partout où vous passerez, je passerai ; vous savez que je suis accoutumée depuis mon enfance à parcourir le désert.

— C'est vrai, reprit le Cèdre-Rouge avec doute ; mais cette fois sera probablement la première que tu auras employé une façon de voyager comme celle que nous sommes aujourd'hui forcés d'adopter.

— Que voulez-vous dire ? on ne voyage qu'à pied, à cheval ou en canot. C'est ainsi que vingt fois déjà nous nous sommes transportés d'un lieu à un autre.

— Tu as raison ; mais maintenant nous sommes contraints par les circonstances de modifier notre manière de marcher. Nous n'avons pas de chevaux, pas de rivière, et nos ennemis sont maîtres du sol.

— Alors, s'écria le moine en ricanant, nous ferons comme les oiseaux, nous volerons dans l'air.

Le Cèdre-Rouge le regarda sérieusement.

— Vous avez peut-être bien deviné, dit-il.

— Hein ? fit le moine ; vous moquez-vous de nous, Cèdre-Rouge ? Croyez-vous que le moment soit bien choisi pour plaisanter ?

— Je ne suis guère enclin à la plaisanterie de ma nature, répondit froidement le squatter ; à présent moins que jamais. Nous ne volerons pas comme les oiseaux puisque nous sommes dépourvus d'ailes, mais, malgré cela, c'est dans l'air que nous tracerons une route ; voici comment. Regardez autour de vous : à droite et à gauche, sur les flancs de la montagne, s'étendent d'immenses forêts vierges ; nos ennemis sont cachés là. Ils viennent doucement, courbés vers la terre, relevant avec soin les moindres indices de notre passage qu'ils peuvent découvrir.

— Eh bien, fit le moine.

— Pendant qu'ils cherchent notre piste sur le sol, nous leur glisserons entre les mains comme des serpents, en passant d'arbre en arbre, de branche en branche, à trente mètres au-dessus de leur tête, sans qu'ils songent à lever les yeux en l'air, ce qui, du reste, s'ils le faisaient, serait complètement inutile : le feuillage des arbres est trop touffu, les lianes trop épaisses pour qu'ils puissent nous découvrir. Et puis, en résumé, cette chance de salut, quoique bien faible, est la seule qui nous reste. Voyez si vous vous sentez le courage de l'essayer.

Il y eut un instant de silence. Enfin le moine saisit la main du squatter, et la lui secouant avec force :

— Canarios ! compadre, lui dit-il avec une sorte de respect, vous êtes un grand homme ! Pardonnez-moi d'avoir douté de vous.

— Ainsi vous acceptez ?

— Caspita ! si j'accepte ! Avec acharnement, et je vous jure que jamais écureuil n'aura sauté comme je le ferai.

XXVI

OU NATHAN SE DESSINE

Aussitôt qu'il eut disparu au regard de ses compagnons, Nathan s'arrêta. Il n'était ni aussi insoucieux ni aussi rassuré qu'il avait voulu le paraître.

Dès qu'il fut seul, loin des regards de ceux qui auraient pu le railler, il se laissa sans contrainte aller à sa mauvaise humeur, et maudit le hasard qui le plaçait dans une position aussi précaire et aussi dangereuse.

Nathan, nous croyons l'avoir dit déjà ailleurs, était une espèce de géant taillé en hercule, doué d'une énergie et d'une férocité peu communes. Habitué depuis sa première enfance à la vie du désert et à ses sanglantes tragédies, il n'était pas homme à se désespérer et à se décourager facilement ; sans pitié pour lui-même comme pour les autres, il acceptait parfaitement les conséquences de la situation dans laquelle il se trouvait souvent, et, le cas échéant, il était résolu à lutter jusqu'au dernier soupir pour défendre sa chevelure.

Mais, en ce moment, ce n'était pas sa position en elle-même qui l'inquiétait. Cent fois en parcourant les prairies, il s'était vu entouré d'autant de dangers ; mais jusqu'alors, s'il avait risqué sa vie, toujours il l'avait fait dans un but qu'il connaissait parfaitement, avec la perspective, soit prochaine, soit éloignée, d'un bénéfice quelconque ; et cette fois, il se considérait comme obéissant à une volonté qu'il ignorait, dans un but qu'il ne comprenait pas, et pour des intérêts qui n'étaient pas les siens.

Aussi maugréait-il contre son père, contre Fray Ambrosio et contre lui-même, de s'être ainsi fourré dans un guêpier d'où il ne savait comment sortir.

La dernière recommandation du Cèdre-Rouge était inutile : Nathan ne se souciait nullement de laisser découvrir ses traces ; il usait de tous les moyens que son intelligence lui suggérait pour les cacher aux regards les plus clairvoyants, ne faisant un pas qu'après s'être bien convaincu que la trace du précédent avait disparu.

Après de mûres réflexions, il avait ainsi résumé ses pensées :

— Ma foi, tant pis pour eux, chacun pour soi ! Si je perds ma chevelure, ils ne me la rendront pas. Je veux donc la défendre de mon mieux ; qu'ils fassent comme ils pourront : quant à moi, je dois chercher à me tirer d'affaire comme je le pourrai.

Ces quelques paroles prononcées à voix haute, suivant l'habitude des gens accoutumés à vivre seuls, Nathan avait fait ce mouvement imperceptible des épaules qui, dans toutes les langues, signifie : Arrive que pourra! Et après avoir minutieusement visité le canon et la batterie de son rifle, il s'était remis en route.

Les Européens, habitués aux horizons du vieux monde, aux routes macadamisées bordées de riantes maisons et parcourues sans cesse dans tous les sens, ne pourront, même approximativement, se faire une idée juste de la position d'un homme seul dans cet océan de verdure nommé le *Far West*, se sentant surveillé par des regards invisibles et se sachant traqué comme une bête fauve.

Un homme, si brave qu'il soit, si habitué qu'il puisse être à la vie aventureuse du désert, frémit et se sent bien faible lorsqu'il jette autour de lui un regard interrogateur et qu'il se voit si petit au milieu de l'immensité qui l'environne.

Au désert, si l'on veut aller au nord, il faut marcher vers le sud, faire attention de ne pas froisser les feuilles sur lesquelles on marche, de ne pas casser les branches qui barrent le passage, et surtout de ne pas faire crier sous ses pieds les sables ou les cailloux du chemin.

Tous les bruits du désert sont connus, expliqués, commentés par les Peaux-Rouges ; en prêtant l'oreille quelques secondes, ils vous disent si l'animal dont le pas résonne sourdement au loin est un cheval, un ours, un bison, un élan ou une antilope.

Un caillou roulant sur la pente d'un ravin suffit pour dénoncer un rôdeur.

Quelques gouttes d'eau répandues sur les bords d'un gué révèlent clairement le passage de plusieurs voyageurs.

Un mouvement insolite dans les hautes herbes dénonce un espion aux aguets.

Tout enfin, depuis le brin d'herbes flétri jusqu'au bison qui dresse subitement l'oreille en broutant et l'hassalte qui bondit, effaré, sans cause apparente, tout dans le désert sert de livre à l'Indien pour lire le passage d'un ami ou d'un ennemi et le mettre sur ses traces, quand même le premier serait éloigné du second de cent lieues.

Les hommes qui vivent dans ces contrées, où la vie matérielle est tout, acquièrent une perfection de certains organes qui semble incroyable : la vue et l'ouïe surtout se sont développées chez eux dans des proportions énormes; ce qui, joint à une agilité extrême, un courage à toute épreuve, soutenu par des muscles et des nerfs d'une vigueur hors de toutes proportions, en fait de redoutables adversaires.

En sus de ce que nous avons dit, il faut ajouter la ruse et la trahison qui ne vont jamais l'une sans l'autre, et sont les deux grands moyens que les Indiens emploient pour s'emparer de leurs ennemis, qu'ils n'attaquent jamais en face, mais toujours par surprise.

La nécessité est la loi suprême du Peau-Rouge : il y sacrifie tout; et, comme toutes les natures incomplètes ou développées illogiquement, il n'admet que les qualités physiques, faisant peu ou point de cas de vertus dont il n'a pas besoin, et qui au contraire lui nuiraient dans la vie qu'il mène.

Nathan était lui-même presque un Peau-Rouge ; à de longs intervalles seulement il avait, pour quelques jours à peine, stationné dans les villes de l'Union américaine. Il ne connaissait donc de la vie que ce que lui en avait appris le désert; cette éducation en vaut bien une autre, lorsque les instincts de celui qui la reçoit sont bons, parce qu'il peut faire un choix dans ses sensations, prendre ce qui est noble et généreux, et mettre de côté ce qui est mauvais.

Malheureusement Nathan n'avait eu d'autre professeur de morale que son père, il avait été habitué de bonne heure à voir les choses au point de vue de l'auteur de ses jours, c'est-à-dire au pire de tous; si bien qu'avec l'âge, les préceptes qu'il avait reçus avaient si bien fructifié, qu'il était devenu le véritable type de l'homme civilisé devenu sauvage : la plus hideuse transformation de l'espèce qui se puisse imaginer. Nathan n'aimait rien, ne croyait à rien et ne respectait rien. Une seule personne avait sur lui une certaine influence : cette personne était Ellen ; mais en ce moment elle ne se trouvait pas près de lui.

Le jeune homme marcha assez longtemps sans rien apercevoir qui pût lui donner à soupçonner l'approche d'un danger quelconque

Cependant cette sécurité factice ne le faisait pas relâcher de ses précautions, au contraire.

Tout en s'avançant, le canon du rifle en avant, le corps penché et l'oreille tendue au moindre bruit, tandis que ses yeux de chacal fouillaient les buissons et les halliers, il réfléchissait, et plus il allait, plus ses réflexions devenaient sombres.

La raison en était simple : il se savait entouré d'ennemis implacables, surveillé par des espions nombreux, clairvoyants surtout, et rien ne venait troubler le calme de la prairie. Tout paraissait être dans l'état ordinaire ; il était impossible de s'apercevoir du moindre mouvement suspect dans les herbes ou dans les broussailles.

Ce calme était trop profond pour être naturel.

Nathan ne se laissait pas prendre à cette tranquillité factice.

— Hum! disait-il à part lui, tout à l'heure nous allons avoir à en découdre, cela est certain ; le diable soit de ces brutes de Peaux-Rouges qui ne veulent pas donner signe de vie! Je marche à l'aveuglette sans savoir où je vais ; je suis convaincu que je vais tomber dans quelque chausse-trappe tendue sous mes pas par ces misérables et dont il me sera impossible de me dépêtrer.

Nathan continua à marcher jusque vers dix heures du matin. A ce moment, comme il se sentait en appétit et que ses jambes commençaient à se fatiguer, il résolut, coûte que coûte, à faire une halte de quelques instants, afin de manger une bouchée et de prendre un peu de repos.

Machinalement il regarda autour de lui afin de choisir un endroit commode pour la halte qu'il se proposait de faire.

Soudain il fit un brusque mouvement de surprise en épaulant son rifle et en se dissimulant vivement derrière un énorme mélèze.

Il avait aperçu, à cinquante pas au plus du lieu où il se trouvait, un Indien nonchalamment accroupi sur le sol et mangeant paisiblement un peu de *pennekann*.

La première émotion passée, Nathan examina attentivement l'Indien.

C'était un homme d'une trentaine d'années au plus; il ne portait pas le costume des guerriers; la plume de chat-huant fichée dans son épaisse chevelure, au-dessus de l'oreille droite, le faisait connaître pour un *Nez-Percé*.

L'aventurier le considéra pendant un assez long espace de temps sans

Le Cèdre-Rouge portait un daim sur l'épaule.

savoir à quel parti s'arrêter; enfin il rejeta son rifle sur l'épaule, quitta son embuscade, et s'approcha à grands pas de l'Indien.

Celui-ci l'avait aperçu probablement, bien qu'il ne parût pas s'inquiéter de sa présence et qu'il continuât à manger tranquillement.

Arrivé à une dizaine de pas du Nez-Percé, l'Américain s'arrêta.

— Je salue mon frère, dit-il en élevant la voix et en déployant son zarapé en signe de paix : que le Wacondah lui donne une bonne chasse!

— Je remercie mon frère la face-pâle, répondit l'Indien en levant la tête, il est le bienvenu; j'ai encore deux poignées de pennikaun, et il y a place pour lui à mon foyer.

Nathan s'approcha, et, sans plus de cérémonies, il s'accroupit auprès de son nouvel ami, qui partagea fraternellement ses provisions avec lui, mais sans lui adresser une question.

Les Peaux-Rouges considèrent comme une grande inconvenance d'adresser à leurs hôtes des questions quelles qu'elles soient, lorsque ceux-ci ne les encouragent pas à le faire.

Après avoir mangé, le Nez-Percé alluma une pipe indienne, manœuvre qui fut immédiatement imitée par l'Américain.

Les deux hommes restèrent ainsi à s'envoyer, silencieux comme des souches, réciproquement des bouffées de fumée au visage. Lorsque le Nez-Percé eut fini son calumet, il en secoua la cendre sur le pouce et passa le tuyau à sa ceinture, puis il appuya les coudes sur les genoux, la tête dans la paume des mains, et, fermant les yeux à demi, il se plongea dans cet état de béatitude extatique que les Italiens nomment il [dolce far niente, les Turcs le kief (paume des mains), et qui n'a pas d'équivalent en français.

Nathan bourra sa pipe une seconde fois, l'alluma, et, se tournant vers son compagnon :

— Mon frère est un chef? lui demanda-t-il.

L'Indien releva la tête.

— Non, répondit-il avec un sourire d'orgueil, je suis un des maîtres de la grande médecine.

Nathan s'inclina avec respect.

— Je comprends, dit-il, mon frère est un de ces hommes sages que les Peaux-Rouges nomment les *aheum* (médecin).

— Je suis aussi *balam* (sorcier), répondit le Nez-Percé.

— Oh! oh! fit l'Américain; eh quoi! mon frère est un des ministres de la *nim-coe* (grande tortue)?

— Oui, répondit-il, nous commandons aux *ahbop* (caciques) et aux *ahlabal* (guerriers); ils n'agissent que d'après nos ordres.

— Je le sais; mon père a beaucoup de science, son pouvoir s'étend sur toute la terre.

Le Nez-Percé sourit avec condescendance à ces éloges, et, montrant un léger bâton garni de plumes de couleurs éclatantes et de grelots qu'il tenait à la main droite :

— Ce *mulbache* est une arme plus redoutable que le tonnerre des blancs, dit-il; partout il me fait craindre et respecter.

Un sourire sinistre contracta pour une seconde les lèvres de l'Américain.

— Mon frère rejoint sa nation ? reprit-il.

— Non, fit l'Indien en secouant la tête, je suis attendu au *tinamit* (village) des Apaches Bisons, qui ont besoin de mes conseils et de ma médecine, afin d'entreprendre sous de bons auspices une grande expédition qu'ils méditent en ce moment. Mon frère me pardonnera donc de le quitter, il me faut arriver ce soir même au but de mon voyage.

— Je ne quitterai pas mon frère rouge, répondit Nathan, s'il veut me le permettre ; je marcherai dans ses mocassins, mes pas ont la même direction que ceux de mon frère.

— J'accepte avec joie la proposition de mon frère, nous partirons donc.

— Partons, fit l'Américain.

Après s'être levé et avoir rajusté son vêtement, l'Indien se baissa pour prendre un léger paquet renfermant probablement son mince bagage de voyage.

Nathan profita du moment ; d'un geste prompt comme l'éclair, il dégaina son couteau et l'enfonça jusqu'au manche entre les deux épaules de l'Indien.

Le malheureux poussa un cri étouffé, étendit les bras et tomba roide mort.

L'Américain retira flegmatiquement son couteau de l'horrible blessure, l'essuya dans l'herbe et le repassa à sa ceinture.

— Hum ! fit-il en ricanant, voilà un pauvre diable de sorcier qui n'en savait pas long ; voyons si je serai plus fort que lui.

Tout en causant avec le Peau-Rouge, qu'il n'avait pas d'abord l'intention de tuer, et dont il voulait seulement se faire une sauvegarde, une idée subite avait traversé sa pensée.

Cette idée, qui semblera de prime abord extraordinaire, sourit au bandit, à cause de l'audace et de la témérité qu'elle exigeait pour être convenablement mise à exécution et surtout pour réussir.

Il s'agissait simplement d'endosser le costume du sorcier et de se faire passer pour lui auprès des Peaux-Rouges.

Depuis longtemps au fait des habitudes et des coutumes indiennes, Nathan ne doutait pas qu'il parvînt à jouer ce rôle difficile avec toute la perfection nécessaire pour tromper des yeux même plus clairvoyants que ceux des Indiens.

Après s'être assuré que sa victime ne donnait plus signe de vie, Nathan commença à la dépouiller de ses vêtements, qu'il endossait au fur et à mesure à la place des siens.

Lorsque ce premier changement fut opéré, il fouilla dans le paquet du sorcier, en tira un miroir, des vessies remplies, les unes de vermillon, les autres d'une espèce de peinture noirâtre, et, avec de petits morceaux de bois, il se fit sur le visage, qu'il avait d'abord enduit d'une couleur imitant parfaitement le teint des Peaux-Rouges, les dessins bizarres qui se trouvaient sur la figure du sorcier ; cette imitation était parfaite ; du visage il passa au corps, puis il attacha ses cheveux et y planta les deux plumes de chathuant.

Bien des fois, lorsque avec son père il allait à la chasse aux chevelures, Nathan s'était déguisé en Indien ; aussi, cette fois, au bout de quelques instants, la métamorphose était-elle complète.

— Il ne faut pas qu'on retrouve cette charogne, dit-il.

Chargeant alors le corps sur son dos, il le fit rouler au fond d'un précipice inaccessible.

— Hum ! voilà qui est fait, reprit-il en riant ; si les Apaches ne sont pas satisfaits du grand médecin qui leur arrive, ils seront difficiles.

Comme il ne voulait pas perdre ses habits, il les cacha dans le paquet de l'Indien, qu'il passa dans le canon de son rifle; il s'empara du bâton du pauvre sorcier et se mit gaiement en route en faisant tourner le bâton, et en murmurant à part lui avec un sourire goguenard :

— Nous verrons bientôt si ce mulbache a réellement le pouvoir magique que lui attribuait cet imbécile.

XXVII

UNE PISTE DANS L'AIR

Les voyageurs et les touristes qui, en fait de forêt, ne connaissent que la forêt de Fontainebleau qui cependant, soit dit en passant, n'est pas autant à mépriser qu'on se le figure généralement, ne pourront s'imaginer l'aspect grandiose, majestueux et sublime que présente une forêt vierge du Nouveau-Monde.

Plus de ces allées larges de quatre et cinq pieds, tirées au cordeau, qui s'étendent devant vous, droites et roides, pendant des lieues entières.

Là, tout est abrupt, tout est sauvage.

La perspective n'existe pas, c'est à peine si la vue peut s'étendre à trente ou quarante pas dans toutes les directions.

Le sol primitif a disparu sous les détritus séculaires des arbres morts de vieillesse et que le temps, la pluie et le soleil ont réduits en poussière.

Les arbres poussent çà et là en liberté, enveloppés de lianes épaisses qui s'enroulent autour du tronc et des branches en formant les plus étranges paraboles, s'élançant dans toutes les directions, plongeant en terre pour reparaître aussitôt un pied plus loin, et enchaînent si bien les arbres les uns aux autres, que pendant des lieues entières souvent ils se tiennent tous.

Les bois sont si peu variés dans certaines parties, qu'un arbre semble être la répétition de tous les autres.

Puis, jusqu'à une hauteur de cinq et souvent six pieds, s'élève une herbe drue et serrée comme les gerbes d'un champ de blé.

Tout à coup s'ouvrent, sous les pas de l'imprudent voyageur, des fondrières immenses, ou ce sont des marais recouverts à peine par une croûte épaisse d'un pouce, et qui engloutissent dans leur boue fétide le téméraire qui se hasarde à y mettre le pied; plus loin, une rivière coule silencieuse et ignorée, formant des rapides et se frayant à grand'peine un chemin à travers les monceaux d'humus et les arbres morts qu'elle charrie et dépose sur ses rives.

On comprend, d'après la description abrégée que nous venons de faire, qu'il n'est pas aussi difficile qu'on serait porté à le croire de passer d'arbre en arbre pendant de longues distances

Du reste, afin d'édifier complètement le lecteur, nous lui apprendrons ce qu'il ignore probablement : c'est que, dans certaines régions des prairies, cette manière de voyager est mise en pratique, non pas, comme on pourrait le supposer, afin d'échapper aux poursuites obstinées d'un ennemi, mais simplement afin d'aller plus vite, de ne pas être obligé de se frayer une route avec la hache et de ne pas risquer de tomber dans un précipice, d'autant plus que la plupart des arbres sont énormes et leurs solides branches tellement enchevêtrées les unes dans les autres, qu'elles forment pour ainsi dire un parquet commode, à quatre-vingts pieds au-dessus du sol.

La proposition du Cèdre-Rouge n'avait donc en soi rien d'extraordinaire, faite à des hommes qui probablement avaient employé déjà ce système de locomotion.

Seulement, ce qui aurait été une chose simple et des plus faciles pour des aventuriers, devenait sérieux et presque impossible pour une jeune fille comme Ellen qui, bien que forte et adroite, ne pouvait faire un pas sans risquer de se rompre le cou à cause de sa robe dont les plis flottants s'accrocheraient à chaque instant partout où une branche formerait un crochet.

Il fallait songer à porter remède à la disposition désagréable du vêtement de la jeune fille.

C'était ce à quoi songeaient les trois hommes depuis près d'une heure, sans parvenir à rien trouver qui les satisfît complètement en leur offrant toutes les chances de sécurité désirables.

Ce fut encore Ellen qui leur vint en aide et les délivra de ce souci.

— Eh bien ! demanda-t-elle à son père, que faisons-nous donc ici ? pourquoi ne partons-nous pas ? n'avez-vous pas dit que nous n'avions pas un instant à perdre ?

Le Cèdre-Rouge secoua la tête.

— Je l'ai dit, et c'est la vérité, fit-il, chaque minute que nous perdons nous enlève un jour de vie.

— Mais alors, partons, partons !

— Ce n'est pas possible, encore mon enfant, jusqu'à ce que j'aie trouvé ce que je cherche.

— Que cherchez-vous donc, mon père ? dites-le-moi, je vous aiderai à chercher ; peut-être ainsi nous le trouverons plus vite.

— Bah ! fit le Cèdre-Rouge en prenant tout à coup son parti, pourquoi l'en ferais-je un secret ? cela te regarde autant que moi.

— Mais quoi donc, mon père ?

— Eh ! by God ! c'est ta diable de robe avec laquelle il t'est positivement impossible de sauter d'une branche à une autre comme nous le ferions, nous.

— Et c'est cela qui vous embarrasse tant, mon père ?

— Ma foi, oui, pas autre chose.

— Ah bien ! vous avez eu grand tort de ne pas m'en parler plus tôt, sans cela il y a longtemps déjà que le mal serait réparé et que nous serions partis.

— Bien vrai ! s'écria le squatter tout joyeux.

— Vous allez voir, ce sera bientôt fait, soyez tranquille.

La jeune fille se leva et disparut d'un bond derrière un épais fourré.

Au bout de dix minutes elle revint; sa robe était arrangée et attachée de façon que tout en lui laissant l'entière liberté de ses membres, et ne gênant en rien tous les mouvements qu'il lui plairait de faire, elle ne flottait plus, et par conséquent ne courait plus le risque de s'accrocher et de s'embarrasser dans les branches.

— Me voilà, dit-elle en riant : me trouvez-vous bien ainsi ?

— Admirablement !

— Eh bien ! alors, nous partirons quand il vous plaira.

— Tout de suite.

Le Cèdre-Rouge fit alors ses derniers préparatifs; ils ne furent pas longs, il s'agissait tout simplement de faire autant que possible disparaître les traces du campement.

Chose plus difficile, il ne fallait pas que les Comanches de l'Unicorne, les partisans du Blood's Son ou Valentin, suivant ceux que le hasard conduirait à cette place, pussent découvrir la direction prise par les aventuriers.

En conséquence, le Cèdre-Rouge chargea sa fille sur ses épaules nerveuses, et prenant la tête de la file indienne, il suivit pendant une heure environ la route prise par Nathan, puis il revint sur ses pas en marchant à reculons ainsi que ses compagnons, effaçant au fur et à mesure les empreintes, pas cependant avec assez de soin pour qu'un examen attentif ne les fît pas découvrir, mais assez pour que ceux qui les verraient ne soupçonnassent pas qu'elles avaient été laissées exprès.

Après deux heures de cette marche fatigante pendant laquelle les aventuriers n'avaient pas échangé une parole, ils arrivèrent sur une espèce de plateforme granitique où ils étaient on ne peut mieux pour se reposer quelques instants, sans craindre de laisser de traces de leur passage, car le roc était trop dur pour conserver les empreintes de leurs pas.

— Ouf! murmura Fray Ambrosio, je ne suis pas fâché de reprendre haleine; quelle chienne de corvée !

— Vous êtes déjà fatigué, señor padre, répondit Sutter en ricanant; eh bien ! vous vous y prenez de bonne heure : attendez donc; ce que nous avons fait jusqu'à présent n'est rien, vous verrez bientôt.

— Je doute que la route que nous suivrons maintenant présente autant de difficultés; diable ! ce serait à y renoncer.

— Dame! si vous préférez faire cadeau de votre chevelure à ces démons de Comanches, c'est la chose la plus facile du monde, vous n'avez qu'à rester tranquillement où vous êtes, vous pouvez être certain qu'ils ne tarderont pas à venir vous trouver; vous savez que les Peaux-Rouges sont comme les ogres, la chair fraîche les attire, ils la sentent de loin.

— Canarios ! j'aimerais mieux être rôti à petit feu que de tomber entre les mains de ces païens maudits.

— Allons! allons! fit le Cèdre-Rouge en s'interposant, tout cela est parler pour ne rien dire; ce qui est écrit est écrit, nul ne peut échapper à son destin. Ainsi, s'occuper de ce qui doit arriver est une folie; écoutez-moi.

— Bien dit, Cèdre-Rouge; vous avez parlé, caspita! comme un homme d'un grand sens, et je me range complètement de votre avis; voyons, qu'avez-vous à nous dire?

— Je crois que, grâce à la manœuvre que nous avons exécutée, nous sommes parvenus à si bien dissimuler nos traces que le diable en personne ne pourrait deviner la direction que nous avons prise. La première partie de notre tâche a été accomplie sans encombre; maintenant, ne nous trahissons ni par imprudence ni par trop de précipitation. Je vous ai conduits ici parce que, vous le voyez, à l'extrémité de cette plate-forme, la forêt vierge commence. Le plus difficile est d'escalader le premier arbre sans faire de piste. Quant aux autres, ce n'est plus qu'une question d'adresse; laissez-moi agir à ma guise, et je vous réponds que vous n'aurez pas sujet de vous en repentir.

— Je le sais bien; aussi, pour ma part, je vous assure que je vous laisse complètement agir comme bon vous semblera.

— Fort bien. Voici ce que nous allons faire. Vous voyez cette énorme branche qui, à 30 pieds à peu près au-dessus de nos têtes, surplombe sur la plate-forme où nous nous tenons?

— Je la vois. Après?

— Avec mon lasso je vais en saisir l'extrémité, nous tirerons alors à nous jusqu'à ce qu'elle se courbe jusqu'à terre; nous la maintiendrons ainsi pendant que ma fille montera dessus, atteindra le tronc de l'arbre et gagnera les branches supérieures; vous passerez ensuite, puis Sutter, et enfin, moi; de cette façon, nous ne laisserons pas de traces de notre ascension après l'écorce.

— Votre idée est fort ingénieuse, je l'approuve de tout point; d'autant plus que, pour votre fille et pour moi, cette manière de monter me paraît facile: Sutter, à la rigueur, pourra nous suivre. Cependant une chose m'embarrasse.

— Laquelle? dites.

— Celle-ci. Tant que quelqu'un sera ici pour maintenir la branche, il est évident qu'elle restera courbée; mais lorsque nous serons en haut, et que vous demeurerez seul, comment ferez-vous pour nous suivre? Voilà ce que je ne comprends pas; et je vous avoue que je ne serais pas fâché d'être renseigné à cet égard.

Le Cèdre-Rouge éclata de rire.

— Que cela ne vous tourmente pas, señor padre; j'ai trop l'habitude du désert pour ne pas savoir calculer mes moindres actions.

— Puisqu'il en est ainsi, n'en parlons plus. Ce que j'en faisais, c'était à cause de l'intérêt que je vous porte.

Le squatter le regarda en face.

— Écoutez, Fray Ambrosio, lui dit-il en lui posant rudement la main sur l'épaule, nous nous connaissons, n'est-ce pas, depuis bien longtemps? Dispensons-nous donc de nous mentir; nous ne parviendrons jamais à nous tromper; restons franchement ce que nous sommes, nous y gagnerons tous deux. C'est bien convenu, hein?

Le moine fut désarçonné malgré lui par cette dure apostrophe; il perdit contenance, et balbutia quelques mots sans suite.

Le Cèdre-Rouge avait pris son lasso, l'avait *lové* autour de sa main droite, et, après l'avoir fait tourner quelques secondes, il le lança.

Le coup avait été si bien calculé que le nœud coulant atteignit juste l'extrémité de la branche.

— A moi ! cria le squatter, un coup de main !

Les deux hommes accoururent.

Sous leurs efforts réunis le lasso se roidit, la branche se courba peu à peu et finit, au bout de quelques minutes, par s'abaisser jusqu'au niveau de la plate-forme, ainsi que l'avait prévu le Cèdre-Rouge.

— Dépêchons, Ellen, dépêchons, mon enfant ! cria-t-il à la jeune fille.

Celle-ci ne se fit pas répéter l'invitation : elle s'élança résolument sur la branche le long de laquelle elle courut légèrement en se retenant à droite et à gauche aux rameaux ; en un clin d'œil elle se trouva appuyée au tronc ; puis, sur l'invitation de son père, elle gagna les branches supérieures, au milieu desquelles elle disparut.

— A vous ! Fray Ambrosio, dit le squatter.

Le moine partit à son tour, franchit rapidement la branche et, ainsi que la jeune fille, disparut dans le feuillage.

— A ton tour, garçon ! dit encore le squatter.

Sutter rejoignit les deux autres personnes.

Demeuré seul, grâce à sa force herculéenne, le Cèdre-Rouge maintint assez longtemps la branche pour parvenir à se coucher tout de son long au-dessous en l'embrassant fortement des pieds et des mains.

Ce n'était pas sans un secret effroi que ses compagnons, du poste élevé où ils se trouvaient, assistaient à cette étrange manœuvre.

Dès que la branche ne fut plus fixée en bas, elle se releva brusquement avec un sifflement aigu et une rapidité capable de donner le vertige.

L'arbre trembla jusque dans ses racines, Ellen poussa un cri de terreur et ferma les yeux.

Lorsqu'elle les rouvrit, elle aperçut son père à califourchon à l'extrémité de la branche, en train de dépasser le nœud coulant de son lasso.

Puis, avec une tranquillité parfaite, le squatter se releva, et tout en roulant le lasso autour de sa ceinture, il rejoignit ses compagnons.

— Eh bien ! leur dit-il, vous le voyez, c'est fini ; ah çà, maintenant, il faut continuer notre voyage ; êtes-vous prêts ?

— Partons, répondirent-ils.

Nous le répétons : à part l'étrangeté de l'allure, cette façon de marcher n'avait rien de dangereux, de difficile, ni même d'incommode.

Grâce aux immenses réseaux de lianes qui se tordaient capricieusement autour d'eux, et aux branches enchevêtrées les unes dans les autres, ils passaient presque tous sans s'en apercevoir d'une branche à une autre, toujours suspendus au-dessus d'un abîme de soixante et parfois de quatre-vingts pieds.

Au-dessous d'eux, ils apercevaient parfois les bêtes fauves qu'ils troublaient dans leurs mystérieux repaires et qui, le cou tendu et les yeux écarquillés, les regardaient passer d'un air ébahi, ne comprenant rien à ce qu'ils voyaient.

Il y avait réellement quelque chose d'étrange dans cette scène.

Ils marchèrent ainsi toute la journée, s'arrêtant de temps en temps pour reprendre haleine et se remettant immédiatement en route.

Ils avaient traversé, toujours sur leur pont flottant, une espèce de rivière assez large, et n'allaient pas tarder à se trouver dans les régions du bas pays.

Il était près de cinq heures du soir; les rayons abaissés du soleil allongeaient démesurément l'ombre des arbres; les hulottes, attirées par le vol effaré des gros cerfs-volants dont elles sont friandes, tournoyaient déjà dans les airs; une vapeur épaisse s'élevait de terre et formait un brouillard au milieu duquel disparaissaient presque nos quatre individus; tout enfin annonçait que la nuit n'allait pas tarder à paraître.

Le Cèdre-Rouge avait pris la direction de la petite troupe, afin que, dans le dédale inextricable de la forêt vierge, ses compagnons, moins au fait que lui de la vie des bois, ne fissent pas mauvaise route; car du lieu où ils se trouvaient, toute configuration de terrain disparaissait pour ne laisser voir qu'un immense chaos de branches touffues et de lianes entrelacées.

— Eh! compadre, demanda Fray Ambrosio qui, peu accoutumé aux longues courses pédestres et affaibli par les privations qu'il avait endurées, ne marchait plus depuis quelque temps qu'avec des difficultés extrêmes, nous arrêterons-nous bientôt? Je vous avertis que je n'en puis plus, moi.

Le squatter se retourna vivement, et plaçant sa large main sur la bouche du moine :

— Silence! lui dit-il d'une voix étranglée, silence! si vous tenez à votre chevelure.

— Cristo! si j'y tiens! murmura l'autre avec un mouvement d'effroi; mais que se passe-t-il donc de nouveau?

Le Cèdre-Rouge écarta avec précaution un fouillis de feuilles, et faisant signe à son compagnon de l'imiter :

— Regardez! dit-il.

Au bout d'une seconde, le moine se rejeta en arrière, le front pâle et les traits bouleversés par la terreur.

— Oh! fit il, cette fois nous sommes perdus!

Il trébucha, et serait tombé si le squatter ne l'avait saisi fortement par le bras.

— Que faire? murmura-t-il.

— Attendre, répondit froidement le Cèdre-Rouge; notre position, quant à présent, n'a rien de désespéré; nous les voyons, mais eux ne nous voient pas.

Fray Ambrosio secoua tristement la tête.

— Vous nous avez conduits à notre perte, dit-il d'un ton de reproche.

— Vous êtes un ninis, répondit le Cèdre-Rouge avec mépris. Est-ce que je ne risque pas autant que vous? ne vous avais-je pas averti que nous étions cernés? Laissez-moi faire, vous dis-je.

XXVIII

UNE CHASSE A L'OURS GRIS

Le Nouveau-Monde n'a rien à envier à l'ancien en fait d'animaux féroces de toutes sortes et de toutes espèces.

La tribu des plantigrades a pris, surtout en Amérique, un développement énorme, et possède des races d'une férocité devant laquelle pâlissent tous les fauves de notre continent.

Nous voulons parler ici de cet animal doué d'une force prodigieuse, d'un courage aveugle et d'une cruauté sans bornes, que les savants nomment *ursus cinereus*, les Américains du Nord le *grizzli-bear*, et que nous appelons en français *l'ours féroce*, ou plus communément l'ours gris.

La plupart des voyageurs font de cet animal un portrait réellement effrayant, disant entre autres choses qu'il joint à la stupidité de l'ours blanc la férocité et le courage des grands carnivores.

Bien que voyageur moi-même, je suis ici forcé de convenir humblement que l'on ne doit croire qu'avec certaines restrictions et beaucoup de prudence les récits de ces messieurs, qui, souvent placés dans des situations périlleuses ou mal disposés d'esprit et de corps, ont mal vu, et, malgré eux, subissant l'influence du moment, ont fort bien pu, sans s'en douter eux-mêmes, se laisser aller à des exagérations qui sont peu à peu devenues des articles de foi et sont maintenant acceptées comme tels.

Je n'ai nullement l'intention de réhabiliter l'ours gris dans l'esprit de mes lecteurs; seulement je tiens à ce qu'on ne soit pas plus injuste envers lui qu'envers les autres animaux sortis des mains du Créateur.

Donc, mettant de côté toute exagération et nous bornant à la vérité la plus stricte, nous allons en quelques mots dire ce que c'est que l'ours gris et quelles sont ses mœurs.

Nous avons, pendant notre long séjour en Amérique, vu assez de ces animaux et d'assez près pour nous croire compétent en pareille matière.

On reconnaîtra au portrait, sinon flatté, du moins exact, de cet animal, qu'il est déjà assez laid de sa nature, au moral comme au physique, sans qu'il soit besoin de l'enlaidir encore et de le transformer en épouvantail.

L'ours gris, lorsqu'il a atteint toute sa croissance, est long d'environ trois mètres.

Son pelage est laineux, très épais et complètement gris, excepté autour des oreilles, où il est brun.

La physionomie de cet animal est terrible; c'est le plus farouche et le plus redoutable de tous les carnivores de l'Amérique.

Malgré ses formes lourdes et son aspect pesant, son agilité est extrême. Il est d'autant plus à craindre que son indomptable courage prend sa source dans la conscience de sa force prodigieuse et tient toujours de la fureur.

L'ours gris atttaque tous les animaux, mais principalement les grands ruminants, tels que les bisons, les bœufs, etc.

Ce qui probablement a donné lieu aux récits exagérés des voyageurs, c'est que l'ours gris ne s'engourdit pas pendant l'hiver, et que, dans cette saison, affamé au milieu des immenses forêts couvertes de plusieurs pieds de neige, il descend vers les plaines où il sait trouver du gibier, afin de s'en repaître.

Les Peaux-Rouges lui font une guerre acharnée, afin de s'emparer de ses longues griffes aiguës, dont ils se fabriquent des colliers qui sont pour eux d'un grand prix.

Quoi qu'il en soit, c'était avec un de ces formidables animaux que tout à coup Valentin s'était trouvé face à face.

La rencontre était des plus désagréables.

Cependant, la première émotion passée, les chasseurs prirent résolument ur parti.

— C'est un combat à mort, dit laconiquement Valentin; vous savez que l'ours gris ne recule jamais.

— Comment allons-nous nous y prendre? demanda don Miguel.

— Voyons ce qu'il va faire d'abord, reprit le chasseur. Il est évident que cet animal est repu, sans cela il ne regagnerait pas sa tanière. Vous savez que les ours sortent peu de chez eux; si nous avons le bonheur de nous trouver avec un ours qui a bien dîné, ce sera pour nous un immense avantage.

— Comment cela?

— Par la raison toute simple, dit en riant Valentin, que, de même que tous les gens dont les heures de repas ne sont pas réglées, lorsque les ours se mettent à table, ils s'y mettent pour longtemps et mangent avec une gloutonnerie extrême, ce qui les rend lourds, endormis, et leur ôte, en un mot, la moitié de leurs facultés.

— Hum! observa don Miguel, ce qui leur en reste me semble bien suffisant.

— Et à moi aussi; mais, chut! je crois qu'il prend un parti.

— C'est-à-dire, fit don Pablo, qu'il prend, à ce qu'il me semble, ses dispositions pour nous attaquer.

— C'est ce que je voulais dire, répondit Valentin.

— Eh! ne lui laissons pas faire la première démonstration.

— Oh! soyez tranquille, don Miguel, je connais la chasse à l'ours; celui-ci ne s'attend certainement pas à ce que je lui prépare.

— Pourvu que vous ne manquiez pas votre coup! nous serions perdus, mon ami, observa don Miguel.

— Pardieu! je le sais bien; aussi je vais prendre mes mesures en conséquence.

Curumilla, impassible comme toujours, avait coupé un morceau de bois-bandelle, et s'était caché dans les buissons à quelques pas à peine du fauve.

L'ours, après un moment d'hésitation pendant lequel il promena autour de lui un regard étincelant d'un feu sombre, comme s'il eût voulu se rendre compte du nombre d'ennemis qu'il avait à combattre, avait poussé un second grognement en passant sur ses lèvres une langue rouge comme du sang.

— C'est cela, dit Valentin en riant, pour lèche-toi, mon gaillard; seulement, je t'avertis que tu te hâtes trop de te faire fête : tu ne nous tiens pas encore.

L'ours parut sensible à cette bravade, il fit un effort, et bientôt sa tête monstrueuse apparut complètement à découvert un peu au-dessus du niveau de la plate-forme.

— Quand je vous disais qu'il avait trop dîné! reprit le chasseur. Voyez quelle difficulté il éprouve pour se mettre en mouvement! Allons donc, paresseux, ajouta-t-il en s'adressant au terrible animal, remue-toi donc un peu!

— Prenez garde! cria don Miguel.

— Il va sauter sur vous, fit don Pablo avec angoisse.

En effet, l'ours, par un mouvement brusque et rapide comme l'éclair, avait, d'un bond gigantesque, escaladé la plate-forme et se trouvait alors à vingt pas à peine de l'intrépide chasseur.

Valentin ne fit pas un geste, pas un de ses muscles ne tressaillit ; seulement ses dents se serrèrent à se briser, et une écume blanchâtre perla à chaque coin de ses lèvres.

L'ours était, ainsi que nous l'avons dit, à vingt pas à peine de l'intrépide chasseur qui semblait le braver.

Le fauve, surpris de l'intrépidité de l'homme, dompté par le fluide électrique qui, semblable à deux rayons de soleil, s'échappait incessamment de l'œil fier du chasseur, fit un pas en arrière.

Pendant un instant il resta immobile, la tête basse ; mais bientôt il commença à fouiller la terre avec ses griffes formidables en hurlant doucement, comme s'il eût voulu s'encourager à commencer l'attaque.

Tout à coup il se ramassa sur lui-même ; Curumilla profita de cet instant, il alluma la torche de bois-chandelle qu'il tenait toute prête à cet effet, et sur un signe de Valentin, il en fit miroiter la flamme devant l'ours.

L'animal, ébloui par la lueur brillante de la torche qui venait brusquement dissiper l'obscurité qui l'environnait, se dressa soudain sur ses pattes de derrière, et se tournant vers l'Indien, il essaya avec une de ses pattes de devant d'atteindre la torche, afin probablement de l'éteindre.

Valentin arma son rifle, se campa solidement sur ses jambes, mit en joue et commença à siffler doucement.

Dès que le bruit du sifflet eut frappé ses oreilles, l'ours s'arrêta ; il resta ainsi quelques secondes comme s'il cherchait à se rendre compte de ce bruit insolite.

Le chasseur sifflait toujours ; les spectateurs de cette scène retenaient leur respiration, tant ils étaient intéressés malgré eux aux étranges péripéties de ce duel terrible entre l'intelligence et la force brutale.

Cependant ils avaient la main sur leurs armes, prêts à venir en aide à leur ami dès qu'ils le verraient en danger.

Valentin était calme, sifflant doucement l'ours qui, peu à peu et comme malgré lui, tournait la tête de son côté.

Curumilla, sa torche ardente à la main, suivait attentivement tous les mouvements de l'animal.

L'ours fit enfin face au chasseur ; il n'en était éloigné que de quelques pas ; Valentin sentait sa chaude et fétide haleine qui sortait de sa poitrine oppressée avec de sourds rauquements.

L'homme et le fauve se dévoraient du regard ; l'œil injecté de sang de l'ours était comme rivé sur celui du Français qui le regardait intrépidement en continuant à siffler doucement.

Il y eut une minute, un siècle d'anxiété suprême.

L'ours, comme pour échapper à la fascination étrange qui s'emparait de lui, secoua la tête à deux reprises différentes et s'élança en avant en poussant un hurlement terrible.

Au même instant un coup de feu retentit.

Don Miguel et son fils accoururent.

Valentin, la crosse de son rifle posée en terre, riait insoucieusement, tandis qu'à deux pas de lui le terrible animal poussait des hurlements de rage et se tordait dans les dernières convulsions de l'agonie.

Curumilla, le corps penché en avant, suivait curieusement les mouvements du monstre qui râlait à ses pieds.

— Grâce à Dieu ! s'écria don Miguel avec effusion, vous êtes sain et sauf, mon ami !

— Avez-vous donc cru que je courais un danger ? répondit simplement le chasseur.

— Comment, si je l'ai cru ! fit l'hacendero avec un étonnement mêlé d'admiration ; mais, j'ai tremblé pour votre vie !

— Cela n'en valait pas la peine, je vous assure, fit nonchalamment le chasseur ; les ours gris et moi nous sommes de vieilles connaissances : demandez à Curumilla combien nous en avons roulés ainsi.

— Mais, objecta don Pablo, l'ours gris est invulnérable, les balles s'aplatissent sur son crâne et glissent sur sa fourrure.

— Ceci est parfaitement exact ; seulement vous oubliez qu'il est un endroit où l'on peut le frapper.

— Je le sais, l'œil ; mais il est presque impossible de l'atteindre là du premier coup ; il faudrait pour cela être doué, je ne dirai pas d'un courage et d'un sang-froid à toute épreuve, mais d'une adresse merveilleuse.

— Merci, répondit Valentin en souriant ; maintenant que notre ennemi est mort, regardez, je vous prie, et dites-moi à quelle place je l'ai atteint.

Les Mexicains se baissèrent vivement ; en effet, l'ours était mort. Son gigantesque cadavre, que Curumilla était en train de dépouiller de sa magnifique fourrure, couvrait un espace de près de dix pieds.

La balle du chasseur était entrée dans l'œil droit.

Les deux hommes poussèrent un cri d'admiration.

— Oui, fit Valentin, répondant à leur pensée, c'est un assez beau coup ; mais soyez persuadés que cet animal jouit d'une réputation usurpée, à cause de la mauvaise habitude qu'il a prise d'attaquer l'homme, dont pourtant il n'est presque jamais vainqueur.

— Mais voyez donc, mon ami, quelles griffes acérées ! elles ont au moins six pouces de long.

— C'est vrai : je me rappelle un pauvre Comanche auquel un ours gris avait laissé tomber sa patte sur l'épaule, elle fut broyée en un clin d'œil. Mais, n'est-ce pas que c'est une chasse intéressante ? Je vous avoue qu'elle a pour moi un attrait irrésistible.

— Libre à vous, mon ami, dit don Miguel, de vous plaire à combattre de pareils monstres, je le comprends : la vie que vous menez au désert vous a tellement familiarisé avec le danger, que vous en êtes venu à ne plus y croire ; mais nous autres habitants des villes, je vous avoue que nous avons pour ce monstre un respect et une terreur invincibles

— Allons donc, don Miguel, vous parlez ainsi, vous que j'ai vu en vous jouant lutter corps à corps avec des tigres !

— C'est possible, mon ami, dans l'occasion je le ferais probablement encore, mais un jaguar n'est pas un ours gris.

— Allons, allons, je ne vous chicanerai pas plus longtemps. Pendant que Curumilla prépare notre déjeuner, je vais pousser une reconnaissance jusqu'au fond du ravin. Aidez notre ami à nous faire rôtir ce cuissot de ma chasse, et je suis sûr que lorsque vous en aurez goûté, la saveur recherchée de ce mets modifiera complètement votre opinion sur les ours gris.

Et jetant insoucieusement sur l'épaule son rifle qu'il avait rechargé tout en causant, Valentin s'enfonça dans les halliers, au milieu desquels il disparut presque immédiatement.

Le gibier, ainsi que Valentin nommait l'ours gris, pesait au moins quatre cents livres. Après l'avoir écorché avec cette dextérité que possèdent les Indiens, Curumilla, aidé par les deux Mexicains, avait suspendu l'animal à une forte branche d'arbre qui pliait sous son poids ; il avait taillé des grillades dans le filet et retiré la fressure, qui, pour les chasseurs émérites, est la partie la plus délicate de la bête ; puis, pendant que don Pablo et don Miguel s'occupaient d'allumer le feu et d'étendre les grillades sur les charbons, l'Indien s'enfonça dans la caverne.

Don Pablo et son père, accoutumés de longue main aux façons d'agir du chef araucan, ne lui firent pas d'observation et continuèrent à s'occuper activement des préparatifs du déjeuner, d'autant plus que les fatigues de la nuit et les longues privations auxquelles ils avaient été exposés leur avaient donné un appétit que le fumet des grillades ne faisait qu'augmenter.

Cependant le repas était prêt depuis longtemps et Valentin ne revenait pas encore. Les deux hommes commençaient à s'inquiéter.

Curumilla ne sortait pas non plus de la caverne dans laquelle il était entré depuis une heure à peu près.

Les Mexicains échangèrent un regard.

— Serait-il arrivé quelque chose? demanda don Miguel.

— Il faut voir, répondit don Pablo.

Ils se levèrent.

Don Pablo se dirigea vers la caverne, tandis que don Miguel allait à l'extrémité de la plate-forme.

Au même instant, Valentin arrivait d'un côté pendant que Curumilla paraissait de l'autre.

Curumilla tenait à la main deux peaux d'ourson.

— Qu'est-ce que cela signifie? ne put s'empêcher de demander don Pablo ébahi.

L'Indien sourit.

— L'ours était femelle, dit-il.

— Déjeunons-nous? fit Valentin.

— Quand vous voudrez, mon ami, répondit don Miguel ; nous n'attendions que vous.

— J'ai été longtemps, n'est-ce pas?

— Plus d'une heure.

— Ce n'est pas ma faute. Figurez-vous que là, en bas, il fait noir comme dans un four. J'ai eu une peine extrême à retrouver le corps de notre ami ; mais, grâce à Dieu, il est en terre maintenant et à l'abri des dents des coyotes et des autres vermines de la prairie.

Don Miguel lui prit la main et la lui serra tendrement, tandis que deux larmes de reconnaissance coulaient sur ses joues.

— Valentin, lui dit-il d'une voix émue, vous êtes meilleur que nous tous, vous pensez à tout ; aucune circonstance, si grave qu'elle soit, ne peut vous faire oublier ce que vous considérez comme un devoir. Merci, mon ami, merci d'avoir rendu à la terre le corps de ce pauvre général ; vous me faites bien heureux en ce moment.

— Bien, bien, fit Valentin en détournant la tête pour ne pas laisser voir l'émotion que, malgré lui, il éprouvait ; mangeons, voulez-vous ? J'ai très faim, le soleil se lève, et nous ne sommes pas encore sortis de cet effroyable labyrinthe où nous avons été bien près de laisser nos os.

Les chasseurs s'assirent autour du brasier, et commencèrent à attaquer vivement le repas qui les attendait.

Lorsqu'ils eurent fini de manger, ce qui ne fut pas long, grâce à Valentin qui les excitait à chaque instant à mettre les morceaux doubles, ils se levèrent et se préparèrent à se remettre en route.

— Faisons bien attention à nos pas, caballeros, leur dit le chasseur, veillons avec soin autour de nous, car je me trompe fort ou avant une heure nous trouverons une piste.

— Qui vous le fait supposer ?

— Rien, je n'ai aucun indice, répondit le Français en souriant ; mais j'ai comme un pressentiment qui me dit que nous ne tarderons pas à rencontrer celui que nous cherchons depuis si longtemps.

— Dieu vous entende, mon ami ! s'écria don Miguel.

— En route, en route ! fit Valentin en se mettant en marche.

Ses compagnons le suivirent.

En ce moment le soleil apparut au-dessus de l'horizon, la forêt se réveilla comme par enchantement, et les oiseaux, blottis sous la feuillée, entonnèrent à plein gosier l'hymne matinal qu'ils chantent chaque matin pour saluer l'astre du jour.

XXIX

RECONNAISSANCE

Ainsi que nous l'avons dit, Mme Guillois avait été installée par son fils au village d'hiver des Comanches.

Les Indiens avaient reçu parmi eux, avec joie, la mère du fils adoptif de leur tribu.

Le calli le plus commode avait été immédiatement mis à sa disposition, et les soins les plus attentifs et les plus délicats lui avaient été prodigués.

Le malheureux poussa un cri étouffé et tomba roide mort...

Les Peaux-Rouges ont sur les blancs une incontestable supériorité pour tout ce qui a trait à l'hospitalité. Un hôte pour eux est sacré, à tel point qu'ils se font pour ainsi dire son esclave, tant ils prennent à cœur de combler tous ses désirs et même de satisfaire à ses moindres caprices.

Après que le père Séraphin eut averti le Cèdre-Rouge de se tenir sur ses gardes, il avait rejoint Mme Guillois, afin de veiller plus directement sur elle.

Le digne missionnaire était une ancienne connaissance et un vieil ami des

Comanches, auxquels il avait été utile dans maintes circonstances, et qui respectaient en lui, non pas le prêtre dont ils ne pouvaient comprendre la sublime mission, mais l'homme bon et généreux, toujours prêt à se dévouer pour ses semblables.

Quelques semaines se passèrent sans amener grand changement dans la vie de la vieille dame.

Le Rayon-de-Soleil s'était, de son autorité privée, instituée la servante de Mme Guillois, veillant assidûment à lui procurer ces mille riens qui tiennent une si grande place dans la vie intérieure des femmes, l'égayant par son babil mélangé d'indien, de français et d'espagnol, la soignant comme une mère et cherchant, par tous les moyens possibles, à lui faire tromper le temps.

Nous employons avec intention l'expression espagnole de *tromper* (*engañar*), qui nous semble beaucoup plus vraie et plus juste surtout que celle de *tuer* le temps, dont nous usons en français.

En effet, si nous parvenons quelquefois à tromper le temps, il finit toujours, tôt ou tard, par nous tuer.

Tant que le père Séraphin demeura auprès d'elle, Mme Guillois supporta assez patiemment l'absence de son fils. Les douces et paternelles exhortations du missionnaire lui faisaient, non pas oublier, parce qu'une mère n'oublie pas, mais s'illusionner sur ce que cette séparation avait de cruel.

Malheureusement le père Séraphin avait à remplir des devoirs impérieux qu'il ne pouvait négliger plus longtemps ; il lui fallut, à son grand regret, reprendre le cours de sa vie errante, afin de recommencer sa mission d'abnégation et de souffrance, en portant au sein des tribus indiennes les lumières de l'Évangile et les secours de la religion.

Le père Séraphin était pour Mme Guillois un anneau de la chaîne qui la rattachait à son fils ; elle pouvait parler de lui avec le missionnaire qui connaissait les plus secrètes pensées de son cœur, et savait d'un mot calmer ses inquiétudes et lui rendre le courage. Mais lorsqu'il partit, pour la première fois, depuis son arrivée en Amérique, elle se trouva réellement seule, et perdit pour ainsi dire son fils de nouveau. Aussi la séparation fut-elle cruelle : il fallut toute sa résignation chrétienne et sa longue habitude de la souffrance pour lui faire supporter le nouveau coup qui la frappait.

La vie indienne est bien triste et bien monotone, surtout l'hiver, au fond des bois, dans des huttes mal construites ouvertes à tous les vents, lorsque les arbres dépouillés de leurs feuilles sont couverts de givre, que les villages sont à demi enfouis sous la neige, que le ciel est lourd, et que pendant de longues nuits on entend siffler l'ouragan et tomber sans relâche des pluies diluviennes.

Seule, privée d'un ami dans le sein duquel elle pût déposer le trop-plein de son cœur et confier ses angoisses, Mme Guillois tomba peu à peu dans une mélancolie sombre dont rien ne put l'arracher.

Une femme de l'âge de la mère du chasseur ne rompt pas impunément avec toutes ses habitudes pour entreprendre un voyage comme celui qu'elle avait fait à travers les déserts américains.

Quelles que soient la simplicité et la frugalité de la vie d'une certaine classe de la société en Europe, elle jouit cependant d'un certain confort relatif bien supérieur à tout ce qu'elle doit s'attendre à rencontrer dans les villages indiens, où manquent les objets de première nécessité et où la vie se trouve forcément réduite à sa plus simple expression.

Ainsi, par exemple, la femme habituée à travailler le soir dans un bon fauteuil, au coin d'un feu, dans une chambre bien close, à la lueur d'une lampe, ne pourra jamais, quoi qu'elle fasse, s'astreindre à demeurer accroupie sur le sol battu devant un feu dont la fumée l'aveugle, dans une hutte sans fenêtre, éclairée seulement par la lueur tremblotante d'une torche fumeuse.

Lorsque Mme Guillois avait quitté le Havre, elle n'avait qu'un but, un désir : revoir son fils quand même; toute autre considération devait céder à celle-là; elle avait gaiement sacrifié le bien-être dont elle jouissait pour retrouver le fils qu'elle croyait avoir perdu et qui remplissait son cœur.

Cependant, malgré la forte constitution dont elle jouissait et l'énergie virile de son caractère, lorsqu'elle eut supporté les fatigues d'une traversée de trois mois, et celles non moins rudes d'un voyage de plusieurs semaines à travers les forêts et les prairies, voyageant à cheval, se nourrissant de venaison et dormant à la belle étoile, sa santé s'était peu à peu altérée, ses forces s'étaient usées dans cette lutte de chaque jour et de chaque heure, et, blessée au moral comme au physique, elle avait enfin été contrainte de s'avouer vaincue et de reconnaître qu'elle était trop faible pour supporter plus longtemps une pareille existence.

Elle maigrissait et dépérissait à vue d'œil; ses joues se creusaient, ses yeux s'enfonçaient de plus en plus sous l'arcade sourcilière, son nez s'amincissait, son visage était pâle, son regard languissait; enfin tous les symptômes révélaient que cette nature qui jusqu'alors avait si vaillamment résisté, s'affaissait rapidement et qu'elle était minée par une maladie qui depuis longtemps couvait intérieurement et venait enfin de se déclarer.

Mme Guillois ne se faisait pas illusion sur son état, elle en calculait froidement et exactement toutes les péripéties probables, suivait pas à pas les différentes phases de sa maladie, et lorsque le Rayon-de-Soleil s'informait avec anxiété de ce qu'elle avait et de ce qu'elle souffrait, elle lui répondit avec ce sourire calme et navrant du condamné à mort qui n'a plus d'espoir, sourire plus triste qu'un sanglot :

— Ce n'est rien, mon enfant, je meurs.

Ces paroles étaient prononcées avec un accent de douceur et de résignation si étrange, que la jeune Indienne sentait ses yeux s'emplir de larmes et se cachait pour pleurer.

Un matin, un joyeux soleil brillait sur le village, le ciel était bleu, l'air était tiède. Mme Guillois, assise devant son calli, se chauffait frileusement à ce dernier sourire de l'automne, en suivant machinalement, d'un regard voilé, les feuilles jaunies, qu'une légère brise ballottait et faisait tourbillonner dans l'espace.

Non loin d'elle les enfants prenaient leurs ébats, courant et se poursuivant avec de gais et frais éclats de rire.

La femme de l'Unicorne vint s'accroupir auprès d'elle, lui prit la main, et la regardant avec intérêt :

— Ma mère se sent mieux? lui demanda-t-elle de sa voix douce comme celle du rossignol mexicain.

— Merci, chère petite, répondit affectueusement la vieille dame, je suis bien.

— Tant mieux! répondit le Rayon-de-Soleil avec un charmant sourire, parce que j'ai une bonne nouvelle à annoncer à ma mère.

— Une bonne nouvelle! s'écria-t-elle vivement en lui lançant un regard perçant; mon fils serait-il arrivé?

— Ma mère l'aurait vu déjà, dit la jeune femme avec un ton de léger reproche.

— C'est vrai, murmura-t-elle à voix basse ; pauvre Valentin !

Elle laissa tristement tomber sa tête sur sa poitrine.

Le Rayon-de-Soleil la considéra un instant avec une expression de douce pitié.

— Ma mère ne veut-elle pas apprendre la nouvelle que j'avais à lui annoncer? reprit-elle.

Mme Guillois soupira.

— Parlez, mon enfant, dit-elle.

— Un des grands guerriers de la tribu vient d'entrer dans le village, continua la jeune femme; l'Araignée a quitté le chef il y a deux jours.

— Ah! dit insoucieusement la vieille dame en voyant que le Rayon-de-Soleil s'arrêtait; et où est le chef en ce moment?

— L'Araignée dit que l'Unicorne est dans la montagne avec ses guerriers; il a vu Koutonepi.

— Il a vu mon fils! s'écria Mme Guillois qui savait que les Comanches nommaient ainsi Valentin.

— Il l'a vu, appuya le Rayon-de-Soleil ; le chasseur est avec ses amis à la poursuite du Cèdre-Rouge.

— Et... il n'est pas blessé? demanda-t-elle avec anxiété.

La jeune Indienne fit une petite moue d'une expression ravissante.

— Le Cèdre-Rouge est un chien et une vieille femme poltronne, dit-elle; son bras n'est pas assez fort, son œil assez sûr, pour blesser le grand chasseur pâle. Koutonepi est un guerrier redoutable, il méprise les hurlements du coyote.

Il y avait assez longtemps que Mme Guillois habitait parmi les Indiens pour être au courant de leurs expressions figurées; elle serra avec reconnaissance la main de la jeune femme.

— Votre grand guerrier a-t-il vu mon fils? lui demanda-t-elle avec intérêt.

— Oui, reprit vivement le Rayon-de-Soleil, l'Araignée a vu le chasseur pâle; il lui a parlé. Koutonepi lui a remis un collier pour ma mère.

— Un collier? fit-elle avec étonnement et ne comprenant pas ce que l'Indienne lui disait; que veut-il que j'en fasse?

Le visage du Rayon-de-Soleil prit une expression sérieuse.

— Les blancs sont de grands sorciers, dit-elle : ils savent faire de puissantes médecines; avec des figures tracées sur l'écorce du bouleau ils se communiquent leurs pensées à de grandes distances ; l'espace n'existe pas pour eux. Ma mère ne veut-elle pas recevoir le collier que lui envoie son fils ?

— Donnez, donnez, chère enfant! s'écria-t-elle vivement; tout ce qui vient de lui a du prix pour moi.

La jeune femme sortit de dessous sa robe de calicot rayé un carré d'écorce large comme la main et le lui présenta.

Mme Guillois le prit curieusement. Ne sachant pas ce que signifiait ce cadeau, elle le tourna et le retourna dans ses mains, tandis que le Rayon-de-Soleil la regardait avec attention.

Soudain les traits de la vieille dame brillèrent, et elle poussa un cri de joie; elle venait d'apercevoir quelques mots tracés dans l'intérieur de l'écorce avec la pointe d'un poignard.

— Ma mère est contente? demanda le Rayon-de-Soleil.
— Oh ! oui ! répondit-elle.
Et elle lut avidement.

— Le billet était court ; il ne contenait que quelques mots à peine, et cependant ces quelques mots comblèrent de joie la pauvre mère; ils lui donnaient des nouvelles certaines de son fils.

Voilà ce qu'écrivait Valentin :

« Ma mère, ayez bon courage, ma santé est excellente.
« A bientôt.
        « Votre fils qui vous aime,
           « VALENTIN. »

Il était impossible d'écrire une lettre plus laconique.

Mais au désert, où les communications sont si difficiles, on doit savoir gré à un fils de donner de ses nouvelles, ne serait-ce que par un mot.

Mme Guillois était ravie. Lorsqu'elle eut lu et relu la ligne tracée par son fils, elle se tourna vers la jeune femme.

— L'Araignée est-il un chef? demanda-t-elle.
— L'Araignée est un des grands guerriers de la tribu, répondit le Rayon-de-Soleil avec orgueil; l'Unicorne a en lui une grande confiance.
— Bon! je comprends ; il vient ici, chargé d'une mission particulière?
— L'Unicorne a chargé son ami de choisir vingt guerriers d'élite dans la tribu et de les lui amener.

Une idée soudaine traversa l'esprit de Mme Guillois.

— Le Rayon-de Soleil m'aime? lui demanda-t-elle.
— J'aime ma mère, répondit-elle avec sentiment; son fils m'a sauvé la vie.
— Est-ce que ma fille ne s'ennuie pas de ne pas être auprès de son mari? reprit la vieille dame.
— L'Unicorne est un grand chef; lorsqu'il commande, le Rayon-de-Soleil se courbe et obéit sans murmurer : le guerrier est l'aigle fort et courageux, la femme est la colombe timide et craintive.

Il y eut un assez long silence, que le Rayon-de-Soleil interrompit enfin en disant avec un fin sourire :

— Ma mère avait quelque chose à me demander?

— A quoi bon, chère enfant, repondit-elle avec hésitation, puisque vous ne voudrez pas m'accorder ma demande?

— Ma mère le croit, mais elle n'en est pas sûre, fit-elle malicieusement.

La vieille dame sourit.

— Avez-vous donc deviné ce que j'allais vous dire ? répondit-elle.

— Peut-être ! Que ma mère s'explique, afin que je voie si je me suis trompée.

— Non, c'est inutile; je sais que ma fille me refusera.

Le Rayon-de-Soleil éclata d'un rire frais et joyeux en frappant ses petites mains l'une contre l'autre.

— Ma mère sait bien que non, dit-elle. Pourquoi ma mère n'a-t-elle pas confiance en moi? est-ce que quelquefois elle m'a trouvée méchante?

— Jamais; au contraire, toujours vous avez été prévenante, douce et bonne pour moi, cherchant à calmer mes chagrins, à dissiper mes inquiétudes.

— Que ma mère parle donc, puisque les oreilles d'une amie sont ouvertes, lui dit le Rayon-de-Soleil d'une voix calme.

— Au fait, reprit la vieille dame qui semblait se consulter, ce que je désire est juste. Le Rayon-de Soleil est mère? fit-elle avec intention.

— Oui, répondit-elle vivement.

— Ma fille aime son enfant?

L'Indienne la regarda avec étonnement.

— Est-ce qu'il y a des mères dans la grande île des blancs qui n'aiment pas leur enfant ? dit-elle. Mon enfant, c'est moi : n'est-il pas ma chair, mon sang et mes os? Qu'est-ce qu'il y a de plus beau qu'un enfant pour une mère?

— Rien, c'est vrai, soupira Mme Guillois. Si ma fille était séparée de son enfant, que ferait-elle?

— Ce que je ferais ! s'écria l'Indienne dans l'œil noir de laquelle passa une flamme; j'irais le rejoindre, n'importe où il serait, n'importe comment.

— Bon, fit la vieille dame avec joie. Moi aussi j'aime mon enfant, ma fille le sait; eh bien, je veux le rejoindre, parce que mon cœur se déchire à la pensée de rester plus longtemps loin de lui.

— Je le savais, cela est dans la nature, on ne peut s'y opposer; la fleur se flétrit séparée de sa tige, une mère souffre loin du fils qu'elle a nourri de son lait. Que veut faire ma mère?

— Hélas! je veux partir le plus tôt possible, pour aller embrasser mon fils.

— Cela est juste, j'aiderai ma mère.

— Comment ferons-nous ?

— Cela me regarde : l'Araignée va réunir le conseil afin d'expliquer sa mission et d'exposer sa démarche aux chefs; beaucoup de nos jeunes hommes sont dispersés dans la forêt à tendre des trappes et chasser l'élan pour nourrir leurs familles; il faudra deux jours à l'Unicorne pour réunir les vingt guerriers qu'il veut emmener; il ne partira qu'au troisième soleil. Que ma mère se tranquillise, je parlerai à l'Araignée; dans trois jours nous partirons.

Elle embrassa la vieille dame qui répondit tendrement à son étreinte, se leva et s'éloigna après lui avoir fait un dernier signe d'encouragement.

Mᵐᵉ Guillois rentra dans le calli, le cœur soulagé d'un grand poids; il y avait longtemps qu'elle ne s'était sentie si heureuse. Elle avait oublié ses souffrances et les douleurs aiguës de la maladie qui la minait, pour ne plus songer qu'au moment prochain où elle embrasserait son fils.

Tout arriva ainsi que l'avait prévu le Rayon-de-Soleil.

Une heure plus tard, le hachesto convoqua à grands cris les chefs dans la grande hutte de la médecine.

Le conseil dura longtemps; il se prolongea presque jusque vers la fin de la journée.

La demande de l'Araignée fut accordée, et vingt guerriers d'élite choisis pour aller sous ses ordres se joindre au grand chef de la tribu.

Mais, comme l'avait encore prévu la jeune Indienne, les guerriers étaient absents pour la plupart; force était d'attendre leur retour.

Pendant les deux jours qui suivirent, le Rayon-de-Soleil eut de fréquents entretiens avec l'Araignée, mais elle n'échangea pas une parole avec Mᵐᵉ Guillois, se contentant seulement, lorsque le regard de la mère du chasseur devenait trop interrogateur, de poser en souriant son doigt effilé sur sa bouche mignonne.

La pauvre mère, soutenue par une force factice, en proie à une fièvre brûlante, comptait tristement les heures en formant les vœux les plus ardents pour que son projet réussît.

Enfin, le soir du second jour, le Rayon-de-Soleil qui, jusque-là, avait semblé éviter la vieille dame, s'approcha résolument d'elle.

— Eh bien ? demanda la mère.
— Nous partons.
— Quand ?
— Demain à l'*endit'ha* (au point du jour).
— L'Araignée a donné sa parole à ma fille ?
— Il me l'a donnée, que ma mère se tienne donc prête à partir.
— Je le suis.

L'Indienne sourit.

— A demain ! dit-elle.
— A demain !

Au point du jour, ainsi que cela avait été convenu la veille, Mᵐᵉ Guillois et le Rayon-de-Soleil se mettaient en marche sous la conduite de l'Araignée et de ses vingt guerriers, afin de rejoindre l'Unicorne.

XXX

OU NATHAN JOUE LE RÔLE DE SORCIER

Bien que l'Araignée fût un guerrier comanche dans toute la force du terme, c'est-à-dire téméraire, astucieux, brutal et cruel, les lois de la galanterie ne lui étaient cependant pas complètement inconnues; d'abord il avait accepté avec empressement la proposition que lui avait adressée le Rayon-de-Soleil de la conduire avec Mme Guillois auprès de l'Unicorne.

L'Indien, qui avait, comme la plupart de ses compatriotes, de grandes obligations à Valentin, avait saisi avec joie cette occasion de lui être agréable.

Si l'Araignée n'avait voyagé qu'avec ses vingt guerriers, la route aurait, selon l'expression comanche, été dévorée entre deux couchers de soleil; mais, menant avec lui deux femmes, dont l'une non seulement était âgée, mais encore Européenne, c'est-à-dire nullement habituée à la vie du désert, il avait compris, sans que personne lui en fît l'observation, — car Mme Guillois serait morte avant de se plaindre, et elle seule aurait pu parler; — il avait compris, dis-je, qu'il lui fallait modifier complètement sa manière de voyager. Ce fut ce qu'il fit.

Les deux femmes, montées sur de forts chevaux, Mme Guillois commodément assise sur un coussin fait avec sept ou huit peaux de panthère, furent, de crainte d'accident, placées au centre de la troupe qui, à cause de sa force numérique, n'avait pas pris la file indienne.

On marcha ainsi au trot des chevaux pendant toute la journée. Au coucher du soleil, l'Araignée donna l'ordre de camper.

Il descendit de cheval un des premiers, et à l'aide de son couteau il abattit, en un tour de main, un monceau de branches dont il confectionna, comme par enchantement, une hutte pour abriter les deux femmes contre la rosée.

Les feux furent allumés, le souper préparé, et, aussitôt après le repas, tout le monde, excepté les sentinelles, se livra au repos.

Seule, Mme Guillois ne dormait pas, la fièvre et l'impatience la tenaient éveillée; elle passa ainsi la nuit tout entière accroupie dans un coin de la hutte et réfléchissant.

Au lever du soleil, on se remit en route; seulement, comme on approchait des montagnes, le vent devenait froid, un épais brouillard planait sur la prairie. Chacun s'enveloppa avec soin dans ses fourrures jusqu'à ce que, vers dix heures du matin, les rayons solaires, ayant acquis une certaine force, rendirent cette précaution inutile.

Dans certaines contrées de l'Amérique, le climat offre cette particularité peu agréable, que le matin il gèle à pierre fendre, à midi la chaleur est étouffante, et le soir le thermomètre redescend au-dessous de zéro.

La journée se passa sans incident digne d'être rapporté. Vers le soir, une

Don Pablo et don Miguel s'occupaient d'allumer le feu et d'étendre les grillades sur les charbons.

heure environ avant la halte de nuit, l'Araignée, qui galopait en éclaireur à quelques centaines de mètres en avant de sa troupe, découvrit des traces de pas. Ces empreintes étaient nettes, franches, égales, profondes, et paraissaient appartenir à un homme jeune, vigoureux, habitué à la marche.

L'Araignée rejoignit sa troupe sans communiquer à personne la découverte qu'il avait faite ni le résultat de ses observations.

Le Rayon-de-Soleil, auprès de qui il se trouvait en ce moment, lui frappa sur l'épaule pour attirer son attention.

— Regardez donc, guerrier, lui dit-elle en étendant le bras en avant un peu sur la gauche ; ne croirait-on pas voir un homme marcher là-bas ?

L'Indien s'arrêta, plaça sa main droite au-dessus des yeux en abat-jour, afin de concentrer les rayons visuels, et examina longtemps et avec une profonde attention le point que lui désignait la femme du chef.

Enfin il se remit en marche en hochant la tête à plusieurs reprises.

— Eh bien ! qu'en pense mon frère ? demanda le Rayon-de-Soleil.

— C'est un homme, répondit-il ; d'ici il paraît être Indien, et cependant, ou j'aurai mal vu, ou bien je me trompe.

— Comment cela ?

— Écoutez, vous êtes la femme du premier chef de la tribu, je puis donc vous dire cela : il y a là-dessous quelque chose d'étrange ; j'ai, il y a quelques instants, découvert des empreintes. Par la direction qu'elles suivent il est évident qu'elles sont à cet homme, d'autant plus qu'elles sont fraîches comme si elles venaient d'être faites à l'instant.

— Eh bien ?

— Eh bien, ces empreintes ne sont pas les traces d'un Peau-Rouge, mais, au contraire, celles d'un homme blanc.

— Voilà qui, en effet, est étrange, murmura la jeune femme devenue sérieuse ; mais êtes-vous bien sûr de ce que vous avancez ?

L'Indien sourit avec dédain.

— L'Araignée est un guerrier, dit-il ; un enfant de huit ans aurait vu comme moi : les pieds sont tournés en dehors ; les Indiens, au contraire, marchent en dedans ; le pouce est collé au quatrième doigt, tandis que nous avons nous autres le pouce très écarté ; après de tels indices, est-il possible de se tromper, je le demande à ma sœur ?

— C'est vrai, fit-elle, je m'y perds.

— Et, tenez, reprit-il, maintenant que nous voici un peu plus près de cet homme, remarquez son allure ; il est évident qu'il essaye de se cacher, il croit ne pas avoir été encore aperçu par nous, et il agit en conséquence. Le voilà qui se baisse derrière ce lentisque ; maintenant il reparaît. Voyez, il s'arrête, il réfléchit, il craint que nous ne l'ayons vu et que sa marche ne nous ait semblé suspecte. Tenez, il s'asseoit pour nous attendre.

— Soyons sur nos gardes, dit le Rayon-de-Soleil.

— Je veille, répondit l'Araignée avec un sinistre sourire.

Cependant, tout ce qu'avait annoncé l'Araignée s'était accompli de point en point. L'inconnu, après avoir semblé à plusieurs reprises chercher à se dissimuler derrière les halliers et à disparaître dans les montagnes, avait calculé que s'il fuyait, ceux qui le voyaient l'auraient bientôt découvert, grâce à leurs chevaux. Faisant alors contre fortune bon cœur, il était revenu sur ses pas, et, assis sur le sol, le dos appuyé à un *tamàrindo*, il fumait tranquillement tout en attendant l'arrivée des cavaliers qui s'approchaient rapides de son côté.

Plus les Comanches approchaient près de cet homme, plus il leur semblait reconnaître un Indien.

Ils se trouvèrent enfin à quelques pas de lui; alors tous les doutes cessèrent. Cet homme était ou paraissait être du moins un de ces innombrables sorciers vagabonds qui courent de tribu en tribu dans le Far West pour guérir les malades et pratiquer leurs enchantements.

Dans le fait, le sorcier n'était autre que Nathan le squatter, que le lecteur a reconnu sans doute depuis longtemps déjà.

Après avoir, selon son habitude, si noblement reconnu, en l'assassinant, le service que lui avait rendu le pauvre sorcier que sa science n'avait pu mettre en garde contre cette abominable trahison, Nathan s'était éloigné au plus vite, résolu à traverser les lignes ennemies, presque certain de réussir, grâce au déguisement dont il s'était affublé, déguisement que, nous le répétons, il portait avec une perfection rare.

Lorsqu'il avait aperçu les cavaliers, mettant à profit ce vieil adage qui dit que lorsque l'on a quelque chose à redouter il faut toujours, autant que possible, prendre ses jambes à son cou, il avait cherché à fuir; malheureusement pour lui, il était à pied, assez fatigué déjà d'une longue course et dans un pays tellement ouvert et dénué de bois touffus, qu'il reconnut bientôt que s'il s'obstinait à chercher à s'échapper, il se perdrait inévitablement en donnant des soupçons à des gens qui, ne le connaissant pas, se contenteraient probablement de l'étiquette du sac sans chercher à voir plus loin. Il comptait ensuite sur le caractère superstitieux des Indiens et sur la dose remarquable d'audace et d'effronterie dont il était doué pour les tromper.

Ces réflexion furent faites par Nathan avec cette rapidité et cette sûreté de coup d'œil qui distinguent les hommes d'action ; son parti fut pris à la minute, et, s'asseyant au pied d'un arbre, il attendit impassible l'arrivée des étrangers.

Du reste, disons-le, Nathan était un homme d'une témérité aventureuse et d'un caractère indomptable; la position critique dans laquelle le jetait subitement le hasard, loin de l'effrayer, lui plaisait au contraire et lui causait une certaine émotion qui n'était pas dénuée de charmes pour un homme de sa trempe.

Suivant toujours ce système qui consiste à prendre ses avantages chaque fois qu'on en trouve l'occasion, il s'établit carrément dans sa personnalité d'emprunt, et lorsque les Indiens s'arrêtèrent devant lui, il leur adressa le premier la parole :

— Mes fils sont les bienvenus à mon campement, dit-il avec cet accent guttural si prononcé qui appartenait à la race rouge seule et que les blancs ont tant de peine à imiter : le Wacondah les a conduits ici, je m'efforcerai de remplir ses intentions en les recevant le mieux qu'il me sera possible.

— Merci, répondit l'Araignée en lui jetant un regard investigateur, nous acceptons l'offre de notre frère aussi franchement qu'il nous l'a faite ; mes jeunes hommes camperont avec lui.

Il donna ses ordres, qui furent immédiatement exécutés. Comme la veille, l'Araignée construisit une hutte pour les femmes, hutte dans laquelle celles-ci se retirèrent immédiatement. Le sorcier avait jeté sur elles un regard qui avait fait passer un frisson sur tout leur corps.

Après le repas, l'Araignée alluma sa pipe indienne et s'assit auprès du sorcier ; il voulait causer avec lui et tâcher d'éclaircir, non pas des soupçons, mais des doutes qu'il avait à son égard.

Malgré lui, l'Indien éprouvait pour cet homme un sentiment de répulsion invincible dont il ne pouvait se rendre compte.

Nathan, bien qu'en fumant avec toute la gravité que les Peaux-Rouges mettent à cette opération, s'enveloppant d'un épais nuage de fumée, qu'il chassait par le nez et la bouche, suivait d'un regard en dessous tous les mouvements de l'Indien, sans paraître s'occuper de lui.

— Mon père voyage ? demanda l'Araignée.

— Oui, répondit laconiquement le soi-disant sorcier.

— Depuis longtemps ?

— Depuis huit lunes.

— Ooah ! fit l'Indien avec étonnement ; d'où vient donc mon père ?

Nathan ôta de sa bouche le tuyau de sa pipe, prit un air mystérieux et répondit avec un accent grave et réservé :

— Le Wacondah est tout-puissant, ceux auxquels parle le maître de la vie gardent ses paroles dans leur cœur.

— C'est juste, répondit en s'inclinant l'Araignée, qui ne comprenait pas.

— Mon fils est un guerrier de la redoutable reine des prairies, c'est un fils des Comanches ? reprit le prétendu sorcier.

— Je suis, en effet, un guerrier comanche.

— Est-ce que mon fils est sur le sentier de la chasse ?

— Non, je suis en ce moment le sentier de la guerre.

— Ooah ! Mon fils espère-t-il donc tromper un grand médecin, qu'il prononce de telles paroles devant moi ?

— Mes paroles sont vraies, mon sang coule clair comme l'eau dans mes veines, un mensonge n'a pas souillé mes lèvres, mon cœur ne souffle à ma poitrine que la vérité, répondit l'Araignée avec une certaine hauteur, intérieurement blessé du soupçon du sorcier.

— Bon, je veux bien le croire, reprit celui-ci ; mais depuis quand les Comanches emmènent-ils leurs femmes sur le sentier de la guerre ?

— Les Comanches sont maîtres de leurs actions ; nul n'a le droit de les contrôler.

Nathan comprit qu'il avait fait fausse route et que si l'entretien continuait sur ce train, il s'aliénerait cet homme qu'il avait tant d'intérêt à ménager. Il changea de tactique.

— Moins que tout autre, dit-il avec douceur, je me reconnais le droit de contrôler les actes des guerriers ; ne suis-je pas un homme de paix ?

L'Araignée sourit avec mépris.

— En effet, dit-il d'un ton de bonne humeur, les grands médecins comme mon père sont comme les femmes, ils vivent très longtemps ; le Wacondah les protège.

Le prétendu sorcier se garda bien de relever ce qu'il y avait d'amer dans le sarcasme que lui lançait son interlocuteur.

— Mon fils retourne à son village ? lui demanda-t-il.

— Non, répondit l'autre ; je vais, au contraire, rejoindre le grand chef de ma tribu qui, avec ses plus célèbres guerriers, est en expédition.
— A quelle tribu appartient donc mon fils?
— A celle de l'Unicorne.

Nathan tressaillit intérieurement, bien que son visage demeurât impassible.

— *Ooah!* fit-il, l'Unicorne est un grand chef ; sa renommée s'étend sur toute la terre. Quel guerrier oserait lutter avec lui dans la prairie ?
— Mon père le connaît?
— Je n'ai pas cet honneur, bien que souvent je l'aie désiré ; jamais jusqu'à ce jour je n'ai pu me rencontrer avec ce chef célèbre.
— Qu'à cela ne tienne ; si mon père le désire, je le lui ferai connaître.
— Ce serait un bonheur pour moi, mais la mission que m'a confiée le Wacondah réclame ma présence loin d'ici encore. Le temps me presse ; je ne puis, malgré mon désir, m'écarter de ma route.
— Bon ! l'Unicorne est à trois heures de marche à peine de l'endroit où nous sommes ; demain de bonne heure nous atteindrons son camp.
— Comment se fait-il que se trouvant aussi près de son chef, mon fils, qui me semble un guerrier prudent, se soit arrêté ici ?

Tout soupçon s'était effacé dans l'esprit de l'Indien, aussi répondit-il franchement cette fois sans chercher à déguiser la vérité et en mettant de côté toute réticence.

— Mon père a raison ; j'aurais sans doute continué à marcher jusqu'au camp du chef que j'aurais atteint certainement ce soir avant le chant de la hulotte, mais les deux femmes qui sont avec moi m'ont retardé et forcé d'agir comme je l'ai fait.
— Mon fils est jeune, répondit Nathan avec un sourire insinuant.
— Mon père se trompe, ces femmes sont sacrées pour moi, je les aime et je les respecte : l'une est la femme de l'Unicorne lui-même qui se rend auprès de son mari ; la seconde est une Face-Pâle, ses cheveux sont blancs comme les nuages qui passent au-dessus de nos têtes chassés par la brise du soir, son corps est courbé sous le poids des hivers ; elle est mère d'un grand chasseur des Visages-Pâles, fils adoptif de notre tribu, dont le nom est sans doute arrivé jusqu'à mon père.
— Comment se nomme ce chasseur?
— Koutonepi.

A ce nom, auquel cependant il devait s'attendre, Nathan fit malgré lui un tel bond en arrière que l'Araignée s'en aperçut.

— Koutonepi serait-il l'ennemi de mon père? demanda-t-il avec étonnement.
— Bien au contraire, se hâta de répondre Nathan ; les hommes protégés par le Wacondah n'ont pas d'ennemis, mon fils le sait ; la joie que j'ai éprouvée en entendant prononcer ce nom a causé l'émotion que mon fils a remarquée.
— Il faut que mon père ait de puissantes raisons pour avoir manifesté tant de surprise.

— J'en ai, en effet, de bien fortes, répondit le prétendu sorcier avec une feinte exaltation : Koutonepi a sauvé la vie à ma mère.

Ce mensonge fut fait avec un si magnifique aplomb et un air de profonde conviction si bien joué, que l'Indien fut convaincu et s'inclina respectueusement devant le prétendu sorcier.

— Alors, dit-il, je suis certain que mon père ne regardera pas à se déranger quelque peu de sa route pour voir celui auquel il est attaché par des liens de reconnaissance aussi forts; car il est probable que nous rencontrerons Koutonepi au camp de l'Unicorne.

Nathan fit la grimace ; ainsi qu'il arrive ordinairement aux fourbes, qui pour dissiper à tout prix les soupçons veulent trop prouver, il s'était enferré; maintenant il comprit que, sous peine de se rendre de nouveau suspect, il lui fallait subir les conséquences de son mensonge et aller en avant quand même.

L'Américain n'hésita pas, il se fia à son étoile pour le sortir du mauvais pas dans lequel il s'était mis. Le hasard est surtout le dieu des bandits ; c'est sur lui qu'ils comptent, et nous sommes forcés d'avouer qu'il les trompe rarement.

— J'accompagnerai mon fils au camp de l'Unicorne, dit-il.

La conversation continua encore quelque temps entre les deux hommes.

Enfin, lorsque la nuit fut noire, l'Araignée prit congé du sorcier et, suivant sa coutume depuis le commencement du voyage, il alla se coucher en travers de l'entrée de la hutte dans laquelle reposaient les deux femmes, et il ne tarda pas à s'endormir.

Resté seul devant le feu, Nathan jeta autour de lui un regard investigateur.

Les sentinelles, immobiles comme des statues de bronze, veillaient appuyées sur leurs longues lances.

Toute fuite était impossible.

L'Américain poussa un soupir de regret, s'enveloppa dans sa robe de bison et s'allongea sur la terre en murmurant à voix basse :

— Bah ! demain il fera jour. Puisque j'ai réussi à tromper celui-là, pourquoi ne serais-je pas aussi heureux avec les autres ?

Et il s'endormit.

XXXI

LA GAZELLE-BLANCHE.

La nuit fut tranquille. Dès que le soleil parut à l'horizon, tout fut en mouvement dans le camp pour les apprêts du départ.

Les chevaux furent sellés, les rangs se formèrent, les deux femmes sortirent de la hutte, vinrent se placer au milieu du détachement, et l'on n'attendait plus que l'ordre de se mettre en marche.

Nathan, se conformant alors à son rôle de sorcier, prit une calebasse, la remplit d'eau, et y trempant une branche d'absinthe, il aspergea les quatre airs de l'horizon en murmurant des paroles mystérieuses, afin de chasser l'esprit du mal ; il jeta ensuite le contenu de la calebasse vers le soleil, en criant à haute voix, à trois reprises différentes :

— Soleil, reçois cette offrande ; vois-nous d'un œil favorable, nous sommes tes enfants.

Dès que cette cérémonie fut terminée, les Indiens se mirent joyeusement en route.

L'incantation du sorcier leur avait fait plaisir, d'autant plus qu'au moment du départ quatre aigles à tête chauve, déployant leurs larges ailes, s'étaient lentement élevés à leur droite, montant en ligne directe vers le ciel, où bientôt ils ne tardèrent pas à disparaître à une prodigieuse hauteur.

Les présages étaient donc on ne peut plus favorables, et le sorcier avait subitement acquis une énorme importance aux yeux des superstitieux Comanches.

Cependant deux personnes conservaient contre cet homme des préventions qu'elles ne pouvaient vaincre.

Ces deux personnes étaient le Rayon-de-Soleil et la mère du chasseur.

Malgré elles, à chaque instant elles dirigeaient les yeux vers le sorcier qui, averti par une espèce d'intuition de l'inquisition dont il était l'objet, se tenait à une distance respectueuse, marchant en tête de la troupe, aux côtés de l'Araignée, avec lequel il conversait à voix basse, afin de le retenir près de lui et de l'empêcher ainsi d'aller retrouver les deux femmes, qui auraient pu lui communiquer leurs soupçons.

La troupe s'avança au trot au milieu d'un paysage d'un aspect grandiose et saisissant ; çà et là, dispersés sans ordre dans la plaine, ils apercevaient des blocs de rochers de forme sphérique dont la hauteur variait parfois de deux à quatre et même cinq cents pieds.

A l'est s'élevaient les dernières cimes de la sierra de los Comanches, au milieu de laquelle les voyageurs se trouvaient engagés. Les pics dénudés élevaient jusqu'aux cieux leurs sommets blancs et neigeux qui s'étendaient bien loin vers le nord jusqu'à ce qu'ils ne présentassent plus à l'horizon qu'une légère vapeur qu'un œil inexpérimenté eût prise pour des nuages, mais que les Comanches reconnaissaient fort bien pour être la continuation des montagnes Rocheuses.

A gauche de la troupe et presque à ses pieds se déroulait une immense étendue de désert bornée bien loin à l'horizon par une autre ligne de vapeur blanche presque imperceptible qui marquait la place de la chaîne Rocheuse.

Les Indiens montaient insensiblement par des sentiers presque infranchissables, mais où leurs chevaux s'avançaient si résolument qu'ils semblaient pour ainsi dire s'accrocher au sol, tant leur pas était sûr.

Au fur et à mesure qu'on s'engageait dans les montagnes, le froid devenait plus vif ; enfin, vers neuf heures du matin, après avoir traversé une gorge étroite profondément encaissée entre deux hautes montagnes dont les masses leur interceptaient les rayons bienfaisants du soleil, ils débouchèrent dans une riante vallée d'une lieue d'étendue environ, au centre de laquelle s'élevaient les tentes et fumaient les feux du camp de l'Unicorne.

Dès que les vedettes eurent signalé l'arrivée du détachement de l'Araignée, une soixantaine de guerriers montèrent à cheval et vinrent en caracolant, en tirant des coups de fusil et en poussant des cris de bienvenue, au-devant des arrivants qui, de leur côté, faisaient parader leurs chevaux et répondaient par des cris et les sifflements de leurs sifflets de guerre, dont ils tiraient des notes aiguës et prolongées.

Ils firent ainsi leur entrée dans le camp et se dirigèrent vers la hutte de l'Unicorne.

Le chef, prévenu déjà de l'arrivée du renfort qu'il attendait, se tenait debout, les bras croisés, devant sa hutte, entre le totem et le grand calumet.

L'Unicorne avait d'un coup d'œil rapide inspecté les guerriers et aperçu les deux femmes et le sorcier étranger qu'ils amenaient avec eux; cependant il ne sembla pas les voir; son visage ne laissa paraître aucune trace d'émotion : il attendit, impassible, que l'Araignée lui eût rendu compte de sa mission.

Le guerrier comanche mit pied à terre, jeta la bride de son cheval aux mains d'un de ses compagnons, plaça les bras en croix sur sa poitrine, s'inclina profondément en faisant chaque fois un pas en avant, et, arrivé à une courte distance du sachem, il salua une dernière fois en disant :

— L'Araignée a accompli sa mission, il a pris des pieds de gazelle pour revenir plus vite.

— L'Araignée est un guerrier expérimenté dans lequel j'ai entière confiance. Il me ramène le nombre de jeunes gens que j'avais demandé à la nation? répondit l'Unicorne.

— Les anciens se sont réunis autour du feu du conseil, ils ont prêté l'oreille aux paroles de l'Araignée; les vingt jeunes guerriers sont là, bouillants de courage et fiers de suivre sur le sentier de la guerre un chef redouté comme mon père.

L'Unicorne sourit avec orgueil à ce compliment; mais reprenant presque aussitôt l'expression rigide qui était un des caractères habituels de sa physionomie :

— J'ai entendu le chant du centzontle, dit-il, mon oreille a été frappée des modulations mélodieuses de sa voix. Me suis-je trompé, ou bien a-t-il établi son nid sous l'épais feuillage des chênes ou des mélèzes de cette vallée?

— Mon père s'est trompé; ce n'est pas le rossignol dont il a entendu le chant, c'est la voix de l'amie de son cœur dont l'accent a pénétré jusqu'à lui et l'a fait tressaillir, murmura doucement le Rayon-de-Soleil en s'approchant avec timidité.

Le chef regarda sa femme avec un mélange d'amour et de sévérité.

— Ame de ma vie, lui dit-il, pourquoi avez-vous quitté le village? Votre place est-elle ici parmi des guerriers? La femme d'un chef doit-elle, sans y être autorisée, se mettre sur le sentier de la guerre?

La jeune femme baissa les yeux, deux perles humides tremblèrent à l'extrémité de ses longs cils.

— L'Unicorne est sévère pour sa femme, répondit-elle avec tristesse; l'hiver s'avance à grands pas, les hauts arbres sont dépouillés de leurs feuilles, la neige tombe à flots pressés sur les montagnes, le Rayon-de-Soleil est inquiet

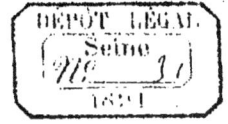

— Ma mère se sent mieux ? lui demanda-t-elle de sa voix douce comme celle du rossignol mexicain.

dans sa hutte solitaire ; depuis plusieurs lunes déjà, le chef a laissé sa femme seule et s'est éloigné, elle a voulu revoir celui qu'elle aime.

— Le Rayon-de-Soleil est la femme d'un chef, son cœur est fort ; souvent elle a été séparée de l'Unicorne, et toujours elle a attendu son retour sans se plaindre : pourquoi aujourd'hui sa conduite a-t-elle été différente ?

La jeune femme prit la main de Mme Guillois.

— La mère de Koutonepi a voulu revoir son fils, répondit-elle simplement.

Le visage de l'Unicorne se rasséréna, sa voix se radoucit.

— La mère de mon frère est la bienvenue dans le camp de l'Unicorne, dit-il en s'inclinant avec courtoisie devant la vieille dame.

— Est-ce que mon fils n'est pas près de vous, chef? lui demanda-t-elle avec anxiété.

— Non, mais que ma mère se rassure; si elle le désire, avant le deuxième soleil elle le verra.

— Merci, chef.

— Un guerrier expédié par moi ira prévenir Koutonepi de la présence de sa mère au milieu de nous.

— J'irai, moi, fit l'Araignée.

— Bon! voilà qui est convenu. Que ma mère entre dans ma hutte afin de prendre le repos qui lui est nécessaire.

Les deux femmes s'éloignèrent.

Une seule personne se trouvait maintenant devant l'Unicorne, cette personne était le prétendu sorcier.

Les deux hommes s'examinaient attentivement.

— Oh! fit le chef, quel heureux hasard amène mon père dans mon camp?

— Les envoyés de Wacondah vont où il leur donne l'ordre d'aller sans discuter sa volonté, répondit sèchement Nathan.

— C'est juste, reprit le chef; que désire mon père?

— L'hospitalité pour la nuit.

— L'hospitalité s'accorde même à un ennemi, au désert; mon père ignore-t-il donc les usages de la prairie, qu'il me la demande? fit le chef en lui lançant un regard soupçonneux.

Nathan se mordit les lèvres.

— Mon père a mal compris le sens de mes paroles, dit-il.

— Peu importe, interrompit l'Unicorne avec autorité, le grand médecin passera la nuit au camp; un hôte est sacré pour les Comanches, les traîtres seuls, lorsqu'ils sont démasqués, sont punis comme ils le méritent. Mon père peut se retirer.

Nathan frissonna intérieurement à ces paroles, qui semblaient indiquer que le chef avait des soupçons et que son incognito n'était pas aussi sévèrement gardé qu'il le croyait. Cependant il renferma ses craintes dans son cœur et continua à faire bonne contenance.

— Merci, dit-il en s'inclinant.

L'Unicorne lui rendit son salut et lui tourna le dos.

— Hum! murmura l'Américain à part lui, je crois que j'ai eu tort de me hasarder au milieu de ces démons; les yeux de basilic de ce chef maudit semblaient lire sur mon front. Tenons-nous sur nos gardes.

Tout en faisant ces réflexions, Nathan s'éloigna à pas lents, la tête haute, enchanté en apparence des résultats de son entrevue avec l'Unicorne.

Au même moment, un cavalier lancé à toute bride entra dans la vallée; ce cavalier passa à deux pas de l'Américain en échangeant avec lui un coup d'œil.

Les deux regards se croisèrent.

Nathan tressaillit.

— Si elle m'a reconnu, je suis perdu, dit-il.

Ce cavalier était la Gazelle-Blanche. Les Comanches la saluaient au passage ; elle se dirigeait vers la hutte de l'Unicorne.

— Je suis dans la gueule du loup, reprit Nathan, ma présomption causera ma perte. Il est une chose que l'homme ne peut déguiser, c'est le regard : la Gazelle me connaît trop bien pour s'y tromper ; tâchons de nous évader s'il en est temps encore.

Nathan était un homme trop résolu pour se désespérer inutilement ; il ne perdit pas un seul instant en vaines lamentations ; au contraire, avec cette lucidité d'inspiration que donne le danger aux gens courageux, il calcula en quelques secondes les chances de succès qui lui restaient et se prépara à soutenir une lutte désespérée. Il savait trop de quel horrible supplice il était menacé pour ne pas défendre sa vie jusqu'à la dernière extrémité.

Sans s'arrêter, sans changer de pas ni d'allure, il continua à marcher dans la direction qu'il suivait, rendant au passage les saluts que lui adressaient les guerriers.

Il arriva ainsi sans être inquiété jusqu'à l'extrémité du camp. Il n'osait tourner la tête pour savoir ce qui se passait derrière lui ; mais son oreille exercée épiait tous les bruits suspects ; rien en apparence ne venait corroborer ses appréhensions, le camp était toujours plongé dans le même repos.

— Je me suis trompé, murmura-t-il, elle ne m'a pas reconnu, mon déguisement est bon, je me suis trop hâté d'avoir peur ; il vaudrait peut-être mieux rester. Ma foi non, ajouta-t-il au bout d'un instant ; décidément, je ne suis pas en sûreté ici.

Il fit un pas pour entrer dans la forêt. En ce moment une lourde main tomba sur son épaule.

Il s'arrêta net en détournant la tête.

L'Araignée était à ses côtés.

— Où va donc mon père? demanda le guerrier d'un ton narquois, moitié figue et moitié raisin, bien fait pour redoubler les craintes de l'Américain ; il se trompe sans doute?

— Comment cela? répondit Nathan, qui cherchait à reprendre son sang-froid.

— Du côté où va mon père on quitte le camp.

— Eh bien ?

— Mon père n'a-t-il pas demandé l'hospitalité au sachem ?

— Oui, certes.

— Alors, pourquoi part-il?

— Qui vous dit que je m'en allais, guerrier?

— Mais il me semble que la direction que vous suivez vous mène à la forêt.

— Je le sais bien, puisque je vais effectivement dans la forêt, pour cueillir des plantes magiques afin de composer une grande médecine dont je veux faire offrande au chef pour le rendre invulnérable.

— *Ooah!* fit l'Indien en écarquillant les yeux ; lorsque vous lui direz cela, je ne doute pas qu'il ne vous laisse aller où bon vous semblera.

— Hein? suis-je donc prisonnier?

— Nullement, mais l'ordre est donné que personne ne quitte le camp sans autorisation, et comme vous n'avez pas songé à faire lever cette consigne en votre faveur, je suis contraint, à mon grand regret, de l'exécuter.

— Fort bien ! je reste, mais je me souviendrai de la façon dont les Comanches exercent l'hospitalité.

— Mon père a tort de parler ainsi, l'honneur de la nation exige que cette affaire se termine sans retard. Mon père va me suivre auprès du chef ; je suis certain qu'après une courte explication tout malentendu cessera entre nous.

Nathan flaira un piège; l'Araignée, en lui parlant, avait des façons patelines qui ne le rassuraient que médiocrement. La proposition qui lui était faite n'était nullement de son goût; mais comme il n'était pas le plus fort, que toute échappatoire lui manquait, il se résigna, quoique bien à contre-cœur, à suivre l'Araignée et à retourner à la hutte de l'Unicorne.

— Marchons, dit-il à l'Indien.

Nathan suivit silencieusement l'Araignée.

L'Unicorne était assis devant sa hutte, entouré des principaux chefs; près de lui se tenait la Gazelle-Blanche appuyée sur le canon de son rifle dont la crosse reposait à terre.

Lorsque le prétendu sorcier arriva, les Indiens ne montrèrent ni par leurs gestes ni par le jeu de leur physionomie qu'ils sussent qui il était.

L'Américain promena un regard sournois sur l'assemblée.

— Je suis frit ! murmura-t-il tout bas, ils sont calmes.

Cependant il se plaça devant eux, croisa les bras sur sa poitrine et attendit.

Alors la Gazelle-Blanche leva la tête, et, fixant sur lui un regard implacable :

— Nathan, lui dit-elle d'un ton qui fit courir un frisson de terreur dans ses veines, les chefs demandent que vous accomplissiez un de ces miracles dont les sorciers de leurs tribus ont le secret et dont ils sont si prodigues.

Tous les yeux se tournèrent vers l'Américain avec curiosité; chacun attendait sa réponse afin de juger s'il était un homme de cœur ou un lâche. Celui-ci le comprit, il haussa les épaules avec dédain et répondit en souriant d'un air de mépris :

— Les Comanches sont des chiens et des vieilles femmes, les chasseurs de ma nation les chassent à coups de fouet. Eux qui se prétendent si fins, un blanc les a trompés, et sans vous, niña, le diable m'emporte s'ils m'auraient reconnu.

— Ainsi vous avouez que vous n'êtes pas un sorcier indien?

— Oui, pardieu ! Cette peau indienne dont je me suis affublé sent trop mauvais, elle me pèse sur les épaules ; je la rejette pour reprendre ma personnalité que je n'aurais jamais dû quitter.

La Gazelle-Blanche se tourna en souriant vers l'Unicorne.

— Le chef voit, dit-elle.

— Je vois, répondit-il ; et s'adressant à l'Américain : Mon frère est un guerrier dans sa nation ? lui demanda-t-il.

Celui-ci ricana.

— Je suis, répondit-il intrépidement, fils du Cèdre-Rouge, l'implacable ennemi de votre race maudite ; mon nom est Nathan. Faites de moi ce que vous voudrez, chiens, mais vous n'arracherez pas une plainte de mes lèvres, une larme de mes yeux, un soupir de ma poitrine.

A ces hautaines paroles, un murmure de satisfaction parcourut les rangs des chefs.

— Ah! dit l'Unicorne à qui la Gazelle-Blanche avait parlé à l'oreille. Que venait donc faire le fils du Cèdre-Rouge dans le camp des Comanches ?

— Je serais fort embarrassé de vous le dire, chef, répondit franchement le jeune homme. Je ne vous cherchais pas, je ne voulais que traverser vos lignes et m'échapper, voilà tout.

Un sourire d'incrédulité se dessina sur les lèvres de la Gazelle-Blanche.

— Nathan nous prend-il pour des enfants que l'on puisse tromper avec de pareilles sornettes? dit-elle.

— Croyez ce que vous voudrez, cela m'est égal; je vous ai répondu la vérité.

— Vous ne nous persuaderez pas que vous vous soyez introduit à l'aide d'un déguisement parmi vos ennemis sans vous en douter.

— *By God!* vous y êtes bien, vous, niña; l'un n'est pas plus extraordinaire que l'autre, je suppose. Du reste, je vous le répète, c'est le hasard qui a tout fait.

— Hum! c'est peu probable; votre père et vos frères se trouvent sans doute, toujours par suite du même hasard, aux environs, n'est-ce pas?

— Quant à eux, je veux bien que le diable me torde le cou si je sais où ils sont en ce moment !

— J'attendais cette réponse de votre part ; malheureusement des guerriers ont été disséminés dans toutes les directions, et bientôt il les trouveront.

— Je ne crois pas. Après cela, je m'en moque : tant mieux pour eux s'ils échappent, tant pis s'ils tombent entre vos mains !

— Je n'ai pas besoin, n'est-ce pas, de vous dire le sort qui vous attend?

— Je le connais depuis longtemps : les dignes Peaux-Rouges vont se divertir probablement à m'écorcher tout vif, à me brûler à petit feu, ou à me faire quelque autre gentillesse de leur façon. Grand bien leur fasse !

— Et si on vous donnait la vie sauve, vous ne consentiriez pas à révéler où se trouvent votre père et vos frères, ainsi que votre digne ami Fray Ambrosio?

— Ma foi non. Voyez-vous, je suis un bandit sans foi ni loi, je vous l'accorde; mais, niña, je ne suis ni un traître ni un délateur. Réglez-vous là-dessus, et si vous êtes curieuse de voir un homme bien mourir, je vous engage à assister à mon supplice.

— Eh bien? demanda l'Unicore à la jeune fille.

— Il ne veut pas parler, répondit-elle. Bien qu'il assure que non et qu'il montre une grande résolution, peut-être les tortures que vous lui ferez subir auront-elles raison de son courage, et consentira-t-il à parler.

— Ainsi, reprit le chef, l'avis de ma sœur est de...

— Mon avis, interrompit-elle vivement, est d'être sans pitié pour lui comme il l'a été pour les autres.

— Bon !

L'Unicorne fit un geste en désignant l'Américain.

— Emmenez le prisonnier, dit-il, et que tout se prépare pour la torture.

— Merci ! répondit Nathan ; au moins vous ne me faites pas languir, c'est une consolation.

— Attends, pour te réjouir, que la première épreuve soit subie, lui dit ironiquement la Gazelle-Blanche.

Nathan ne répondit pas, et s'éloigna en sifflant entre ses dents, emmené par deux guerriers.

Ceux-ci l'attachèrent solidement au tronc d'un mélèze et le laissèrent seul après s'être assurés que tout mouvement lui était interdit et que, par conséquent, toute fuite était impossible.

Le jeune homme les regarda s'éloigner, puis il se laissa tomber sur le sol en murmurant insoucieusement :

— Le déguisement était bon pourtant ; sans cette diablesse de femme, je suis certain qu'il aurait réussi.

XXXII

OU NATHAN SE DESSINE

Le Cèdre-Rouge, du haut de l'arbre où il était caché, avait aperçu son fils attaché au pied d'un arbre.

Cette vue l'avait subitement arrêté ; il se trouvait planer au-dessus du camp des Comanches, position des plus périlleuses, puisque le moindre faux mouvement, en révélant sa présence, suffisait pour le perdre.

L'un après l'autre, Sutter et Fray Ambrosio vinrent écarter les feuilles et regarder Nathan, qui, certes, était loin de se douter que si près de lui se trouvaient ceux qu'il avait quittés la veille.

Cependant l'ombre envahit peu à peu la clairière, et bientôt tous les objets furent confondus dans l'obscurité, rendue plus épaisse encore par la lueur des feux allumés de distance en distance et qui répandaient autour d'eux une lumière incertaine.

Le squatter n'aimait pas son fils ; cet homme était incapable d'éprouver deux sentiments d'amour à la fois : toutes ses affections s'étaient concentrées sur Ellen. La vie et la mort de Nathan, au point de vue de l'amour paternel, lui importaient donc fort peu ; mais dans la situation où sa mauvaise étoile le plaçait, il regrettait son fils comme on regrette un bon compagnon, un homme résolu et adroit tireur, un individu, enfin, sur lequel, dans un combat, on pouvait compter.

Nous n'avons pas besoin d'insister ici sur le caractère résolu du Cèdre-Rouge, le lecteur le connaît. Dans cette circonstance, une idée étrange lui traversa la cervelle ; et, comme toujours, lorsqu'une fois il avait pris une résolution, rien ne devait plus l'arrêter et il devait braver tous les périls afin de la mettre à exécution.

Le Cèdre-Rouge avait résolu de délivrer son fils, non pas, nous le répétons, par amour paternel, mais afin d'avoir un bon rifle de plus, au cas probable où il lui faudrait combattre.

Mais ce n'était pas chose facile que de délivrer Nathan. Le jeune homme était loin de se douter qu'au moment où il n'attendait plus que la mort, à quelques pas de lui à peine son père préparait tout pour sa fuite. Cette ignorance pouvait compromettre le succès du hardi coup de main que voulait tenter le squatter.

Celui-ci, avant que de rien entreprendre, appela auprès de lui ses deux compagnons et leur communiqua son projet.

Sutter, aventureux et téméraire comme son père, applaudit à sa résolution ; il ne voyait dans cette hardie entreprise qu'un bon tour à jouer à ses ennemis les Peaux-Rouges, et se réjouissait, non pas d'enlever son frère au milieu d'eux, mais de la figure qu'ils feraient lorsque, l'heure du supplice arrivée, ils viendraient pour le chercher afin de l'attacher au poteau, et ne le trouveraient plus.

Fray Ambrosio envisageait, lui, la question à un point de vue diamétralement opposé : leur position, disait-il, était déjà assez critique sans aller encore, de gaieté de cœur, la rendre plus périlleuse pour essayer de sauver un homme qu'ils ne parviendraient pas à faire échapper, ce qui les perdrait sans ressource en donnant l'éveil aux Peaux-Rouges.

La discussion fut longue et animée entre les trois aventuriers, chacun tenant opiniâtrément à son opinion ; ils ne parvinrent pas à se mettre d'accord ; ce que voyant le Cèdre-Rouge, il coupa péremptoirement court à toute observation en annonçant qu'il était résolu à sauver son fils, et qu'il le sauverait quand bien même tous les Indiens du Far West voudraient s'y opposer.

Devant une résolution aussi nettement formulée, il n'y avait plus qu'à se taire et à courber la tête ; c'est ce que fit le moine. Le squatter se prépara alors à mettre son projet à exécution.

Nous avons dit que la nuit était venue ; avec elle d'épaisses ténèbres avaient, comme un noir linceul, enveloppé la prairie ; la lune, parvenue à sa période décroissante, ne devait paraître qu'à deux heures du matin ; il était huit heures du soir environ, c'était six heures de répit que le Cèdre-Rouge avait devant lui, il résolut de les mettre à profit.

Dans une circonstance aussi grave que celle où se trouvaient les aventuriers, le temps se mesure avec une parcimonie d'avare enfouissant ses trésors, car cinq minutes gaspillées mal à propos peuvent tout perdre.

La nuit se faisait de plus en plus sombre, de gros nuages noirs et chargés d'électricité se heurtaient sourdement dans l'espace et interceptaient la vue des étoiles ; la brise du soir s'était élevée au coucher du soleil, et sifflait lugubrement à travers les branches des arbres centenaires de la forêt vierge.

A part les sentinelles disséminées tout à l'entour du camp, tous les Indiens étaient étendus autour des feux pâlissants, et roulés dans leurs robes de bison, ils se livraient au repos.

Nathan, solidement garrotté, dormait ou semblait dormir; deux guerriers, couchés non loin de lui et chargés de le surveiller, voyant leur prisonnier si résigné en apparence à son sort, avaient fini par se laisser aller au sommeil.

Soudain un léger sifflement semblable à celui du serpent-ruban partit de la cime de l'arbre au pied duquel était étendu le jeune homme.

Celui-ci entr'ouvrit subitement les yeux et promena autour de lui un regard investigateur, sans cependant remuer d'aucune façon, de crainte de donner l'éveil à ses gardiens.

Un second sifflement plus prolongé que le premier se fit entendre, suivi presque immédiatement d'un troisième.

Nathan releva la tête avec précaution et regarda vers le haut de l'arbre, mais la nuit était si noire qu'il ne put rien distinguer. En ce moment un objet quelconque, dont il lui fut impossible de deviner la forme, toucha son front, et, agité par un mouvement de va-et-vient, frappa son visage à plusieurs reprises.

Cet objet descendait peu à peu et finit par tomber sur les genoux du jeune homme. Celui-ci baissa la tête et l'examina.

C'était un couteau!

Nathan retint avec peine un cri de joie. Il n'était donc pas abandonné de tous! Des amis inconnus s'intéressaient à son sort et cherchaient à lui donner les moyens de se sauver.

L'espoir rentra dans son cœur, et, comme un lutteur un instant étourdi du coup qu'il a reçu, il rassembla toutes ses forces pour recommencer la lutte.

Si intrépide que soit un homme, bien que vaincu par une impossibilité il ait bravement et sans arrière-pensée fait le sacrifice de sa vie, cependant, lorsqu'au moment de marcher au supplice une lueur d'espérance semble luire à ses yeux étonnés, soudain il se redresse, l'image de la mort s'efface de son esprit, et il combat en désespéré pour reconquérir cette vie dont il avait si vaillamment fait le sacrifice.

Ce fut ce qui arriva à Nathan; il se redressa peu à peu sur son séant, les yeux ardemment fixés sur ses gardiens toujours immobiles.

Que l'on nous pardonne ce détail peut-être trivial, mais trop vrai pour être passé sous silence. A l'instant où le premier sifflement s'était fait entendre, le jeune homme ronflait, bien que parfaitement éveillé; maintenant il continua ce ronflement, mélodie monotone qui berçait le sommeil des guerriers chargés de sa garde.

Il y avait quelque chose d'étrangement saisissant dans l'aspect de cet homme qui, les yeux tout grands ouverts, les sourcils froncés, les traits contractés par l'espoir et la crainte, usait péniblement les cordes qui attachaient ses coudes à l'arbre en ronflant aussi paisiblement que s'il avait joui du sommeil le plus tranquille.

Avec des peines inouïes et des efforts incroyables, Nathan était parvenu à couper la corde qui liait ses poignets l'un à l'autre; maintenant il usait celle qui attachait ses coudes.

Lorsqu'il aperçut les cavaliers il avait cherché à fuir; malheureusement pour lui, il était à pied.

Bientôt elle céda; le reste n'était plus rien; ses mains étaient libres. En quelques secondes il fut complètement débarrassé de ses liens et s'empara du couteau qu'il passa à sa ceinture.

La corde qui avait servi à lui descendre le couteau remonta.

Nathan attendit dans une angoisse inexprimable.

Il avait repris sa première position et ronflait toujours.

Tout à coup un des deux guerriers commis à sa garde se tourna vers lui, étira ses membres engourdis par le froid, se leva et vint en bâillant se pencher sur son corps.

Nathan, les yeux à demi fermés, épiait avec soin tous ses mouvements. Lorsqu'il vit à deux pouces du sien le visage du Peau-Rouge, par un geste prompt comme la pensée, il lui jeta les mains autour du cou, et cela si brusquement, que le Comanche, saisi à l'improviste, n'eut pas le temps de pousser un cri.

L'Américain était doué d'une force herculéenne ; en ce moment l'espoir de la délivrance doublait ses forces. Il serrait comme dans un étau le cou du guerrier, celui-ci se débattait en vain pour tâcher d'échapper à cette étreinte mortelle; les mains de fer du bandit le serraient de plus en plus par une pression lente, calculée, mais irrésistible.

L'Indien, les yeux injectés de sang, les traits de la face horriblement contractés, battit deux ou trois fois l'air de ses bras par un mouvement machinal, se roidit dans une convulsion suprême et resta immobile.

Il était mort.

Nathan le contint encore deux ou trois minutes pour être bien certain que tout était fini, puis il étendit le guerrier auprès de lui, dans une position qui simulait parfaitement le sommeil.

Alors il passa sa main sur son front pour essuyer la sueur froide qui l'inondait, et leva les yeux vers la cime de l'arbre; rien ne paraissait.

Une effroyable pensée s'empara alors du jeune homme : si ses amis, désespérant de le sauver, l'avaient abandonné ? Une angoisse horrible lui serra la poitrine.

Pourtant il avait reconnu le signal de son père; le sifflement du serpent-ruban était depuis longtemps convenu entre eux pour correspondre dans les circonstances périlleuses.

Son père n'était pas homme à laisser inachevée une œuvre quelconque commencée par lui, quelles qu'en dussent être les conséquences.

Et pourtant les minutes s'écoulaient les unes après les autres, et rien ne venait avertir le misérable qu'on travaillât à sa délivrance; tout était calme, tout était sombre.

Près d'une demi-heure se passa ainsi. Nathan était en proie à une fièvre d'impatience et de terreur impossible à décrire. Jusqu'à présent, nul dans le camp ne s'était, il est vrai, aperçu des mouvements insolites auxquels il avait été obligé de se livrer, mais un hasard malheureux pouvait d'un instant à l'autre révéler ses projets de fuite; il suffisait pour cela qu'un Indien réveillé par le froid piquant de la nuit vînt passer auprès de lui en cherchant par une promenade à rétablir la circulation du sang dans ses veines.

Puisque ses amis l'oubliaient, le jeune homme résolut de se tirer d'affaire tout seul.

D'abord, il lui fallait se débarrasser de son second gardien, ensuite il aviserait. Alors, tout en demeurant étendu sur le sol et en continuant toujours à feindre un profond sommeil, il rampa doucement du côté du second guerrier.

Il n'approchait, pour ainsi dire, que ligne par ligne, pouce par pouce, tant son mouvement était insensible et calculé !

Enfin il arriva à deux pas à peine du guerrier, dont le sommeil paisible l'avertit qu'il pouvait agir sans crainte.

Nathan se recueillit un instant, se ramassa sur lui-même, et, bondissant comme un jaguar, il posa le genou sur la poitrine de l'Indien, pendant que de la main gauche il lui comprimait fortement la gorge.

Le Comanche, réveillé en sursaut, fit un brusque mouvement pour se débarrasser de cette étreinte fatale et ouvrit des yeux égarés qu'il promena avec épouvante autour de lui.

Nathan, sans prononcer une parole, tira le couteau qu'il avait passé à sa ceinture et l'enfonça dans le cœur de l'Indien tout en continuant à le maintenir.

Le guerrier retomba en arrière comme foudroyé, et expira sans pousser un cri, sans exhaler un soupir.

— C'est égal, murmura le bandit en essuyant son couteau, voilà une bonne arme. Maintenant, quoi qu'il arrive, je suis certain de ne pas mourir sans vengeance.

Nathan, lorsqu'il avait vu son déguisement inutile, avait demandé à reprendre ses vêtements, ce qui lui avait été accordé. Par un singulier hasard, l'Indien qu'il avait poignardé s'était adjugé sa gibecière et son rifle ; le jeune homme les lui reprit ; il poussa un soupir de satisfaction en se retrouvant en possession de ces objets pour lui si précieux, et revêtu de nouveau de son costume de coureur des bois.

Le temps pressait, il fallait à tout prix s'éloigner, tâcher de tromper les sentinelles et quitter le camp. Qu'avait-il à craindre ? d'être tué ? S'il restait, il savait parfaitement le sort qui l'attendait ; pour lui l'alternative n'était pas douteuse : il valait mille fois mieux jouer bravement sa vie dans une partie suprême que d'attendre l'heure du supplice.

Nathan promena un regard autour de lui, pencha le corps en avant, prêta l'oreille et arma silencieusement son rifle.

Le calme le plus profond continuait à régner dans le camp.

— Allons ! murmura le jeune homme, il n'y a pas à hésiter, partons !

En ce moment le sifflement du serpent-ruban résonna de nouveau.

Nathan tressaillit.

— Oh ! oh ! fit-il, il paraît que l'on ne m'a pas abandonné comme je le croyais.

Alors il se coucha sur le sol, et en rampant il rejoignit l'arbre auprès duquel il avait été attaché.

Un lasso pendait jusqu'à terre ; ce lasso était terminé par un de ces doubles nœuds que les marins nomment *chaise*, dont la moitié passe sous les cuisses, tandis que l'autre maintient la poitrine.

— *By God!* murmura Nathan tout joyeux, il n'y a que le vieux pour avoir des idées pareilles. Quel bon tour nous allons jouer à ces chiens de Peaux-Rouges ! C'est pour le coup qu'ils me croiront sorcier ; je les défie bien de retrouver mes traces !

Tout en faisant à part lui ce monologue, l'Américain s'était assis sur la chaise.

Le lasso, enlevé par une main vigoureuse, monta rapidement, et Nathan disparut bientôt au milieu de l'épais feuillage du mélèze.

Lorsqu'il eut atteint les premières branches, qui se trouvaient à une trentaine de pieds de terre, le jeune homme se débarrassa du lasso, s'accrocha des pieds et des mains, et au bout de quelques instants il eut rejoint ses compagnons.

— Ouf! murmura-t-il en respirant deux ou trois fois avec force tout en essuyant la sueur qui coulait abondamment sur son visage, je puis dire main tenant que je l'ai échappé belle. Merci à tous, car, le diable m'emporte! sans vous j'étais mort.

— Assez de compliments, répondit brusquement le squatter; nous n'avons pas de temps à perdre en simagrées. Hum! vous avez hâte de vous éloigner, je suppose.

— *By God!* je le crois; ainsi je suis à vos ordres; de quel côté allons-nous?

— Par là, dit le Cèdre-Rouge en étendant le bras dans la direction du camp.

— Du diable! fit vivement Nathan, êtes-vous fou, ou n'avez-vous semblé me sauver la vie que pour me livrer de plus belle à nos ennemis?

— Que voulez-vous dire?

— Une chose que vous verriez aussi bien que moi s'il faisait jour : c'est que la forêt se termine brusquement à quelques pas d'ici, au bord d'une immense quebrada.

— Oh! oh! dit le Cèdre-Rouge en fronçant les sourcils, que faire alors?

— Retourner sur nos pas, une demi-lieue à peu près, et puis prendre sur la gauche. J'ai assez vu le pays depuis que je vous ai quittés pour me rappeler confusément la configuration des montagnes, mais, ainsi que vous le disiez, le plus pressé en ce moment est de nous éloigner d'ici.

— D'autant plus que la lune ne tardera pas à se lever, observa Sutter, et que si malheureusement les Peaux-Rouges s'apercevaient de la fuite de Nathan, ils ne tarderaient pas à nous dépister.

— Bien dit, fit Nathan; en route!

— En route! répétèrent les autres.

Le Cèdre-Rouge se remit en tête de la petite troupe, qui commença à rétrograder.

La marche était excessivement difficile par cette nuit noire ; il fallait à chaque pas tâtonner avec soin et ne poser le pied qu'après s'être assuré que le point d'appui était solide, sans cela on risquait de tomber de branche en branche et d'aller se briser à une profondeur de soixante-dix ou quatre-vingts pieds.

A peine avaient-ils fait ainsi trois cents pas, qu'une clameur effroyable s'éleva derrière eux; une grande lueur éclaira la forêt, et à travers les feuilles les fugitifs aperçurent les silhouettes noires des Indiens qui couraient dans tous les sens, gesticulant et hurlant avec fureur.

— Eh! fit le Cèdre-Rouge, il paraît que les Comanches se sont aperçus que vous les avez abandonnés.

— Cela me fait cet effet-là, répondit Nathan en ricanant. Pauvres gens ! ils ne peuvent se consoler de ma perte.

— D'autant plus que probablement vous ne les avez pas quittés sans laisser des traces de votre passage.

— Comme vous dites, père, fit l'autre en soulevant sa blouse de chasse et montrant deux chevelures sanglantes pendues à sa ceinture ; je me suis livré à mon petit commerce, il ne faut pas négliger les affaires.

Le misérable, avant que de s'attacher au lasso, avait, avec un horrible sang-froid, scalpé ses deux victimes.

— Ah ! bien ; alors, dit Fray Ambrosio, ils doivent être furieux. Vous savez que les Comanches ne pardonnent pas. Comment avez-vous pu commettre une action aussi indigne ?

— Mêlez-vous de ce qui vous regarde, señor padre, dit brutalement Nathan et laissez-moi agir à ma guise, si vous ne voulez pas que d'un coup de crosse je vous envoie prendre ma place.

Le moine se mordit les lèvres.

— Bête brute ! murmura-t-il.

— Allons, la paix, au nom du diable ! dit le Cèdre-Rouge ; songeons à ne pas nous laisser prendre.

— Oui, appuya Sutter ; lorsque nous serons en sûreté, vous vous expliquerez avec vos couteaux en vrais caballeros. Mais, en ce moment, nous avons autre chose à faire que nous disputer comme des vieilles femmes.

Les deux hommes échangèrent un regard chargé de haine, mais gardèrent le silence.

La troupe, guidée par le Cèdre-Rouge, continua à s'éloigner, poursuivie par les cris des Comanches qui se rapprochaient de plus en plus.

— Est-ce qu'ils auraient découvert nos traces ? murmura le Cèdre-Rouge en hochant tristement la tête.

XXXIII

ASSAUT DE RUSES

Nous retournerons maintenant auprès de Valentin et de ses amis, que nous avons laissés se remettant à la poursuite du Cèdre-Rouge.

Le Français avait fini par prendre à cette chasse, si longtemps prolongée, un véritable intérêt d'amour-propre ; c'était la première fois, depuis qu'il vivait au désert, qu'il se trouvait face à face avec un aussi rude jouteur que le Cèdre-Rouge.

Comme lui, le squatter possédait une connaissance approfondie de la vie du Far West, tous les bruits de la prairie lui étaient connus, tous les sentiers familiers ; comme lui il avait fait une étude particulière des ruses et des fourberies indiennes ; enfin Valentin avait rencontré, sinon son maître, du moins son égal. Son amour-propre, vivement excité, le poussait à brusquer le dénoûment de cette intrigue; aussi était-il résolu à mener les choses si vigoureusement que, malgré sa finesse, le Cèdre-Rouge tomberait bientôt entre ses mains.

Après avoir, ainsi que nous l'avons vu, quitté les hautes régions de la Sierra, les chasseurs s'étendirent en éventail, afin de chercher un indice quelconque qui pût leur faire retrouver la trace depuis si longtemps perdue, car, d'après cet axiome bien connu des coureurs des bois, tout rastreador qui tient un bout d'une piste doit infailliblement, à un temps donné, arriver à l'autre bout.

Malheureusement aucune trace, aucune empreinte, ne se laissait voir; le Cèdre-Rouge avait disparu sans qu'il fût possible de découvrir le moindre signe de son passage.

Cependant Valentin ne se décourageait point; il étudiait le terrain, inspectait chaque brin d'herbe, interrogeait tous les buissons avec une patience que rien ne pouvait fatiguer. Ses amis, moins habitués que lui à ces déconvenues si fréquentes dans la vie du chasseur, lui jetaient en vain des regards désespérés; lui, marchait toujours le corps courbé vers le sol, ne voyant, n'écoutant ni les gestes ni les paroles.

Enfin, vers le milieu du jour, après avoir fait près de quatre lieues de cette façon, rude tâche que celle-là! les chasseurs se trouvèrent sur un rocher entièrement nu. En cet endroit, c'eût été folie que de chercher des empreintes, le granit n'en peut garder. Don Miguel et son fils se laissèrent tomber sur le sol, bien plus par découragement que par fatigue.

Curumilla se mit à réunir les feuilles éparses afin d'allumer le feu du déjeuner.

Valentin, appuyé sur le canon de son rifle, les sourcils froncés et le front sillonné de rides profondes, regardait attentivement autour de lui.

Dans l'endroit où les chasseurs avaient établi leur campement provisoire était une roche nue sur laquelle ne croissait aucune végétation; un immense mélèze ombrageait presque entièrement cette place qu'il couvrait de ses branches touffues.

Le chasseur promenait incessamment son regard intelligent du ciel à la terre, comme s'il eût eu le pressentiment qu'en ce lieu il devait retrouver la trace de cette piste si longtemps cherchée.

Tout à coup il poussa un hem! sonore. A ce cri, signal convenu entre l'Indien et lui, Curumilla cessa de ramasser ses feuilles, leva la tête et le regarda.

Valentin marcha vers lui d'un pas rapide. Les deux Mexicains se levèrent avec empressement et le rejoignirent.

— Avez-vous découvert quelque chose? lui demanda don Miguel avec curiosité.

— Non, répondit Valentin, mais je ne tarderai probablement pas.

— Ici?

— Oui, ici même, je sens les brisées du sanglier, dit-il avec un fin sourire; croyez-moi, bientôt nous les verrons.

En disant cela, le chasseur se baissa, ramassa une poignée de feuilles et commença à les examiner une par une avec attention.

— Que pourront vous apprendre ces feuilles ? murmura don Miguel en haussant les épaules.

— Tout ! répondit fermement Valentin en continuant son examen.

Curumilla, penché sur le sol, déblayait le terrain et interrogeait le rocher.

— Ooah ! fit-il.

Chacun se baissa.

Le chef montrait du bout du doigt une ligne longue de dix centimètres au plus, épaisse comme un cheveu, qui se détachait en noir sur le rocher.

— Ils ont passé par ici, reprit Valentin, cela est pour moi aussi incontestable que deux et deux font quatre ; tout me le prouve : les pas que nous avons découverts, se dirigeant en sens inverse de l'endroit où nous sommes, en sont une preuve irréfragable.

— Comment cela ? fit don Miguel avec étonnement.

— Rien de plus simple : ces traces qui vous ont trompés ne pouvaient donner le change à un vieux coureur des bois comme moi ; elles pesaient trop du talon, n'étaient pas régulières et hésitaient tantôt à droite, tantôt à gauche : preuve qu'elles étaient fausses.

— Comment fausses ?

— Parfaitement. Voici ce qu'a fait le Cèdre-Rouge pour dissimuler la direction qu'il suivait : il a marché pendant près de deux lieues à reculons.

— Vous croyez ?

— J'en suis sûr. Le Cèdre-Rouge, bien qu'assez âgé, est doué encore de toute la vigueur de la jeunesse ; son pas est ferme, parfaitement régulier ; comme tous les hommes habitués à la vie des forêts, il marche avec précaution, c'est-à-dire en posant d'abord la pointe du pied comme tout individu qui n'est pas certain de ne pas être contraint de rétrograder. Dans les empreintes que nous avons reconnues, ainsi que je vous l'ai dit, c'est le talon qui d'abord a porté et se trouve beaucoup plus enfoncé que le reste du pied ; cela se comprend et est presque impossible autrement lorsque l'on marche en arrière, surtout pendant longtemps.

— C'est vrai, répondit don Miguel ; ce que vous dites est on ne peut plus logique.

Valentin sourit.

— Nous ne sommes pas au bout, dit-il, laissez-moi faire.

— Mais, observa don Pablo, en supposant que le Cèdre-Rouge soit venu jusqu'ici, ce que je crois ainsi que vous maintenant, comment, se fait-il que nous ne retrouvons pas ses traces de l'autre côté du rocher ? Quelque soin qu'il ait mis à les dissimuler, si elles existaient, nous les découvririons.

— Sans doute ; mais elles n'y sont pas, et il est inutile de perdre le temps à les chercher. Le Cèdre-Rouge est venu ici, cette ligne vous le montre ; mais pourquoi est-il venu ? me demanderez-vous. Par une raison bien facile à comprendre : sur ce sol granitique, les traces sont impossibles ; le squatter a voulu nous fourvoyer en nous conduisant, si nous parvenions à déjouer ses ruses, dans une place où nous perdrions complètement sa direction. Il a réussi jusqu'à un certain point; seulement il a voulu être trop fin et il a dépassé le but : avant dix minutes, je vous montrerai la piste aussi claire et aussi nette que s'il l'avait indiquée à plaisir.

— Je vous avoue, mon ami, que tout ce que vous me dites m'étonne profondément, reprit don Miguel ; je n'ai jamais rien pu comprendre à cette espèce d'instinct sublime qui vous aide à vous diriger dans la prairie, bien que maintes fois vous m'en ayez donné des preuves qui m'ont saisi d'admiration ; pourtant, je vous confesse que ce qui se passe en ce moment surpasse pour moi tout ce que je vous ai vu faire jusqu'à ce jour.

— Mon Dieu ! répondit Valentin, vous me faites des compliments que je suis loin de mériter ; tout cela est une affaire de raisonnement et surtout d'habitude. Ainsi, par exemple, pour vous comme pour moi, il est évident, n'est-ce pas, que le Cèdre-Rouge est venu ici ?

— Oui.

— Fort bien ; puisqu'il y est venu, il a fallu qu'il en partît, fit le chasseur en riant, par la raison qu'il n'y est plus, sans cela nous le tiendrions déjà.

— C'est positif.

— Bon ; maintenant cherchez comment il a pu partir.

— Voilà où justement je ne vois plus rien.

— Parce que vous êtes aveugle, ou plutôt parce que vous ne voulez pas vous en donner la peine.

— Oh ! pour cela, mon ami, je vous jure...

— Pardon, je me trompe ; c'est parce que vous ne savez pas vous rendre compte de ce que vous voyez.

— Comment, je ne sais pas me rendre compte de ce que je vois ! dit don Miguel un peu piqué de cette observation.

— Certainement, reprit flegmatiquement Valentin, et vous allez en convenir avec moi.

— Je ne demande pas mieux.

Malgré sa haute intelligence et les grandes qualités dont il était doué, Valentin avait le faible, commun à beaucoup d'hommes, d'aimer, en certaines circonstances, à faire parade de ses connaissances acquises de la vie du désert.

Ce travers, qui se rencontre fort souvent dans les prairies, était pardonnable et ne nuisait en rien au beau caractère du chasseur.

— Vous allez voir, reprit-il avec cette espèce de condescendance que mettent les personnes qui savent bien une chose à l'expliquer à celles qui l'ignorent. Le Cèdre-Rouge est venu ici et il a disparu. J'arrive et je regarde ; il n'a pu ni s'envoler ni s'enfoncer en terre : il faut donc absolument qu'il ait pris un chemin quelconque par lequel un homme puisse passer ; voici d'abord un amas de feuilles éparses sur le rocher, premier indice.

— Comment cela ?

— Pardieu ! c'est clair pourtant ; nous ne sommes pas à la saison où les arbres perdent leurs feuilles : elles ne sont donc pas tombées.

— Pourquoi donc ?

— Parce que, si cela était, elles seraient jaunes et desséchées, au lieu

Du haut de l'arbre où il était caché, le Cèdre-Rouge aperçut son fils, attaché au pied d'un arbre.

qu'elles sont vertes, froissées, quelques-unes même sont déchirées : donc il est positif, n'est-ce pas, qu'elles ont été violemment arrachées de l'arbre ?
— C'est vrai, murmura don Miguel au comble de l'étonnement.
— Maintenant, cherchons quelle est la force inconnue qui les a arrachées à la branche.
Tout en disant cela, Valentin s'était mis à marcher, le corps penché vers la terre, dans la direction où lui était apparue la ligne noire.

Ses amis imitaient ses mouvements et le suivaient en regardant comme lui attentivement sur le sol.

Tout à coup Valentin se baissa, ramassa un morceau d'écorce large comme la moitié de la main et le montra à don Miguel.

— A présent tout m'est expliqué, dit-il. Voyez ce morceau d'écorce, il est froissé et mâchuré comme s'il avait été fortement pressé par une corde, n'est-ce pas?

— Oui.

— Eh bien! vous ne comprenez pas?

— Ma foi non, pas plus que tout à l'heure.

Valentin haussa les épaules.

— Écoutez bien, dit-il. Le Cèdre-Rouge est arrivé ici ; avec son lasso il a pris l'extrémité de cette grosse branche que vous voyez là au-dessus de notre tête ; aidé par ses compagnons, il l'a courbée jusqu'à terre. La raie noire que nous avons vue témoigne des efforts que ces hommes ont été obligés de faire. Une fois la branche courbée, les compagnons du squatter sont montés dessus les uns après les autres ; le Cèdre-Rouge, demeuré le dernier, s'est laissé enlever par elle, et tous se sont trouvés à soixante ou quatre-vingts pieds de terre. Cela est fort ingénieux, convenez-en ; mais, malheureusement, les bottes du squatter ont laissé sur le roc une raie épaisse comme un cheveu, des feuilles sont tombées de l'arbre ; en détachant son lasso, un morceau d'écorce, s'est brisé et, comme il était pressé et ne pouvait redescendre et faire disparaître toutes ces preuves accusatrices, je les ai vues, et maintenant je sais aussi bien tout ce qui s'est passé ici que si j'y avais assisté.

Ce n'était plus de l'étonnement que témoignaient les amis du chasseur à cette explication si claire et si nette, c'était une admiration mêlée de stupeur ; ils étaient comme foudroyés par une preuve aussi incroyable de sagacité.

— C'est miraculeux ! s'écria don Miguel. Ainsi vous croyez que c'est par cet arbre que le Cèdre-Rouge est parti?

— Je le parierais. Du reste, vous en aurez bientôt la certitude, car nous allons suivre la même route.

— Eh! mais nous ne pourrons pas faire beaucoup de chemin ainsi.

— Vous vous trompez. Dans les forêts du genre de celle qui s'étend là devant nous, la route que nous allons suivre est presque la seule praticable. Allons, allons, maintenant que nous avons retrouvé la piste de notre bandit pour ne plus la perdre, je l'espère, déjeunons vivement afin de nous mettre à sa poursuite.

Les chasseurs s'assirent gaiement autour du feu et mangèrent un cuissot d'ours gris.

Mais l'impatience leur fit, comme on dit vulgairement, mettre les morceaux doubles, si bien que le repas fut expédié en un tour de main, et bientôt ils furent prêts à recommencer leur recherches.

Valentin, afin de prouver à ses amis l'exactitude des renseignements qu'il leur avait donnés, employa pour monter sur l'arbre le moyen dont s'était servi le Cèdre-Rouge.

Effectivement, lorsque les chasseurs furent réunis sur la branche, ils reconnurent la vérité de ce que leur avait dit Valentin : les traces du Cèdre-Rouge étaient visibles partout.

Ils marchèrent ainsi pendant assez longtemps en suivant les brisées laissées par les bandits; cependant, plus ils avançaient, plus ces brisées devenaient rares, et bientôt elles finirent par disparaître tout à fait.

La piste fut une seconde fois perdue.

Valentin s'arrêta et, appelant du geste ses amis à ses côtés :

— Tenons conseil, dit-il.

— Je pense, observa don Miguel, que le Cèdre-Rouge a supposé sa piste assez longue sur les arbres et qu'il est descendu sur le sol.

Valentin secoua la tête.

— Vous n'y êtes pas, dit-il, mon ami; ce que vous avancez là est matériellement impossible.

— Pourquoi cela?

— Parce que la piste, ainsi que vous le voyez, cesse brusquement au-dessus d'un lac.

— C'est vrai.

— Alors, il est évident, n'est-ce pas, que le Cèdre-Rouge ne l'a pas traversé à la nage? Marchons en avant quand même, je suis certain que bientôt nous retrouverons des traces; cette direction est la seule que le Cèdre-Rouge a dû suivre. Son but est de traverser la ligne d'ennemis qui le cernent de toutes parts; s'il s'enfonçait dans les montagnes, nous le savons par expérience et il le sait aussi bien que nous, il périrait infailliblement; donc il ne peut s'évader que par là, et c'est par là que nous devons le poursuivre.

— En demeurant toujours sur les arbres? demanda don Miguel.

— Pardieu ! N'oubliez pas, mes amis, que les bandits mènent avec eux une jeune fille. Cette pauvre enfant n'est pas, comme eux, habituée à ces marches terribles du désert; elle ne pourrait les supporter une heure si son père et ses frères n'avaient pas le soin de la conduire par des chemins comparativement faciles. Jetez les yeux au-dessous de vous et regardez, vous serez alors convaincus qu'il est impossible qu'une jeune fille ait passé par là. Voici notre route, ajouta-t-il péremptoirement, c'est par là seulement que nous trouverons notre ennemi.

— Allons donc, et à la grâce de Dieu ! s'écrièrent les Mexicains.

Curumilla, selon son habitude, n'avait rien dit, il ne s'était même pas arrêté pour prendre part à la discussion; mais il avait continué à marcher en avant.

— *Oooh !* fit-il tout à coup.

Ses amis accoururent avec empressement.

Le chef tenait à la main un morceau de calicot rayé, large au plus comme un shilling.

— Vous voyez, fit Valentin, nous sommes dans la bonne direction, ne nous en écartons donc pas.

Cette découverte fit cesser toute discussion.

Le jour baissait de plus en plus, le globe rougeâtre du soleil apparaissait au loin entre les troncs des arbres.

Après avoir marché encore deux heures, l'obscurité fut complète.

— Que faire? demanda don Miguel; nous ne pouvons passer la nuit perchés ainsi comme des perroquets; choisissons une place commode pour camper; demain au point du jour nous remonterons et nous nous remettrons en chasse.

— Oui, répondit Valentin en riant, et cette nuit, pendant que nous dormirons tranquilles en bas, s'il survient quelque incident qui oblige le Cèdre-Rouge à rétrograder, il nous glissera comme un serpent entre les doigts sans que nous nous en doutions. Non, non, mon ami, il faut vous résigner pour cette nuit à percher comme un perroquet, ainsi que vous le dites, si vous ne voulez pas perdre le fruit de toutes vos peines et de toutes vos fatigues.

— Oh! oh! puisqu'il en est ainsi, s'écria don Miguel, j'y consens; quand il me faudrait dormir huit jours sur un arbre, je le ferais plutôt que de laisser échapper ce misérable.

— Soyez tranquille, il ne nous fera pas courir aussi longtemps : le sanglier est aux abois, il ne tardera pas à être forcé. Quelque grand que soit le désert, pour des hommes habitués à le parcourir dans tous les sens il ne possède pas de refuges inexplorables. Le Cèdre-Rouge a fait plus qu'un homme ordinaire pour nous échapper; maintenant tout est fini pour lui, il le comprend, ce n'est plus qu'une question de temps.

— Dieu vous entende, mon ami! Je donnerais ma vie pour me venger de ce monstre.

— Bientôt, je vous le certifie, il sera en votre pouvoir.

En ce moment Curumilla posa sa main sur le bras de Valentin.

— Eh bien, chef, qu'y a-t-il? demanda celui-ci.

— Écoutez, fit l'Indien.

Les chasseurs prêtèrent l'oreille. Bientôt ils entendirent à une assez grande distance des cris confus qui, d'instant en instant, devenaient plus distincts, et finirent bientôt par se changer en une épouvantable rumeur.

— Que se passe-t-il donc ici? demanda Valentin tout pensif.

Les cris augmentaient dans des proportions effrayantes, des lueurs étranges éclairaient la forêt dont les hôtes, troublés dans leur sommeil, volaient lourdement çà et là en poussant des cris plaintifs.

— Attention! fit le chasseur; tâchons de savoir à qui nous avons affaire.

Mais leur incertitude ne fut pas de longue durée; Valentin quitta tout à coup l'abri derrière lequel il était caché et poussa un long et strident cri de reconnaissance auquel répondirent des hurlements effroyables.

— Qu'est-ce donc? demanda don Miguel.

— L'Unicorne! répondit Valentin.

XXXIV

FIN CONTRE FIN

La fuite de Nathan avait été découverte par un singulier hasard.

Les Comanches, pas plus que les autres Indiens, n'ont l'habitude des patrouilles et des rondes de postes pendant la nuit, toutes inventions des peuples civilisés parfaitement inconnues dans la prairie. Selon toute probabilité, les Indiens ne devaient s'apercevoir qu'au point du jour de la disparition de leur prisonnier.

Nathan comptait parfaitement là-dessus. Il était trop au courant des habitudes indiennes pour ne pas savoir à quoi s'en tenir à cet égard. Mais il avait compté sans la haine, cette sentinelle vigilante que rien n'a la puissance d'endormir.

Une heure environ après l'ascension si heureusement exécutée par le fils du squatter, la Gazelle-Blanche, réveillée par le froid ou probablement par le désir de s'assurer par elle-même que le prisonnier était bien gardé et dans l'impossibilité de fuir, s'était levée, et, seule, avait traversé le camp, enjambant par-dessus les guerriers endormis, s'orientant comme elle le pouvait dans les ténèbres; car la plupart des feux étaient éteints, et ceux qui par hasard brûlaient encore ne répandaient qu'une lueur incertaine. Poussée par cet instinct de la haine qui trompe si rarement ceux qui en ressentent l'aiguillon acéré, elle avait enfin fini par se reconnaître dans ce dédale inextricable pour tout autre, et était arrivée à l'arbre où devait se trouver attaché le prisonnier.

L'arbre était solitaire; les cordes qui avaient servi à Nathan gisaient hachées à quelques pas.

La Gazelle-Blanche eut un moment de stupeur à cette vue à laquelle elle était si loin de s'attendre.

— Oh! murmura-t-elle avec rage, c'est une famille de démons! Mais comment s'est-il donc évadé? comment a-t-il fui?

Alors elle chercha.

— Ces misérables dorment tranquilles, dit-elle en apercevant les deux guerriers étendus, tandis que l'homme dont ils étaient chargés de surveiller les mouvements se rit d'eux et est loin déjà.

Elle les poussa du pied avec mépris.

— Chiens maudits! leur cria-t-elle, réveillez-vous, le prisonnier est évadé!

Les dormeurs ou soi-disant tels ne bougèrent pas.

— Oh! oh! fit-elle, que signifie cela?

Elle se pencha sur eux et les examina avec soin.

Alors tout lui fut révélé.

— Morts! dit-elle; il les a assassinés! Quelle puissance diabolique possède donc cette race de réprouvés!

Après un moment d'accablement, elle se redressa avec fureur et s'élança à travers le camp en criant d'une voix stridente :

— Alerte! alerte! guerriers, le prisonnier s'est enfui!

Tout avait été immédiatement en rumeur. L'Unicorne, un des premiers, avait saisi ses armes et s'était élancé vers elle en lui demandant la cause de ces cris insolites.

En quelques mots la Gazelle-Blanche l'avait mis au courant, et l'Unicorne, plus furieux qu'elle-même, avait éveillé ses guerriers et les avait disséminés dans toutes les directions à la poursuite de Nathan.

Mais nous savons que, provisoirement du moins, le fils du squatter n'avait rien à redouter de cette vaine recherche.

Cette fuite miraculeuse d'un homme au milieu d'un camp rempli de guerriers, sans avoir été aperçue par les sentinelles, avait quelque chose de tellement extraordinaire, que les Comanches, superstitieux comme tous les Indiens, n'étaient pas éloignés de croire à l'intervention du génie du mal.

Cependant tout le camp était sens dessus dessous ; chacun courait dans une direction différente en brandissant des torches. Le cercle s'agrandissait de plus en plus; les guerriers, emportés par leur ardeur, avaient quitté la clairière pour s'enfoncer dans la forêt.

Tout à coup un cri strident traversa l'espace.

Tous s'arrêtèrent comme par enchantement.

L'Unicorne poussa alors un cri aigu et prolongé dont les Comanches répétèrent les dernières notes.

— Oh! demanda la Gazelle-Blanche, qu'est-ce donc?

— Koutonepi! mon frère! répondit brièvement l'Unicorne en répétant son signal.

— Courons au-devant de lui! s'écria la jeune fille.

— Allons! dit le chef.

Ils s'élancèrent suivis d'une dizaine de guerriers qui s'étaient attachés à leurs pas.

Ils arrivèrent bientôt au-dessous de l'arbre où se tenaient Valentin et ses compagnons.

Le chasseur les voyait venir; lorsqu'il furent à une courte distance, il les appela.

— Où êtes-vous? répondit l'Unicorne.

— En haut de ce mesquite, cria Valentin; arrêtez-vous et regardez.

Les Indiens s'arrêtèrent en effet et levèrent la tête.

— Ooah! dit l'Unicorne avec étonnement, que fait donc là mon frère?

— Je vous le dirai; mais aidez-moi d'abord à descendre; nous ne sommes pas commodément placés pour causer, surtout pour ce dont j'ai à vous entretenir, chef.

— Bon ; j'attends mon frère.

Valentin attacha son lasso à une branche et se prépara à se laisser glisser en bas.

Curumilla lui posa la main sur l'épaule.

— Que voulez-vous, chef? lui demanda le chasseur.

— Mon frère descend ? répondit l'Aucas.
— Vous voyez, fit Valentin en montrant le lasso du geste.
Curumilla secoua la tête d'un air mécontent.
— Le Cèdre-Rouge ! dit-il.
— Ah ! *canarios !* s'écria le chasseur en se frappant le front, et moi qui n'y pensais plus ! Ah çà ! est-ce que je deviens fou ! Pardieu ! chef, vous êtes un homme précieux, rien ne vous échappe ; attendez !

Valentin se baissa, et plaçant ses mains de chaque côté de sa bouche, en guise de porte-voix :
— Chef ! cria-t-il.
— Que veut mon frère ? répondit l'Unicorne.
— Montez.
— Bon !

Le sachem empoigna le lasso, et par la force des poignets il s'éleva jusqu'à la branche, où Valentin et Curumilla le reçurent.
— Me voilà ! dit-il.
— Par quel hasard vous trouvez-vous en chasse dans la forêt à cette heure de nuit ? lui demanda le chasseur.

L'Unicorne lui raconta en quelques mots ce qui s'était passé.

A ce récit, Valentin fronça le sourcil. A son tour, il mit le chef au courant de ce qu'il avait fait.
— C'est grave, dit l'Unicorne en hochant la tête.
— Oui, répondit Valentin ; il est évident que ceux que nous cherchons ne sont pas loin d'ici ; peut-être nous entendent-ils.
— C'est possible, murmura l'Unicorne ; mais que faire, par cette nuit noire ?
— Bon ! soyons aussi fins qu'eux. Combien avez-vous de guerriers en bas ?
— Dix, je crois.
— Bien. Parmi eux, en avez-vous quelques-uns sur lesquels vous puissiez compter ?
— Tous ! répondit fièrement le sachem.
— Je ne parle pas au point de vue du courage, mais à celui de l'expérience.
— Ooah ! j'ai l'Araignée.
— Voilà notre affaire. Il nous remplacera avec vos guerriers, dont vous lui donnerez le commandement ; il coupera les communications ici, tandis que moi et mes compagnons nous vous suivrons. Je ne serais pas fâché de visiter l'endroit où votre prisonnier était attaché.

Tout s'exécuta comme l'avait arrêté Valentin.

L'Araignée s'établit sur les arbres, avec ordre de veiller attentivement, ainsi que les dix guerriers qui se trouvaient avec lui ; et Valentin, sûr désormais d'avoir élevé une barrière infranchissable devant le Cèdre-Rouge, se prépara à se rendre au camp, en compagnie de l'Unicorne.

Curumilia s'interposa une fois encore.
— Pourquoi descendre ? dit-il.

Le Français connaissait si bien son compagnon, il avait tellement l'habitude de sa façon de parler qu'il le comprenait à demi-mot.
— C'est juste, dit-il à l'Unicorne, rendons-nous au camp en passant de

branche en branche. Curumilla a raison; de cette manière, si le Cèdre-Rouge est caché aux environs, nous le découvrirons.

Le sachem comanche baissa la tête en signe d'assentiment, et ils se mirent en marche.

La route n'était pas longue.

Ils marchaient depuis une demi-heure à peu près, lorsque Curumilla, qui allait en avant, s'arrêta en poussant un cri étouffé.

Les chasseurs levèrent la tête, et, à quelques mètres au-dessus d'eux, ils aperçurent une énorme masse noire qui se balançait nonchalamment.

— Eh! fit Valentin, qu'est-ce là?

— Un oürs, répondit Curumilla.

— En effet, dit don Pablo, c'est un magnifique ours noir.

— Tirons-lui un coup de fusil, dit don Miguel.

— Gardez-vous-en bien, s'écria vivement don Pablo, un coup de feu peut donner l'éveil et avertir ceux que nous cherchons de l'endroit où nous sommes.

— Je voudrais pourtant bien m'en emparer, objecta Valentin, ne serait-ce que pour sa fourrure.

— Non, dit péremptoirement l'Unicorne, qui jusque-là avait gardé le silence; les ours sont les bons cousins de ma famille.

— Alors, c'est différent, fit le chasseur en dissimulant avec peine un sourire ironique.

Les Indiens des prairies, nous pensons l'avoir dit déjà, sont excessivement superstitieux. Entre autres croyances, ils ont celle de se croire issus de certains animaux qu'ils traitent de parents et pour lesquels ils professent un profond respect, ce qui ne les empêche nullement de les tuer dans l'occasion lorsque, ce qui leur arrive souvent, ils sont pressés par la famine; mais on doit rendre cette justice aux Indiens, qu'ils ne se portent jamais à cette extrémité envers leurs susdits parents sans leur en demander mille fois pardon et leur avoir d'abord expliqué que la faim seule les oblige à avoir recours à ce moyen extrême pour soutenir leur vie.

L'Unicorne n'avait nullement besoin de vivres en ce moment, son camp regorgeait de provisions; aussi fut-il pour l'ours, son cousin, d'une politesse et d'une galanterie dignes d'éloges.

Il le salua, lui parla pendant quelques minutes de la façon la plus affectueuse, tandis que l'ours continuait à se balancer sans paraître attacher grande importance au discours que lui débitait le chef, et paraissait bien plutôt ennuyé que flatté des compliments que lui faisait son cousin.

Le chef, intérieurement piqué de cette indifférence de mauvais goût, fit un dernier signe d'adieu à l'ours et passa.

La petite troupe s'avança quelque temps en silence.

— C'est égal, dit tout à coup Valentin, je ne sais pourquoi, mais j'aurais voulu la peau de votre cousin, chef.

— Ooah! répondit l'Unicorne, il y a des bisons au camp.

— Pardieu! je le sais bien, fit le chasseur, aussi n'est-ce pas pour cela.

— Pourquoi donc alors?

LA LOI DE LYNCH 233

Nathan, sans prononcer une parole, enfonça son couteau dans le cœur de l'Indien.

— Je ne sais, mais cet ours m'avait l'air suspect, il ne me paraissait pas de bon aloi.
— Mon frère veut rire?
— Non! sur ma parole, chef, je vous jure que ce gaillard-là m'a paru faux teint : pour un rien je retournerais afin d'en avoir le cœur net.
— Mon frère croit-il donc que l'Unicorne est un enfant qui ne sait pas reconnaître un animal? fit le sachem avec hauteur.

— Dieu me garde d'avoir une telle pensée, chef! Je sais que vous êtes un guerrier expérimenté; mais le plus fin peut se tromper.

— Oh! oh! Et que suppose donc mon frère?

— Voulez-vous franchement mon avis?

— Oui, que mon frère parle; c'est un grand chasseur, sa science est immense.

— Non, je ne suis qu'un ignorant, mais j'ai étudié avec soin les habitudes des fauves.

— Eh bien! demanda don Miguel, votre opinion est que cet ours...

— Est le Cèdre-Rouge ou un de ses fils, interrompit vivement Valentin.

— Qui vous le fait supposer?

— Ceci d'abord : à cette heure, les fauves sont à l'abreuvoir; mais en supposant même que celui-ci y fût déjà allé, ne savez-vous pas que tous les animaux fuient devant l'homme; celui-ci, ébloui par l'éclat des lumières, effrayé par les cris qu'il a entendus dans la forêt ordinairement silencieuse, aurait dû, s'il avait suivi son instinct, chercher à se sauver, ce qui lui était extrêmement facile, au lieu de se mettre insoucieusement à danser devant nous, à près de cent pieds en l'air; d'autant plus que l'ours est un animal trop prudent et trop égoïste pour confier ainsi étourdiment sa chère et précieuse personne à des branches aussi faibles que celles sur lesquelles il se tenait en équilibre; aussi, plus j'y réfléchis, plus je suis persuadé que cet animal est un homme.

Les chasseurs et l'Unicorne lui-même, qui avait écouté avec la plus grande attention les paroles de Valentin, furent frappés de la vérité de ses observations; mille détails qui leur avaient échappé se présentaient maintenant à leur mémoire et venaient corroborer les soupçons du Français.

— C'est possible, fit don Miguel, et pour ma part je ne serais pas éloigné de le croire.

— Mon Dieu, reprit Valentin, vous comprendrez qu'il est très facile que par une nuit aussi noire le chef, malgré toute son expérience, se soit laissé tromper, surtout à une distance comme celle où nous nous trouvions de l'animal que nous observions et que nous n'avons fait qu'entrevoir; seulement nous avons commis une lourde faute, et moi tout le premier, en ne cherchant pas à acquérir une certitude.

— Ah! fit l'Indien, mon frère a raison, la sagesse réside en lui.

— Maintenant il est trop tard pour retourner sur nos pas, le gaillard doit avoir décampé sans demander son reste, dit Valentin tout pensif; mais, ajouta-t-il au bout d'un instant en regardant autour de lui, où est donc Curumilla?

Au même instant, à peu de distance d'où ils étaient, les chasseurs entendirent un grand fracas de branches cassées suivi d'un cri étouffé.

— Oh! oh! fit Valentin, est-ce que ce serait l'ours qui ferait des siennes?

Tout à coup le cri de la pie se fit entendre.

— Voilà le signal de Curumilla, dit Valentin; quelle diable de besogne fait-il donc?

— Il faut le savoir, et pour cela retourner sur nos pas, observa don Miguel.

— Pardieu! croyez-vous que j'abandonnerai ainsi mon vieux compagnon? s'écria Valentin en répondant au signal de son ami par un cri semblable à à celui qu'il avait poussé.

— Allons! reprit don Miguel.

Les chasseurs revinrent sur leurs pas aussi vite que le chemin étroit et dangereux qu'ils suivaient le leur permit.

Curumilla, assis commodément dans un fouillis de branches au milieu duquel il était parfaitement invisible aux regards de ceux qui l'auraient épié d'en haut, riait silencieusement tout seul.

C'était une chose si extraordinaire que de voir rire Curumilla, l'heure lui paraissait tellement insolite, que Valentin en fut effrayé, et dans le premier moment il ne fut pas loin de croire que son digne ami était subitement devenu fou.

— Ah çà! chef, lui dit-il en regardant de tous les côtés, me direz-vous pourquoi vous riez ainsi? Quand ce ne serait que pour vous imiter, je ne serais pas fâché de connaître la cause de cette grande gaieté.

Curumilla fixa sur son ami son œil intelligent et lui répondit avec un sourire plein de bonne humeur :

— L'Ulmen est content.

— Je le vois bien, reprit Valentin; seulement j'ignore pourquoi et je voudrais le savoir.

— Curumilla a tué l'ours, dit sentencieusement l'Aucas.

— Bah! fit Valentin avec étonnement.

— Que mon frère regarde, voilà le cousin du sachem.

L'Unicorne fit un mouvement de mauvaise humeur.

Valentin et ses amis suivirent du regard la direction que leur indiquait l'Araucan.

Le lasso de Curumilla, fortement attaché à la branche sur laquelle se tenaient les chasseurs, pendait dans l'espace; à son extrémité se balançait une masse noire et informe.

C'était le cadavre de l'ours.

Curumilla, lors de la conversation de l'Unicorne avec son parent, avait épié avec attention les mouvements de l'animal; de même qu'à Valentin, ces mouvements ne lui avaient pas paru suffisamment naturels; il avait voulu savoir à quoi s'en tenir; en conséquence, il avait attendu le départ de ses amis, avait attaché l'extrémité de son lasso à une grosse branche, et pendant que l'ours, sans défiance, se croyant délivré de ses visiteurs, descendait nonchalamment de son perchoir, l'Indien l'avait sournoisement lassé. A cette attaque imprévue, l'animal avait trébuché, perdu l'équilibre; bref, il avait fini par tomber et était resté suspendu dans l'espace, grâce au nœud coulant qui lui serrait le cou, ce qui l'avait préservé de se briser les os; il est vrai qu'en récompense il s'était étranglé.

Les chasseurs se mirent en devoir de ramener le lasso à eux.

Tous brûlaient de savoir s'ils s'étaient trompés.

Après quelques efforts, le cadavre de l'animal se trouva étendu sur la branche.

Valentin se courba vivement sur lui, mais il se releva presque aussitôt.
— J'en étais sûr, dit-il avec mépris.
Il donna un coup de pied sur la tête du cadavre. Cette tête se détacha et roula dans l'abîme en laissant voir à sa place le visage de Nathan, dont les traits violacés étaient horriblement contractés.
— Oh! firent-ils, Nathan!
— Oui, reprit Valentin, le fils aîné du Cèdre-Rouge.
— *Ui!...* dit lugubrement don Miguel.
Ce pauvre Nathan n'était pas heureux en déguisements : avec le premier, il avait manqué d'être brûlé vif; avec le second, il avait été pendu.

XXXV

LA CHASSE CONTINUE

Les chasseurs demeurèrent un moment silencieux, les yeux fixés sur le cadavre de leur ennemi.

L'Unicorne, qui lui gardait sans doute rancune pour la façon dont il s'était moqué de lui en se faisant passer pour un de ses parents, rompit l'espèce de charme qui enchaînait les assistants en dégaînant son couteau à scalper et en enlevant avec une dextérité peu commune le cuir chevelu du pauvre diable.

— C'est la chevelure d'un chien des longs couteaux, dit-il avec mépris en passant son sanglant trophée à sa ceinture. Sa langue menteuse ne trompera plus personne.

Valentin réfléchissait profondément.

— Qu'allons-nous faire maintenant? demanda don Miguel.

— Canelo! s'écria don Pablo, ce n'est pas difficile à deviner, père : nous mettre immédiatement à la poursuite du Cèdre-Rouge.

— Que dit mon frère? interrogea l'Unicorne en se tournant avec déférence vers Valentin.

Celui-ci releva la tête.

— Tout est fini pour cette nuit, répondit-il; cet homme était chargé de nous amuser pendant que ses amis fuyaient. Essayer de les poursuivre en ce moment serait une insigne folie; ils ont sur nous trop d'avance pour qu'il nous soit possible de les atteindre; la nuit est si noire qu'il nous faudrait placer un guerrier en vedette sur chaque branche d'arbre. Contentons-nous pour le présent de conserver nos lignes de sentinelles de la façon que nous les avons établies. Au point du jour, le conseil de la tribu se réunira et décidera des moyens qui devront être employés.

Tout le monde se rangea à l'avis du chasseur.

On reprit la direction du camp, auquel on arriva une heure plus tard.

En mettant pied à terre dans la clairière, l'Unicorne frappa sur l'épaule de Valentin.

— J'ai à parler avec mon frère, lui dit-il.

— J'écoute mon frère, répondit le chasseur ; sa voix est une musique qui toujours réjouit mon cœur.

— Mon frère sera bien plus réjoui, répondit en souriant le chef, lorsqu'il saura ce que j'ai à lui apprendre.

— Le sachem ne peut qu'être porteur de bonnes nouvelles pour moi ; quelles sont celles qu'il a à me donner ?

— Le Rayon-de-Soleil est arrivée ce soir au camp.

Valentin tressaillit.

— Était-elle seule ? fit-il avec empressement.

— Seule ! elle n'aurait osé venir, observa le chef avec une certaine hauteur.

— C'est vrai, dit Valentin avec inquiétude. Ainsi ma mère...

— La mère du chasseur est ici ; je lui ai donné mon calli.

— Merci, chef ! s'écria-t-il avec effusion. Oh ! vous êtes réellement un frère pour moi.

— Le grand chasseur pâle est un enfant de la tribu, il est notre frère à tous.

— Oh ! ma mère ! ma bonne mère ! comment est-elle venue ici ? Oh ! je cours, je veux la voir.

— La voilà ! dit Curumilla.

L'Araucan, au premier mot prononcé par l'Unicorne, devinant le plaisir qu'il ferait à son ami, avait, sans rien dire, été chercher Mme Guillois que l'inquiétude tenait éveillée, bien qu'elle fût loin de se douter que son fils se trouvât si près d'elle.

— Mon fils ! s'écria la digne femme en le pressant dans ses bras.

Après les premiers moments d'effusion passés, Valentin passa le bras de sa mère sous le sien et la reconduisit doucement au calli.

— Vous n'êtes pas sage, ma mère, lui dit-il d'un ton de reproche. Pourquoi avez-vous quitté le village ? La saison est avancée, il fait froid, vous ne connaissez pas le climat mortel des prairies ; votre santé est chancelante, je veux que vous vous soigniez, que vous preniez de vous le plus grand soin ; ce n'est pas pour vous, c'est pour moi que je vous prie de le faire. Hélas ! si je vous perdais, que deviendrais-je ?

— Cher enfant ! répondit la vieille dame avec attendrissement. Oh ! que je suis heureuse d'être aimée ainsi ! Ce que j'éprouve à présent rachète amplement tout ce que ton absence m'a fait souffrir. Je t'en prie, laisse-moi agir à ma guise ; à mon âge on ne doit pas compter sur un lendemain problématique ; ne me sépare plus de toi ; qu'au moins si je n'ai pu y vivre, j'aie le bonheur de mourir dans tes bras !

Valentin regarda attentivement sa mère ; ces paroles sinistres l'avaient frappé douloureusement au cœur ; il fut effrayé de l'expression de son visage, dont les traits pâles, flétris, et la maigreur extrême, avaient quelque chose de fatal.

Mme Guillois s'aperçut de l'émotion de son fils, elle sourit tristement

— Tu le vois, dit-elle avec douceur, je n'aurai pas longtemps à t'être à charge ; bientôt le Seigneur me rappellera à lui.

— Oh! ne parlez pas ainsi, ma mère; chassez ces sombres pensées; vous avez, je l'espère, encore de longs jours à passer auprès de moi.

La vieille dame hocha la tête comme font les vieillards lorsqu'ils se croient certains d'une chose.

— Pas de folles illusions, mon fils, dit-elle d'une voix ferme; sois homme, prépare-toi à une séparation prochaine et inévitable; seulement, promets-moi une chose.

— Parlez, ma mère.

— Quoi qu'il arrive, jure-moi de ne plus m'éloigner de toi.

— Mais c'est un meurtre que vous me commandez, ma mère; dans l'état où vous vous trouvez, il vous est impossible de faire deux jours seulement la vie que je mène.

— Peu importe, mon fils, je ne veux plus te quitter; fais-moi le serment que je te demande.

— Ma mère! dit-il avec hésitation.

— Tu me refuses, mon fils! s'écria-t-elle avec douleur.

Valentin se sentit le cœur navré; il n'eut pas le courage de résister plus longtemps.

— Eh bien! murmura-t-il avec des larmes dans la voix, puisque vous l'exigez, ma mère, soyez satisfaite; je vous jure que nous ne nous séparerons plus.

Un rayon de joie divine traversa le visage flétri de la vieille dame et l'illumina pour une seconde d'un reflet de bonheur.

— Sois béni, mon fils, lui dit-elle; tu me rends bien heureuse en m'accordant ce que je te demande.

— Enfin, murmura-t-il avec un soupir étouffé, c'est vous qui le voulez, ma mère; votre volonté soit faite, et que Dieu ne me punisse pas de vous avoir obéi. Maintenant, à mon tour d'exiger, puisque désormais le soin de votre santé me regarde seul.

— Que veux-tu? lui dit-elle avec un ineffable sourire.

— Je veux que vous preniez quelques heures d'un repos indispensable après vos fatigues du jour et vos inquiétudes de la soirée.

— Et toi, cher enfant?

— Moi, ma mère, je dormirai aussi, car si cette journée a été laborieuse, celle de demain ne le sera pas moins; ainsi, reposez en paix, et n'ayez sur mon compte aucune inquiétude.

Mme Guillois embrassa tendrement son fils et se jeta sur la couche que, par les soins du Rayon-de-Soleil, on lui avait préparée.

Valentin sortit du calli et alla rejoindre ses amis étendus à quelques pas autour d'un feu allumé par Curumilla.

Mais au lieu de dormir, ainsi qu'il l'avait dit à sa mère, le chasseur, après avoir jeté dans le brasier quelques brassées de bois sec afin de l'empêcher de s'éteindre, s'appuya le dos contre un arbre, croisa les bras sur la poitrine, et se plongea dans de profondes réflexions.

La nuit s'écoula presque entière sans que le chasseur songeât à se livrer au repos.

Quelles étaient les pensées qui tourbillonnaient en ce moment dans le cerveau de cet homme si fort, et avaient la puissance de faire couler des larmes sur ses joues brunies?

D'où provenaient cette tristesse et ce découragement qui s'emparaient de son âme et le rendaient faible comme une femme?

Cette douleur, qu'il gardait précieusement enfouie au fond de son cœur, était un secret entre Dieu et lui!

Une autre personne la soupçonnait peut-être, sans doute elle en connaissait les causes ; mais cette personne était Curumilla, et le digne Indien serait mort plutôt que de laisser voir à son frère d'adoption qu'il avait sondé la plaie toujours vive qui lui rongeait le cœur.

Cependant les heures passaient les unes après les autres, les étoiles s'éteignaient lentement dans les profondeurs du ciel qui commençait à se teinter à l'horizon de teintes d'opale.

Le jour n'allait pas tarder à paraître. Valentin, saisi par le froid piquant du matin, ramena son regard sur la terre en murmurant avec un soupir étouffé :

— Est-elle heureuse?...

De qui parlait-il?

Quelle était cette personne inconnue dont le souvenir résumait si tristement les pensées d'une longue nuit d'insomnie?

Nul n'aurait pu le dire, car jamais son nom n'était monté du cœur du chasseur jusqu'à ses lèvres.

Le feu était presque éteint, il le raviva.

— Il faut cependant essayer de dormir, murmura-t-il.

S'enveloppant alors avec soin dans sa robe de bison, il s'étendit sur le sol, ferma les yeux et chercha le sommeil, ce grand consolateur des affligés, qui l'appellent souvent longtemps en vain avant qu'il daigne venir pour quelques heures leur verser l'oubli de leurs douleurs.

Il commençait à peine à sommeiller lorsqu'une main se posa doucement sur son épaule, et une voix timide murmura son nom à son oreille.

Le chasseur ouvrit subitement les yeux en se redressant brusquement :

— Qui va là? dit-il.

— Moi! la Gazelle-Blanche.

En effet, la jeune femme se tenait immobile à ses côtés.

Valentin, complètement réveillé, jeta loin de lui sa robe de bison, se leva, et après s'être secoué un instant :

— Je suis à vos ordres, dit-il, que désirez-vous?

— Vous demander un conseil, répondit-elle.

— Parlez, je vous écoute.

— Cette nuit, pendant que l'Unicorne et vous vous cherchiez le Cèdre-Rouge d'un côté, le Chat-Noir et moi nous le cherchions d'un autre, reprit-elle.

— Sauriez-vous où il se trouve? interrompit-il vivement.

— Non, mais je le soupçonne.

Il lui lança un regard interrogateur qu'elle supporta sans baisser les yeux.

— Vous savez bien qu'à présent je vous suis toute dévouée, dit-elle avec candeur.

— Pardonnez-moi, j'ai tort; veuillez continuer, je vous prie.

— Lorsque je vous ai dit que j'avais un conseil à vous demander, je me suis trompée : c'est une prière que j'ai à vous faire.

— Croyez bien que, s'il m'est possible de vous accorder ce que vous demandez, je n'hésiterai pas.

La Gazelle-Blanche hésita un instant, puis, faisant un effort sur elle-même, elle sembla prendre sa résolution et continua :

— Vous n'avez pas personnellement de haine pour le Cèdre-Rouge ?

— Pardonnez-moi. Le Cèdre-Rouge est un misérable qui a plongé dans le deuil et les larmes une famille que j'aime ; il a causé la mort d'une jeune fille qui m'était bien chère et d'un homme auquel j'étais attaché par les liens de l'amitié.

La Gazelle-Blanche fit un mouvement d'impatience qu'elle réprima aussitôt.

— Ainsi ? dit-elle.

— S'il tombe entre mes mains, je le tuerai sans remords.

— Pourtant il est une autre personne qui, elle, a depuis longues années de sanglantes injures à venger.

— De quelle personne voulez-vous parler, madame ?

— Du Blood's Son.

— C'est vrai ; il a, m'a-t-il dit, un terrible compte à régler avec ce bandit.

— Eh bien ! dit-elle vivement, soyez bon, laissez mon oncle, le Blood's Son, veux-je dire, s'emparer du Cèdre-Rouge.

— Pourquoi me demandez-vous cela ?

— Parce que l'heure est venue de le faire, don Valentin.

— Expliquez-vous.

— Depuis que ce bandit est cerné dans la montagne, sans espoir d'échapper, j'ai été, par mon oncle, chargée, le moment venu, de vous prier de lui céder cette capture.

— Mais s'il le laissait échapper ? dit-il.

Elle sourit avec une expression indéfinissable.

— C'est impossible, répondit-elle ; vous ne savez pas ce que c'est qu'une haine de vingt ans.

Elle prononça ces paroles avec un accent qui, tout brave qu'il était, fit, malgré lui, frémir le chasseur.

Valentin, ainsi qu'il le disait, aurait, sans hésiter, tué le Cèdre-Rouge comme un chien si, dans un combat, le hasard les avait placés face à face, les armes à la main ; mais il répugnait à ses sentiments de loyauté, à la noblesse de son cœur, de frapper un ennemi désarmé, quelque vil et quelque indigne que fût cet ennemi.

Tout en reconnaissant intérieurement la nécessité d'en finir une fois pour toutes avec cette bête fauve à face humaine nommée le Cèdre-Rouge, il n'était pas fâché qu'un autre que lui assumât la responsabilité d'un tel acte et fît l'office de bourreau.

La Gazelle-Blanche l'examinait attentivement et suivait avec anxiété sur

LA LOI DE LYNCH

Le lasso monta rapidement et Nathan disparut au milieu de l'épais feuillage.

son visage les divers sentiments qui l'agitaient, cherchant à deviner sa résolution.

— Eh bien? lui demanda-t-elle au bout d'un instant.
— Que faut-il faire? répondit-il.
— Me laisser agir, resserrer le blocus de façon à ce qu'il soit impossible à notre ennemi de passer quand même il prendrait la forme d'un chien des prairies, et attendre sans bouger.
— Longtemps?

— Deux jours, trois au plus; est-ce trop?
— Non! si vous tenez votre promesse.
— Je la tiendrai, ou, pour parler plus véridiquement, mon oncle la tiendra pour moi.
— C'est la même chose.
— C'est mieux.
— C'est ce que je voulais dire.
— Ainsi c'est convenu.
— Un mot encore.
— Parlez.
— Vous savez ce que mon ami, don Miguel Zarate, a souffert par le Cèdre-Rouge, n'est-ce pas?
— Je le sais.
— Vous savez que ce misérable a tué sa fille?
— Oui, fit-elle avec un tremblement dans la voix, je le sais ; mais rapportez-vous-en à moi, don Valentin : je vous jure que don Miguel Zarate sera vengé mieux que jamais il n'a eu l'espérance de l'être.
— Bien ; si après les trois jours que vous me demandez et que je vous accorde, justice n'est pas faite de ce misérable, je la ferai, moi, et je vous jure à mon tour qu'elle sera terrible.
— Merci, don Valentin ; mon oncle compte sur votre parole. Maintenant je pars.
— A présent?
— Tout de suite.
— Pour aller où?
— Rejoindre le Blood's Son et lui porter votre réponse.

La Gazelle-Blanche sauta légèrement sur son cheval qui était attaché tout sellé à un arbre, à quelques pas de là, et s'éloigna au galop, après avoir fait au chasseur un dernier geste de remerciment.

— Singulière créature! murmura Valentin.

Comme le jour était venu pendant cette conversation et que le soleil était levé, le Français se dirigea vers le calli de l'Unicorne, afin de faire assembler le conseil des grands chefs.

Dès que le chasseur fut entré dans le calli, don Pablo, qui, jusqu'à ce moment, était demeuré immobile, les yeux fermés et paraissant dormir, se leva subitement.

— Mon Dieu! s'écria-t-il en joignant les mains avec ferveur, comment sauver la pauvre Ellen? Si elle tombe entre les mains de cette furie, elle est perdue!

Puis, après un instant de réflexion, il s'élança en courant vers le calli de l'Unicorne. Valentin sortait au moment où le jeune homme arrivait à la porte.

— Où allez-vous donc ainsi tout courant, mon ami? lui demanda-t-il.
— Je voudrais un cheval, répondit don Pablo.
— Un cheval! fit Valentin avec étonnement, pourquoi faire?

Le Mexicain lui jeta un regard d'une expression étrange.

— Pour me rendre au camp du Blood's Son, dit-il résolument.

Un sourire triste se dessina sur les lèvres du Français. Il serra la main du jeune homme en lui disant d'une voix sympathique :

— Pauvre enfant!

— Laissez-moi y aller, Valentin, je vous en conjure, lui dit-il avec prière.

Le chasseur détacha un cheval qui paissait les jeunes pousses des arbres devant le calli.

— Allez, lui dit-il avec tristesse, allez où votre destin vous entraîne.

Le jeune homme le remercia avec effusion, enfourcha d'un bond le cheval, lui enfonça les éperons dans le ventre et s'éloigna à fond de train.

Valentin le suivit longtemps du regard, puis, lorsque le cavalier eut disparu dans le lointain, il poussa un profond soupir en murmurant à voix basse :

— Lui aussi il aime!... le malheureux!

Et il entra dans le calli qui servait d'habitation à sa mère, afin de lui donner le baiser du matin.

XXXVI

LE DERNIER REFUGE

Il nous faut à présent retourner auprès du Cèdre-Rouge.

Lorsque le squatter avait entendu les cris des Peaux-Rouges et qu'il avait vu briller dans le lointain la lueur rougeâtre des torches à travers les arbres, dans le premier moment il s'était cru perdu, et, cachant sa tête dans ses mains avec désespoir, il s'était affaissé sur lui-même et serait tombé sur le sol, si Fray Ambrosio ne l'avait, heureusement pour lui, retenu à temps.

— Demonios! s'écria le moine. Prenez garde, compadre, les gestes sont dangereux ici.

Mais le découragement du bandit n'avait eu que la durée de l'éclair, presque aussitôt il s'était redressé, aussi fier, aussi intrépide qu'auparavant, en s'écriant d'une voix ferme :

— J'échapperai!

— Bien, compadre, voilà qui est bravement parlé, dit le moine; mais il faut agir.

— En avant! hurla le squatter.

— Comment, en avant! fit le moine avec un geste d'épouvante; mais en avant, c'est le camp des Peaux-Rouges.

— En avant! vous dis-je.

— En avant donc, et que le diable nous protège! murmura Fray Ambrosio.

Le squatter, ainsi qu'il l'avait dit, marchait résolument sur le camp.

Bientôt ils se retrouvèrent à l'endroit où ils avaient descendu un lasso à

Nathan et qu'ils avaient quitté, dans leur premier mouvement d'épouvante, pour se mettre en retraite.

Arrivé là le squatter écarta le feuillage et regarda.

Tout le camp était en rumeur; on voyait les Indiens courir çà et là dans toutes les directions.

— Oh! murmura le Cèdre-Rouge, j'espérais que ces démons se lanceraient tous à notre poursuite; il est impossible de traverser là.

— Il n'y faut pas songer, dit Nathan, nous serions perdus sans rémission.

— Prenons un parti, murmura le moine.

Ellen, accablée de fatigue, s'était assise sur une branche.

Son père lui jeta un regard désespéré.

— Pauvre enfant! dit-il d'une voix basse et entrecoupée; tant souffrir!

— Ne songez pas à moi, mon père, reprit-elle, sauvez-vous; abandonnez-moi ici.

— T'abandonner! s'écria-t-il avec rage, jamais! dussé-je mourir! non, non! je te sauverai!

— Que puis-je craindre de ces hommes auxquels je n'ai jamais fait de mal? reprit-elle; ils auront pitié de ma faiblesse.

Le Cèdre-Rouge poussa un ricanement ironique.

— Demande aux jaguars s'ils ont pitié des antilopes, dit-il; tu ne connais pas les sauvages, pauvre enfant! Ils te tueraient en te torturant avec une joie féroce.

Ellen soupira et baissa la tête sans répondre.

— Le temps se passe; prenons un parti, répéta Fray Ambrosio.

— Allez au diable! lui dit brutalement le squatter, vous êtes mon mauvais génie.

— Que les hommes sont ingrats! fit le moine avec ironie en levant hypocritement les yeux au ciel; moi qui suis votre ami le plus cher!

— Assez!... dit le Cèdre-Rouge avec force; nous ne pouvons rester ici longtemps, retournons sur nos pas.

— Encore?

— Connaissez-vous un autre chemin, démon?

Ils reculèrent.

— Où est Nathan? demanda tout à coup le squatter; est-ce qu'il s'est laissé choir?

— Pas si bête, fit le jeune homme en riant, mais j'ai changé de costume.

Il écarta les feuilles qui le cachaient; ses compagnons poussèrent un cri d'étonnement.

Nathan était recouvert d'une peau d'ours, moins la tête qu'il portait à la main.

— Oh! oh! fit le Cèdre-Rouge, voilà une heureuse trouvaille; où as-tu volé cela, garçon?

— Je n'ai eu que la peine de la décrocher de la branche où on l'avait mise à sécher.

— Conserve-la avec soin, car peut-être avant peu nous servira-t-elle.

— C'est ce que j'ai pensé.

— Allons, partons.

Au bout de quelques pas, le squatter s'arrêta, étendit le bras pour avertir ses compagnons, et écouta.

Après deux ou trois minutes, il se retourna vers ses compagnons, et, se penchant vers eux, il leur dit d'une voix faible comme un souffle :

— La retraite nous est coupée, on marche dans les arbres, j'ai entendu craquer les branches et un froissement de feuilles.

Il se regardèrent avec épouvante.

— Ne désespérons pas, reprit-il vivement, tout n'est pas perdu encore ; montons plus haut et jetons-nous de côté, jusqu'à ce qu'ils soient passés ; pendant ce temps Nathan les amusera : les Comanches ne font pas ordinairement de mal aux ours, avec lesquels ils se prétendent parents.

Personne ne fit d'objection.

Sutter s'élança le premier, le moine le suivit.

Ellen regarda son père avec tristesse.

— Je ne puis pas, dit-elle.

— Je te répète que je te sauverai, enfant, dit-il avec un accent de tendresse impossible à rendre.

Il prit la jeune fille dans ses bras nerveux, la plaça doucement sur ses épaules.

— Tiens-toi bien, murmura-t-il à voix basse, et surtout ne crains rien.

Alors, avec une dextérité et une force centuplées par l'amour paternel, le bandit s'accrocha d'une main aux branches placées au-dessus de sa tête et disparut dans le feuillage en disant à son fils :

— A toi, Nathan ! joue bien ton rôle, garçon, notre salut dépend de toi.

— Soyez tranquille, vieux, répondit le jeune homme en se coiffant de la tête de l'ours, je ne suis pas plus bête qu'un Indien ; ils vont me prendre pour leur parent.

On sait ce qui était arrivé, comment cette ruse, qui d'abord avait si bien réussi, avait été déjouée par Curumilla.

En voyant tomber son fils, le squatter avait eu un moment de rage aveugle et avait épaulé son rifle en couchant en joue l'Indien.

Heureusement le moine s'était assez à temps aperçu de ce geste imprudent pour l'arrêter.

— Que faites-vous ? s'écria-t-il en relevant le canon de l'arme, vous perdez votre fille.

— C'est vrai, murmura le squatter.

Ellen, par un hasard extraordinaire, n'avait rien vu, sans cela il est probable que la mort de son frère lui aurait arraché un cri de douleur qui aurait dénoncé ses compagnons.

— Oh ! fit le Cèdre-Rouge, encore ce démon de Français avec son Araucan maudit ! eux seuls pouvaient me vaincre.

Les fugitifs demeurèrent pendant une heure dans des transes terribles sans oser bouger, de crainte d'être découverts.

Ils étaient si près de ceux qui les poursuivaient, qu'ils entendaient distinctement ce qu'ils disaient.

Enfin, peu à peu les voix s'éloignèrent, les torches s'éteignirent, et tout rentra dans le silence.

— Ouf! fit le moine, ils sont partis.

— Pas tous, répondit le squatter, n'avez-vous pas entendu ce Valentin damné?

— C'est vrai, notre retraite est toujours coupée.

— Ne désespérons pas encore, provisoirement nous n'avons rien à redouter ici, reposez-vous quelques instants, pendant que j'irai à la découverte.

— Hum! murmura Fray Ambrosio, pourquoi ne pas aller tous ensemble? ce serait, je crois, plus prudent.

Le Cèdre-Rouge rit avec amertume.

— Écoutez, compadre, dit-il au moine en lui prenant le bras qu'il serra comme dans un étau : vous vous méfiez de moi et vous avez tort ; j'ai voulu vous abandonner, je l'avoue, mais à présent je ne le veux plus, nous périrons ou nous nous sauverons ensemble.

— Oh! oh! parlez-vous sérieusement, compadre?

— Oui, car sur les folles promesses d'un prêtre, j'avais résolu de m'amender, j'avais changé de vie et je menais une existence paisible, sans nuire à personne et en travaillant honnêtement ; les hommes que j'avais voulu oublier se sont souvenus de moi pour se venger, sans tenir compte de mes efforts et de mon repentir, ils ont incendié mon misérable jacal, tué mon fils ; maintenant ils me traquent comme une bête féroce, les vieux instincts se réveillent en moi, le levain mauvais qui dormait au fond de mon cœur fermente de nouveau. C'est une guerre à mort qu'ils me déclarent : eh bien! vive Dieu! je l'accepte et je la leur ferai sans pitié, sans trêve ni merci, sans leur demander, s'ils s'emparent de moi, plus de grâce que je ne leur en ferai s'ils tombent entre mes mains. Qu'ils prennent garde, by God! je suis le Cèdre-Rouge! celui que les Indiens ont surnommé le *mangeur d'hommes*, et je leur dévorerai le cœur! Ainsi, à présent, soyez tranquille, moine, nous ne nous quitterons plus, vous êtes ma conscience, nous sommes inséparables.

Le squatter prononça ces atroces paroles avec un tel accent de rage et de haine que le moine comprit qu'il disait bien réellement la vérité et que définitivement les instincts mauvais avaient pris le dessus.

Un hideux sourire de joie plissa ses lèvres.

— Allez, compadre, dit-il, allez à la découverte, nous vous attendons ici.

Le squatter s'éloigna.

Pendant son absence, pas une parole ne fut prononcée entre les trois interlocuteurs; Sutter dormait, le moine pensait, Ellen pleurait.

La pauvre enfant avait entendu avec une douleur mêlée d'épouvante l'atroce profession de foi de son père; elle avait alors mesuré l'épouvantable profondeur de l'abîme dans lequel elle venait subitement de rouler, car cette détermination du Cèdre-Rouge la séparait à jamais de la société et la condamnait à mener toute sa vie une existence de déboires et de larmes.

Après une heure d'absence environ, le Cèdre-Rouge reparut.

L'expression de son visage était joyeuse.

— Eh bien? lui demanda anxieusement le moine.

— Bonnes nouvelles! répondit-il, j'ai découvert un refuge où je défie les plus fins limiers de la prairie de me dépister.

— Bien loin?

— A deux pas d'ici.

— Si près?

— C'est ce qui fera notre sécurité : jamais nos ennemis ne supposeront que nous ayons eu l'audace de nous cacher aussi près d'eux.

— C'est juste ; il faut nous y rendre alors.

— Quand il vous plaira.

— Tout de suite.

Le Cèdre-Rouge n'avait pas menti, il 'avait effectivement découvert un refuge qui offrait toutes les garanties de sécurité désirables ; si nous-mêmes, dans les prairies du Far-West, nous n'en avions pas vu un tout à fait semblable, nous n'ajouterions pas foi à la possibilité d'un tel repaire.

Après avoir parcouru un espace d'environ cent cinquante mètres, le squatter s'arrêta au-dessus d'un chêne énorme mort de vieillesse et dont l'intérieur était creux.

— C'est ici, dit-il en écartant avec précaution la masse de feuilles, de branches et de lianes qui dissimulaient complètement la cavité.

— Hum! fit le moine en se penchant à l'orifice du trou qui était noir comme un four, c'est là-dedans qu'il faut descendre?

— Oui, répondit le Cèdre-Rouge ; mais rassurez-vous, ce n'est pas très profond.

Malgré cette assurance, le moine hésitait toujours.

— C'est à prendre ou à laisser, reprit le squatter ; préférez-vous être découvert?

— Mais nous ne pourrons pas nous remuer là-dedans

— Regardez autour de vous.

— Je regarde.

— Remarquez-vous que la montagne, en cet endroit, est coupée à pic?

— Oui, en effet.

— Bien ; nous sommes au bord du précipice dont nous parlait ce pauvre Nathan.

— Ah!

— Oui; vous voyez que cet arbre mort semble pour ainsi dire soudé à la montagne comme une poutre?

— C'est vrai, je ne l'avais pas remarqué d'abord.

— Eh bien! en descendant par ce trou, à une quinzaine de pieds tout au plus, vous en trouvez un autre qui, cette fois, perce l'écorce de l'arbre et correspond à une caverne.

— Oh! s'écria le moine avec joie, comment avez-vous découvert cette cachette?

Le squatter soupira.

— Il y a bien longtemps, dit-il.

— Eh! mais, fit Fray Ambrosio, si vous la connaissez, vous, d'autres peuvent aussi la connaître.

— Non, répondit-il en secouant la tête; un seul homme avec moi la connaissait, et sa découverte lui a coûté la vie.

— Voilà qui me rassure.

— Ni chasseur, ni trappeur ne viennent jamais par ici, c'est un précipice; si nous faisions quelques pas de plus dans cette direction, nous nous trouverions suspendus au-dessus d'un abîme d'une profondeur incommensurable dont cette montagne forme une des murailles; du reste, pour vous ôter toute crainte, je vais descendre le premier.

Le Cèdre-Rouge jeta alors au fond du creux béant quelques morceaux de bois-chandelle dont il s'était muni; il plaça son fusil en bandoulière, et, se suspendant par les mains, il se laissa tomber au fond de l'arbre.

Sutter et Fray Ambrosio regardaient avec curiosité.

Le squatter battit le briquet, alluma une des torches et l'éleva au-dessus de sa tête.

Le moine reconnut alors que le vieux chasseur de chevelures lui avait dit la vérité.

Le Cèdre-Rouge entra dans la caverne, dans le sol de laquelle il planta sa torche de façon à ce que le creux de l'arbre restât éclairé, puis il ressortit, et au moyen de son lasso rejoignit ses compagnons.

— Eh bien, leur dit-il, qu'en pensez-vous?

— Nous serons là on ne peut mieux, répondit le moine.

Sans plus hésiter, il se laissa glisser dans le creux, et disparut dans la grotte.

Sutter l'imita.

Seulement il resta en bas afin d'aider sa sœur à descendre.

La jeune fille semblait ne pas avoir conscience de ce qui se passait autour d'elle. Bonne et docile, comme toujours, elle agissait avec une précision et une sécheresse automatiques, sans chercher à se rendre compte des raisons qui lui faisaient faire une chose plutôt qu'une autre; les paroles de son père l'avaient frappée au cœur et avaient brisé en elle les ressorts de la volonté.

Lorsque son père l'eut descendue dans l'arbre, elle suivit machinalement son frère dans la grotte.

Demeuré seul, le squatter fit disparaître avec un soin minutieux toutes les traces qui auraient pu révéler aux yeux clairvoyants de ses ennemis les endroits où il avait passé; puis, lorsqu'il fut bien certain que rien ne viendrait signaler sa présence, il se laissa, à son tour, glisser dans le trou.

Le premier soin des bandits fut d'explorer leur domaine.

Il était immense.

Cette caverne s'enfonçait à une profondeur considérable sous la montagne. Elle se partageait en plusieurs branches et en plusieurs étages, dont les uns montaient jusqu'au sommet de la montagne, tandis que d'autres, au contraire, s'enfonçaient en terre; un lac souterrain, réservoir de quelque rivière sans nom, s'étendait à perte de vue sous une voûte basse, toute noire de chauves-souris.

Cette caverne avait plusieurs sorties dans des directions diamétralement

LA LOI DE LYNCH

249

— Que voulez-vous, chef? lui demanda le chasseur.

opposées; ces sorties étaient si bien dissimulées qu'il était impossible de les apercevoir du dehors.

Une seule chose inquiétait les aventuriers, c'était la possibilité de se procurer des vivres; mais à cela le Cèdre-Rouge avait répondu que rien n'était plus facile que de tendre des trappes, et même de chasser dans la montagne.

Ellen s'était endormie d'un sommeil de plomb sur un lit de fourrures que son père lui avait préparé à la hâte. La pauvre enfant avait tellement souffert et enduré tant de fatigues depuis quelques jours, qu'elle ne pouvait littéralement plus se soutenir.

Lorsque les trois hommes eurent visité la grotte, ils revinrent s'asseoir auprès d'elle.

Le Cèdre-Rouge la regarda un instant dormir avec une expression de tristesse infinie ; il aimait trop sa fille pour ne pas la plaindre et ne pas songer avec douleur au sort affreux qui l'attendait auprès de lui ; malheureusement le remède était impossible.

Fray Ambrosio, dont l'esprit était toujours en éveil, arracha le squatter à sa double contemplation.

— Eh ! compadre, lui dit-il, nous sommes condamnés probablement à demeurer ici quelque temps, n'est-ce pas ?

— Jusqu'à ce que ceux qui nous poursuivent, fatigués de nous chercher vainement de tous les côtés, prennent enfin le parti de s'en aller.

— Cela peut être long ; alors, pour plus de sûreté, je suis d'avis de faire une chose.

— Laquelle ?

— Il y a ici des monceaux de bloc de pierre que le temps a détachés de la voûte ; si vous m'en croyez, avant de vous endormir, nous en roulerons trois ou quatre des plus gros jusqu'au trou par lequel nous sommes entrés.

— Pourquoi cela ? demanda le squatter avec distraction.

— Dans la position où nous sommes, deux précautions valent mieux qu'une : les Indiens sont des démons si rusés qu'ils sont capables de descendre dans le creux de l'arbre.

— Le padre a raison, vieux, dit Sutter qui dormait à moitié ; ce n'est pas un grand travail que de rouler ces pierres, mais au moins comme cela nous serons tranquilles.

— Faites ce que vous voudrez, répondit le squatter en se remettant à contempler sa fille.

Les deux hommes, forts de l'approbation de leur chef, se levèrent sans plus tarder afin d'accomplir ce qu'ils avaient projeté ; une demi-heure plus tard, le trou de la caverne était si artistement bouché que nul, s'il ne l'avait su d'abord, ne se fût douté qu'un trou énorme avait existé là.

— Maintenant, dit Fray Ambrosio, nous pouvons dormir ; au moins nous sommes tranquilles.

XXXVII

LA CASSETTE

Malgré l'avance que la Gazelle-Blanche avait sur lui, don Pablo la rejoignit à moins de deux lieues du camp.

En entendant le galop d'un cheval derrière elle, la jeune fille s'était retournée.

Un coup d'œil lui avait suffi pour reconnaître le Mexicain.

A sa vue, une rougeur fébrile envahit son visage, un tremblement convulsif s'empara de ses membres; enfin, l'émotion qu'elle éprouva fut si forte, qu'elle fut contrainte de s'arrêter.

Cependant, honteuse de laisser voir à l'homme qu'elle aimait sans espoir l'impression que sa vue lui causait, elle fit un effort suprême sur elle-même et parvint à donner à son visage une expression indifférente, tandis que la pensée refoulée bouillonnait au fond de son cœur.

— Que vient-il faire de ce côté? où va-t-il? Nous verrons, ajouta-t-elle au bout d'un insant.

Elle attendit.

Don Pablo ne tarda pas à la rejoindre. Le jeune homme, en proie à une surexcitation nerveuse, était dans les pires dispositions pour faire de la diplomatie.

En arrivant auprès de la Gazelle-Blanche, il la salua, et, sans lui adresser la parole, il continua rapidement sa route.

La Gazelle secoua la tête.

— Je saurai bien le faire parler, dit-elle.

Appliquant alors le *chicote* sur les flancs de son cheval, elle le mit au galop et vint le ranger aux côtés de celui de don Pablo.

Les deux cavaliers marchèrent ainsi auprès l'un de l'autre assez longtemps sans échanger un mot.

Chacun d'eux semblait craindre d'entamer la conversation, comprenant intérieurement sur quel terrain brûlant elle serait bientôt fatalement portée.

Toujours galopant auprès l'un de l'autre, ils arrivèrent à un endroit où la pente qu'ils suivaient bifurquait et formait deux chemins diamétralement opposés.

La Gazelle-Blanche retint son cheval, et, étendant le bras dans la direction du nord :

— Je vais par là, dit-elle.

— Et moi aussi, répondit sans hésiter don Pablo.

La jeune fille le regarda avec un étonnement trop naturel pour ne pas être joué.

— Où donc allez-vous? reprit-elle.

— Où vous allez, dit-il encore.

— Mais je me dirige vers le camp du Blood's Son.

— Eh bien! moi aussi; que trouvez-vous d'étonnant à cela?

— Moi, rien; que m'importe? fit-elle avec une moue significative.

— Vous me permettrez alors, niña, de vous tenir compagnie jusque-là.

— Je ne puis ni ne veux vous empêcher de me suivre; la route est libre, caballero; répondit-elle sèchement.

Ils se turent comme d'un commun accord; chacun d'eux conversait avec soi-même et s'absorbait dans ses pensées.

Parfois la Gazelle-Blanche jetait à son compagnon un de ces clairs regards de femme qui lisent jusqu'au fond du cœur; un sourire effleurait ses lèvres mignonnes, et elle secouait la tête d'un air mutin. De singulières pensées fermentaient sans doute dans ce frais cerveau de dix-sept ans.

Vers deux heures de la *tarde*, ainsi que l'on dit dans les pays espagnols, ils arrivèrent, toujours trottant de conserve, au gué d'une petite rivière de l'autre côté de laquelle, adossé à une montagne, on apercevait à deux lieues à peine les huttes du camp du Blood's Son. La Gazelle-Blanche s'arrêta, et, au moment où son compagnon allait faire entrer son cheval dans le lit de la rivière, elle posa sa main délicate sur la bride et l'arrêta en lui disant d'une voix douce mais ferme :

— Avant que d'aller plus loin, un mot, s'il vous plaît, caballero.

Don Pablo la regarda avec étonnement, mais il ne fit pas un mouvement pour échapper à cette étreinte amicale.

— Je vous écoute, señorita, répondit-il en s'inclinant.

— Je sais pourquoi vous venez au campement du Blood's Son reprit-elle.

— J'en doute, fit-il en secouant la tête.

— Enfant ! ce matin, lorsque je causais avec don Valentin, vous étiez couché à nos pieds.

— En effet.

— Si vos yeux étaient fermés, vos oreilles étaient ouvertes.

— Ce qui veut dire ?

— Que vous avez entendu notre conversation.

— Quand cela serait, qu'en conclueriez-vous ?

— Ceci : vous venez au camp pour contre-carrer mes projets, les faire avorter même, si cela vous est possible.

— Moi !

— Vous.

Le jeune homme tressaillit. Il fit un mouvement de désappointement en se voyant si bien deviné.

— Señorita... dit-il avec embarras.

— Ne niez pas, fit-elle avec bonté, ce serait inutile : je sais tout.

— Tout !

— Oui, et beaucoup plus que vous n'en savez vous-même.

Le Mexicain était atterré.

— Jouons cartes sur table, continua-t-elle.

— Je ne demande pas mieux, répondit-il sans savoir ce qu'il disait.

— Vous êtes amoureux de la fille du squatter, dit-elle nettement.

— Oui, répondit-il.

— Vous voulez la sauver?

— Oui.

— Je vous aiderai.

— Vous ?

— Moi.

Il y eut un silence.

Ces quelques mots avaient été échangés entre les deux interlocuteurs avec une rapidité fébrile.

— Vous ne me trompez pas? demanda timidement don Pablo au bout d'un instant.

— Non, répondit-elle franchement ; à quoi bon ? Vous lui avez donné votre cœur, on n'aime pas deux fois ; je vous aiderai, vous dis-je.

Le jeune homme la regardait avec un étonnement mêlé d'épouvante.

Il savait combien, il y avait quelques mois à peine, la Gazelle-Blanche avait été une ennemie implacable pour la pauvre Ellen ; il redoutait un piège.

Elle le devina, un sourire triste effleura ses lèvres.

— L'amour ne m'est plus permis, dit-elle ; mon cœur n'est même pas assez vaste pour la haine qui le dévore, j'appartiens toute à la vengeance. Croyez-moi, don Pablo, je vous servirai loyalement. Lorsque vous serez enfin heureux, que vous me devrez un peu de ce bonheur dont vous jouirez, peut-être éprouverez-vous pour moi un peu d'amitié ou de reconnaissance. Hélas ! c'est le seul sentiment que j'ambitionne désormais. Je suis une de ces malheureuses créatures condamnées qui, lancées malgré elles sur une pente fatale, ne peuvent s'arrêter dans leur chute. Plaignez-moi, don Pablo, mais bannissez toute crainte, car, je vous le répète, vous n'aurez jamais d'amie plus dévouée que moi.

La jeune fille prononça ces paroles avec un tel accent de sincérité, on voyait si bien que chez elle c'était le cœur seul qui parlait et que le sacrifice était consommé sans arrière-pensée, que don Pablo se sentit ému malgré lui devant tant d'abnégation ; par un mouvement de jeunesse irrésistible, il lui tendit la main.

La jeune fille la serra avec effusion, essuya une larme, et, chassant de son cœur toute trace d'émotion :

— Maintenant, dit-elle, pas un mot de plus ; nous nous entendons, n'est-ce pas ?

— Oh oui ! répondit-il avec joie.

— Traversons la rivière, fit-elle en souriant, nous serons au camp dans dix minutes ; nul ne doit savoir ce qui s'est passé entre nous.

Dix minutes plus tard, en effet, ils arrivaient au camp du Blood's Son, où ils furent reçus avec des cris de joie et des souhaits de bienvenue.

Ils traversèrent le camp au galop et ne s'arrêtèrent que devant la hutte du partisan.

Celui-ci, distrait par le bruit de leur arrivée, était sorti et les attendait au dehors.

La réception fut cordiale.

Après les premiers compliments, la Gazelle-Blanche expliqua à son oncle le résultat de sa démarche et ce qui s'était passé au camp de l'Unicorne pendant qu'elle s'y trouvait.

— Ce Cèdre-Rouge est un véritable démon, répondit-il ; moi seul ai entre les mains le moyen de m'en emparer.

— De quelle façon ? demanda don Pablo.

— Vous allez voir, dit-il.

Sans s'expliquer davantage, il porta un sifflet d'argent à ses lèvres et en tira un son clair et prolongé.

A cet appel, le rideau en peau de bison de la hutte fut soulevé du dehors et un homme parut.

Don Pablo reconnut Andrès Garote. Le gambusino salua avec cette politesse pateline particulière aux Mexicains, et attendit en fixant sur le Blood's Son ses petits yeux gris et intelligents.

— Maître Garote, lui dit celui-ci en se tournant de son côté, je vous ai fait appeler parce que j'ai à causer sérieusement avec vous.

— Je suis aux ordres de Votre Seigneurie, répondit-il.

— Vous vous rappelez sans doute, reprit le Blood's Son, le traité que nous avons fait ensemble lorsque je vous ai admis dans ma cuadrilla.

Andrès Garotte s'inclina affirmativement.

— Je me le rappelle, dit-il.

— Fort bien. En voulez-vous toujours au Cèdre-Rouge?

— Au Cèdre-Rouge, Seigneurie, pas positivement; lui personnellement ne m'a jamais fait grand mal.

— C'est juste; mais vous avez toujours, je suppose, le désir de vous venger de Fray Ambrosio?

L'œil du gambusino lança un éclair de haine intercepté au passage par le Blood's Son.

— Je donnerais ma vie pour avoir la sienne.

— Bien, j'aime à vous voir dans ces sentiments; bientôt, si vous le voulez, votre désir sera satisfait.

— Si je le veux, Seigneurie, si je le veux! s'écria avec feu le ranchero. Canarios! dites-moi ce qu'il faut faire pour cela, et, sur mon âme, ce ne sera pas long. Je vous réponds que je n'hésiterai pas.

Le Blood's Son dissimula un sourire de satisfaction.

— Le Cèdre-Rouge, Fray-Ambrosio et leurs compagnons, dit-il, sont cachés à quelques lieues à peine d'ici, dans les montagnes; vous allez vous y rendre.

— J'y vais.

— Attendez; n'importe par quel moyen, vous vous introduirez auprès d'eux, vous capterez leur confiance, et lorsque vous aurez obtenu tous les renseignements nécessaires, vous reviendrez ici afin que nous nous emparions de ce nid de vipères.

Le gambusino réfléchit un instant; le Blood's Son crut qu'il reculait.

— Est-ce que vous hésitez? lui dit-il.

— Reculer, moi! s'écria le ranchero en secouant la tête avec un sourire étrange; non pas, Seigneurie, au contraire; seulement je me consulte.

— Pour quelle raison?

— Je vais vous la dire : la mission que vous me donnez est une mission de vie ou de mort. Si j'échoue, mon compte est bon. Le Cèdre-Rouge me tuera comme un chien.

— C'est probable.

— Ce sera son droit, je n'aurai pas de reproches à lui adresser; mais moi mort, je ne veux pas que le misérable échappe.

— Comptez sur ma parole.

La physionomie chafouine du gambusino prit une expression de finesse et de ruse inexprimable.

— J'y compte, dit-il, Seigneurie ; mais vous avez des affaires très sérieuses qui prennent presque tout votre temps, et, peut-être sans le vouloir, vous m'oublieriez.

— Vous ne devez pas redouter cela.

— On ne peut répondre de rien, Seigneurie : il y a dans la vie des circonstances fort bizarres.

— Où voulez-vous en venir? Voyons, expliquez-vous franchement.

Andrès Garote souleva son zarapé et sortit de dessous une petite boîte en acier, qu'il posa sur la table auprès de laquelle était assis le Blood's Son.

— Tenez, Seigneurie, dit-il avec ce ton doucereux qui ne l'abandonnait jamais, prenez cette cassette; dès que je serai parti, faites-en sauter la serrure, et je suis certain que vous trouverez dedans certains papiers qui vous intéresseront.

— Que signifient ces paroles? s'écria le Blood's Son avec agitation.

— Vous verrez, vous verrez, répondit le gambusino toujours impassible; de cette façon, si vous m'oubliez, vous ne vous oublierez pas, vous, et je profiterai de votre vengeance.

— Connaissez-vous donc ces papiers? demanda le Blood's Son.

— Supposez-vous, Seigneurie, que j'aie gardé pendant six mois environ cette cassette entre les mains sans m'assurer de son contenu? Non, non, j'aime à connaître mon bien. Vous verrez que cela vous intéressera, Seigneurie.

— Mais alors, s'il en est ainsi, pourquoi ne m'avez-vous pas remis plus tôt ces papiers?

— Parce que l'heure n'était pas venue de le faire, Seigneurie; j'attendais l'occasion qui se présente aujourd'hui. L'homme qui veut se venger doit être patient; vous savez le proverbe, Seigneurie : la vengeance est un fruit qui ne se mange que mûr.

Pendant que le gambusino débitait ce flux de paroles, le Blood's Son restait les yeux fixés sur la cassette, le regard ardent et les mains convulsivement serrées.

— Vous allez partir? lui demanda le Blood's Son, lorsqu'il se tut.

— A l'instant, Seigneurie; si vous me le permettez, nous changerons quelque chose aux instruction que vous m'avez données.

— Parlez.

— Il me semble que si je suis obligé de revenir ici, nous perdrons un temps précieux en allées et venues, temps dont le Cèdre-Rouge, dont les soupçons seront éveillés, ne manquera pas de profiter pour décamper.

— C'est juste, mais comment faire?

— Oh! c'est bien simple, allez, Seigneurie : lorsque le moment sera venu de tendre nos filets, j'allumerai un feu dans la montagne, ce feu vous servira de signal pour vous mettre immédiatement en route; seulement il ne serait pas mal que quelqu'un m'accompagnât et demeurât caché aux environs du lieu où je dois aller.

— Cela sera fait ainsi que vous le désirez, répondit la Gazelle-Blanche ; ce n'est pas une, mais deux personnes qui vous accompagneront.
— Comment cela ?
— Don Pablo de Zarate et moi nous avons l'intention de vous suivre, reprit-elle en jetant au jeune homme un regard que celui-ci comprit.
— Alors tout est pour le mieux, fit le gambusino, et nous partirons aussitôt que vous le voudrez.
— A l'instant, à l'instant ! s'écrièrent les deux jeunes gens.
— Nos chevaux ne sont pas fatigués, ils pourront encore facilement faire aujourd'hui cette traite, observa don Pablo.
— Hâtez-vous, alors, car les instants sont précieux, dit le Blood's Son qui brûlait d'être seul.
— Je ne demande que quelques minutes pour seller mon cheval.
— Allez, nous vous attendrons ici.

Le gambusino sortit.

Les trois personnages demeurèrent silencieux, tous trois également intrigués par la cassette sur laquelle le Blood's Son avait posé la main, comme s'il craignait qu'on la lui ravît.

Au bout d'un instant, le galop d'un cheval résonna au dehors, et Garote passa sa tête par la porte, dont le rideau était à demi soulevé.

— Me voilà, dit-il,

La Gazelle-Blanche et don Pablo se levèrent.

— Partons ! dirent-ils en s'élançant vers la porte.
— Bonne chance ! leur cria le Blood's Son.
— Seigneurie, n'oubliez pas la cassette, dit en ricanant le gambusino ; vous verrez qu'elle vous intéressera.

Le rideau de la hutte retomba ; les chevaux partirent à fond de train.

Aussitôt que le partisan se trouva seul, il se leva, barricada avec soin l'entrée de la hutte afin de ne pas être troublé dans l'examen qu'il se proposait de faire, puis il vint se rasseoir, après avoir choisi dans un petit sac en peau d'antilope plusieurs crochets de formes différentes.

Il prit alors la cassette et l'examina attentivement dans tous les sens.

Elle n'avait rien d'extraordinaire ; c'était, ainsi que nous l'avons dit autre part, une légère cassette en acier ciselé, travaillée avec le goût le plus exquis, un charmant bijou, en somme.

Malgré son désir de connaître ce qu'elle renfermait, il hésitait à l'ouvrir ; ce coquet petit meuble lui causait une émotion dont il ne pouvait se rendre compte ; il lui semblait l'avoir déjà vu autrefois ; il fouillait en vain ses souvenirs pour se rappeler en quelle circonstance.

— Oh ! dit-il en se parlant à lui-même d'une voix basse et concentrée, si je touchais enfin à l'accomplissement de l'œuvre à laquelle j'ai voué ma vie !

Il tomba dans une profonde rêverie et demeura pendant un laps de temps assez grand les yeux fixés devant lui, sans rien voir, absorbé par le flot de souvenirs amers qui lui oppressaient la poitrine.

Enfin il releva la tête, secoua d'un mouvement brusque sa chevelure épaisse, et passant la main sur son front :

Les chasseurs demeurent un moment silencieux, les yeux fixés sur le cadavre de leur ennemi.

— Plus d'hésitation, dit-il d'une voix creuse, sachons à quoi nous en tenir. Quelque chose me dit que cette fois mes recherches seront couronnées de succès.

Alors il saisit un des crochets d'une main convulsive et l'introduisit dans la serrure, mais son émotion était si forte qu'il lui fut impossible de faire agir l'instrument, et il le rejeta avec colère.

— Suis-je donc un enfant? dit-il. Soyons calme.

Il reprit le crochet d'une main ferme. La cassette s'ouvrit.

Le Blood's Son regarda avidement dans l'intérieur.

Elle ne contenait que deux lettres jaunies et froissées par le temps.

A leur vue, une pâleur livide couvrit le visage du partisan ; il avait sans doute du premier coup d'œil reconnu l'écriture. Il poussa un rugissement de joie, et s'empara de ces lettres en s'écriant d'une voix qui n'avait plus rien d'humain :

— Les voilà donc, ces preuves que je croyais détruites !

Il déplia le papier avec la précaution la plus minutieuse afin de ne pas en déchirer les plis, et commença à lire.

Bientôt un soupir de satisfaction s'échappa de sa poitrine oppressée.

— Ah ! murmura-t-il, Dieu vous livre enfin à moi, mes maîtres ; nous allons régler nos comptes...

Il replaça les lettres dans la cassette, la referma et la cacha dans son sein.

XXXVIII

UNE FUMÉE DANS LA MONTAGNE

Les trois aventuriers étaient sortis rapidement du camp du Blood's Son et avaient pris la direction des montagnes.

Ils galopaient silencieusement aux côtés l'un de l'autre.

Ils pressentaient que le dénoûment de ce drame terrible approchait, et malgré eux leurs pensées étaient tristes.

L'homme est ainsi fait que le sentiment qui le domine le plus est celui de la tristesse ; l'organisation humaine est faite en vue de la lutte, la joie n'est qu'une anomalie ; taillé pour résister aux épreuves les plus dures, l'homme le plus fort est souvent celui qui succombe le plus facilement à une grande joie ; aussi, chose étrange, rien ne ressemble plus au bonheur que la tristesse : les symptômes sont si complètement les mêmes qu'une grande joie annihile autant les facultés qu'une grande douleur.

En ce moment, les trois personnages que nous suivons étaient sous le poids d'une émotion semblable à celle que nous venons de décrire. Au moment où ils allaient voir s'accomplir les espérances que depuis si longtemps ils caressaient, ils éprouvaient une émotion qui les dominait complètement et dont ils ne pouvaient se rendre compte.

C'était un coup décisif qu'ils allaient jouer. Depuis si longtemps qu'ils luttaient contre ce rude jouteur, toujours ils l'avaient trouvé planté droit sur la brèche, leur rendant ruse pour ruse, finesse pour finesse, et, en résumé, bien que blessé cruellement, demeurant toujours vainqueur.

Cette fois enfin la chance avait tourné ; Dieu semblait s'être mis de la partie pour faire triompher le bon droit ; et le bandit, acculé dans son dernier repaire, s'attendait d'heure en heure à être forcé.

Cependant ils ne se dissimulaient nullement les difficultés de cette partie suprême où le squatter, poussé dans ses derniers retranchements, échapperait par la mort au sort qu'on lui réservait, si à force d'audace et de ruse on ne parvenait pas à le tromper.

Dans une disposition d'esprit comme celle où se trouvaient nos trois personnages, on comprend qu'entre eux toute conversation devait être nulle.

Ils atteignirent les premiers contreforts des montagnes sans avoir échangé une parole.

Là ils s'arrêtèrent.

— Caballeros, dit le gambusino, avant que d'aller plus loin, nous ne ferions pas mal, il me semble, de prendre quelques dispositions indispensables.

— De quelles dispositions parlez-vous, mon ami? répondit don Pablo.

— Nous allons entrer, reprit Andrès, dans des régions où nos chevaux nous deviendront plus nuisibles qu'utiles ; dans la montagne un piéton passe partout, un cavalier nulle part.

— C'est juste ; laissons donc nos chevaux ici ; les nobles bêtes ne s'écarteront que l'espace nécessaire pour trouver leur nourriture. Lorsque nous en aurons besoin, après quelques instants de recherches, nous serons toujours sûrs de les retrouver.

— Est-ce aussi l'avis de la señorita? demanda le gambusino avec déférence.

— Parfaitement, répondit-elle.

— Alors mettons pied à terre ; ôtons-leur la selle et le *bossal*, et abandonnons-les à leur instinct.

Tous trois descendirent, enlevèrent à leurs chevaux les harnais qui pouvaient les gêner et les chassèrent en les frappant sur la croupe.

Les nobles bêtes, habituées à cette façon d'agir, s'éloignèrent de quelques pas à peine, et commencèrent à paître tranquillement l'herbe drue de la prairie.

— Voilà qui est fait, dit le gambusino ; maintenant, songeons à nous.

— Mais les harnais, observa la Gazelle-Blanche, un moment viendra où nous ne serons pas fâchés de les avoir sous la main.

— Parfaitement raisonné, reprit Andrès ; aussi allons-nous les mettre en lieu sûr ; tenez, le creux de cet arbre nous fera un magasin des plus commodes.

— Caramba ! l'idée est originale, dit don Pablo, elle mérite qu'on en profite.

Les trois harnais furent déposés dans le creux de l'arbre découvert par le gambusino, et si bien recouverts de feuilles mortes qu'il était impossible de les y soupçonner.

— Maintenant, dit la Gazelle-Blanche, occupons-nous de nous trouver un gîte ; les nuits sont froides en cette saison, surtout dans la montagne ; voici le jour qui baisse rapidement, bientôt nous serons enveloppés dans les ténèbres.

Nos trois batteurs d'estrade avaient quitté le camp assez tard ; aussi pendant qu'ils s'occupaient à desseller leurs chevaux et à cacher les harnais, le soleil, de plus en plus bas à l'horizon, avait fini par se coucher ; ils se trouvaient à ce moment de crépuscule, si court dans la prairie, pendant lequel le jour s'achève et la nuit commence, et où les ténèbres, luttant désespérément ensemble, répandent sur le paysage une espèce de lumière mixte qui laisse entrevoir les objets comme à travers un prisme.

Il fallait profiter de cet instant pour s'orienter de façon à pouvoir marcher sans risquer de se perdre aussitôt que les ténèbres auraient enfin triomphé de la clarté de plus en plus faible.

C'est ce qu'ils firent. Après avoir d'un coup d'œil relevé la position des différents pics de montagnes, ils se mirent résolument en route.

Ils marchèrent pendant environ une heure sur une pente qui devenait de plus en plus roide, puis ils atteignirent une espèce d'étroite plate-forme où ils firent halte un moment, d'abord pour reprendre haleine, ensuite afin de se consulter sur ce qu'ils devaient faire ultérieurement.

— Si nous couchions ici? dit la Gazelle-Blanche. Ce rocher qui s'élève à pic derrière nous, nous offre un excellent abri contre le vent, et enveloppés avec soin dans nos zarapés et nos manteaux de bison, je suis convaincue que nous dormirons on ne peut mieux.

— Patience, niña, dit sentencieusement le gambusino; il ne s'agit pas de dormir en ce moment.

— De quoi s'agit-il donc? répondit-elle vivement; je vous assure que pour ma part je dormirai parfaitement.

— C'est possible, niña, reprit Andrès, mais nous avons autre chose à faire quant à présent.

— Quoi donc?
— Nous orienter.
— Nous orienter! Vous êtes fou, mon ami. Il fait noir comme dans un four. Le diable lui-même, si habitué aux ténèbres, marcherait sur sa queue.

— C'est justement pour cela; profitons de ce que la lune n'est pas levée encore pour explorer les environs.

— Je ne vous comprends pas.

— Voyez comme l'atmosphère est transparente; la lueur vacillante et incertaine des étoiles suffit pour laisser distinguer les objets à une énorme distance. Si les hommes à la poursuite desquels nous sommes mangent, ce qui est probable, c'est incontestablement cette heure qu'ils ont choisie pour faire cuire leurs aliments.

— Eh bien? dit don Pablo avec curiosité.

— Suivez bien mon raisonnement: le Cèdre-Rouge n'attend d'ennemis que du côté de la plaine; n'est-ce pas?

— C'est vrai.

— Donc ses précautions sont prises de ce côté-là et non de celui-ci; il ne nous soupçonne pas aussi près de lui, et, persuadé que personne ne l'espionne, il laisse à l'ombre de la nuit monter paisiblement la fumée de son foyer vers le ciel, convaincu que, grâce à l'obscurité, nul ne peut l'apercevoir, ce qui serait rigoureusement vrai si, pour son malheur, nous ne nous trouvions ici; voilà pour quelle raison, malgré l'heure avancée, j'ai insisté pour que nous nous engagions dans la montagne.

La Gazelle-Blanche et don Pablo furent frappés de la justesse de ce raisonnement. Ils commencèrent alors, devant cette expérience pratique du désert que possédait leur guide, à prendre une meilleure opinion de lui et à lui reconnaître intérieurement cette supériorité que tout homme sachant bien une chose acquiert toujours à un moment donné.

— Faites à votre guise, lui dit don Pablo.

— Nous nous rangeons complètement à votre avis, ajouta la jeune fille.

Le gambusino ne montra ni orgueil ni fatuité de cet acquiescement à ses raisonnements, il se contenta de recommander à ses deux compagnons de ne pas quitter le lieu où ils se trouvaient jusqu'à son retour, et il s'éloigna.

Dès qu'il fut seul, au lieu de marcher ainsi qu'il l'avait fait jusqu'à ce moment, le gambusino s'allongea sur le sol et commença à ramper lentement le long des rochers, s'arrêtant de temps en temps pour soulever la tête, regarder autour de lui et prêter l'oreille aux mille bruits du désert.

Son absence fut longue. Don Pablo et la jeune fille se promenaient de long en large sur la plate-forme, afin d'entretenir la chaleur dans leur corps en l'attendant.

Enfin, au bout de deux heures à peu près, il revint.

— Eh bien? lui demanda don Pablo.

— Venez, répondit laconiquement le gambusino.

Ils le suivirent.

Il les conduisit par un sentier des plus abrupts où ils étaient forcés de ramper sur les mains et sur les genoux afin de ne pas rouler dans les précipices.

Après une ascension assez longue faite avec des difficultés inouïes, le gambusino se redressa en faisant signe à ses compagnons de l'imiter.

Ceux-ci ne se firent pas répéter l'invitation : ils étaient rompus.

Ils se trouvaient alors sur une plate-forme semblable à celle qu'ils avaient quittée précédemment; cette plate-forme, de même que l'autre, était dominée par un immense rocher, seulement ce rocher avait une énorme ouverture en gueule de four, et, chose étrange, à une distance énorme, au fond de cette ouverture, scintillait une lueur grande comme une étoile.

— Voyez ! dit le gambusino.

— Oh! oh! qu'est cela? murmura don Pablo avec étonnement.

— Aurions-nous trouvé ce que nous cherchons ? s'écria la Gazelle-Blanche en joignant les mains.

— Silence! fit Andrès Garote en lui mettant la main sur la bouche ; et d'une voix faible comme un souffle : — Nous sommes à l'entrée d'une caverne, ces conduits souterrains sont d'excellents conducteurs du son ; le Cèdre-Rouge a l'ouïe fine; quelque éloigné qu'il soit de nous en ce moment, craignez qu'il nous entende.

Ils regardèrent pendant assez longtemps cette lueur tremblotante, point infime dans l'obscurité qui semblait l'œil de la caverne ; parfois une ombre passait devant cette étoile et sa clarté s'éclipsait pendant quelques minutes.

Le gambusino, lorsqu'il jugea que leur curiosité devait être satisfaite, leur toucha légèrement le bras et les ramena doucement en arrière.

— Venez, leur dit-il.

Ils recommencèrent à monter. Au bout d'une demi-heure environ, il les fit arrêter une seconde fois, et, étendant le bras dans une certaine direction :

— Regardez attentivement, leur dit-il.

— Oh! fit don Pablo au bout d'un instant, de la fumée!

En effet, un léger filet de fumée blanchâtre semblait sortir de terre et s'élevait en mince et diaphane spirale vers le ciel.

— Il n'y a pas de fumée sans feu, dit en ricanant le gambusino ; je vous ai montré le feu d'abord, maintenant voici la fumée. Êtes-vous convaincus ; avons-nous trouvé la tanière du tigre?

— Oui, dirent-ils ensemble.

— Cela vaut mieux que de dormir, hein? reprit-il avec un léger accent de triomphe.

— Maintenant, que devons-nous faire? interrompit vivement la Gazelle-Blanche.

— Oh! mon Dieu! une chose bien simple, répondit Andrès ; un de vous deux va immédiatement regagner le camp, annoncer notre découverte, et le maître agira comme il le jugera convenable.

— Bien, dit la jeune fille, je pars.

— Et vous? demanda le gambusino en s'adressant à don Pablo.

— Moi, je reste.

Garote ne fit pas d'objection.

La Gazelle-Blanche se lança sur la pente de la montagne avec une ardeur fiévreuse.

Le gambusino étendit soigneusement son manteau de bison sur le sol, s'enveloppa de son zarapé et se coucha.

— Que faites-vous? lui demanda don Pablo.

— Vous le voyez, répondit-il, je me prépare à dormir ; nous n'avons plus rien à faire à présent, il nous faut attendre à demain pour agir ; je vous conseille de suivre mon exemple.

— C'est vrai, dit le jeune homme, vous avez raison, et, se roulant dans son zarape, il se laissa tomber sur le sol.

Une heure s'écoula ainsi, les deux hommes dormaient ou semblaient dormir.

Soudain don Pablo se releva doucement sur le coude et se pencha avec précaution sur son compagnon qu'il examina attentivement.

Andrès Garote dormait bien réellement du plus tranquille sommeil.

Le jeune homme, rassuré, se leva, visita ses armes avec soin, et après avoir jeté un dernier regard au dormeur il descendit la montagne.

La lune était levée, ses rayons blafards répandaient sur le paysage une lueur à peine suffisante pour se diriger sans craindre de rouler dans un précipice.

Le jeune homme, arrivé à la plate-forme inférieure où s'ouvrait l'entrée de la caverne au fond de laquelle brillait toujours la lueur faible et tremblotante du feu, s'arrêta un instant, fit une prière mentale en levant les yeux au ciel resplendissant d'étoiles qui brillaient au-dessus de sa tête, et après avoir une dernière fois visité ses armes pour s'assurer qu'elles étaient en état, il fit le signe de la croix et s'enfonça résolument dans la caverne.

Certes, il fallait être doué d'une bonne dose de courage pour aller ainsi braver un danger d'autant plus terrible qu'il était inconnu.

L'œil fixé sur le feu qui lui servait d'étoile polaire, don Pablo avançait avec précaution les bras tendus en avant, le corps penché et l'oreille au guet, s'arrêtant par intervalles pour se rendre compte de ces bruits sans nom qui grondent constamment dans les souterrains, et prêt à se défendre contre les ennemis invisibles qu'il soupçonnait dans l'ombre.

Il marchait déjà depuis assez longtemps sans que le feu parût grandir sensiblement, lorsque la muraille de granit contre laquelle il appuyait sa main gauche pour se diriger manqua subitement, et au fond d'une excavation étroite faiblement éclairée par une torche de bois-chandelle qui achevait de se consumer lentement, il aperçut Ellen agenouillée sur le sol nu et priant avec ferveur.

Le jeune homme resta frappé d'admiration à ce spectacle inattendu.

La jeune fille, les cheveux dénoués et flottant en longues boucles sur ses épaules, le visage pâle et inondé de larmes, semblait en proie à la plus grande douleur.

Des sanglots entrecoupés de profonds soupirs s'échappaient de sa poitrine oppressée.

Don Pablo ne put résister à l'émotion qui s'empara de lui, à cette vue navrante; oubliant toute prudence, il s'élança vers la jeune fille, les bras ouverts, en s'écriant avec un accent d'amour suprême :

— Ellen! Ellen! qu'avez-vous?

A cette voix qui frappait inopinément ses oreilles, la jeune fille se releva, et avec un geste d'une majesté extrême :

— Fuyez, malheureux, lui dit-elle, fuyez, ou vous êtes perdu!

— Ellen, répéta-t-il en tombant à genoux et joignant les mains avec prière, de grâce, écoutez-moi.

— Que venez-vous faire ici? répéta-t-elle.

— Je viens vous sauver ou périr.

— Me sauver, dit-elle avec une tristesse navrante; don Pablo, mon destin est fixé à jamais, laissez-moi; fuyez, je vous en prie.

— Non! vous dis-je, un danger terrible plane sur votre père, il est perdu sans ressource; venez, fuyez, il en est temps encore. Oh! Ellen! je vous en prie, au nom de notre amour, si chaste et si pur, suivez-moi!

La jeune fille secoua la tête par un mouvement qui fit ondoyer ses longues tresses blondes.

— Je suis condamnée, vous dis-je, don Pablo; rester plus longtemps ici, c'est vous perdre. Vous m'aimez, dites-vous; eh bien! moi, à mon tour, c'est au nom de votre amour, du mien, puisque vous l'exigez, que je vous supplie de m'abandonner, de me fuir pour toujours! Oh! croyez-moi, don Pablo, mon contact donne la mort, je suis une créature maudite!

Le jeune homme croisa les bras sur la poitrine, et relevant fièrement la tête :

— Eh bien, non! dit-il résolument, je ne partirai pas, je ne veux pas que le dévouement soit votre partage seul; que m'importe la vie, puisque je ne dois plus vous revoir? Ellen! nous mourrons ensemble!

— Oh! comme il m'aime, mon Dieu! s'écria-t-elle avec désespoir: Seigneur! Seigneur! est-ce assez souffrir, la mesure est-elle comble enfin! Seigneur, donnez-moi la force d'accomplir mon sacrifice jusqu'au bout. Écoutez, don Pablo, lui dit-elle en lui prenant le bras qu'elle serra avec force; mon père est proscrit, le monde entier le repousse; il n'a qu'une joie, un bonheur dans son immense souffrance: sa fille! Je ne puis pas, je ne veux pas l'abandonner. Quelque amour que j'éprouve pour vous au fond de mon cœur, don Pablo, jamais je ne quitterai mon père. Maintenant, tout est dit entre nous, mon ami: rester plus longtemps ici serait inutilement braver un danger terrible. Partez, don Pablo; partez, il le faut.

— Songez, dit le jeune homme avec des larmes dans la voix, songez, Ellen, que cette entrevue sera la dernière.

— Je le sais.
— Vous voulez toujours que je parte?
— Je l'exige.
— Oui, mais je ne le veux pas, moi, dit tout à coup une rude voix.

Ils se retournèrent avec épouvante et aperçurent le Cèdre-Rouge qui, appuyé sur son rifle, les regardait en ricanant.

Ellen lança à son père un regard dans lequel brillait un tel éclair que le vieux squatter baissa les yeux malgré lui.

Sans répondre, elle se tourna vers don Pablo, et lui prenant la main:
— Venez, lui dit-elle.

Elle s'avança résolument vers son père toujours immobile.
— Place! cria-t-elle résolument.
— Non, répondit le squatter.
— Faites bien attention, mon père, reprit-elle: je vous ai fait le sacrifice de ma vie, de mon bonheur, de toutes mes joies sur cette terre, mais c'est à une condition: c'est que sa vie à lui sera sacrée. Laissez-le donc aller, je le veux.
— Non, fit-il encore, il faut qu'il meure!

Elle poussa un éclat de rire strident dont les notes aiguës firent frissonner les deux hommes; par un geste prompt comme la pensée, elle arracha un pistolet de la ceinture du squatter, l'arma et en appuya le canon sur sa tempe.
— Place! répéta-t-elle.

Le Cèdre-Rouge poussa un hurlement de terreur.
— Arrête! s'écria-t-il en se précipitant vers elle.
— Pour la dernière fois, place, ou je me tue!
— Oh! fit-il avec une expression de rage impossible à rendre, pars, démon; mais je te retrouverai!
— Adieu, mon bien-aimé! cria Ellen avec passion, adieu, pour la dernière fois!
— Ellen, répondit le jeune homme, au revoir! je te sauverai malgré toi!

Et s'élançant dans le souterrain, il disparut.

Il prit la jeune fille dans ses bras nerveux, la plaça doucement sur ses épaules.

— Maintenant, mon père, dit la jeune fille en jetant son pistolet dès que le bruit des pas de son amant se fut éteint dans le lointain, faites de moi ce que vous voudrez.

— Toi, je te pardonne, enfant, répondit le Cèdre-Rouge en grinçant des dents ; mais lui, je le tuerai !

XXXIX

LE SANGLIER AUX ABOIS.

Don Pablo sortit en courant de la grotte, et rejoignit en toute hâte Andrès Garote.

Le gambusino dormait toujours.

Le jeune homme eut assez de peine à le réveiller. Enfin il ouvrit les yeux, se dressa sur son séant, se détira pendant assez longtemps; alors, lorsqu'il aperçut les étoiles :

— Quelle mouche vous pique? dit-il d'un ton de mauvaise humeur; laissez-moi dormir; à peine si j'ai eu le temps de faire un somme; le jour est loin encore.

— Je le sais mieux que vous, puisque je ne me suis pas couché, répondit don Pablo.

— C'est le tort que vous avez eu, fit l'autre en bâillant à se démettre la mâchoire. Croyez-moi, dormez, bonsoir!

Et il essaya de se recoucher; mais le jeune homme ne lui en laissa pas le temps.

— Il est bien temps de dormir! dit-il, en lui enlevant son zarapé, dont l'autre cherchait en vain à s'envelopper.

— Ah çà! vous êtes donc enragé, pour me tourmenter ainsi? s'écria-t-il avec colère. Voyons, que se passe-t-il de nouveau?

Don Pablo lui raconta ce qu'il avait fait.

Le gambusino l'écouta avec la plus profonde attention; lorsque son récit fut terminé, il se gratta la tête avec embarras, et répondit :

— *Demonios!* c'est grave! c'est excessivement grave! Tous ces amoureux sont fous! Vous nous avez fait manquer notre expédition.

— Croyez-vous?

— *Canelo!* j'en suis sûr; le Cèdre-Rouge est un vieux coquin, malin comme un opossum; maintenant il a l'éveil, bien fin qui l'attrapera.

Don Pablo le regardait avec un visage consterné.

— Que faire? disait-il.

— Décamper; c'est le plus sûr. Vous comprenez bien que l'autre est à présent sur ses gardes.

Il y eut un assez long silence entre les deux interlocuteurs.

— Ma foi! dit tout à coup le gambusino, je n'en aurai pas le démenti; je veux jouer un tour de ma façon au vieux diable.

— Quel est votre projet?

— Cela me regarde; si vous aviez eu plus de confiance en moi, tout cela ne serait pas arrivé, nous aurions arrangé les choses à la satisfaction générale. Enfin, ce qui est fait est fait, je vais essayer de réparer votre maladresse. Quant à vous, allez-vous-en.

— Que je m'en aille ! Où cela ?

— Au bas de la montagne ; seulement, ne remontez pas sans que nos compagnons soient avec vous ; vous leur servirez de guide pour se rendre ici.

— Mais vous ?

— Moi ? Ne vous inquiétez pas de moi. Adieu !

— Enfin, dit le jeune homme, je vous laisse libre de faire comme vous l'entendrez.

— Vous auriez dû plus tôt prendre cette résolution. Ah ! à propos, laissez-moi votre chapeau, voulez-vous ?

— De grand cœur ; mais vous en avez un.

— J'en ai besoin d'un second, probablement ! Ah ! encore un mot.

— Dites.

— Si par hasard vous entendiez du bruit, des coups de fusil, que sais-je, moi ? en descendant, ne vous en inquiétez pas, et surtout ne remontez pas.

— Bon, c'est convenu ; adieu !

— Adieu !

Après avoir jeté son chapeau au gambusino, le jeune homme plaça son fusil sur son épaule, et se mit à descendre la montagne ; il disparut bientôt dans les innombrables sinuosités du sentier.

Aussitôt qu'Andrès Garote se vit seul, il ramassa le chapeau de don Pablo et le lança à toute volée dans le précipice, puis il le suivit des yeux dans sa course.

Après avoir tournoyé assez longtemps en l'air, le chapeau toucha une pointe de rocher, rebondit, et finit enfin par s'arrêter à une assez grande profondeur sur le flanc de la montagne.

— Bon ! dit le gambusino avec satisfaction, il est bien là ; autre chose maintenant.

Andrès Garote s'assit alors sur le sol, prit son rifle et le déchargea en l'air ; saisissant immédiatement un des pistolet qu'il portait à sa ceinture, il étendit le bras gauche et lâcha la détente : la balle lui traversa les chairs de part en part.

— *Caramba!* fit-il en se laissant aller tout de son long sur le sol, cela fait plus de mal que je ne le croyais ! Enfin, c'est égal, le principal c'est que je réussisse ; à présent, attendons le résultat.

Un quart d'heure à peu près se passa sans que rien troublât le silence du désert.

Andrès, toujours étendu, geignait et se plaignait de façon à attendrir les pierres. Enfin un léger bruit se fit entendre à une légère distance.

— Eh ! murmura le gambusino qui surveillait sournoisement ce qui se passait, je crois que cela mord et que le poisson est dans la nasse.

— Qui diable avons-nous là ? dit une voix rude, voyez donc, Sutter.

Andrès Garote ouvrit les yeux et reconnut le Cèdre-Rouge et son fils.

— Ah ! fit-il d'un ton dolent ; c'est vous, vieux squatter ? D'où diable sortez-vous ? Si j'attendais quelqu'un, ce n'était certes pas vous, bien que je sois charmé de vous rencontrer.

— Je connais cette voix, dit le Cèdre-Rouge.

— C'est Andrès Garote, le gambusino, répondit Sutter.

— Oui, c'est moi, mon bon Sutter, dit le Mexicain. Ah ! aïe ! que je souffre !

— Ah çà ! qu'est-ce que vous avez et comment vous trouvez-vous ici ?

— Vous y êtes bien, vous, reprit aigrement l'autre. Cuerpo de Dios ! tout a été de mal en pis pour moi depuis que j'ai quitté mon rancho pour venir dans cette prairie maudite.

— Voulez-vous répondre, oui ou non ? fit le Cèdre-Rouge en frappant avec colère la crosse de son rifle sur le sol et en lui jetant un regard soupçonneux.

— Eh ! je suis blessé, cela se voit de reste : j'ai une balle dans le bras et le corps tout contusionné. Santa Maria ! que je souffre ! Mais c'est égal, le brigand qui m'a si bien arrangé ne fera plus de mal à personne.

— Vous l'avez tué ? demanda vivement le squatter.

— Un peu ! Tenez, là, dans ce précipice ; regardez, vous verrez son corps.

Sutter se pencha.

— Je vois un chapeau, dit-il au bout d'un instant ; le corps ne doit pas être loin.

— A moins qu'il ait roulé jusqu'au fond de la barranca, reprit Andrès.

— Ce qui est probable, appuya Sutter, car le roc est presque à pic.

— Oh ! demonios ! nuestra Señora ! que je souffre ! geignit le gambusino.

Le squatter s'était à son tour penché sur le précipice. Il avait reconnu le chapeau de don Pablo ; il poussa un soupir de satisfaction et revint près d'Andrès.

— Voyons, dit-il d'un ton radouci, nous ne pouvons toute la nuit rester là : peux-tu marcher ?

— Je ne sais pas, j'essayerai.

— Essaye donc, au nom du diable !

Le gambusino se leva avec des peines infinies et essaya de faire quelques pas, mais il retomba.

— Je ne peux pas, dit-il avec découragement.

— Bah ! fit Sutter, je vais le mettre sur mon dos, il n'est pas bien lourd.

— Fais vite et finissons-en.

Le jeune homme se baissa, prit le gambusino dans ses bras et le plaça sur ses épaules avec autant de facilité que s'il n'eût été qu'un enfant.

Dix minutes plus tard, Andrès Garote était dans la grotte, étendu devant le feu, et Fray Ambrosio lui bandait le bras.

— Eh ! compañero, dit le moine, tu as été adroitement blessé.

— Comment cela ? demanda le Mexicain avec inquiétude.

— Ma foi ! oui : une blessure au bras gauche ne t'empêcherait pas, en cas d'alerte, de faire le coup de feu avec nous.

— Je le ferai, soyez-en persuadé, répondit-il avec un accent singulier.

— Avec tout cela, tu ne m'as pas dit par quel hasard tu te trouvais dans la montagne, reprit le Cèdre-Rouge.

— Par un hasard bien simple : depuis la destruction et la dispersion de notre pauvre cuadrilla, j'erre de tous côtés comme un chien sans maître ; chassé par les Indiens pour avoir ma chevelure, poursuivi par les blancs pour être pendu, comme ayant fait partie de la bande du Cèdre-Rouge, je ne sais où me réfugier. Il y a deux ou trois jours déjà que le hasard m'a conduit dans cette sierra ; cette nuit, au moment où, après avoir mangé une bouchée, j'allais tâcher de dormir, un individu que l'obscurité m'a empêché de reconnaître s'est jeté à l'improviste sur moi ; vous savez le reste, mais c'est égal, son compte est bon.

— Bien, bien, interrompit vivement le Cèdre-Rouge, garde cela pour toi ; maintenant, bonsoir ; tu dois avoir besoin de repos, dors si tu peux.

La ruse du gambusino était trop simple et en même temps trop adroitement ourdie pour ne pas réussir.

Nul ne peut supposer que, de gaieté de cœur, un individu s'amuse à se faire à soi-même une blessure grave. Ce qui avait encore aidé à dissiper les soupçons du Cèdre-Rouge, c'était la vue du chapeau de don Pablo.

Comment croire que deux hommes de position, de cœur et surtout de réputation si opposés pussent pactiser ensemble ? Cela ne tombait pas sous le sens ; tout était croyable, excepté cela.

Aussi les bandits, qui reconnaissaient en Garote un des leurs, n'avaient-ils aucune méfiance de lui.

Le digne ranchero, heureux d'être introduit dans l'antre du lion, presque certain désormais de la réussite de son projet et trop habitué aux blessures pour se soucier beaucoup de celle qu'il s'était lui-même administrée avec une dextérité digne d'éloges et qui prouvait son savoir-faire, reprit son sommeil interrompu si brusquement par don Pablo et dormit tout d'une traite jusqu'au point du jour.

Lorsqu'il se réveilla, Fray Ambrosio était auprès de lui, en train de préparer le repas du matin.

— Eh ! bien lui demanda le moine, comment vous sentez-vous à présent ?

— Beaucoup mieux que je ne l'aurais supposé, répondit-il ; le sommeil m'a fait du bien.

— Voyons votre blessure, compadre.

Andrès présenta son bras que le moine pansa.

Les deux hommes continuèrent à causer entre eux comme deux vieux amis charmés de se revoir après une longue absence.

Soudain le Cèdre-Rouge accourut, son rifle à la main.

— Alerte ! alerte ! cria-t-il, voilà l'ennemi !

— L'ennemi ! fit le gambusino. Canelo ! où est mon rifle ? Si je ne puis pas me tenir debout, je tirerai assis ; il ne sera pas dit que je n'ai pas aidé des amis dans l'embarras.

Sutter accourait en même temps d'un autre côté en criant :

— Alerte !

Cette coïncidence étrange de deux attaques faites à la fois de deux côtés différents donna à réfléchir au Cèdre-Rouge.

— Nous sommes trahis ! s'écria-t-il.

— Par qui ? lui demanda effrontément le gambusino.

— Par toi, peut-être ! répondit le squatter avec colère.

Andrès se mit à rire.

— Vous êtes fou, Cèdre-Rouge, dit-il, le danger vous fait perdre la tête ; vous savez bien que je n'ai pas bougé d'ici.

Il fallait se rendre à l'évidence.

— Et pourtant, je jurerais que quelqu'un de nous a trahi, reprit le squatter avec rage.

— Au lieu de récriminer comme vous le faites, dit Andrès avec un accent de dignité blessée parfaitement joué, vous feriez mieux de fuir. Vous êtes un trop fin renard pour n'avoir qu'un trou à votre terrier ; toutes les issues ne peuvent être bouchées, que diable ! Pendant que vous vous échapperez, moi, qui ne puis marcher, je soutiendrai la retraite ; vous verrez alors si c'est moi qui vous ai trahi.

— Tu ferais cela ?

— Je le ferai.

— By God ! tu es un homme alors, et je te rends mon estime.

En ce moment, le cri de guerre des Comanches éclata strident à une des entrées du souterrain, tandis que d'un côté opposé on entendait :

— Blood's Son ! Blood's Son !

— Hâtez-vous ! hâtez-vous ! cria le gambusino en saisissant résolument son rifle jeté à ses côtés.

— Oh ! ils ne me tiennent pas encore ! répondit le Cèdre-Rouge en saisissant dans ses bras nerveux sa fille qui était accourue au premier bruit et se pressait tremblante à ses côtés.

Les trois bandits disparurent dans les profondeurs du souterrain.

Andrès bondit comme poussé par un ressort et s'élança à leur poursuite, suivi par une vingtaine de guerriers comanches et apaches qui l'avaient rejoint et en tête desquels se trouvaient l'Unicorne, le Chat-Noir et l'Araignée.

Bientôt ils entendirent, répercuté par les échos de la grotte, le crépitement de la fusillade.

La lutte était engagée.

Le Cèdre-Rouge s'était trouvé face à face avec Valentin et ses compagnons en essayant de fuir par une issue qu'il ne croyait pas gardée.

Il se rejeta brusquement en arrière ; mais il avait été aperçu, et la fusillade avait immédiatement commencé.

C'était un combat terrible que celui qui allait se livrer sous les voûtes sombres de cette vaste grotte. Ces ennemis implacables, enfin en présence, ne devaient attendre aucune merci les uns des autres.

Cependant le Cèdre-Rouge ne se décourageait pas. Tout en répondant vigoureusement aux coups de feu de ses adversaires, il regardait incessamment autour de lui afin de découvrir une issue nouvelle.

L'obscurité complète qui régnait dans la grotte venait en aide aux bandits qui, grâce à leur petit nombre, s'abritaient derrière des quartiers de roc et évitaient les balles, tandis que leurs coups, tirés dans la masse compacte des ennemis qui se pressaient autour d'eux, portaient presque tous.

Tout à coup le squatter poussa un cri de triomphe, et, suivi de ses compagnons, il disparut comme par enchantement.

Les Indiens et les partisans se dispersèrent alors pour se mettre à la recherche des bandits.

Mais ils s'étaient évanouis sans laisser de traces.

— Nous ne les trouverons jamais de cette façon, cria Valentin ; nous risquons de tirer les uns sur les autres. Que quelques guerriers se détachent pour aller couper des torches pendant que nous garderons toutes les issues.

— C'est inutile, dit Curumilla qui arrivait chargé de bois-chandelle.

Au bout d'un instant, la grotte resplendit de lumière.

Alors le couloir latéral par lequel s'était évadé le Cèdre-Rouge s'offrit aux regards étonnés des Comanches, qui avaient vingt fois passé devant sans le voir.

Ils l'envahirent en hurlant.

Mais ils reculèrent aussitôt : ils avaient été accueillis à coups de rifle, et trois des leurs se tordaient dans les convulsions de l'agonie.

Ce couloir était bas, étroit, et allait en montant ; il formait une espèce d'escalier. C'était, en somme, une redoutable position. Quatre hommes ne pouvaient que difficilement s'y engager de front.

Dix fois les Comanches retournèrent à la charge, dix fois ils furent contraints de reculer,

Les morts et les blessés s'entassaient dans le souterrain.

La position devenait critique.

— Arrêtez ! cria Valentin.

Tout le monde s'immobilisa.

Alors Valentin, don Miguel, don Pablo, l'Unicorne, la Gazelle-Blanche, le Chat-Noir, le Blood's Son et quelques autres chefs se réunirent en conseil.

Curumilla était sorti de la grotte avec une douzaine de guerriers auxquels il avait fait signe de le suivre.

Comme cela n'arrive malheureusement que trop souvent dans les circonstances précaires, chacun émettait un avis différent sans qu'il fût possible de s'entendre.

En ce moment Curumilla parut, suivi de ses guerriers chargés comme lui de feuilles et de bois sec.

— Attendez ! dit Valentin en désignant le chef, c'est Curumilla qui a eu la seule bonne idée.

Les autres ne comprenaient pas encore.

— Allons, mes enfants ! cria le chasseur, un dernier assaut !

Les Comanches se précipitèrent avec fureur dans le couloir ; mais une nouvelle décharge les obligea encore à reculer.

— Assez ! commanda le Français, voilà tout ce que je voulais savoir.

On lui obéit.

Valentin se tourna alors vers les chefs qui l'accompagnaient.

— Il est évident, dit-il, que ce couloir n'a pas d'issue ; dans le premier moment de précipitation, le Cèdre-Rouge ne s'en est pas aperçu, sans cela il n'aurait pas été s'y jeter ; si ce couloir avait une issue, les bandits, au lieu de demeurer en embuscade, auraient profité du moment de répit que nous leur avons donné pour s'échapper.

— C'est vrai, répondirent les chefs.

— Ce que je vous apprends en ce moment, Curumilla l'avait deviné ; la preuve en est qu'il a trouvé le seul moyen d'obliger ces démons à se rendre : c'est de les enfumer.

Des cris d'enthousiasme accueillirent ces paroles.

— Guerriers ! reprit Valentin, jetez dans cet antre le plus de bois et de feuilles que vous pourrez ; lorsqu'il y en aura un amas considérable, nous y mettrons le feu.

Chacun à l'envi l'un de l'autre s'empressa de lui obéir.

Le Cèdre-Rouge et ses compagnons, devinant probablement l'intention de leurs ennemis, tâchaient de s'y opposer en faisant une fusillade incessante ; mais les Indiens, rendus prudents par l'expérience, se plaçaient de façon à éviter les balles, qui ne touchaient personne.

Bientôt l'entrée du couloir fut presque obstruée par les matières inflammables de toutes sortes qu'on y avait entassées.

Valentin prit une torche allumée ; mais, avant de mettre le feu, il fit un geste pour commander le silence, et s'adressant aux assiégés :

— Cèdre-Rouge ! cria-t-il, on va vous enfumer ; voulez-vous vous rendre ?

— Allez au diable ! Français maudit ! répondit le squatter.

Et trois coups de feu servirent de péroraison à cette réponse énergique.

— Attention, maintenant ! car lorsque ces démons se sentiront griller, ils tenteront un effort désespéré, dit Valentin.

Il se baissa et jeta la torche sur le bûcher. Le feu pétilla aussitôt, et un épais nuage de fumée et de flamme forma un rideau devant le corridor.

Cependant chacun se tenait prêt à repousser la sortie des assiégés. Les Indiens savaient que le choc serait rude.

Leur attente ne fut pas longue. Soudain ils virent bondir au milieu des flammes trois démons qui se précipitèrent sur eux à corps perdu.

Alors, dans cet étroit espace, il y eut une mêlée affreuse qui dura quelques minutes.

Don Pablo, en apercevant le Cèdre-Rouge, s'était précipité sur lui. Malgré la résistance du bandit, il s'était emparé d'Ellen et l'avait emportée dans ses bras.

Le squatter rugissait comme un tigre, assommant tous ceux qui se présentaient à ses coups. De leur côté, Sutter et Fray Ambrosio combattaient avec cette résolution et ce courage d'hommes qui savent qu'ils vont mourir.

Mais cette lutte désespérée de trois contre plusieurs centaines ne pouvait longtemps durer.

Malgré tous leurs efforts, les trois hommes furent enfin saisis avec des lassos et mis dans l'impossibilité de faire un mouvement.

— Tuez-moi, misérables ! hurlait le Cèdre-Rouge.

Le Blood's Son s'avança alors vers lui, et, lui touchant l'épaule :

— Vous serez jugé par la loi de Lynch, Cèdre-Rouge, lui dit-il.

A la vue du partisan, le squatter fit un effort terrible pour briser ses liens et se précipiter sur lui ; mais il ne put y réussir et retomba en écumant de rage sur la terre qu'il mordit.

Les deux amis le retrouvèrent agenouillé, priant auprès de sa mère morte.

Dès que le combat fut terminé, Valentin se hâta de sortir de la grotte pour respirer un air pur.

Le Rayon-de-Soleil l'attendait.

— Koutonepi, lui dit-elle, le père de la prière, Séraphin, m'envoie vers vous. Votre mère va mourir.

— Ma mère! s'écria le chasseur avec désespoir; mon Dieu! mon Dieu! comment faire pour me rendre auprès d'elle?

— Curumilla est prévenu, répondit-elle ; il vous attend au bas de la montagne avec deux chevaux.

Le chasseur se précipita en courant comme un fou le long du sentier.

XL

LA LOI DE LYNCH.

Avant que d'aller plus loin, nous expliquerons en quelques mots ce que c'est que cette loi de Lynch dont plusieurs fois nous avons parlé dans le cours de ce récit et qui joue un si grand rôle non seulement dans les prairies de l'Amérique septentrionale, mais encore dans certains comtés des États-Unis.

Bien que nous autres Européens nous nous étonnions avec raison que dans une société morale une monstruosité comme la loi de Lynch puisse exister, malgré cela, pour être juste envers les Américains, et bien que nous devions désapprouver leur système actuel dérivé de la loi originelle de Lynch, on est forcé d'avouer que dans le principe cette loi fut le résultat d'impérieuses circonstances. La loi de Lynch n'était dans les premiers temps de l'arrivée des pères pèlerins sur la terre de Plymouth que le châtiment imposé par une communauté privée de toute loi, qui ne pouvait avoir recours qu'à sa propre justice pour punir une offense.

Aujourd'hui, dans les grands centres de l'Union, cette loi n'est au contraire que l'exercice illégal du pouvoir par une majorité en opposition avec les lois du pays qu'elle brave, ainsi que les peines infligées par ces lois.

Dans les nouveaux établissements où la population est rare et qui, d'après la constitution, doivent avoir un certain nombre d'habitants pour être reconnus comme districts, jusqu'à cette reconnaissance, ceux qui sont venus chercher leur existence sur ces établissements au milieu des bandits de toutes sortes, contre lesquels ils ne peuvent en appeler à aucune protection légale, sont forcés de se protéger eux-mêmes et de recourir à la loi de Lynch.

Dans les prairies du Far-West, cette loi est positivement semblable à l'ancien talion des Hébreux.

Nous ne nous étendrons pas davantage sur cette loi de Lynch, si obscure quant à son origine que son nom même est une énigme sans mot, bien que quelques personnes prétendent, à tort selon nous, que Lynch était un fermier qui le premier appliqua cette loi ; la seule difficulté qu'il y ait pour la véracité de cette histoire, c'est que la loi de Lynch exista, ainsi que nous l'avons dit, en Amérique, dès le premier jour que les Européens y débarquèrent. Seulement, sans prétendre garantir autrement l'authenticité de notre assertion, il est évident que la loi de Lynch n'a réellement commencé à être appliquée dans les provinces civilisées de l'Union que dans les dernières années du xviie siècle ; alors elle était beaucoup plus sommaire : un réverbère était décroché et la victime hissée à sa place ; du reste nous croyons que le mot *lynch* n'est qu'un dérivé ou, si l'on aime mieux, une corruption du mot *light* (lumière).

Nous reprendrons à présent le cours de notre récit.

Quatre jours après les événements que nous avons rapportés dans notre précédent chapitre, le camp de l'Unicorne offrait un aspect étrange. Non seulement il renfermait des guerriers indiens appartenant à toutes les nations alliées de la nation des Comanches, mais encore beaucoup de chasseurs, de trappeurs blancs et de métis étaient accourus de tous les points de la prairie afin de juger les prisonniers faits quelques jours auparavant et de leur appliquer la loi de Lynch ainsi qu'elle est comprise dans la prairie.

Le père Séraphin, qui se trouvait en ce moment au camp occupé à prodiguer ses soins et ses consolations à Mme Guillois dont le mal était arrivé à sa dernière et fatale période, et qui se sentait tout doucement mourir, avait cherché à s'opposer de tout son pouvoir au jugement des prisonniers.

Vainement il avait représenté aux Indiens et aux blancs qu'il y avait des magistrats intègres aux États-Unis, qu'ils sauraient faire appliquer les lois et punir les coupables ; ses efforts n'avaient obtenu aucun résultat, et il avait été obligé de se retirer le cœur navré.

Ne pouvant sauver les prisonniers, il avait voulu les préparer convenablement à la mort ; mais là encore le digne missionnaire avait échoué : il avait trouvé des misérables au cœur atrophié et bronzé par le vice qui n'avaient rien voulu entendre et s'étaient moqués de lui.

Chose singulière, depuis que ces trois hommes étaient tombés entre les mains de leurs ennemis, ils n'avaient pas échangé une parole ; accroupis chacun dans un coin de la hutte qui leur servait de prison, sombres comme des bêtes fauves, ils s'évitaient autant que les liens qui les attachaient leur permettaient de le faire.

Seule, Ellen passait au milieu d'eux comme l'ange de la consolation, leur prodiguant de douces paroles et cherchant surtout à adoucir les derniers jours de son père.

Le Cèdre-Rouge, lui, ne vivait plus que par sa fille ; chaque sourire de la pauvre enfant qui lui cachait ses larmes faisait éclore un sourire sur son visage flétri et ravagé par les passions ; s'il avait pu revenir au bien, certes, son amour paternel eût accompli ce prodige ; mais il était trop tard, tout était mort dans ce cœur qui ne renfermait plus qu'un sentiment, un seul : l'amour paternel à la façon des tigres et des panthères.

— Est-ce enfin pour aujourd'hui, mon enfant ? demanda-t-il à la jeune fille.

— Je ne sais, mon père, répondit-elle timidement.

— Je te comprends, ma pauvre chérie, tu crains de m'affliger en me disant la vérité ; mais détrompe-toi, lorsqu'un homme comme moi est tombé aussi bas que je le suis, le seul bien qu'il ambitionne, c'est la mort, et tiens, voilà qui me répond : le juge Lynch va commencer son office ; il aura ample curée aujourd'hui, ajouta-t-il en ricanant.

On faisait en ce moment un grand bruit dans le camp.

Trois poteaux avaient été dressés le matin, et autour de ces trois poteaux la population élisait tumultueusement les juges chargés de venger la vindicte publique.

Les juges choisis furent au nombre de sept.

Voici leurs noms : Valentin, Curumilla, l'Unicorne, le Chat-Noir, l'Araignée et deux autres chasseurs des Comanches.

On avait eu soin de ne pas mettre au nombre des juges ceux qui avaient des accusations à porter contre les prisonniers.

A midi précis, il se fit un silence de plomb dans l'assemblée.

Une troupe de guerriers et de trappeurs avait été chercher les prisonniers à la prison pour les conduire devant les juges réunis en face des potences.

Bien que ses efforts pour éveiller quelques bons sentiments dans le cœur des bandits eussent échoué, le père Séraphin avait voulu les accompagner et les exhorter jusqu'au dernier moment.

Il marchait à droite du Cèdre-Rouge et Ellen à sa gauche.

Lorsque les prisonniers furent arrivés devant le tribunal, Valentin, nommé président malgré lui, appela les accusateurs.

Ils se présentèrent aussitôt.

Ils étaient cinq.

C'étaient don Miguel Zarate, don Pablo de Zarate, son fils, Andrès Garote, la Gazelle-Blanche et le Blood's Son.

Valentin prit la parole d'une voix haute et ferme.

— Cèdre-Rouge, dit-il, vous êtes jugé selon la loi de Lynch, vous allez entendre les crimes dont on vous accuse ; entière liberté vous est laissée pour vous défendre.

Le squatter haussa les épaules.

— Votre loi de Lynch est stupide, dit-il avec dédain ; elle ne sait que tuer sans que la douleur ait le temps de se faire jour ; au lieu de ce moyen de vengeance absurde, attachez-moi au poteau de torture pendant tout un jour, et alors vous vous divertirez, car vous verrez comment un guerrier sait regarder la mort en face et supporter la douleur.

— Vous vous trompez sur nos intentions ; nous ne nous vengeons pas, nous vous punissons ; le poteau est réservé pour les guerriers braves et sans reproche : les criminels ne sont dignes que de la potence.

— Comme il vous plaira, répondit-il insoucieusement ; ce que j'en disais, c'était pour vous faire plaisir.

— Quels sont les personnes qui ont des griefs contre le Cèdre-Rouge ? reprit Valentin.

— Moi, don Miguel de Zarate.

— Moi, don Pablo de Zarate.

— Moi, que l'on nomme le Blood's Son, mais qui pourrai révéler mon véritable nom si le Cèdre-Rouge le désire.

— C'est inutile, fit-il d'une voix sourde.

— Moi, la Gazelle-Blanche.

— Formulez vos accusations.

— J'accuse cet homme d'avoir enlevé ma fille, qu'il a ensuite lâchement assassinée, dit don Miguel ; je l'accuse, en outre, d'avoir causé la mort du général Ibañez, mon ami.

— Qu'avez-vous à répondre ?

— Rien.

— Que dit le peuple ? reprit Valentin.

— Nous attestons, répondirent d'une seule voix les assistants.

— J'accuse cet homme des mêmes crimes, dit don Pablo, il a enlevé et tué ma sœur.

— J'accuse cet homme d'avoir brûlé la maison de mon père et de ma mère, d'avoir assassiné mes parents et de m'avoir livrée à des bandits pour m'élever dans le crime, dit la Gazelle-Blanche.

— Moi, dit le Blood's Son, je l'accuse des mêmes crimes ; le père de cette jeune fille était mon frère.

Il y eut un mouvement d'horreur dans l'assemblée.

Valentin, ayant consulté les juges à voix basse :

— Le Cèdre-Rouge, reconnu coupable à l'unanimité, est condamné à être scalpé, puis pendu.

Sutter, fut condamné à être pendu seulement ; les juges eurent égard à sa jeunesse et aux mauvais exemples qu'il avait constamment eus sous les yeux.

Le tour du moine était arrivé.

— Un instant, dit le Blood's Son en s'avançant ; cet homme est un misérable aventurier qui n'a pas le droit de porter la robe que depuis longtemps il déshonore ; je demande qu'avant de dire ses crimes on l'en dépouille.

— A quoi bon perdre votre temps à m'accuser et à faire toutes vos simagrées de justice ? répondit ironiquement Fray Ambrosio. Vous tous qui nous jugez, vous êtes aussi criminels que nous ; vous êtes des assassins, car vous usurpez sans aucun droit un mandat qui ne vous appartient pas. Cette fois, par hasard, vous frappez juste ; dans mille autres circonstances, dominés par la populace qui nous environne, vous condamnez des innocents. Ce sont mes crimes que vous voulez savoir ; je vais vous les dire, moi.

« Cet homme a raison, je ne suis pas moine, je ne l'ai jamais été ; j'ai commencé par la débauche, j'ai fini par le crime. De complicité avec le Cèdre-Rouge, j'ai incendié des fermes dont j'ai brûlé ou assassiné les habitants pour les voler ensuite. J'ai été, avec le Cèdre-Rouge encore, chasseur de chevelures ; j'ai aidé à enlever cette jeune fille qui est là. Quoi encore ? J'ai tué, pour lui voler le secret d'un placer, le père de ce gambusino. Que voulez-vous de plus ? Inventez les crimes les plus atroces et les plus hideux, je les ai tous commis. Maintenant, prononcez votre jugement, exécutez-le, vous ne parviendrez pas à me faire dire une parole de plus ; je vous méprise, vous êtes des lâches !

Après avoir prononcé ces odieuses paroles avec un cynisme révoltant, le misérable promena un regard provocateur sur l'assemblée.

— Vous êtes condamné, lui dit Valentin après avoir recueilli les voix, à être scalpé, à être pendu par les aisselles, à être enduit de miel, et à demeurer pendu jusqu'à ce que les mouches et les oiseaux du ciel vous aient dévoré.

En entendant cette sentence terrible, le bandit ne put réprimer un mouvement de terreur, tandis que le peuple applaudissait avec frénésie à cette sévère justice.

— Maintenant les jugements vont être exécutés, dit Valentin.

— Un instant! s'écria l'Unicorne en se levant d'un bond et allant se placer devant les juges. Pour ce qui regarde le Cèdre-Rouge, la loi n'a pas été suivie; ne dit-elle pas œil pour œil, dent pour dent?

— Oui, oui! s'écrièrent les Indiens et les trappeurs.

Frappé d'une espèce de pressentiment, le Cèdre-Rouge trembla et sentit son cœur se serrer.

— Oui, dit le Blood's Son d'une voix creuse, le Cèdre-Rouge a tué doña Clara, la fille de don Miguel : sa fille Ellen doit mourir.

Les juges eux-mêmes reculèrent épouvantés.

Le Cèdre-Rouge poussa un rugissement terrible.

Seule, Ellen ne trembla pas.

— Je suis prête à mourir, dit-elle d'une voix douce et résignée. Hélas! pauvre jeune fille! Dieu sait avec quelle joie j'aurais donné ma vie pour sauver la sienne.

— Ma fille! s'écria le Cèdre-Rouge avec désespoir.

— C'est ainsi que criait don Miguel pendant que vous assassiniez lâchement son enfant, répondit cruellement le Blood's Son : œil pour œil, dent pour dent!

— Oh! c'est horrible ce que vous faites là, mes frères! s'écria le père Séraphin. C'est le sang innocent que vous versez, il retombera sur vos têtes. Dieu vous punira. Par pitié, mes frères, par pitié, ne tuez pas cette innocente jeune fille.

Sur un signe de l'Unicorne, quatre guerriers s'emparèrent du missionnaire et, malgré ses efforts, tout en usant de grands ménagements avec lui, ils l'enlevèrent et le conduisirent à la hutte du chef, où ils le gardèrent à vue.

Valentin et Curumilla cherchaient vainement à s'opposer à cet acte barbare; les Indiens et les trappeurs, travaillés par le Blood's Son, réclamaient à grands cris l'exécution de la loi et menaçaient de faire justice eux-mêmes.

En vain don Miguel et son fils suppliaient l'Unicorne et le Blood's Son; ils ne pouvaient rien obtenir.

Enfin l'Unicorne, fatigué des prières du jeune homme, saisit Ellen par les cheveux, lui plongea son couteau dans le cœur, et la lui jeta dans les bras en criant :

— Son père a tué ta sœur, et tu pries pour elle! tu es un lâche!

Valentin, à cette action inqualifiable, cacha son visage dans ses mains et s'enfuit.

Les assistants applaudirent avec frénésie.

Le Cèdre-Rouge se tordait en écumant dans les liens qui l'enchaînaient; en voyant tomber Ellen expirante, une révolution s'était faite en lui; il ne criait plus qu'un mot avec une expression déchirante :

— Ma fille! ma fille!

Le Blood's Son et la Gazelle-Blanche furent implacables, ils assistèrent impassibles à l'exécution du jugement rendu contre les prisonniers.

Le Cèdre-Rouge et son fils ne souffrirent pas longtemps, bien que le premier eût été scalpé d'abord ; la folie qui s'était emparée de lui le rendit insensible à tout.

Celui qui souffrit un supplice auquel nul autre n'est comparable, ce fut Ambrosio ; le misérable se tordit pendant vingt-deux heures dans des souffrances inimaginables avant que la mort vînt mettre un terme à ses effroyables tortures.

Aussitôt que les coupables eurent été exécutés, le Blood's Son et la Gazelle-Blanche montèrent à cheval et s'éloignèrent au galop.

Depuis, jamais on n'a entendu parler d'eux, nul ne sait ce qu'ils sont devenus . . . .

. . . .

C'était le huitième jour après l'horrible application de la loi de Lynch que nous avons rapportée, vers le soir, un peu avant le coucher du soleil.

Toutes traces du supplice avaient disparu. Le camp de l'Unicorne était toujours établi au même endroit ; le chef lui-même avait exigé que sa tribu demeurât provisoirement où elle était, à cause de la maladie de Mᵐᵉ Guillois, dont l'état réclamait le repos le plus absolu.

La pauvre dame se sentait mourir peu à peu, de jour en jour elle s'affaiblissait davantage, et, douée de cette lucidité que Dieu donne parfois aux mourants, elle regardait venir la mort en souriant, tout en cherchant à consoler son fils de sa perte.

Mais Valentin, qui après tant d'années n'avait revu sa mère que pour s'en séparer à jamais, était inconsolable.

Privé de don Miguel et de son fils qui étaient retournés au Paso del Norte en emmenant avec eux le corps de l'infortunée Ellen, le chasseur pleurait sur le sein de Curumilla, qui, pour toute consolation, ne savait que pleurer avec lui et lui dire :

— Le Grand-Esprit rappelle la mère de mon frère, c'est qu'il l'aime.

Phrase bien longue pour le digne chef et qui montrait l'intensité de sa douleur.

Le jour où nous reprenons notre récit, Mᵐᵉ Guillois était étendue sur un hamac devant sa hutte, le visage tourné vers le soleil couchant.

Valentin était debout à sa droite, le père Séraphin à sa gauche et Curumilla auprès de son ami.

Le visage de la malade avait une expression radieuse, ses yeux brillaient d'un vif éclat et une légère nuance incarnadine dorait ses joues ; elle semblait heureuse.

Les guerriers, s'associant à la douleur de leur frère adoptif, étaient silencieusement accroupis auprès de la hutte.

La soirée était magnifique ; la brise qui commençait à se lever agitait doucement les feuilles des arbres ; le soleil se couchait dans un flot de vapeurs irisées de mille nuances changeantes.

La malade prononçait parfois des paroles entrecoupées que son fils recueillait religieusement.

Au moment où le soleil disparut derrière le pic neigeux des montagnes, la malade se souleva, comme poussée par une force irrésistible; elle promena autour d'elle un regard calme et limpide, posa ses deux mains sur la tête du chasseur, et prononça ce seul mot avec un accent rempli d'une mélodie étrange :
— Adieu !
Puis elle retomba.
Elle était morte.
Par un mouvement instinctif, tous les assistants s'agenouillèrent.
Valentin se courba sur le visage de sa mère, qui avait conservé cette auréole de beauté céleste, dernière parure de la mort; il lui ferma les yeux, l'embrassa à plusieurs reprises, et, serrant dans les siennes sa main droite qui pendait hors du hamac, il pria.
Toute la nuit se passa ainsi sans que personne abandonnât la place.
Au point du jour, le père Séraphin, aidé par Curumilla qui lui servit de sacristain, dit l'office des morts, puis le corps fut inhumé; tous les guerriers indiens assistèrent à la cérémonie.
Lorsque tout le monde se fut retiré, Valentin s'agenouilla devant la fosse, et quelques instances que lui fissent le missionnaire et le chef indien, il voulut, cette nuit encore, veiller auprès de sa mère morte.
Au point du jour, ses deux amis revinrent; ils le retrouvèrent agenouillé et priant; il était pâle; ses traits étaient fatigués; ses cheveux, si noirs la veille, étaient maintenant mêlés de mèches blanches.
Que s'était-il passé pendant cette longue nuit? Quel secret la mort avait-elle révélé au vivant?
Le père Séraphin chercha à lui rendre le courage. Le chasseur, à toutes les saintes exhortations du prêtre, secouait tristement la tête.
— A quoi bon? disait-il.
— Oh! lui dit enfin le missionnaire, Valentin, vous si fort, vous voilà faible comme un enfant; la douleur vous terrasse sans combat; vous refusez la lutte; vous oubliez que vous ne vous appartenez pas, enfin.
— Moi! s'écria-t-il; hélas! que me reste-t-il à présent?
— Dieu! dit le prêtre d'une voix sévère en lui montrant le ciel.
— Et le désert! lui dit Curumilla en étendant le bras du côté du soleil levant.
Un éclair s'alluma comme une flamme dans l'œil noir du chasseur; il secoua la tête à plusieurs reprises, jeta sur la tombe un regard chargé de tendresse, en disant d'une voix brisée :
— Au revoir, ma mère!
Et, se tournant vers le chef indien :
— Partons! dit-il résolument.
Valentin allait recommencer une nouvelle existence.

FIN DE LA LOI DE LYNCH

AVIS. — Nous retrouverons tous les personnages du *Grand Chef des Aucas* dans LA GRANDE FLIBUSTE, qui fait suite. La première série de cinq livraisons, 5 centimes.

TABLE DES MATIÈRES

LOI DE LYNCH

		Pages.
I.	Le jacal.	3
II.	Dans la hutte	8
III.	Conversation.	15
IV.	Regard en arrière	22
V.	L'hacienda Quemada	28
VI.	Les Apaches.	35
VII.	La colline du Bison-Fou	42
VIII.	Le Chat-Noir et l'Unicorne.	49
IX.	Le rendez-vous	55
X.	Ruse de guerre	63
XI.	Au coin d'un bois.	70
XII.	Le missionnaire.	77
XIII.	Retour à la vie.	83
XIV.	Une ancienne connaissance du lecteur.	90
XV.	La convalescence	96
XVI.	Un complice.	103
XVII.	Mère et fils.	110
XVIII.	La délibération	118
XIX.	Le Blood's Son.	125
XX.	Le Cèdre-Rouge.	133
XXI.	Curumilla.	141
XXII.	El Mal Paso.	147
XXIII.	El rastreador.	153
XXIV.	Un camp dans la montagne	160
XV.	Un jeu de hasard	167
XXVI.	Où Nathan se dessine.	174
XXVII.	Une piste dans l'air	180
XXVIII.	Une chasse à l'ours gris.	186
XXIX.	Reconnaissance	192
XXX.	Où Nathan joue le rôle de sorcier.	200
XXXI.	La Gazelle-Blanche.	206
XXXII.	Où Nathan se dessine.	214

TABLE DES MATIÈRES

XXXIII.	Assaut de ruses	224
XXXIV.	Fin contre fin	229
XXXV.	La chasse continue	236
XXXVI.	Le dernier refuge	243
XXXVII.	La cassette	250
XXXVIII.	Une fumée dans la montagne	258
XXXIX.	Le sanglier aux abois	266
XL.	La loi de Lynch	274

FIN DE LA TABLE DES MATIÈRES

SCEAUX. — IMPRIMERIE CHARAIRE ET FILS

CATALOGUE DES OUVRAGES DE LA MAISON **F. ROY,**
222, Boulevard Saint-Germain, PARIS

OUVRAGES DE XAVIER DE MONTÉPIN

			franco.
Le Mari de Marguerite...	complet.	9 »	10 50
Le Bigame...	»	6 »	7 »
Les Tragédies de Paris...	»	8 »	9 50
La Vicomtesse Germaine...	»	6 »	7 »
Suite des *Tragédies de Paris*.			
Le Secret de la Comtesse...	»	6 »	7 »
La Bâtarde...	»	5 50	6 »
Le Médecin des folles...	»	11 »	12 »
Sa Majesté l'Argent...	»	10 »	11 »
Son Altesse l'Amour...	»	12 »	13 »
Les Maris de Valentine...	»	8 »	9 »
Les Filles de bronze...	»	12 »	13 »
Le Fiacre N° 13...	»	13 »	14 »
La Fille de Marguerite...	»	12 »	13 »
La Porteuse de pain...	»	15 »	16 »
La Belle Angèle...	»	12 »	13 »
Simone et Marie...	»	15 »	16 »
Drames de la folie. *Le duc d'Aliali.*	»	9 »	10 »

OUVRAGES D'ÉTIENNE ÉNAULT

L'Enfant trouvé...	complet.	6 »	7 »
Le Vagabond...	»	3 »	3 50
L'Homme de minuit...	»	3 »	3 50
Les Jeunes Filles de Paris...	»	9 »	10 »
Les Drames d'une conscience...	»	3 »	3 50

OUVRAGES D'ÉMILE RICHEBOURG

La Dame voilée...	complet.	4 »	4 50
L'Enfant du faubourg...	»	6 »	7 »
La Fille maudite...	»	8 »	9 »
Les Deux Berceaux...	»	6 »	6 50
Deux Mères...	»	7 50	8 »
Le Fils...	»	8 »	9 »
Andréa la charmeuse...	»	7 »	8 »
L'Idiote...	»	9 »	10 »
La Comtesse Paule...	»	10 »	

SIRVEN ET LEVERDIER

La Fille de Nana...	complet.	9 »	10 »

ADOLPHE BELOT

Fleur-de-Crime...	complet.	5 50	6 50
Reine de beauté...	»	7 »	8 »
Hélène et Mathilde...	»	1 50	2 »
Mademoiselle Giraud (édition de luxe)		8 »	
La Femme de feu (édition de luxe).		8 »	
Mélinite (édition de luxe)...		8 »	
La Bouche de Mme X... (édition de luxe)		8 »	

OUVRAGE DE PIERRE ZACCONE

Les Pleuvres de Paris...	complet.	6 50	7 »

OUVRAGE DE A. MORTIER

Le Monstre amoureux...	complet.	3 »	3 50

OUVRAGE DE A. LAPOINTE

L'Abandonnée...	complet.	3 50	4 »

OUVRAGE D'EUGÈNE SCRIBE

Piquillo Alliaga...	»	»	11 50

OUVRAGES D'ÉLIE BERTHET

Les Catacombes de Paris...	complet.	5 »	5 50
La Jeunesse de Cartouche. 2e partie...	»	3 »	3 50
Les Crimes du sorcier...	»	3 »	3 50

GABRIEL FERRY

Le Coureur des bois...	complet.	10 »	11 »

RICHARD CORTAMBERT

Un Drame au fond de la mer.	complet.	2 50	3 »

G. DE LA LANDELLE — ROMANS MARITIMES

Une Haine à bord...	complet.	3 50	4 »
La Gorgone...	»	8 »	0 »

MICHEL MASSON

Les Contes de l'atelier...	complet.	7 »	8 »

ARNOLD BOSCOWITZ

Les Tremblements de terre...		4 »	5 »
Les Volcans, édition de luxe...		5 »	6 »

OUVRAGES DE GUSTAVE AIMARD

			franco.
Le Cœur loyal...	complet.	1 60	1 80
Les Rôdeurs de frontières...	»	1 60	1 80
Les Francs-tireurs...	»	1 90	2 20
Le Scalpeur blanc...	»	1 80	2 »
L'Éclaireur...	»	2 10	2 30
Balle-Franche...	»	1 90	2 »
Les Outlaws du Missouri...	»	1 95	2 20
Le Batteur de sentiers. Sacramenta...	»	1 30	1 50
Les Gambusinos...	»	1 60	1 80
Le Grand Chef des Aucas (1re Partie).	3 »		3 25

OUVRAGES DE PAUL SAUNIÈRE

Flamberge...	complet.	6 »	7 »
La Belle Argentière...	»	6 »	7 »
La Meunière de Moulin-Galent.	»	7 »	8 »
Le Roi Misère...	»	4 50	5 »

CH. MÉROUVEL

Le Roi Crésus...		9 »	10 »

OUVRAGES DE PAUL FÉVAL

Le Bossu...	complet.	6 »	7 »
Le Fils du diable...	»	10 »	11 50

H. GOURDON DE GENOUILLAC

Histoire nationale de la Bastille. comp. » 75 — 1 »

PAUL MAX

Les Drapeaux français avec gravures coloriées. Complet. » 75 — *franco.* .... 1 »

OUVRAGE DE CLÉMENCE ROBERT

Les Quatre Sergents de la Rochelle, 1 vol. orné du médaillon des quatre sergents, d'après David d'Angers. Franco, 4 fr.

Les Mille et une Nuits, *Contes arabes*, traduits en français par GALLAND. 2 beaux vol. illustrés. Complets, 10 fr.; *franco*, 11 fr. Cartonnés, tranches dorées. .... 16 fr.

Les Mémoires de Canler, ancien chef de la police de sûreté. Complet en 2 volumes. .... 6 fr.; *franco*, 7 fr.

Romans comiques pour rire et dépouiller la rate
PAR A. HUMBERT
Auteur de la *Lanterne de Boquillon*.

Les Noces de Coquibus...	2 »	2 50
Le Carnaval d'un pharmacien...	1 50	2 »
Vie et aventures d'Onésime Boquillon. 2 volumes...	4 »	5 »

OUVRAGES HISTORIQUES
Éditions splendidement illustrées.

Paris à travers les siècles, histoire de Paris et des Parisiens depuis la fondation de Lutèce jusqu'à nos jours, par H. GOURDON DE GENOUILLAC, avec une préface de M. Henri Martin. 5 vol. Chaque volume contient 120 gravures dans le texte, 60 belles gravures hors texte et 16 costumes coloriés avec soin. Chaque volume broché. .... 12 fr.; *franco*, 13 fr. En série. .... 75 centimes; *franco*, 80 c.

La France et les Français à travers les siècles, par AUGUSTIN CHALLAMEL. (Ouvrage couronné par l'Académie française.) En vente les quatre volumes illustrés chacun de 130 gravures dans le texte, 65 gravures tirées à part de 24 costumes coloriés. Le volume broché. .... 15 fr.; *franco*, 16 fr. Chaque série. .... 75 centimes; *franco*, 80 c.

Les Costumes civils et militaires des Français à toutes époques, belle édition de luxe coloriée avec soin, représentant les personnages célèbres de tous les siècles. Chaque série. .... 60 centimes; *franco*, 65 c. Sont parues 24 séries.

Histoire populaire des ballons et ascensions célèbres, avec préface de NADAR, dessins de TISSANDIER. Un beau volume illustré, broché. .... 6 fr. Cartonné, tranches dorées. .... 10 fr.

La Belle Gabrielle, par Auguste MAQUET. Le vol. broché.		7 »
La Maison du baigneur (suite de la Belle Gabrielle), par Auguste MAQUET. Le volume broché.		4 »
Les Confessions de Marion Delorme, par Eugène de MIRECOURT. Prix, broché.		10 50
Mémoires de Ninon de Lenclos, par Eugène de MIRECOURT. Prix du volume broché.		9 50
L'Article 47, par Adolphe BELOT. Prix du volume broché.		1 60
Le Parricide, par Adolphe BELOT et Jules DAUTIN. Prix.		3 50
Les Contes de Boccace. 1 beau volume broché.		10 »
Vies des Dames galantes, par le seigneur de BRANTÔME. Prix du volume broché.		8 »
Histoire des amoureux et amoureuses célèbres de tous les temps et de tous les pays, par Henri de KOCK. Prix du volume broché.		5 »
Les Femmes infidèles, par Henri de KOCK. Fort volume de 100 livraisons, orné de 100 magnifiques gravures. Prix.		10 »

La Belle Gabrielle, nouvelle édition de luxe avec nombreuses gravures inédites. Complet.		15 »
Histoire des Bagnes depuis leur création jusqu'à nos jours, par Pierre ZACCONE. Un magnifique volume.		12 50
Histoire de la Bastille depuis sa fondation, 1374, jusqu'à sa destruction, 1789, par MM. ARNOULD, ALBOISE et A. MAQUET. Prix du volume broché.		10 »
Le Donjon de Vincennes (suite de la Bastille). Un beau volume.		4 »
Histoire des Conspirateurs anciens et modernes, par Pierre ZACCONE et Constant GUÉRAULT. 1 volume broché.		6 »
Les Grands Drames de l'Inde. Procès des Thugs étrangleurs, par René de PONT-JEST. Prix.		7 »
Réimpression *in-extenso* du Journal officiel de la Commune, des numéros du dimanche 19 mars au mercredi 24 mai 1871, dernier numéro paru. Ouvrage complet.		10 »

Sceaux. — Imprimerie Charaire et fils.

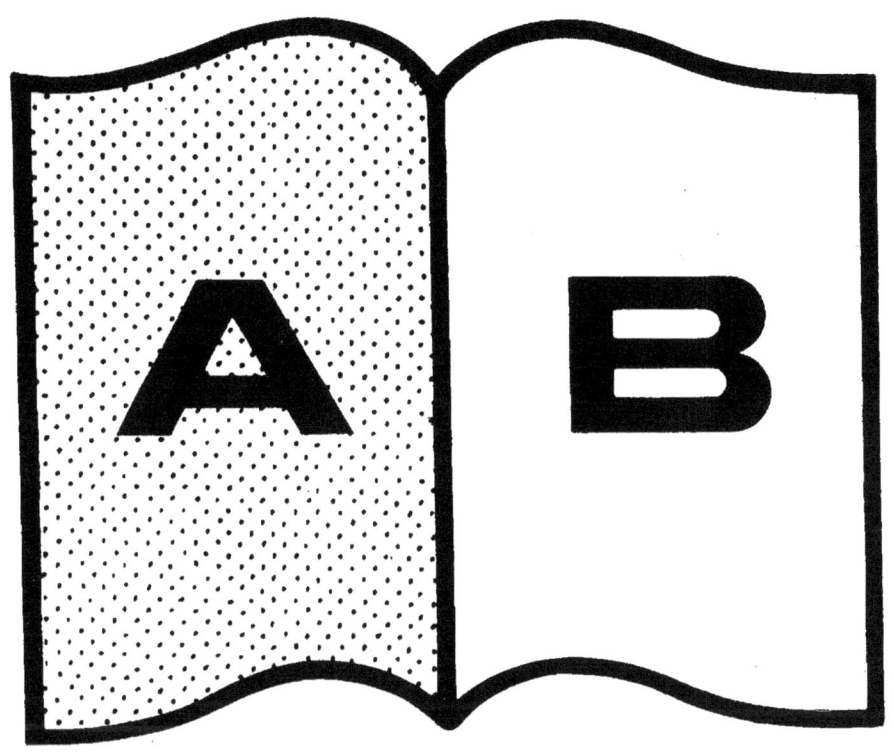

Contraste insuffisant

NF Z 43-120-14

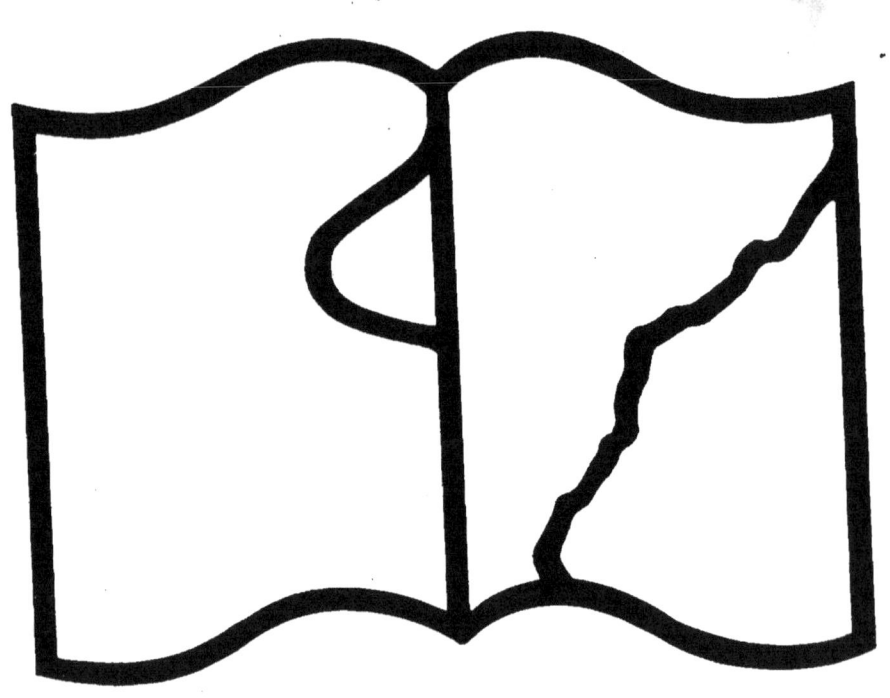

Texte détérioré — reliure défectueuse

NF Z 43-120-11

www.ingramcontent.com/pod-product-compliance
Lightning Source LLC
Chambersburg PA
CBHW070739170426
43200CB00007B/576